全国高等职业教育口腔医学/口腔医学技术专业新形态规划教材
供口腔医学、口腔医学技术等专业使用

全口义齿工艺技术

主　编　孙　蕾　雷东辉

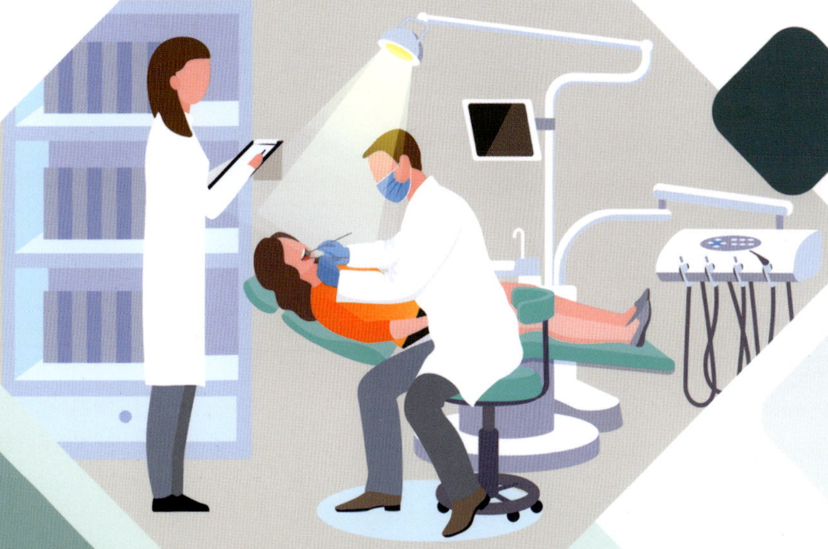

中国协和医科大学出版社

配套
数字教材

新形态教材 简介

本套教材创新性融合现代信息技术，将纸质内容与数字资源深度融合，形成新形态教材体系。每本教材均配有数字资源和完整的数字教材，读者可通过扫描封底激活码便捷获取。

1. 数字资源涵盖教学视频、微课、课件、思维导图、岗位对标考试等知识点总结、能力测试等。

2. 数字教材完整复刻纸质教材内容与版式，支持多终端浏览，并内置目录导航、全文检索功能，方便与纸质教材配合使用，实现随时随地灵活学习。

数字教材激活方法

方法一（电脑端）

输入网址：https://yxjy.pumcp.com/，登录后在个人中心-激活商品页面，输入激活码，激活数字教材。

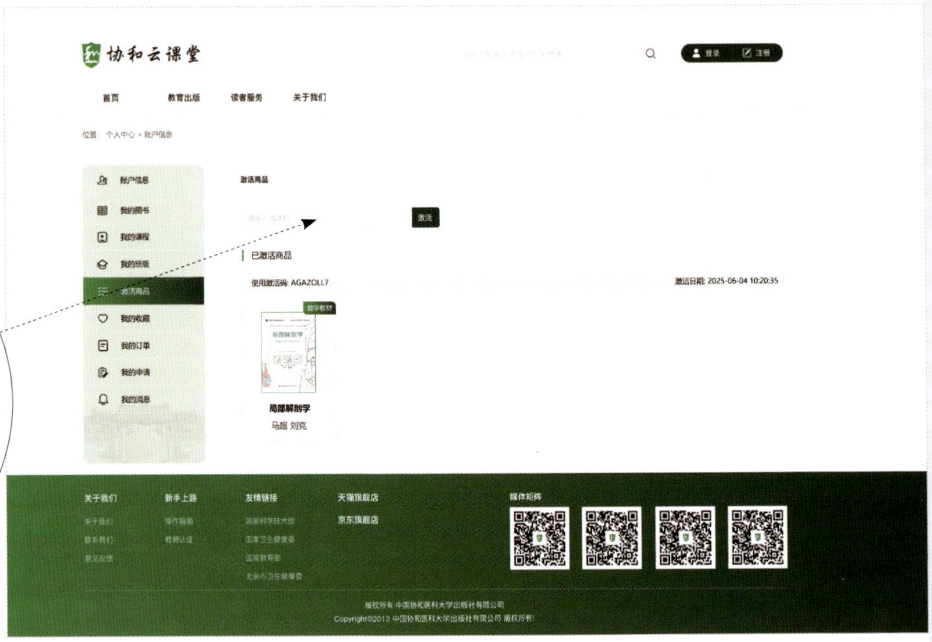

方法二（移动端）

进入“协和云课堂”小程序，在“我的”菜单，进入【激活】页面，输入激活码，激活数字教材。

— 全国高等职业教育口腔医学 / 口腔医学技术专业新形态规划教材 —

全口义齿工艺技术

（供口腔医学、口腔医学技术等专业使用）

主　编　孙　蕾　雷东辉

中国协和医科大学出版社

北　京

内容提要

本教材是“全国高等职业教育口腔医学 / 口腔医学技术专业新形态规划教材”之一，系根据本套教材的编写指导思想和原则要求，结合专业培养目标和本课程要求的教学目标编写而成，内容涵盖了基本理论和基本知识、全口义齿制作相关的临床知识、全口义齿制作工艺、其他种类全口义齿、实训等。此外，本教材还增加了丰富的数字资源，包括教学视频、微课、课件、思维导图、岗位对标考试等知识点总结、能力测试等，丰富了教材内容，增强了线上和线下教学的联动性，以提升学生学习的主动性和积极性。

本教材主要供口腔医学、口腔医学技术等专业使用，还可作为相关专业及一线工作人员的参考书。

图书在版编目（CIP）数据

全口义齿工艺技术 / 孙蕾，雷东辉主编. -- 北京：中国协和医科大学出版社，2025. 7. --（全国高等职业教育口腔医学、口腔医学技术专业新形态规划教材）. -- ISBN 978-7-5679-2624-0

Ⅰ. R783.6

中国国家版本馆 CIP 数据核字第 2025EL7106 号

主　　编　孙　蕾　雷东辉
策划编辑　张秋艳
责任编辑　魏亚萌
封面设计　邱晓俐
责任校对　张　麓
责任印制　黄艳霞
出版发行　中国协和医科大学出版社
（北京市东城区东单三条 9 号　邮编 100730　电话 010-65260431）
网　　址　www.pumcp.com
印　　刷　三河市龙大印装有限公司
开　　本　889mm×1194mm　1/16
印　　张　19.5
字　　数　500 千字
版　　次　2025 年 7 月第 1 版
印　　次　2025 年 7 月第 1 次印刷
定　　价　72.00 元

全国高等职业教育口腔医学 / 口腔医学技术专业新形态规划教材建设指导委员会

编者名单

主　　编　孙　蕾　雷东辉

编　　者（按姓氏笔画排序）

邓雅文（红河卫生职业学院）

刘　云（齐鲁医药学院）

孙　蕾（齐鲁医药学院）

李　欢（陕西能源职业技术学院）

杨海新（濮阳医学高等专科学校）

沈艳玲（安阳职业技术学院）

张　烨（江苏医药职业学院）

席仁莉（毕节医学高等专科学校）

雷东辉（潍坊护理职业学院）

数字教材编者名单

主　　编 孙　蕾　雷东辉

副 主 编 沈菊香　蒋　丽

编　　者（按姓氏笔画排序）

乔莹莹（安阳职业技术学院）

孙　蕾（齐鲁医药学院）

苏晓芳（广州华夏职业学院）

杨海新（濮阳医学高等专科学校）

沈艳玲（安阳职业技术学院）

沈菊香（江苏护理职业学院）

蒋　丽（四川大学华西口腔医院）

雷东辉（潍坊护理职业学院）

出版说明

随着我国人口老龄化进程的加速和居民口腔健康意识的显著提升，口腔医疗行业正迎来前所未有的发展机遇与挑战。人工智能辅助诊断系统、口内扫描仪、3D 打印技术等创新工具的应用，正在重塑传统诊疗模式。然而，很多基层医疗机构虽配备了先进设备，却面临专业人才短缺的困境。在此背景下，系统化培养掌握数字化技术、熟悉新型材料与设备操作的专业人才，是填补供需缺口、提升医疗服务质量的核心路径。作为衔接前沿技术与临床实践的核心纽带，新型教材体系将成为破解“技术迭代快于人才培养”困局、实现“数字技术下沉”与“基层能力提升”双向奔赴的核心支撑。

本套教材以实践科学发展观为指导思想，以服务教学、指导教学、规范教学、适应我国医学教育改革为宗旨，立足高等职业教育教学实际，以胜任能力培养为目标，使课程设置与理论实践紧密衔接，突出教材内容的实用性、先进性、科学性和通用性。本套教材为新形态教材，具体体现为：体现教育改革精神与职业教育特色；注重产教融合，突出实践教学；以实际操作技能为导向，融入新技术、新方法；融合思政，强化价值引领；以学生为中心，丰富模块设计；纸质教材与数字教材融合；教材编写在贯彻职业教育理念的同时，亦充分体现现代化的教育思想和方法，以全面提升学生的创新精神、人文素养、胜任能力等综合素质，培养适应医疗卫生体制改革的复合型和应用型人才。

同时，本套教材的编写遵循教材编写的基本规律，秉持“三基、五性、三特定”的原则，注重基础理论、基本知识和基本技能的培养，内容深度和广度适应全国高等职业教育的需求。教材编写以口腔医学 / 口腔医学技术专业的培养目标为导向，着重培养学生的职业技能，满足职业岗位需求、学生学习需求和社会需求。教材内容涵盖了口腔医学 / 口腔医学技术领域工作岗位所需的知识、技能和素质，帮助学生全面理解工作岗位，培养学生科学的临床思维和学习方法，以满足社会对学生知识和技能的要求，强调培养学生的创新能力、信息获取技能和终身学习能力，确保教材的启发性。在编写过程中，我们充分考虑到高等职业教育的多样性，确保教材既能适应不同院校的需求，又能满足学生毕业时的知识和技能要求。

本套教材涵盖口腔内科学、口腔颌面外科学、全口义齿工艺技术、数字化口腔修复技术等 16 门课程，定位清晰、特色鲜明，具有以下特点。

一、构建高质量、互动性强的创新形态教材体系

本系列教材为创新形态教材，教材所有内容，均实现数字化呈现；同时，为纸质教材提供配套教学视频、微课、思维导图、教学课件、在线练习等丰富教学资源，学生可直接获取与教材内容相关联的课程资源；支持多媒体资源嵌入与实时更新；配套的数字教材平台，支持在线教学、资源共享、数据分析等功能，实现教学全流程数字化管理，满足多样化教学需求。这种创新的学习方式，不仅提高了教学效果，也丰富了学习体验，使学习更加便捷，提升了学生的学习积极性和主动性。

二、强化价值引领，助推专业教育与思政教育相融合

本套教材以专业知识为载体，以思政教育为引领，深度挖掘专业课程蕴含的思政资源，巧妙融入教材内容，全方位助推专业教育与思政教育深度交融，培育德技兼修人才。在教材编写中，我们注重以口腔案例为切入点，将社会主义核心价值观、医者仁心的职业精神、中华优秀传统文化等思政元素自然融入专业知识点。引导学生树立正确的职业价值观，具备社会责任感，在实践教学环节强化人文关怀培养，使学生在掌握专业技能的同时，自觉践行“健康所系，性命相托”的医者担当。

三、体现教育改革精神与职业教育特色

本套教材深入贯彻国家职业教育改革精神，坚持以人为本、能力为重，强调实践操作和技能培训，注重培养学生的职业素养和实际工作能力。内容贴近职业实践，力求使学生能够顺利进入职业领域，成为胜任基层医疗机构或口腔医学 / 口腔医学技术相关岗位的高级技术型专业人才。编写过程中，我们注重教材内容与实际工作岗位匹配，确保教材内容符合基层实际工作的需求。

四、注重产教融合，突出实践教学

高等职业教育强调产教深度融合，创新培养模式，这是职业教育的重要发展方向。本套教材的建设始终把提高人才培养质量放在首位，密切联系实际，突出实践教学，将专业内容设置与行业需求对接；推动教学与行业技术发展同步，使课程内容与职业标准对接；完善职业教育教学过程机制，使教学过程与实际工作过程对接。

五、贴合考试，对接行业需求

本教材严格遵循《国家职业教育改革实施方案》及职业教育规划教材建设要求，以口腔医疗及相关行业职业标准为核心，将岗位技能、职业技能竞赛、职业资格考试内容有机融入教材，实现“岗课赛证”融通，助力学生无缝对接行业需求。

六、以学生为中心，丰富模块设计

考虑到职业教育学生的年龄和学习特点，本套教材的模块设置丰富多样，包括案例导入、思维导图、考试知识点总结、习题等模块。这种结构不仅有助于学生理解和记忆知识点，还能提高学生的学习兴趣和学习效果。每个模块设计精细，既有理论讲解，又有实践应用，旨在全面提升学生的综合素质。

希望本套教材的出版，能够推动高质量口腔医学 / 口腔医学技术专业人才的培养，促进我国口腔医学 / 口腔医学技术专业领域的教材建设与教育发展，为促进我国口腔医疗事业的发展和保障人民健康作出积极贡献。

前　言

在口腔医学领域中，全口义齿修复对于恢复患者的咀嚼功能、美观及发音等具有至关重要的意义。随着口腔医学技术的不断发展和进步，全口义齿工艺技术也在持续创新与完善。为了适应新时代口腔医学教育的需求，培养出具备扎实专业知识和熟练实践技能的高素质口腔修复人才，我们精心编写了这本教材。

本教材打破传统教材固定编排的限制，其独特的模块—项目—任务结构设计，使得教学内容可以根据不同教学对象、教学阶段及教学重点进行灵活组合与调整。教师可以根据学生的实际基础和学习进度，有针对性地选取相应的模块、项目和任务开展教学活动，实现真正的因材施教，满足多样化的教学需求，无论是对于初学者夯实基础，还是为有一定基础的学生进行拓展提升，都能提供有力的支持。教材内容设计以任务驱动为核心，每个任务都紧密围绕全口义齿工艺技术的实际操作环节展开，从基本理论到实践操作步骤，详细阐述了各项任务的实施过程和要点。同时，本教材的活页形式便于及时更新教学内容，将最新的科研成果、临床实践经验及行业动态融入教材之中，确保学生所学知识与临床实际紧密结合，紧跟行业发展前沿，激发他们对学科的学习兴趣和热情，培养其主动学习的意识和习惯，提高学习效果和质量，使学生毕业后能够迅速适应全口义齿修复工作的要求，为患者提供更优质、更先进的全口义齿修复服务。

本教材的内容安排主要遵循口腔医学教育规律和全口义齿工艺技术特点，分为五个主要模块。相应教学模块下的项目都配有数字资源，将思维导图、教学课件、题库、微课、视频、考点等融入其中，满足学生的学习需求。在使用本教材时，建议教师根据教学大纲和教学计划，合理规划教学进度，充分利用活页式教材的优势，灵活安排教学内容和教学方式，引导学生积极参与课堂讨论、实践操作和小组合作学习等，注重培养学生的自主学习能力、团队协作精神和创新思维能力。同时，鼓励学生在实践中不断总结经验教训，提高自身的综合素质和专业水平。希望本教材能够成为高等职业院校广大师生在全口义齿工艺技术教学与学习过程中的得力助手，为培养更多优秀的口腔修复专业人才贡献力量。

感谢各编委所在单位的大力支持，特此致谢。尽管我们怀着满腔热情、竭尽全力，但在编写过程中还是难免有疏漏，请广大师生多提宝贵意见，以利于我们进一步完善。

编　者

2025 年 4 月

目 录

模块一 基本理论和基本知识

模块二　全口义齿制作相关的临床知识

模块三　全口义齿制作工艺

模块四　其他种类全口义齿

模块五　实训篇

模块一

基本理论和基本知识

项目一　全口义齿基础理论体系

教学课件

微课：和全口义齿有关的概念

项目目标

素质目标

具备良好的职业道德、团队精神和沟通能力，能协助医生解答全口义齿制作方法及工艺流程。

知识目标

（1）掌握：牙列缺失及全口义齿的概念。

（2）熟悉：全口义齿修复工艺流程。

（3）了解：全口义齿修复方法。

能力目标

具备解释全口义齿基本修复工艺流程的能力。

项目案例

【案例】

患者，女，68 岁，戏剧演员。有糖尿病、高血压等基础病史。患者因牙周炎导致牙列缺失 12 年，其间经过多次全口义齿修复，患者均表示不满意，修复效果不理想。查体：患者上下颌牙槽嵴重度吸收，下前牙牙槽嵴松软；左侧颞下颌关节弹响明显；戴入旧义齿后，旧义齿固位力差，前牙开𬌗，后牙反𬌗。

【问题】

1．如何为该患者制作一副能够让其满意的全口义齿？

2．为该患者制作全口义齿的流程是什么？

【项目分析】

根据第四次全国口腔健康流行病学调查的数据，65 ～ 74 岁的人群中有高达 81.7% 的人存在牙齿缺失的情况，而无牙颌的老年人数量有 2170 万之多。就全口义齿修复这一领域而言，人们不仅期望通过修复能够恢复口腔的基本功能，还希望能够更好地恢复面部的美观。因此对于口腔技师来说，除了需要熟练掌握全口义齿修复的工艺流程，以及必备的实践技能之外，还必须了解全口义齿制作所需的各种材料、器械的相关知识，以及与全口义齿修复相关的牙体解剖、口腔功能、口腔医学美学、口腔生物力学等多方面的专业知识。这样才能更好地满足患者的需求，提供高质量的口腔修复服务。

任务一　全口义齿概述

一、牙列缺失的概念

牙列缺失指患者口腔内上下颌牙列的所有天然牙（包括牙根）完全缺失，牙列缺失患者的颌骨称为无牙颌（图 1-1）。牙列缺失可以是全口（包括上下颌），也可以是单颌（上颌或下颌）。牙列缺失的修复方式主要有黏膜支持式全口义齿、种植体支持覆盖式全口义齿和种植固定式全口义齿。

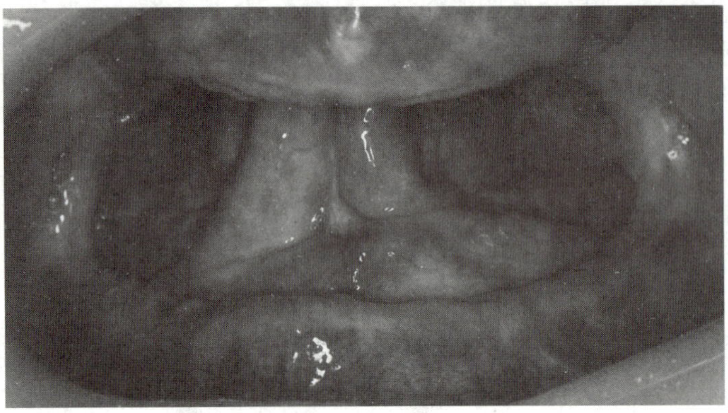

图 1-1　无牙颌

二、牙列缺失的病因

牙列缺失主要见于老年人，对于老年人来说，牙列缺失是临床常见多发病，是天然牙列病变未能得到有效治疗和控制的最终结果。导致牙列缺失的病因主要是龋病和牙周病，此外还有外伤、不良修复体及一些遗传性疾病。牙列缺失的发生率和患者的性别、受教育水平、医疗水平、生活水平等多种因素密切相关。

三、全口义齿的概念

全口义齿（complete denture）又称总义齿，是对牙列缺失患者的常规修复方法，以黏膜支持式全口义齿在临床上最为常见（图 1-2）。

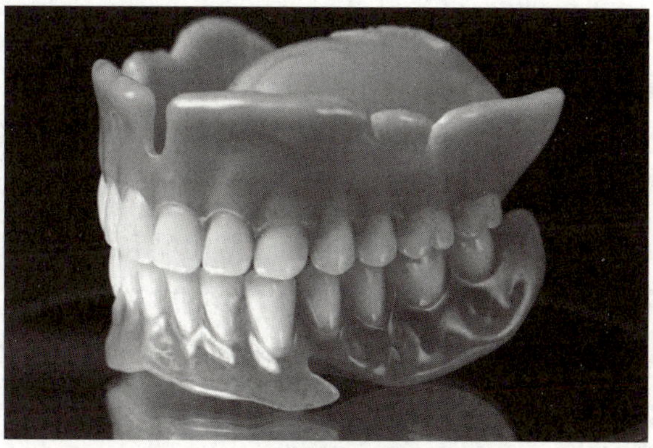

图 1-2　黏膜支持式全口义齿

任务二　全口义齿工艺技术概述

一、全口义齿工艺技术概念

全口义齿工艺技术是口腔修复工艺学的重要组成部分，是研究全口义齿制作工艺流程、工艺技术，涉及全口义齿制作的材料及使用方法、器械设备及使用方法，以实践为特色的一门学科。该学科是一门交叉学科，与牙体形态学、口腔生理学、口腔医学美学、口腔生物力学、口腔材料学及㾗学等多个学科交叉（图 1-3），随着现代科技发展和口腔修复学、材料学的发展而发生发展。

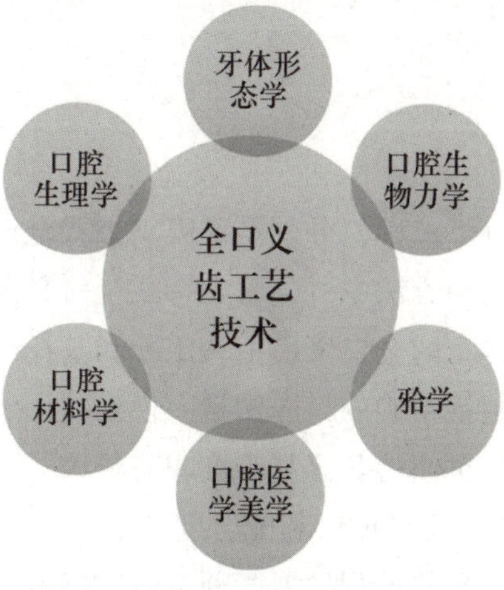

图 1-3　全口义齿工艺技术及交叉学科

二、如何学好全口义齿工艺技术

第一，要具备比较扎实的理论基础。除了需要学习全口义齿工艺技术所必备的理论和知识，还需要回顾以往所学习的牙体解剖和口腔功能相关知识。掌握全口义齿修复相关的材料学知识，熟悉各种义齿材料的性质和应用，并熟练掌握常用的口腔器械和设备的使用方法，为将来制作高质量的全口义齿奠定基础。

第二，在理论学习的基础上，进行实践操作训练，这是掌握全口义齿工艺技术不可或缺的一环。这涉及一系列精细的操作步骤，如模型制备要求技师具备高度的操作精确性和耐心，以确保模型的准确无误；排牙技巧，这是决定义齿舒适度和美观度的关键环节，需要技师具备良好的审美和较丰富的临床经验；咬合关系的调整，这是确保患者能够正常咀嚼和发音的重要步骤。在实训操作当中反复练习这些技能，以及在模拟环境中进行操作，可以逐步提高实际操作能力。

第三，实习是将理论与实践相结合的重要环节。在带教老师专业的指导下，直接参与患者的全口义齿制作，可以加深对整个工艺流程的理解，并且能够学习如何与患者沟通，了解他们的需求和期望。实习不仅能够提升技术，还能培养良好的职业素养和沟通技巧。

第四，持续关注行业动态和技术进展。通过参加专业研讨会、阅读最新的学术论文和期刊，以及加入专业社群，可以及时了解最新的材料、技术和工艺方法。这些活动不仅能够扩展知识面，还能提供与同行交流的机会，从而获得宝贵的反馈和建议。

第五，与经验丰富的技师进行交流。可以从他们的经验中了解、学习在实际工作中可能遇到的问题和解决方案。这种非正式的学习方式往往能够提供独特的视角和实用的技巧，有助于在全口义齿工艺技术领域快速成长。

通过不断学习、实践和反思，可逐渐掌握这门复杂的技艺，为向患者提供高质量的全口义齿修复打下良好的基础。

任务三　全口义齿修复方法和工艺流程

一、全口义齿修复方法

全口义齿修复方法主要包括以下三种，分别是黏膜支持式全口义齿、种植体支持覆盖式全口义齿及种植固定式全口义齿。在这三种方法中，黏膜支持式全口义齿是最为常见且技术最为成熟的修复方式，广泛应用于临床。这种类型的全口义齿由人工牙和基托两大部分构成，其制作过程相当复杂，需要经过多个烦琐的步骤，包括精确的口腔测量、模型制作、试戴调整等，因此对医生、患者及技师之间的协作要求非常高，这也使得其修复难度相对较大，需要医生具备丰富的临床经验和高超的技术水平，同时患者也需要有一定的耐心和配合度。

此外，随着种植材料和种植技术的迅猛发展，种植体支持覆盖式全口义齿和种植固定式全口义齿也逐渐普及开来。这两种方法相较于传统的黏膜支持式全口义齿，具有更强的固位力，能够更好地固定在口腔中，从而提供更为稳定和舒适的使用体验。种植体支持覆盖式全口义齿和种植固定式全口义齿的普及，为全口义齿修复带来了新的可能性，使得患者在选择修复方案时有了更多的选择。这些新型的修复方法不仅提高了患者的咀嚼效率和发音清晰度，还大大改善了患者的口腔健康和生活质量。这些方法通过在口腔内植入种植体，能够有效地分散咬合力，减少对黏膜的压迫，从而降低患者的不适感。此外，种植体支持覆盖式全口义齿和种植固定式全口义齿的美观度也得到了显著提升，使得患者在社交场合中更加自信。

二、全口义齿修复工艺流程

全口义齿修复工艺流程相当复杂，本文将详细阐述黏膜支持式全口义齿修复的具体步骤。首先，患者前来就诊，医生会详细采集病史，以了解患者的口腔状况和需求。接下来，医生会进行必要的口腔检查，以确保修复方案的准确性。检查完毕后，医生会取印模，以确保义齿能够完美贴合患者的口腔。取印模后，将印模灌注成模型，以便进行后续的制作工作。在模型灌注完成后，医生需要记录颌位关系，这是确保义齿能够正确咬合的关键步骤。记录完毕后，将颌位关系转移到𬌗架上，以便进行排牙和平衡𬌗的调整。排牙和平衡𬌗调整是确保义齿舒适度和功能性的关键环节。调整完成后，患者可以试戴义齿，以检查其贴合度和舒适度。试戴无误后，口腔技师需要对基托进行修整和牙龈雕刻，以确保义齿的美观度和舒适度。修整和雕刻完成后，进行包埋，即将义齿固定在石膏模型中，以便进行后续的冲蜡和充填树脂工序。冲蜡是为了去除多余的蜡，而充填树脂则是为了形成义齿的最终形态。充填树脂完成后，需要进行热处理，以确保树脂的稳定性和耐用性。热处理完成后，进行打磨抛光，以去除任何粗糙的边缘，确保义齿的光滑和舒适。最后，进行初戴，医生会再次检查义齿的贴合度和功能，确保患者能够舒适地使用新修复的全口义齿。在整个修复过程中，口腔技师需要完成多项工艺流程，包括灌注模型、制作个别托盘、转移颌位关系、排牙和平衡𬌗调整、基托修整和牙龈雕刻、包埋、冲蜡、充填树脂、热处理、打磨抛光等。这些步骤都需要高度的专业技能和细致的工作态度，以确保最终的修复效果。全口义齿修复工艺流程如图 1-4 所示。

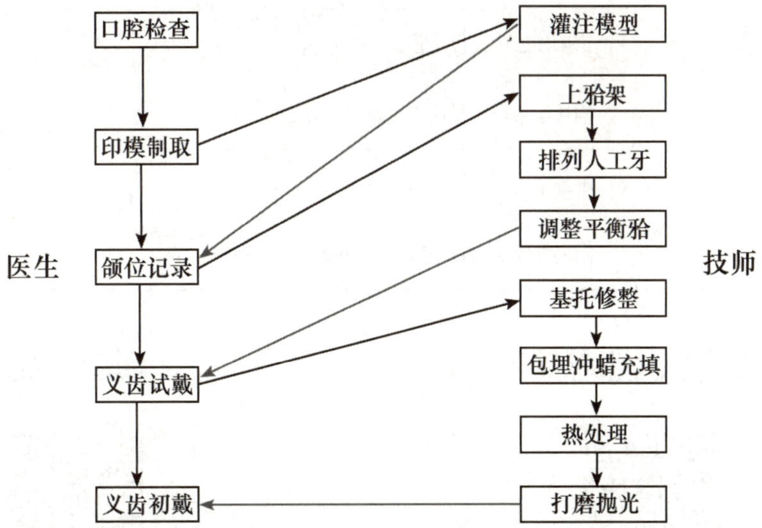

图 1-4　全口义齿修复工艺流程

▶任务拓展

牙种植体的发展

牙种植体的发展历程充满了创新与突破。随着科技的进步，种植体的材料、设计和手术技术不断改进，种植牙的成功率和患者的满意度显著提高。

在材料方面，早期的种植体主要采用金属材料，如纯钛和钛合金。近年来，生物陶瓷材料，如羟基磷灰石和氧化锆也被广泛应用于种植体表面涂层，以提高骨结合效果。此外，纳米技术的应用使得种植体表面更加粗糙，从而增强了骨细胞的附着和生长。手术技术的进步也是促使牙种植体发展的重要方面。计算机辅助设计和计算机辅助制造技术的应用，使得种植手术更加精准和高效。通过三维影像技术，医生可以在术前进行详细的模拟和规划，确保种植体的最佳位置和角度。通过种植体支持方式修复牙列缺损及牙列缺失，不仅可恢复咀嚼功能和美观程度，还大大提高了患者的舒适度和满意度。

【任务评价】

详见表 1-1。

表 1-1　全口义齿有关概念任务评价表

任务	评价要点	分值
一	正确复述牙列缺失的概念	10
	正确说出牙列缺失的病因	10
	正确复述全口义齿的概念	10
二	正确复述口义齿工艺技术的概念	10
	描述学习全口义齿工艺课程的方法	20
三	解释全口义齿修复的方法	20
	阐述黏膜支持式全口义齿的修复工艺流程	20

—• 考试知识点总结 •—

—• 项目小结 •—

—• 协和云课堂…… 拓展练习及参考答案 •—

（孙　蕾）

项目二　全口义齿发展历程与分类

教学课件

微课：全口义齿发展历程

项目目标

素质目标

具备辩证唯物主义思维，从发生、发展的角度看待全口义齿。

知识目标

（1）掌握：全口义齿发展的基本历史。
（2）熟悉：全口义齿的分类。
（3）了解：全口义齿未来的发展趋势。

能力目标

能够对全口义齿的发展历程进行批判性分析，识别其中的挑战、问题和机遇。

项目案例

【案例】

患者，女，62 岁，小学老师。无基础病史。患者牙列缺失 6 年，其间经过 1 次全口义齿修复，现在感觉旧义齿不好用，要求重新修复。查体：患者上下颌牙槽嵴重度吸收，下前牙区牙槽嵴松软。戴入旧义齿后，检查示旧义齿使用树脂基托，人工牙为瓷牙，下颌义齿有明显断裂修理痕迹。

【问题】

1．请描述患者现有全口义齿修复时遇到的具体问题或不适感。
2．如何为该患者选择合适的义齿和基托材料？

【项目分析】

全口义齿的发展历经了漫长而丰富的过程，其进步主要体现在几个关键方面。首先是材料的进步。从早期使用的天然材料如兽骨、木头和象牙，到 18 世纪的橡胶，再到 20 世纪初引入的塑料尤其是丙烯酸树脂，以及 20 世纪 90 年代出现的仿生毛细纤维树脂材料，这些材料的演变不仅提升了义齿的性能和舒适度，也反映了科技的不断进步。其次是口腔设备的发展，特别是殆架的进步。殆架从19世纪末的简单设计，发展到20世纪初可调节的殆架，再到20世纪中叶电子技术和21世纪三维打印技术的普及，使得个性化定制成为可能。此外，全口义齿在漫长的演化过程中，根据牙列缺失的情况、修复的时间节点，以及修复方式的不同，有了明确的分类。全口义齿的分类不仅展示了全口义齿技术的多样性，也为未来的学习和研究提供了明确的方向和目标。

任务一　全口义齿发展史

一、全口义齿材料发展史

全口义齿的发展历程是一段跨越了数个世纪的辉煌历史，它不仅见证了技术进步和材料科学的不断融合与发展，更是人类智慧和创造力的结晶。追溯到几千年前，人们开始尝试使用兽骨、木头和象牙等天然材料制作简单的义齿，这些早期的义齿更多地具有装饰性，而非实际的咀嚼功能。随着时间的推移，早期的全口义齿逐渐采用了象牙、木材和金属等更为复杂的材料，虽然外观上更加逼真，但佩戴时的舒适度和实用性仍然不尽如人意。大约在公元1500年，日本出现了最早的木雕全口义齿，多使用黄杨木、梅木或黑柿木等木材雕刻制作基托和人工牙，也有采用拔除的牙齿、象牙、动物的骨骼或者寿山石制作前牙。美国第一任总统华盛顿的全口义齿采用金属与河马的牙齿进行制作，但是由于条件所限，当时制作的全口义齿仅能部分恢复患者的容貌，而无法恢复患者的咀嚼功能。为了更好地解决固位力的问题，制作者不得不在两侧上下颌义齿后部基托间安装了弹簧，以增强其稳定性。然而，这些早期的尝试虽然在技术上有所突破，但是距离满足患者的舒适度和咀嚼功能需求还相差甚远。

进入18世纪，法国牙医Pierre Fouchard出版了世界上第一部牙科专著《口腔外科学》，其中详细描述了可摘义齿的制作方法，为现代牙科学的建立奠定了坚实的基础。到了19世纪，随着工业革命的推进，新材料和新技术的出现为全口义齿的发展带来了新的机遇。19世纪40年代，橡胶开始被广泛应用于义齿制作中，因其良好的弹性和逼真的外观，逐渐取代了传统的材料。1843年，美国人Charles Goodyear发明了硫化橡胶的工艺技术，并将其应用于义齿基托的制作，这大大降低了义齿的加工成本，使得假牙从贵族阶层的奢侈品转变为普通大众也能承受的适用品。然而，橡胶义齿仍然存在一些问题，如容易变形和滋生细菌。1855年，Putman利用失蜡法制作出了橡胶基托，进一步推动了义齿制作技术的进步。

进入20世纪初，塑料的发明为全口义齿带来了革命性的变化。与此同时，牙科医生们也在不断改进义齿的设计和制作工艺，使其更加符合人体口腔的生理结构和功能需求。到了20世纪50年代初，义齿基托材料由热固橡胶向丙烯酸树脂过渡，这进一步提高了义齿的舒适度和耐用性。随着高分子化学和材料科学的飞速发展，全口义齿的制作工艺和材料选择变得更加多样化。20世纪50年代，丙烯酸树脂因其轻便、透明和逼真的特点，成为制作全口义齿的首选材料。现代全口义齿通常由基托和人工牙两部分组成，基托部分采用丙烯酸树脂，人工牙则多采用瓷或高分子材料制成（图 2-1）。20 世纪 90 年代，仿生毛细纤维树脂材料的出现，进一步提升了义齿的性能和舒适度。

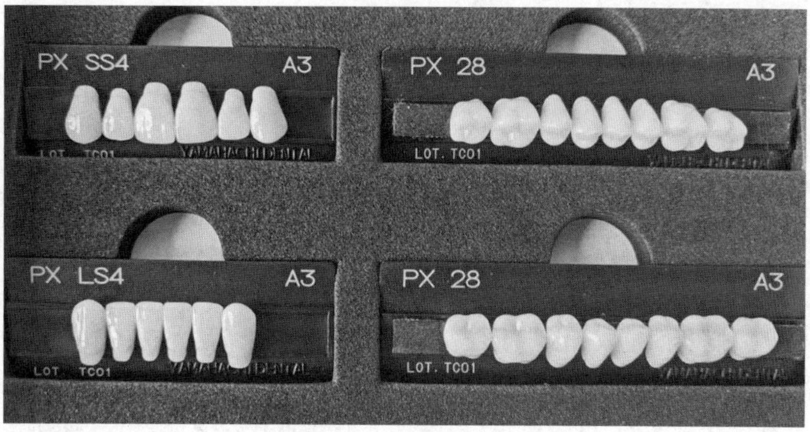

图 2-1　树脂人工牙

二、殆架发展史

殆架的发展史可以追溯到 19 世纪末，当时牙科技术正处于起步阶段。早期的殆架主要用于制作假牙，其设计相对简单，功能有限。随着科技的进步和牙科技术的不断发展，殆架逐渐变得更加精密和多样化。

进入 20 世纪初，殆架的设计开始出现重大改进。1914 年，美国牙科医生威廉·斯图尔特发明了第一台可调节的殆架，使得牙科医生能够更准确地模拟患者的口腔情况。这一发明极大地提高了假牙的制作精度和舒适度。到了 20 世纪中叶，殆架技术进一步发展。20 世纪 50 年代，电子技术开始应用于殆架的设计中，使得殆架的调节更加精确和便捷。20 世纪 60 年代，计算机技术的引入使得殆架的制造和调节更加自动化，大大提高了生产效率。进入 21 世纪，殆架技术迎来了革命性的变革。随着三维打印技术的普及，牙科医生可以利用患者的口腔扫描数据，直接在计算机上设计和制造个性化的殆架。这种技术不仅提高了制作精度，还大大缩短了制作时间。近年来，殆架技术继续向着智能化和个性化方向发展。此外，虚拟现实（virtual reality，VR）和增强现实（augmented reality，AR）技术也被应用于殆架的设计和制作过程中，使得牙科医生能够更加直观地观察和调整患者的口腔模型。

三、现代全口义齿进展

进入 21 世纪，数字化技术的应用为全口义齿的发展带来了新的突破。计算机辅助设计（computer aided design，CAD）和计算机辅助制造（computer-aided manufacturing，CAM）技术使得义齿的制作更加精确和高效。通过三维扫描和建模，牙科医生可以为患者量身定制个性化的全口义齿，大大提升了佩戴的舒适度和功能性。展望未来，随着生物材料学和人工智能技术的不断发展，全口义齿有望实现更高的生物相容性和智能化水平。总之，全口义齿的发展史是一部科技进步与医学创新相结合的辉煌篇章。随着科技的不断进步，全口义齿将继续为全球数以百万计的无牙颌患者带来福音，帮助他们重获自信和美好的生活。

任务二　全口义齿的分类

随着口腔医学和修复技术的迅猛发展与持续创新，全口义齿修复已超越了传统的人工牙通过塑料基托承载的单一方法。新材料、新技术和新理论的不断涌现与应用，显著提升了全口义齿修复的多样性和效果。目前，人工牙和基托材料的选择极为丰富；固位方式也发展为可摘式、半可摘式（配备辅助固位装置），以及固定式；支持形式包括黏膜支持式、混合支持式（覆盖式全口义齿），以及根支持式（利用残根、种植体）；排牙方式也各有侧重，有的注重平衡𬌗，有的依据生理解剖标志，还有的强调中性区位置。为了使全口义齿修复过程更加系统化、简化，便于讨论、记录、统计分析、研究，以及进行科学的修复设计并指导制作，全口义齿修复还可依据以下分类进行。

一、根据牙列缺失的情况进行分类

（一）全颌全口义齿

全颌全口义齿指上下颌牙列全部缺失情况下的全口义齿修复。在这种情况下，上下颌牙列都需要通过人工牙进行重建。

（二）单颌全口义齿

单颌全口义齿指上颌或者下颌的一方牙列缺失时的“半口”义齿修复，因此也被称为半口义齿。牙列缺失的一方需要制作单颌全口义齿。对颌可以是完整的天然牙列，也可以是部分牙缺失已经修复或需要采用其他方法进行修复。

二、根据牙列缺失后开始修复的时间进行分类

牙齿缺失后，牙槽嵴会经历一个修复过程，通常伤口愈合需要大约 1 周的时间，而牙槽嵴吸收修复则大约需要 3 个月。临床上，根据不同时段的具体情况，可以选择不同的修复方法。

（一）长期性全口义齿（择期全口义齿）

长期性全口义齿（择期全口义齿）是全口义齿的常规修复方法，是牙列缺失 3 个月以上，牙槽骨修复吸收趋于稳定后制作的全口义齿。

（二）即刻全口义齿

即刻全口义齿又称预成全口义齿，是在患者尚有天然牙时预先制作好的，当牙齿拔除后立即戴入的全口义齿。

（三）过渡性全口义齿

过渡性全口义齿是介于以上两种义齿修复时段之间的一种义齿，即在伤口愈合后到牙列缺失3个月以内制作的全口义齿。

三、根据义齿结构和支持形式进行分类

（一）黏膜支持式全口义齿

黏膜支持式全口义齿主要由人工牙与基托组成，殆力主要依靠基托下的黏膜和黏膜下组织承担。患者可以自行摘戴。这是传统的全口义齿修复方法。

（二）混合支持式全口义齿

混合支持式全口义齿主要由人工牙和基托组成，但是在基托组织面可装有辅助固位与传导殆力的装置，殆力由黏膜、黏膜下组织及部分残根、种植体等共同承担。此种义齿有的装有附着体等固位装置，摘戴时需采用一定方法或在专业指导下进行。例如，覆盖式全口义齿。

（三）根支持式全口义齿

此类义齿结构比较复杂，一般由人工牙、残根（含根内、根上装置）、种植体及连接件构成，一般无基托，殆力全部由残根或种植体传导。患者不能自行摘戴。例如，全颌固定式种植义齿。

▶任务拓展

虚拟殆架

虚拟殆架在现代牙科领域中扮演着越来越重要的角色。随着CAD/CAM技术的不断发展，虚拟殆架的应用范围也在不断扩大。在虚拟殆架的帮助下，牙科医生可以更精确地设计和模拟修复方案。通过三维扫描患者的口腔，生成详细的数字模型，医生可以在计算机上进行各种复杂的修复设计。虚拟殆架技术通过精确测量患者的口腔数据，可使医生可以为每个患者量身定制最适合的修复方案。这种个性化的治疗不仅提高了修复体的舒适度和美观度，还大大减少了患者的不适感和调整时间。随着虚拟殆架的不断发展，未来的牙科修复将更加智能化和自动化。此外，新材料和新技术的引入也将为虚拟殆架带来更多的可能性，使牙科修复更加高效、精准和个性化。

【任务评价】

详见表2-1。

表 2-1　全口义齿发展历程任务评价表

任务	评价要点	分值
一	说出全口义齿材料的发展史	10
	阐述𬌗架的发展史	10
	解释全口义齿的进展	10
二	说出全口义齿的分类	10
	区分全颌和单颌全口义齿	20
	区分长期性、即刻、过渡性全口义齿	20
	区分黏膜、混合、根支持式全口义齿	20

考试知识点总结

项目小结

协和云课堂……　拓展练习及参考答案

（孙　蕾　蒋　丽）

项目三　与全口义齿相关的口腔解剖学与组织学知识

教学课件

项目目标

素质目标

强化精益求精的工匠精神，为能够制作精准全口义齿而深入探究无牙颌的解剖学和组织学的相关内容。

知识目标

（1）掌握：全口义齿制作与无牙颌解剖标志点的关系，牙列缺失后骨组织的改变，无牙颌的分区。

（2）熟悉：全口义齿的表面结构。

（3）了解：义齿间隙和中性区的定义。

能力目标

能分析和解决全口义齿制作和修复过程中遇到的问题。

微课：与全口义齿相关的解剖学和组织学知识

项目案例

【案例】

患者，女，68 岁。因长期牙周病导致牙齿逐渐脱落，目前全口无牙。患者希望恢复咀嚼功能，并改善面部形态。口腔检查发现，患者的牙槽嵴有不同程度的吸收，且左右两侧不对称；口腔黏膜健康，无明显炎症。患者有高血压病史，目前血压控制稳定。

【问题】

1. 描述无牙颌的解剖标志点，并解释它们在全口义齿制作中的重要性。
2. 阐述无牙颌的分区，并说明这些分区如何影响义齿的设计和制作。
3. 针对此案例，分析在全口义齿制作过程中可能遇到的挑战，并提出解决方案。

【项目分析】

牙列缺失后，口腔软硬组织会因为缺乏正常的咬合刺激而发生一系列的组织改变。这些改变与全口义齿的修复密切相关，因此在进行全口义齿的设计和制作时，需要充分了解无牙颌的解剖标志点、分区，以及义齿的结构和间隙等核心内容。这些知识不仅有助于理解患者口腔内的具体状况，还有利于选择合适的义齿基托材料和设计，以确保义齿的稳定性和舒适度，从而为设计出既符合美观又具备功能性的义齿提供科学依据。在治疗过程中，应注意保护患者的口腔软组织和硬组织，避免损伤或感染，故需区分好无牙颌根据组织结构特点划分的不同区域，并对无牙颌模型进行相应的处理，这样可以利用各结构的生理特点，使全口义齿获得理想的固位和稳定，从而在义齿间隙内充分发挥其功能。一个设计良好的义齿不仅要有良好的外观，还要保证有足够的强度来承受日常使用中的磨损。同时，适当的义齿表面设计能够促进食物残渣的自然排出，防止细菌滋生，从而维护口腔健康。

任务一　无牙颌的应用解剖

牙列缺失患者的颌骨称为无牙颌。全口义齿的制作与无牙颌的解剖标志（图 3-1）有着密切的关系。

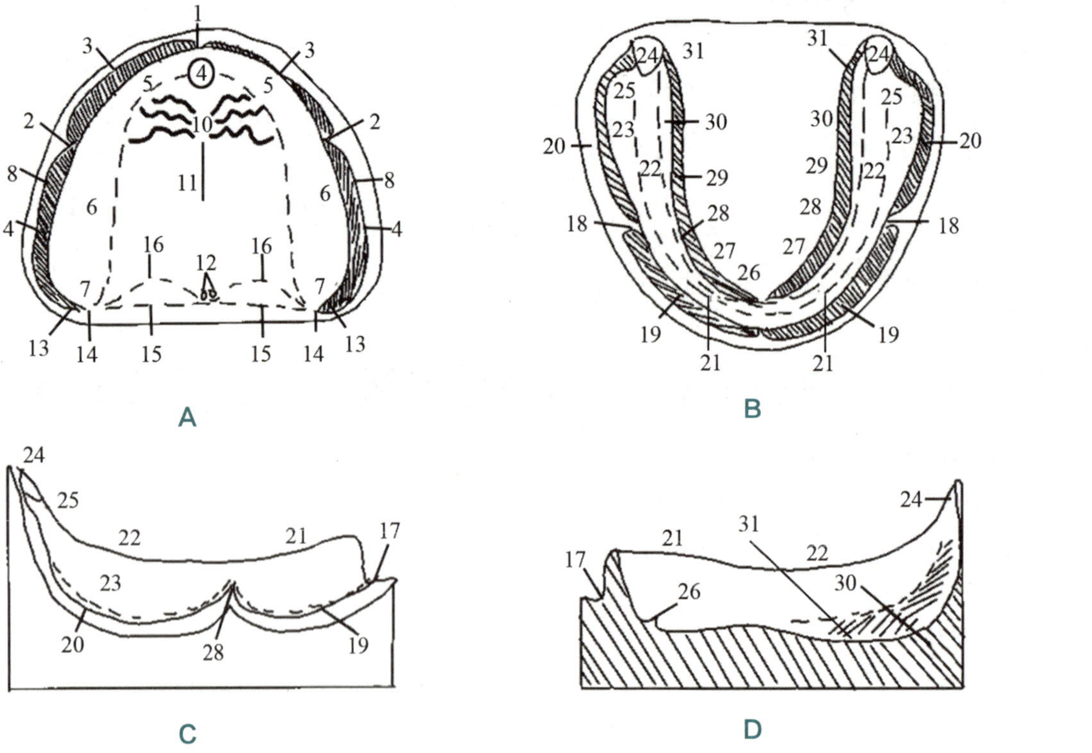

1. 上唇系带；2. 上颊系带；3. 上颌唇侧前庭沟；4. 上颌颊侧前庭沟；5. 上颌前部牙槽嵴；6. 上颌后部牙槽嵴；7. 上颌结节；8. 颧突；9. 切牙乳突；10. 腭皱；11. 上颌硬区；12. 腭小凹；13. 翼上颌切迹；14. 翼下颌韧带；15. 后颤动线；16. 前颤动线；17. 下唇系带；18. 下颊系带；19. 下颌唇侧前庭沟；20. 下颌颊侧前庭沟；21. 下颌前部牙槽嵴；22. 下颌后部牙槽嵴；23. 颊棚区；24. 磨牙后垫；25. 远中颊角区；26. 舌系带；27. 舌下腺；28. 下颌隆突；29. 口底黏膜反折；30. 下颌舌骨嵴；31. 下颌舌骨后窝。

图 3-1　无牙颌解剖标志

A. 上颌𬌗面观；B. 下颌𬌗面观；C. 下颌颊面观；D. 下颌舌面观。

一、牙槽嵴

牙槽嵴（alveolar ridge）是支撑天然牙列的基础结构。当牙列缺失后，牙槽嵴会经历逐渐吸收和改建的过程，最终形成无牙颌状态下的牙槽嵴。该部位表面覆盖着一层高度角化的复层鳞状上皮，而其下的黏膜下层与骨膜紧密相连，这使得该区域能够承受较大的咀嚼压力。相比之下，在接近口腔前庭沟与口底交界处，覆盖于牙槽嵴上的被覆黏膜则表现出不同特点，这里的上皮缺乏角化层，且黏膜下层较为松软、具有更大的活动度，因此不具备承受重压的能力。此外，上下颌的牙槽嵴将整个口腔划分为两个主要部分，即位于外侧的口腔前庭区，以及内侧的口腔本部区域。

二、口腔前庭

口腔前庭（oral vestibule）是一个潜在的间隙，它位于牙槽嵴与唇颊黏膜之间。在这个区域内，黏膜下层是由疏松的结缔组织构成的，它为全口义齿的唇颊侧基托提供了必要的支持。在设计全口义齿时，基托的边缘应该伸展到黏膜反折皱襞的位置，以确保基托边缘的封闭性。这样的设计不仅能够提高义齿的稳定性和舒适度，还能够减少食物残渣的滞留，从而保持口腔清洁和健康。此区域从前向后的主要解剖标志点如下。

（一）唇系带

唇系带（labial frenum）位于口腔前庭内，相当于原中切牙近中交界线的延长线上，它是一个扇形或线形的黏膜皱襞，是口轮匝肌的附着部。上唇系带与下唇系带相对应，但下唇系带通常不如上唇系带明显。由于唇系带随唇的功能活动有较大的运动范围，因此在设计全口义齿的唇侧基托时，应该在此区域形成相应的切迹，以不妨碍唇系带的运动，从而有利于义齿的固位。因唇系带运动方向主要是上下，左右方向的运动幅度较小，故唇系带相应部位的切迹可制作得深而窄。

（二）颊系带

颊系带（buccal frenum）位于前磨牙牙根部，是类似唇系带的黏膜皱襞，呈扇形，数目不定，多为 1 ～ 2 条。上下颌左、右两侧均有颊系带，全口义齿的颊侧基托在此部位也应制成相应的切迹，以不妨碍颊系带的运动，从而有利于义齿的固位。因颊系带的动度比唇系带小，故颊系带对应部位的切迹可制作得浅而宽。颊系带将口腔前庭分为前弓区和后弓区，唇颊系带之间的区域为前弓区，颊系带之后的区域为后弓区。

（三）颧突

颧突（zygomatic process）位于上颌后弓区，具体而言，它相当于左右两侧上颌第一磨牙根部的骨性突起。该区域的表面黏膜相对较薄，因此在制作全口义齿基托时，应针对此部位对应的基托组织面进行适当的缓冲处理，以免出现压痛或形成支点，从而影响义齿的固位和稳定。

（四）上颌结节

上颌结节（maxillary tuberosity）作为上颌牙槽嵴两侧远端显著的圆形骨性突起，其结构复杂而精细，该区域深层附着有颊肌，表面则覆盖着黏膜组织，上颌结节的颊侧与颊黏膜之间自然形成了一个空间，称为颊间隙。正常情况下，上颌结节的颊侧多呈现明显的倒凹形态，全口义齿基托应覆盖上颌结节并伸展入颊间隙，以此增强义齿的固位效果。若患者双侧上颌结节的颊侧骨突过于显著，可能会对义齿基托的伸展造成阻碍，影响到义齿的整体稳定性和功能性。针对此类情况，临床上可通过外科手术的方式，精确去除过凸的骨突部分，以优化义齿基托的适配性和固位需求。

（五）颊侧翼缘区

颊侧翼缘区（buccal flange area）处于下颌后弓区，即下颌颊系带与咬肌下段前缘之间的区域。当下颌后部牙槽嵴吸收变平坦时，该区域也被称为颊棚区（buccal shelf）。其外界为下颌骨外缘，内侧是牙槽嵴的颊侧斜坡，前界为颊系带，后界是磨牙后垫。此区域覆盖着致密的皮质骨，骨小梁的排列方向与受力方向近乎垂直。义齿基托在此区域内能够较大范围地伸展，可承受较大的力，此区域非常适宜支撑义齿，有利于义齿的固位和稳定。

（六）远中颊角区

远中颊角区（distobuccal angles area）处于颊侧翼缘区的后方，而在咬肌下段前缘的前方。由于受到咬肌前缘活动的限制，义齿基托边缘在此区域无法过多地伸展，一旦伸展过度，不仅会引发压痛，而且在咬肌活动时会造成义齿上升而脱位。

三、口腔本部

口腔本部（dental headquarters）位于上下牙槽嵴的舌侧，上部是腭穹隆，下部是口底，也被称为固有口腔。它是食物进入食管的必经通道，同时也是舌体运动的主要空间。该区域内从前向后的主要解剖标志点如下。

（一）切牙乳突

切牙乳突（incisive papilla）是位于上颌腭中缝的前端，处于上中切牙腭侧的一个梨形、卵圆形或不规则的软组织突起。其下方是切牙孔，鼻腭神经和血管从中通过。由于该处不能承受压力，所以覆盖这一区域的义齿基托组织面应进行适当的缓冲处理，以防止压迫切牙乳突而引发疼痛。

切牙乳突是上颌中一个重要且稳定的解剖标志。它与上颌中切牙之间存在相对稳定的位置关系，因此在排列上颌中切牙时，切牙乳突是一个关键的参考标志。具体来说，两个上颌中切牙的交界线应以切牙乳突为基准；上颌中切牙的唇面应位于切牙乳突中点前方 8 ～ 10mm 处；而上颌两侧尖牙牙尖顶的连线则应通过切牙乳突中点的前后 1mm 范围内（图 3-2）。当牙列缺失后，由于上颌骨唇侧骨板吸收较快，以及牙槽嵴的显著吸收，会导致切牙乳突前移。因此，在上颌前部缺失较多的情况下，上颌两侧尖牙牙尖顶间的连线应当位于切牙乳突的后缘。

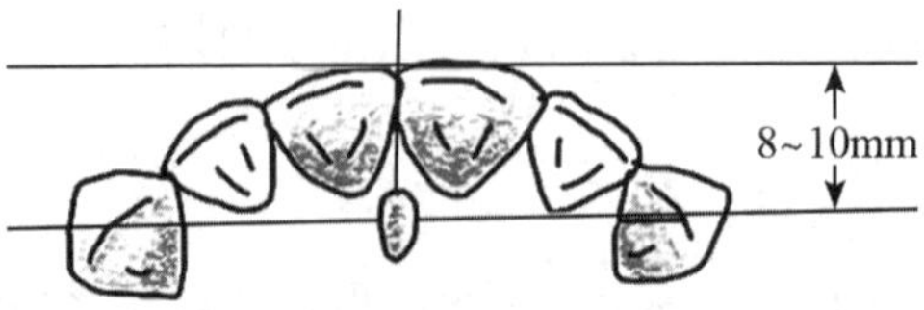

图 3-2　切牙乳突为排列上颌前牙的标志

（二）腭皱

腭皱（palatal rugae）位于上颌腭侧前部，处于腭中缝的两侧。它是由致密纤维结缔组织构成的不规则波浪形软组织横嵴，具有辅助发音的功能。在年轻人身上，腭皱突起较为明显，而随着年龄的增长，会逐渐变得平缓。

（三）上颌硬区

上颌硬区（hard area）位于上颌的中部前方，该区域的骨组织呈现梭形嵴状隆起，也被称为上颌隆突。由于上颌隆突表面的黏膜较薄，因此义齿基托在此处的组织面应进行适当的缓冲处理，以避免产生压痛，同时防止因压力导致的义齿左右翘动或折裂。大多数情况下，上颌隆突较为平坦，但个别情况下隆突过大可能会影响义齿基托的伸展，此时可以在修复前通过外科手术进行切除。

（四）腭小凹

腭小凹（palatine fovea）位于上腭中缝后部的两侧，处于软硬腭连接处的稍后方。它是口内黏液腺导管的开口部位，通常并列，左右各有一个。在制作上颌全口义齿时，义齿基托的后缘应位于腭小凹之后大约 2mm 处。

（五）颤动线

颤动线（vibrating line）位于软腭与硬腭交界的部位，是当患者发出“啊”音时，软腭发生颤动，从而标记出软腭可动部分后缘的一条假象线，因此又称“啊”线或后颤动线。这条线大约在软腭腱膜和软腭肌的连接区域。前颤动线则位于硬腭和软腭的连线区，大约在翼上颌切迹与腭小凹的连线上（图 3-3）。前后颤动线之间的区域称为后堤区，该区域的宽度为 2 ～ 12mm，平均 8.2mm，并且具有一定的弹性。在制作上颌全口义齿时，义齿基托后缘的组织面应在后堤区的相应部位制备成一定形状的微型突起，形成后堤。这样可以对此处黏膜产生轻微压迫，起到良好的边缘封闭作用。根据腭部的形态，后堤区可分为三种类型（图 3-4）。

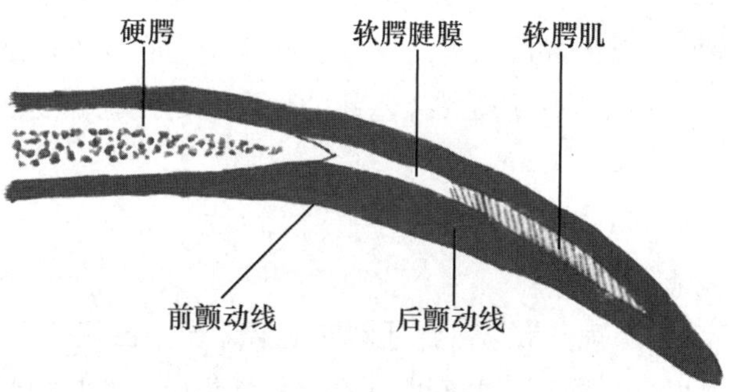

图 3-3　前后颤动线的位置

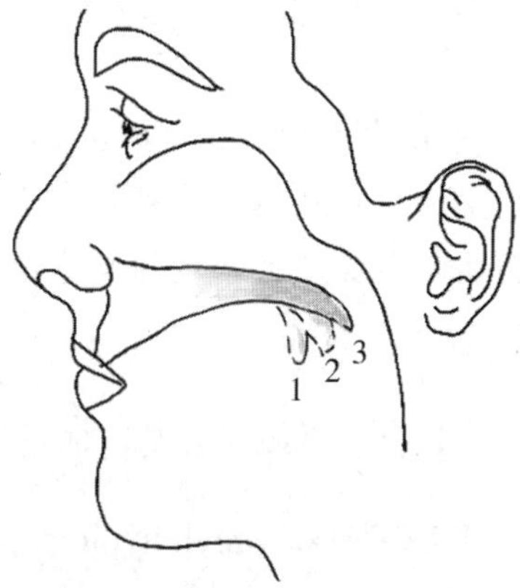

1. 第一类；2. 第二类；3. 第三类。

图 3-4　腭部穹隆与后堤区的关系

第一类：硬腭高拱，软腭向下弯曲明显，后堤区较窄，不利于义齿的固位。

第三类：腭穹隆平坦，软腭较长，软硬腭几乎水平向后连接，后堤区前后向较宽，有利于义齿的固位。

第二类：腭部形态介于第一类和第三类之间，亦有利于义齿的固位。

（六）腭穹隆

腭穹隆（palatal vault）呈拱形，由硬腭和软腭组成，其中软腭位于后部。硬腭的前 1/3 覆盖着高度角化的复层鳞状上皮，其下方与紧密的黏膜下层相连，能够承受较大的咀嚼压力。硬腭的后 2/3 则含有较多的脂肪和腺体，而腭中缝部位为上颌隆突。根据形态，腭穹隆可以分为高拱形、中等形及平坦形三种类型。

（七）翼上颌切迹

翼上颌切迹（pterygomaxillary notch）位于上颌结节之后，是蝶骨翼突与上颌结节后缘之间的骨间隙。该区域表面覆盖着黏膜，形成软组织凹陷，成为上颌全口义齿两侧后缘的界限。此外，翼上颌切迹也是上颌后部口腔前庭与口腔本部的交界处。

（八）舌系带

舌系带（lingual frenum）位于口底的中线部，是连接舌腹与口底的黏膜皱襞，呈扇形，动度较大。在制作全口义齿时，舌侧基托在此部位应形成切迹，以免影响和限制舌的活动，避免压伤舌系带并防止义齿脱位。

（九）舌下腺

舌下腺（sublingual glands）位于舌系带的两侧，左右各一。舌下腺可随下颌舌骨肌的运动下降或上升。在制作全口义齿时，舌侧基托边缘伸展在此区内不应过长，否则会影响舌的运动，容易导致义齿脱位。然而，如果舌下腺区域的软组织对舌侧前部义齿基托形成包裹，则有助于下颌义齿的固位和稳定。

（十）下颌隆突

下颌隆突（torus mandibularis）位于下颌牙槽嵴两侧前磨牙区舌侧，是一个骨性隆起。个体差异显著，隆起程度、形状和大小各不相同。由于表面覆盖的黏膜较薄，义齿基托组织面在此处应适当缓冲。如果下颌隆突过分突出，其下方会形成显著的倒凹，妨碍义齿基托的伸展，因此在修复前需要通过手术切除。

（十一）下颌舌骨嵴

下颌舌骨嵴（mylohyoid ridge）位于下颌骨后部的舌面，从第三磨牙斜向前磨牙区，由宽变窄，又称“内斜线”。该区域表面覆盖的黏膜较薄，其下方有不同程度的倒凹。在制作义齿时，基托边缘应盖过此嵴，并在组织面做适当缓冲，以免产生压痛。

（十二）舌侧翼缘区

舌侧翼缘区（lingual flange area）是下颌全口义齿舌侧基托边缘与口底黏膜接触的区域，从前向后包括舌系带、舌下腺、下颌舌骨肌、舌腭肌、翼内肌和咽上缩肌。舌侧翼缘区的后部称为下颌舌骨后窝（retromylohyoid space），这是位于下颌舌骨嵴后下方的凹陷区域，也被称为下颌舌骨后间隙。其后外侧为咽上缩肌和翼内肌，后内侧为腭舌骨肌和舌的侧面，下方为下颌舌骨肌的后缘、咽上缩肌及下颌下腺。在制作下颌义齿时，舌侧后部基托应向下越过下颌舌骨嵴，向外侧弯曲，伸展至下颌舌骨后窝。进入下颌舌骨后窝的基托部分可抵抗义齿向前、向上脱位。下颌舌骨后窝的深度因人而异，越深者下颌义齿的固位效果越好。为了使义齿顺利就位，应从后上向前下方向戴入。

（十三）磨牙后垫

磨牙后垫（retromolar pad）是位于下颌最后磨牙牙槽嵴远端的黏膜软垫，呈梨形、圆形或卵圆形，由疏松的结缔组织构成，含有黏液腺。下颌全口义齿基托后缘应盖过磨牙后垫 1/2 ～ 2/3，以利于义齿的边缘封闭，同时应避免压迫。磨牙后垫常作为指导人工牙排列的标志：①从前后向看，下颌第二磨牙应位于磨牙后垫前缘；②从垂直向看，磨牙后垫可决定下颌殆平面的位置，下颌第一磨牙的殆平面应与磨牙后垫 1/2 等高；③从颊舌向看，磨牙后垫颊面、舌面向前与下颌尖牙的近中面形成一个三角形，下颌后牙的舌尖应位于此三角形内（图 3-5）。

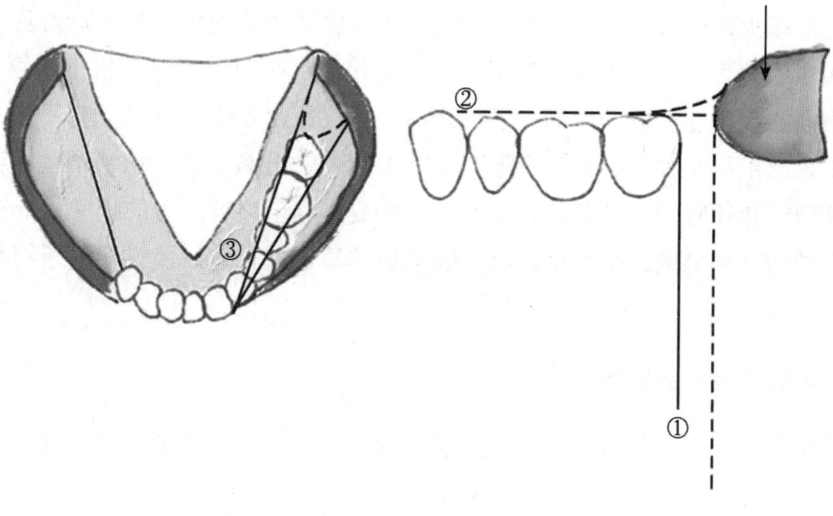

①前后向；②垂直向；③颊舌向。箭头示磨牙后垫。

图 3-5　磨牙后垫对下颌人工排列的标志

任务二　牙列缺失后的组织改变

牙列缺失对口腔的咀嚼功能影响尤为显著。患者因失去牙齿而无法有效切割和研磨食物，导致胃肠液分泌减少，进而影响消化功能，最终可能干扰营养吸收及整体健康状况。此外，发音也会受到影响，尤其是唇齿音和舌齿音的清晰度会降低。面部下方 1/3 区域由于缺乏牙齿支撑而出现垂直距离缩短、唇颊部塌陷，以及褶皱增加等现象，使患者面容显得更加衰老。随着时间推移，这种情况还可能导致牙槽嵴、口腔黏膜、颞下颌关节、咀嚼肌乃至神经系统发生一系列不利变化。不仅如此，牙列缺失还会对个人的社交活动产生负面影响，并给患者带来极大的心理压力。

一、剩余牙槽嵴的吸收

（一）剩余牙槽嵴的形成

剩余牙槽嵴（residual alveolar ridge）是指牙齿缺失后遗留下来的、呈嵴状的牙槽骨及其覆盖的黏膜组织。在拔牙之后，牙槽窝内形成的血凝块会逐步机化转变为肉芽组织，与此同时，周围的牙龈黏膜上皮细胞开始向创口迁移并最终覆盖整个伤口区域；而在此过程中，肉芽组织内部也会逐渐发展出新的骨质。随着拔牙创口的愈合进程，牙槽突经历了一个骨吸收的过程，导致其高度下降，形成了一种中间较高、朝向唇颊侧及舌腭侧逐渐降低的独特嵴状结构。此外，牙槽骨在水平方向上的宽度也有所缩减。当牙槽突发生不均匀性的骨质流失时，还可能出现尖锐的骨尖现象。

（二）剩余牙槽嵴的吸收特点

无牙颌剩余牙槽嵴自形成之日起便持续经历骨改建过程，其主要特征为持续性骨吸收，表现为牙槽嵴骨量的逐渐减少，以及高度与宽度的不断减小。由于个体差异、疾病阶段及部位不同，无牙颌患者的牙槽嵴吸收速度和程度各异。通常，下颌牙槽嵴的吸收速度显著快于上颌，约为上颌的 4 倍，且前部牙槽嵴的吸收速度快于后部。下颌牙槽嵴吸收速度较快的原因：上颌总义齿承托区面积是下颌的 1.8 倍（上颌平均 22.96cm^2，下颌平均 12.25cm^2），导致下颌牙槽嵴单位面积受力约为上颌的 2 倍；上颌牙槽嵴和硬腭的黏膜及黏膜下组织特性更有利于咀嚼压力的缓冲；上颌骨的解剖结构更有利于咬合力的传导和分散；咀嚼运动时下颌义齿的稳定性较差，使得下颌牙槽嵴更容易受到不利的作用力。

（三）剩余牙槽嵴吸收的影响因素

牙槽嵴吸收是一个慢性、进行性且不可逆的过程，将持续终生。随着这一过程的发展，上下颌骨会逐渐失去其原有的形状和大小。牙槽嵴吸收受到多种因素的影响。

1. 牙槽嵴吸收与缺牙的时间有关 剩余牙槽嵴的吸收过程可以分为两个阶段。第一阶段为拔牙后的半年内，尤其是在前 3 个月（伤口愈合期），这是剩余牙槽嵴的形成阶段。在此阶段，骨吸收速度最快，形态变化最显著。3 ～ 5 个月，吸收速度逐渐减慢。大约 6 个月后，吸收速率显著下降，进入第二阶段，即长期稳定的低水平吸收阶段。一般来说，无牙颌的时间越长，牙槽嵴的吸收量越多，牙槽嵴的丰满度相对越差，但也有个别情况下牙槽嵴吸收不明显。

2. 牙槽嵴吸收与缺牙的原因有关 牙周病是一种以持续破坏牙根周围骨组织，导致牙齿松动和脱落为特征的疾病。因此，由牙周病引起的牙列缺失在初期就常伴有明显的牙槽嵴吸收现象。相比之下，龋病或根尖病导致的牙齿拔除，其局部牙槽嵴的萎缩程度会因病程持续时间的长短，以及拔牙创伤的大小而有所不同。一般来说，单纯拔牙造成的骨吸收量显著少于拔牙后进行牙槽嵴修整术的情况。

3. 牙槽嵴吸收与骨质致密度有关 不同部位的骨质致密程度存在差异，一般骨质疏松部分吸收大于骨质致密部分。上颌牙槽嵴的唇颊侧骨板较腭侧骨板薄且疏松，因此吸收速度较快，导致上颌牙槽嵴向上向内吸收。这使得上颌无牙颌弓逐渐变小，牙槽嵴顶位置越来越偏向腭侧，颌弓前部的牙槽嵴顶逐渐靠近切牙乳头，后部宽度越来越窄。同时，腭穹隆逐渐变浅，甚至与牙槽嵴顶平齐。相反，下颌牙槽嵴的舌侧骨板较唇颊侧骨板薄且疏松，其吸收方向是向下向外，与上颌骨相反。这导致下颌无牙颌弓逐渐变大，牙槽嵴顶位置越来越偏向唇颊侧。严重的牙槽嵴吸收会导致上下颌无牙颌弓的宽度及水平位置关系不协调。在严重吸收的情况下，下颌无牙颌骨可吸收至基骨（下颌骨本体），后部可能低于外斜嵴，前部可能低于棘突，颏孔可能位于牙槽嵴顶。而上颌切牙乳突、腭中缝两侧的硬腭水平部分，以及下颌磨牙后垫的位置和形态改变最少。

4. 牙槽嵴吸收与患者全身健康状态和骨质代谢有关　全身健康状况差、营养不良和骨质疏松患者的牙槽嵴吸收速度较快。剩余牙槽嵴作为全身骨骼系统的一部分，其局部变化与整体骨代谢紧密相关。这些变化受多种因素影响，包括基因、内分泌状况、全身健康、运动习惯和营养摄入等。

5. 牙槽嵴吸收与颌骨受力有关　上颌牙弓的义齿承托面积约为下颌牙弓承托面积的 1.8 倍，因此下颌单位面积受力较大，下颌剩余牙槽嵴的平均吸收速率是上颌的 3 ～ 4 倍。正常的咀嚼力对牙槽嵴可形成良好的生理性刺激，有利于牙槽嵴的血液循环和代谢。缺失咀嚼力的牙槽嵴会产生失用性萎缩，但超出生理限度的咀嚼力也会加快牙槽嵴的吸收。因此，牙槽嵴的吸收与修复义齿合适与否及修复效果好坏有关。故全口义齿应做必要的修改，或进行周期性更换以适应牙槽嵴的吸收，避免颌骨局部受力集中，从而减缓牙槽嵴的吸收。

二、软组织的改变

（一）黏膜的改变

覆盖牙槽嵴和硬腭部分的黏膜称为咀嚼黏膜（masticatory mucosa）。咀嚼黏膜的上皮有角化层，黏膜下层致密且有弹性，与骨膜结合紧密，活动度小。因此，咀嚼黏膜具有良好的韧性和弹性，能够承受较大的咬合压力。随着牙槽嵴的不断吸收，咀嚼黏膜的面积逐渐减少，并逐渐转化为被覆黏膜（lining mucosa）。被覆黏膜的上皮较薄，无角化层，黏膜下层疏松且活动度大，因此其承受咬合压力的能力较差，容易发生压痛和创伤。

（二）舌体的改变

正常人的舌被限制在下颌牙列以内，舌的运动与下颌牙列有着协调的关系。牙列缺失后，如果长时间不进行全口义齿修复，舌体失去牙齿的限制，活动空间变大。同时，在咀嚼功能中，舌体会代偿性增大，充满整个口腔，与颊部内陷的软组织接触。这可能导致舌后缩的习惯，占据口腔后部空间，舌尖内陷，使口腔前部空间（包括口底前部）变得空虚。无论是舌体肥大还是舌后缩，都会影响全口义齿的修复效果。

（三）面部形态的改变

由于牙列缺失和牙槽嵴的持续吸收，不能维持面下 1/3 高度和唇颊组织的丰满度，导致面下 1/3

高度降低，下颌向前上旋转和前伸，颏部前突、颏唇角丧失，面部表情肌肌张力降低，唇颊软组织塌陷，鼻唇沟加深，口唇垂直向皱纹加深，口唇过度闭合，唇红缘变薄，口角下垂。患者的面部形态呈现衰老的面容。

任务三　无牙颌的分区

无牙颌各部分的组织结构有所不同，在全口义齿修复中发挥不同的作用。为了确保全口义齿获得足够的固位、稳定性和支持，并恢复功能，同时尽可能保护剩余组织的健康，需要充分利用各部位的解剖生理特点。

图 3-6
彩图

根据无牙颌的解剖结构特点及其与全口义齿修复的关系，可以将无牙颌划分为四个主要区域：主承托区、副承托区、缓冲区和边缘封闭区。每个区域在全口义齿的固位、稳定性和支持方面都发挥着独特的作用（图 3-6）。

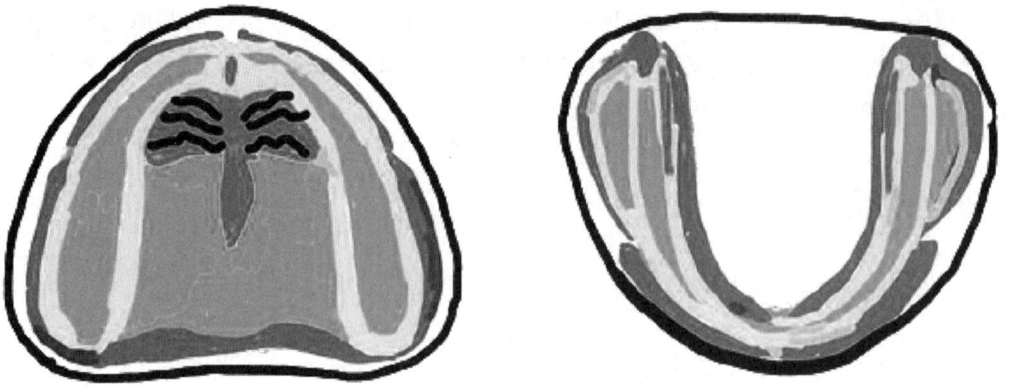

1. 绿色，主承托区；2. 黄色，副承托区；3. 红色，缓冲区；4. 蓝色，边缘封闭区。

图 3-6　上下无牙颌的功能分区

一、主承托区

主承托区（primary stress-bearing area）指垂直于𬌗力方向的区域，包括上下颌牙槽嵴顶、除上颌硬区之外的腭部穹隆的水平区和颊棚区等。这一区域的骨组织上覆盖着咀嚼黏膜，具有高度角化的复层鳞状上皮，其下方有致密的黏膜下层附着，坚韧且富有弹性，能够承担主要的咀嚼压力，并抵抗义齿基托的碰撞而不会导致组织创伤。因此，在全口义齿人工牙（尤其是后牙）排列时，应尽可能使𬌗力垂直作用于主承托区。同时，义齿基托与主承托区黏膜应紧密贴合。当牙槽嵴过度吸收变成刃状或变得低平时，应减轻咬合力，同时充分利用颊棚区和腭穹隆的水平部分，以增强组织的支持作用。

二、副承托区

副承托区（secondary stress-bearing area）即与咀嚼力方向成一定角度的区域，涵盖上下颌牙槽嵴的唇侧、颊侧和舌腭侧斜面（硬区除外）。该区域与主承托区之间并无明确分界线，此区域上皮角化程度较低，且骨面覆盖有黏膜、黏膜下层，黏膜下层结构较为疏松，并含有脂肪、腺体组织和肌肉附着点。副承托区部位的上皮角化程度较低，承受义齿支持力的能力较弱，由于副承托区的支持力较弱，且其受力方向与垂直咬合力成一定角度，组织承受的压力并非垂直于黏膜表面，因此无法承受较大的压力。义齿基托需与副承托区黏膜紧密贴合，以协助主承托区分担部分咀嚼压力。若全口义齿制作时副承托区受力过大，如人工牙排列位置偏离牙槽嵴顶，易导致黏膜压痛和牙槽骨吸收加速。

三、缓冲区

缓冲区（relief area）是指需要特别处理以减轻咀嚼压力的区域，涵盖颧突、上颌结节的颊侧、上颌隆突、切牙乳突、下颌隆突、下颌舌骨嵴，以及牙槽嵴上的骨尖、骨棱等部位。这些部位的黏膜覆盖较薄，无法承受咀嚼压力，戴义齿后易产生压痛。因此，与硬区相对应的义齿基托组织面应进行缓冲处理，以避免因压迫导致疼痛或形成支点，从而影响义齿的稳定性。

四、边缘封闭区

边缘封闭区（border seal area）即与义齿基托边缘接触的软组织区域，涵盖上下颌前庭沟底、系带附着部、舌侧黏膜反折处、上颌后堤区和下颌磨牙后垫区。这些区域的黏膜下含有大量疏松结缔组织，无法承受咀嚼压力，但能够与义齿基托边缘紧密贴合并包裹其边缘，有效防止空气进入基托与组织之间，从而产生良好的边缘封闭作用。这种封闭作用使基托和黏膜间保持负压状态，确保义齿的固位和稳定。

任务四　义齿功能区域

一、义齿间隙

义齿间隙（denture space）是指在无牙颌患者口腔内为容纳义齿而存在的潜在空间（图 3-7），这个空隙是由于天然牙齿缺失及随后发生的牙槽嵴吸收所形成的。值得注意的是，义齿间隙的大小在同一个体也会随缺牙时间的长短不同而变化。通过调整人工牙排列位置、调整义齿基托的厚度和伸展范围，可以使全口义齿充满在这个间隙中，从而恢复因牙齿缺失和组织缺损造成的面容改变，同时又不妨碍唇、颊、舌侧肌肉的正常活动。

二、中性区

中性区（neutral zone）是指义齿应位于唇颊肌肉的舌向作用力与舌肌的唇颊向作用力相平衡的

区域（图 3-8）。如果义齿过于偏向唇颊侧或过于偏向舌腭侧，会因为唇颊向和舌向肌肉力量的不平衡导致义齿不稳定，进而影响义齿的功能恢复和支持组织的健康。通常情况下，当人工牙排列接近牙槽嵴顶时，通常即处于水平力量平衡的中性区内。为了更精确地确定中性区的位置，可以采用特殊印模方法来指导排牙，并据此确定义齿基托的磨光面形态。

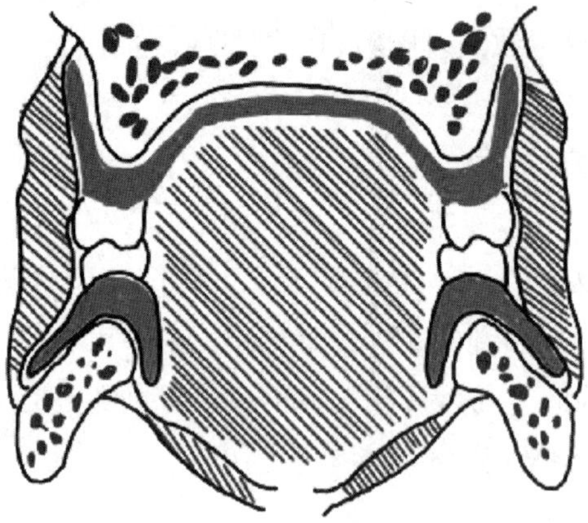

图 3-7　义齿间隙

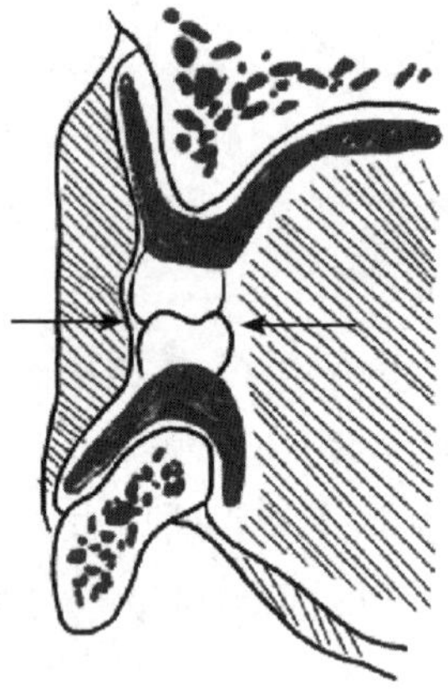

图 3-8　人工牙位于唇颊肌与舌肌力量平衡的中性区

三、义齿表面

全口义齿由人工牙和基托两部分组成。人工牙附着在基托上，用于恢复缺失牙齿的形态和咬合功能。基托吸附在支持组织之上，使义齿获得固位和稳定，并将人工牙咬合产生的咬合力传导至支持组织，同时还有恢复缺损牙槽嵴组织形态的作用。全口义齿有三个表面，即组织面、咬合面和磨光面，对义齿的固位、稳定和舒适度有很大的影响（图 3-9）。

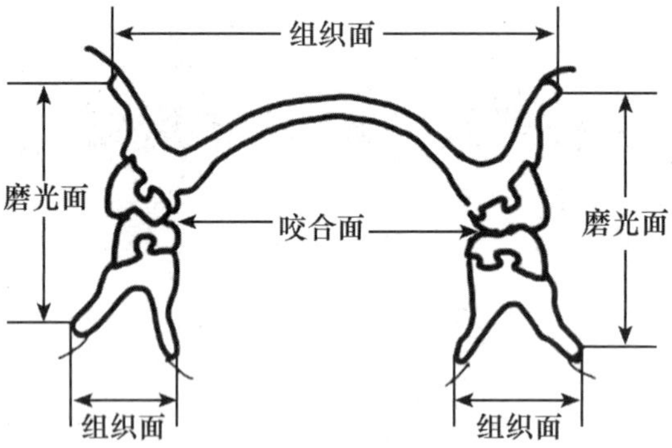

图 3-9　义齿表面

（一）组织面

组织面（tissue surface）是义齿基托与义齿承托区黏膜组织接触的表面。为了确保义齿的稳定性，组织面必须与无牙颌的形态保持一致，并且紧密贴合口腔黏膜，有利于产生吸附力和实现边缘封闭，使全口义齿在口腔内获得固位，并传导咬合力以获得组织支持。同时，在缓冲区应避免对黏膜造成压迫。

（二）咬合面

咬合面（occlusion surface）是上下颌人工牙咬合接触的面。在咬合过程中，咀嚼肌所产生的咬合力通过人工牙的咬合面传递到基托组织面所接触的支持组织上。为了确保支持组织受力均匀分散，同时保持义齿的稳定性并减少有害的水平向作用力，上下颌人工牙应实现均匀接触和咬合平衡。

（三）磨光面

磨光面（polish surface）是指义齿与唇、颊和舌接触的部分。磨光面的形态、基托边缘厚度、人工牙排列在颊舌向位置等都在理想的状态下，唇颊和舌侧组织有助于义齿的稳定并抵抗脱位。磨光面一般制成凹形，以便通过唇颊舌肌的作用使义齿基托贴附于牙槽嵴上，有助于义齿的固位和稳定。如果磨光面的外形过于突出，在周围组织功能活动时容易产生脱位力。义齿磨光面是使义齿保持稳定的表面，唇颊向和舌腭向的肌肉作用力都会作用在磨光面上，唇颊舌肌力量处于平衡状态。

▶任务拓展

数字化全口义齿

随着科技的发展，数字化技术在口腔医疗中的应用日益广泛，尤其是数字化全口义齿的兴起，为患者提供了更精准、舒适的治疗体验。传统的全口义齿制作过程烦琐且耗时，需多次就诊和试戴调整，而数字化全口义齿通过计算机辅助设计和制造技术，简化了流程。数字化全口义齿不仅能确保义齿与患者口腔形态完美匹配，提高舒适度和稳定性，数字化技术还能实现对义齿的精细调整，满足不同患者的特殊需求。数字化全口义齿提高了治疗效果，具有减少人为误差、缩短治疗周期、降低材料浪费等优点，成为现代口腔修复领域的重要发展方向。数字化全口义齿为口腔医疗领域带来了革命性变化，随着技术的不断进步和完善，未来将有更多人受益于这种高效、精准的治疗方法。

【任务评价】

详见表 3-1。

表 3-1　与全口义齿相关的口腔解剖学和组织学相关知识任务评价表

任务	评价要点	分值
一	解释牙槽嵴的特点	10
	说出口腔前庭主要解剖标志点	10
	说出口腔本部主要解剖标志点	10
	解释无牙颌解剖标志对全口义齿修复的指导意义	10

续 表

任务	评价要点	分值
二	阐述剩余牙槽嵴的形成及吸收特点	10
	分析剩余牙槽嵴吸收的影响因素	10
	说明牙列缺失后的软组织改变	10
三	说出无牙颌的分区部位	10
	解释无牙颌分区与全口义齿修复的关系	10
四	说明义齿间隙与中性区的关系	5
	区分义齿表面	5

考试知识点总结

项目小结

协和云课堂…… 拓展练习及参考答案

（孙 蕾）

项目四　与全口义齿相关的生理学知识

教学课件

微课：与全口义齿相关的生理学知识

项目目标

素质目标

具备良好的职业道德、仁爱之心、团队精神，具备全口义齿生理学知识相关的人文素养和科学素养。

知识目标

（1）掌握：全口义齿的殆型及平衡殆的概念、分类。

（2）熟悉：全口义齿的固位和稳定因素。

（3）了解：实现平衡殆的条件。

能力目标

培养学生自主学习能力和临床思维能力，在全口义齿排牙过程中能达到平衡殆并取得良好的固位和稳定。

项目案例

【案例】

患者，女，78岁。口内无天然牙，一周前做全口义齿修复。现复诊主诉义齿在咀嚼食物时易出现翘动和脱落现象，但说话和张闭口正常。经医生检查发现左侧牙槽嵴上方的软组织有压痕和轻微红肿现象，右侧牙槽嵴及其软组织正常。通过进一步检查修复体，发现义齿在进行左侧咀嚼时，工作侧的上颌颊尖和下颌颊尖接触，上颌舌尖和下颌舌尖接触，但平衡侧无接触点。医生和技师沟通后进行右侧尖牙高度修整，达到平衡殆。

【问题】

1. 影响全口义齿的固位和稳定的相关因素有哪些？
2. 如何实现全口义齿平衡殆？

【项目分析】

随着我国国民经济的持续发展和人民的健康水平不断提高。人们对全口义齿修复在咀嚼功能和美容美观方面提出了更高的要求。平衡𬌗的建立是全口义齿修复成功的关键。18 世纪末，平衡𬌗的概念最早是由 Gysi 提出，一经提出即被接受，并广泛用于指导全口义齿的排牙和选磨等制作过程，沿用至今。

任务一　全口义齿𬌗型与平衡𬌗

一、全口义齿𬌗型

𬌗型指人工牙的𬌗面形态特点，以及由此确定的上下颌牙列的咬合和滑动接触关系。全口义齿𬌗型选择的基本原则是与患者的口腔条件及其适应能力相宜，行使咀嚼功能时保持稳定；尽可能使人工牙承受的𬌗力垂直且均匀地传导向牙槽嵴顶，同时尽可能减小侧向力；最大限度地避免损伤支持组织的同时，恢复咀嚼、美观和发音功能。

全口义齿的𬌗型整体上分为解剖式𬌗型和非解剖式𬌗型（图 4-1）。解剖式𬌗型泛指解剖式人工牙，咬合方式以两侧𬌗平衡类𬌗型和舌向集中𬌗类𬌗型为代表；非解剖式𬌗型以平面𬌗型（包括线性𬌗型）为主。

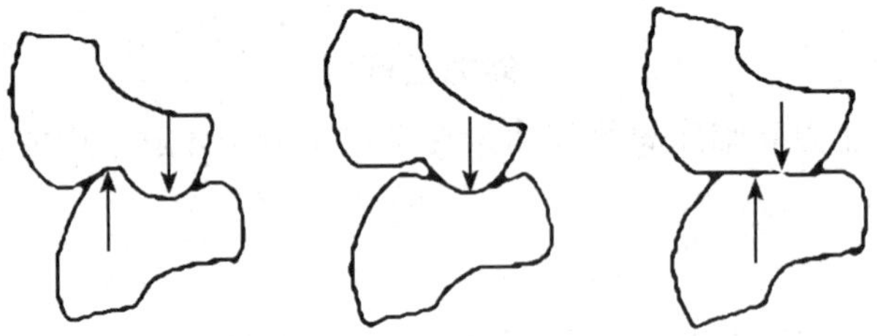

图 4-1　常见𬌗型

A. 两侧𬌗平衡类𬌗型；B. 舌向集中𬌗类𬌗型；C. 平面𬌗类𬌗型。

（一）两侧𬌗平衡类𬌗型

两侧𬌗平衡类𬌗型是指正中𬌗（牙尖交错𬌗）时除前牙外，上下颌后牙的同名牙尖工作斜面互相紧密咬合；侧方运动时包括前牙在内，工作侧的上下颌前方牙尖工作斜面与后方牙尖工作斜面互相接触滑动，平衡侧的𬌗平衡小面互相接触滑动，以此确保义齿的两侧𬌗平衡；前方运动时，前牙与后牙上的前方牙尖工作斜面互相接触滑动，确保义齿全面𬌗平衡。

（二）舌向集中𬌗类𬌗型

该𬌗型的接触集中在舌侧、舌向，均为上颌牙舌尖与下颌牙窝沟的接触。特点是下颌后牙的中央窝宽阔，使上颌舌尖与下颌牙的中央窝的接触滑动自如，在一定程度上消除了侧向力，保持了较高的咀嚼效率，更易于实现平衡𬌗。不仅实现非解剖式牙的自由运动，同时保持了解剖式牙的美观及其食物穿透力强的特征。原则上两侧𬌗平衡类人工牙也适用于舌向集中𬌗。

（三）线性𬌗型

其特点是上颌后牙单颌为平面牙，下颌为颊尖刃状牙，无论在正中𬌗还是非正中𬌗接触时，只产生垂直向𬌗力，可以把使义齿倾斜的力降到最低点，大大减小了侧向力从而增加义齿的稳定性；在刃的舌侧有食物压碎区，帮助提高咀嚼效率。线性𬌗型的固位稳定性良好，咀嚼效能高，适应证广，戴牙时间长，适用于牙槽嵴严重吸收者，可预防牙槽骨吸收。

二、平衡𬌗的概念

全口义齿的平衡𬌗是指下颌处于正中及前伸、侧方时，上下颌相关人工牙都能保持同时接触的咬合关系。其主要表现为义齿在非正中颌位时，上下颌人工牙列保持有三点或者多点的平衡接触，使义齿不撬动、不脱落。平衡𬌗是在人工牙排列过程中，通过将人工牙排列形成一定的咬合曲线，或调整上下颌人工牙的覆𬌗、覆盖关系等来实现的。

平衡𬌗是全口义齿咬合形式与天然牙列咬合形式的最主要区别。天然牙列的后牙在下颌前伸运动时无𬌗接触；侧方运动时，非工作侧的后牙也无接触。而全口义齿在下颌前伸及侧方运动过程中则必须保持三点或多点的平衡𬌗接触，这是因为当下颌作非正中运动时，上下颌义齿如只有前牙或单侧后牙接触，由于杠杆力量作用，局部应力就会使义齿发生翘动和脱位。全口义齿的人工牙和基托作为一个整体共同发挥作用，人工牙借基托形成一个整体，附着在无牙颌的黏膜表面，固定在口腔内。当义齿的某一个部分受力时，可影响整个义齿，使义齿产生松动或脱位。原则上，全口义齿需具备平衡𬌗。

三、平衡𬌗的分类

1. 正中平衡𬌗　正中平衡𬌗指正中𬌗时，上下颌人工牙，前牙无𬌗接触，双侧后牙尖窝交错（图 4-2），存在最广泛的均匀接触关系（图 4-3）。

2. 前伸平衡𬌗　前伸平衡𬌗是指下颌从正中𬌗位依切道及髁道向前下运动到上下前牙切缘相对，再滑动到正中𬌗的过程中，前牙及双侧上下颌后牙保持接触关系。根据下颌前伸至上下颌前牙对刃时，上下颌后牙接触数目的多少，分为三点、多点与完全接触的平衡𬌗。

（1）三点接触平衡𬌗：指下颌向前运动到上下颌前牙切缘相对的过程中，不仅上下颌前牙接触，且两侧最后磨牙间各有一牙尖也保持接触关系（图 4-4）。

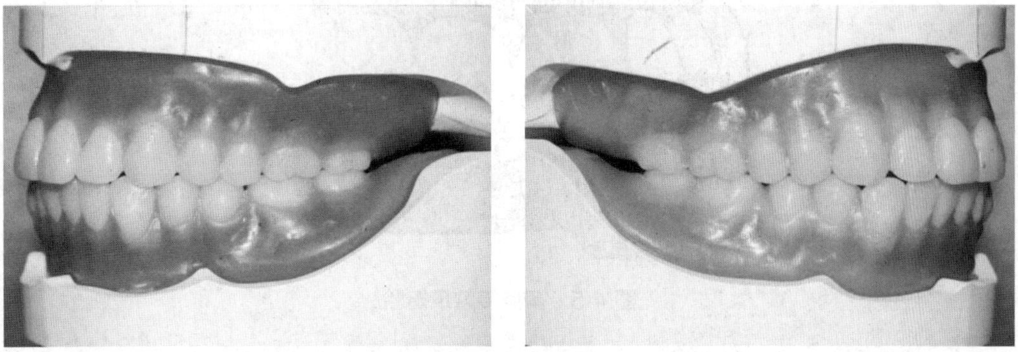

A　　　　B

图 4-2　正中平衡𬌗，左右两侧后牙尖窝交错

A. 左侧唇颊面观；B. 右侧唇颊面观。

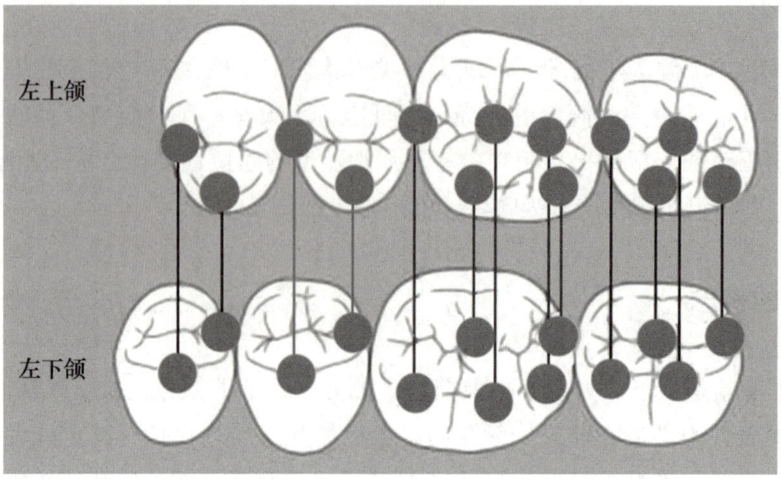

图 4-3　正中平衡䢆，存在最广泛的均匀接触关系

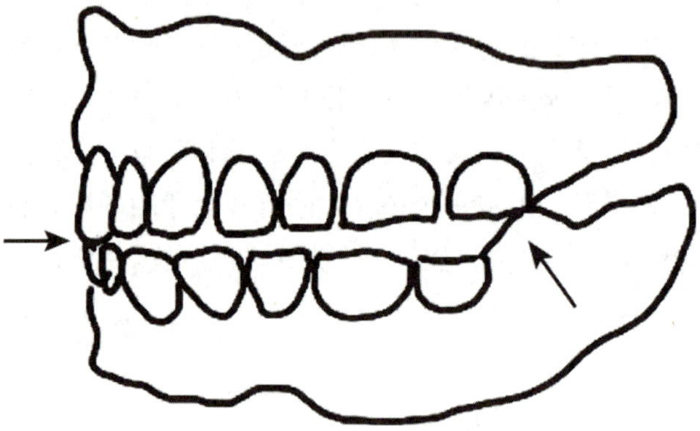

图 4-4　三点接触平衡䢆

（2）多点接触平衡䢆：指下颌向前运动到上下颌前牙切缘相对的过程中，不仅上下颌前牙接触，且两侧最后磨牙间有两点接触外，至少还有一牙尖保持接触关系（图 4-5）。

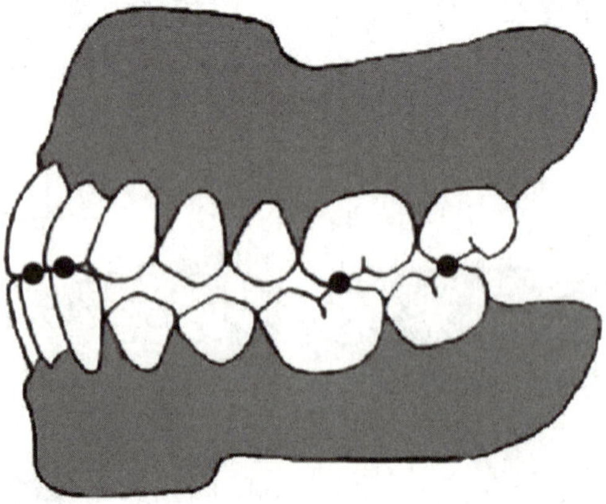

图 4-5　多点接触平衡䢆

（3）完全接触平衡䢆：指下颌向前运动到上下颌前牙切缘相对的过程中，上下颌各个人工牙均保持接触关系（图 4-6）。

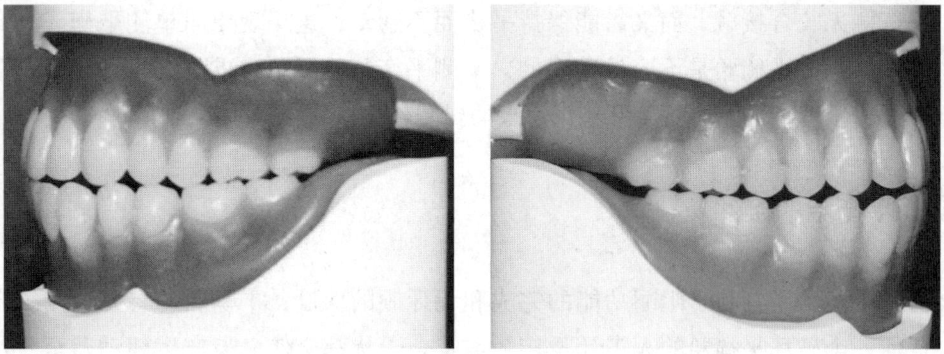

A　　B

图 4-6　完全接触平衡殆

A. 左侧；B. 右侧。

3. 侧方平衡殆　侧方平衡殆是指下颌侧方运动至工作侧上下颌后牙颊尖相对，再滑动至正中殆过程中，工作侧上下颌牙同名牙尖相接触，非工作侧上颌牙舌尖与下颌牙颊尖接触。非工作侧称平衡侧（图 4-7）。

如上所述，从正中颌位（牙尖交错位）起，下颌侧方运动时工作侧的上颌颊尖与下颌颊尖接触，上颌舌尖与下颌舌尖接触，在平衡侧上颌舌尖与下颌颊尖接触，该咬合方式称为双侧平衡殆，又称全面平衡殆。正中殆位是每次咀嚼循环的始终位置。如果没有平衡殆，义齿在侧方运动过程中无法保持稳定，易脱位或翘动，因受力不均损伤支持组织。从修复学角度看，两侧平衡殆在全口义齿修复中是需要的，以维持义齿的稳定，增强固位。

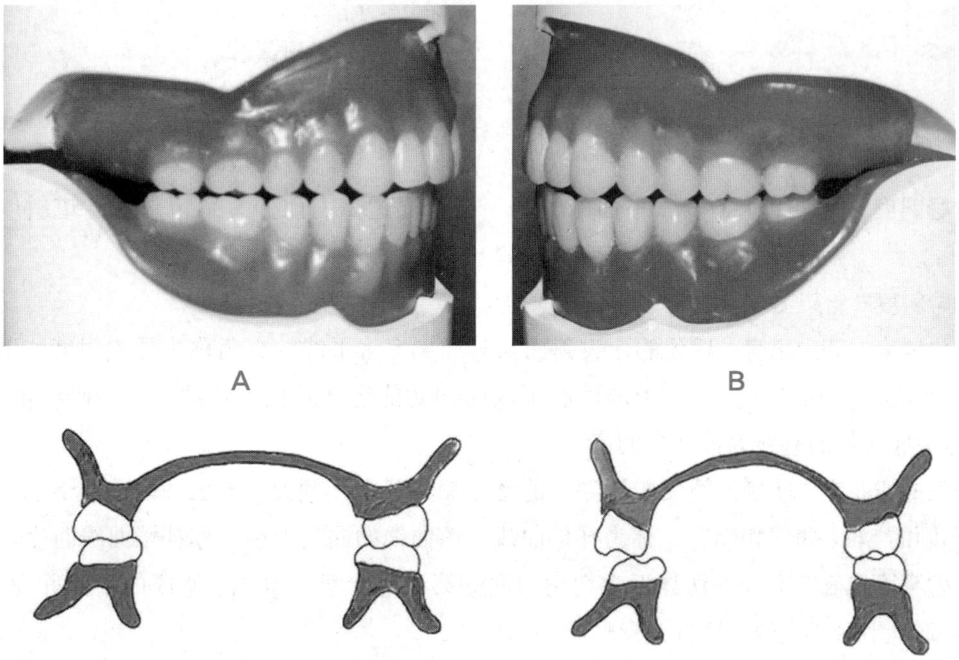

A　　B

C

图 4-7　侧方平衡殆

A. 工作侧；B. 平衡侧；C. 侧方平衡殆后面观。

4. 单侧平衡殆　戴用全口义齿咀嚼食物时，工作侧上下颌牙的殆面之间有食物间隔，在食物被咬穿之前，平衡侧无咬合接触，而义齿能保持平稳而不翘动，这一现象叫单侧平衡。其实在全口义齿咀嚼食物初期，侧方平衡𬌗是不容易实现的，单侧平衡𬌗显得尤为重要。建立此平衡重要的条件是将人工牙排列在牙槽嵴顶并加强义齿基托边缘的封闭作用。

四、实现平衡𬌗的条件

全口义齿的平衡𬌗，有利于咀嚼功能的完成和无牙颌的保健，平衡𬌗的有无直接决定了义齿的成功与否，任何一个破坏平衡𬌗的人工牙早接触或咬合干扰都会使义齿产生翘动乃至脱位，从而使全口义齿不能在口腔内发挥良好的功能，致使义齿基托下的软组织产生压痛，受到损害。因此提出了平衡𬌗的理论，其中 Gysi 在 1908 年提出的同心圆学说最为著名。Gysi 认为髁道、切道和牙尖工作斜面同为同心圆上的一段截弧（图 4-8）。1926 年 Hanau 据此提出了全口义齿平衡𬌗的五因素、十定律。

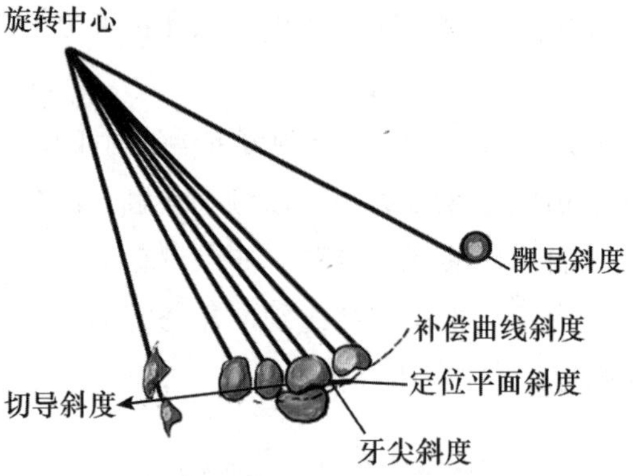

图 4-8　同心圆学说——前伸平衡𬌗的五因素

（一）五因素

1. 髁导斜度　𬌗架上髁槽与水平面的交角。可以通过口内前伸关系记录的髁道斜度在𬌗架上重现。

2. 切导斜度　𬌗架上切导盘与水平面的交角。

3. 牙尖斜度或牙尖高度　后牙的牙尖斜面与其牙尖底水平线的交角称为牙尖斜度。下颌后牙颊尖的近中斜面与上颌后牙颊尖的远中斜面在下颌前伸功能运动时相互摩擦，承担研磨食物的功能。牙尖顶向牙尖底所做的垂线为该牙尖的高度。

4. 补偿曲线曲度　连接上颌尖牙牙尖，前磨牙颊尖及磨牙颊尖，形成一段凸向下的弧线，这条弧线恰与下颌的 Spee 曲线相吻合，称为补偿曲线。该曲线的曲度大小，称补偿曲线曲度。

5. 定位平面斜度　上颌中切牙近中切角与两侧第二磨牙颊尖顶相连所成的平面称为定位平面。定位平面与眶耳平面所交的角度称为定位平面斜度。

（二）十定律

1. 髁导斜度增加，补偿曲线曲度也增加。
2. 髁导斜度增加，定位平面斜度也增加。

3．髁导斜度增加，牙尖斜度也增加。

4．髁导斜度增加，切导斜度减小。

5．补偿曲线曲度增加，定位平面斜度减小。

6．补偿曲线曲度增加，切导斜度也增加。

7．补偿曲线曲度增加，牙尖斜度减小。

8．定位平面斜度增加，切导斜度也增加。

9．定位平面斜度增加，牙尖斜度减小。

10．切导斜度增加，牙尖斜度也增加。

从五因素、十定律中可以看出：髁导斜度和切导斜度间为反变关系；补偿曲线曲度、牙尖斜度和定位平面斜度间为反变关系；髁导斜度或切导斜度与其余任何一种因素都是正变关系。

任务二　全口义齿固位及影响因素

良好的固位和稳定为全口义齿修复成功的基本要素。要获得全口义齿良好的修复效果，义齿必须要有良好的固位和稳定，这是全口义齿修复的先决条件。固位是指义齿抵抗从口内垂直脱位的能力。如果义齿固位不好，在张口时即容易脱位。稳定是指义齿对抗水平和转动的力量，防止义齿侧向和前后向脱位。如果义齿不稳定，在说话和咀嚼时则会侧向移位或翘动，造成义齿脱位，对牙槽嵴还将产生创伤性力量。固位是义齿发挥功能的前提和保障，也是稳定的基础。

一、全口义齿的固位原理

全口义齿能附着在上、下颌骨上，是大气压力、吸附力和表面张力等物理作用的结果。

（一）大气压力

大气压力在全口义齿固位中有显著作用。根据物理学原理，当两个物体之间产生负压，而周围空气不能进入时，外界的大气压力将两个物体紧压在一起，只有在使用一定的力量破坏了负压之后，才能将两个物体分开。全口义齿基托边缘与周围的软组织始终保持紧密的接触，形成良好的边缘封闭，使空气不能进入基托与黏膜之间，在基托黏膜之间形成负压，在大气压力的作用下，基托和组织紧密贴合而使义齿获得固位。没有良好的边缘封闭就无大气压力作用可言。使全口义齿脱位，也首先要破坏边缘封闭，使空气进入基托与黏膜之间，从而形成脱位。Skinner 等于 1953 年发现，无边缘封闭时基托的固位力大幅度减低，有边缘封闭的义齿其固位力约是无边缘封闭义齿固位力的 10 倍。因此，基托边缘封闭越好，则大气压力的作用越强。固位效果越好。

基托受到的大气压力与基托面积的大小有关，基托面积越大，义齿受到的大气压力的总和越大，固位就越好。

（二）吸附力

吸附力（adsorption）是两种物体分子之间相互的吸引力，包括附着力（adhesion）和黏着力（cohesion）。附着力是指不同分子之间的吸引力。黏着力是指相同分子之间的内聚力。全口义齿的基托组织面和黏膜紧密贴合，其间有一薄层的唾液，基托组织面与唾液，唾液与黏膜之间两种不同分子产生附着力。唾液本身分子之间产生黏着力即内聚力，从而使全口义齿获得固位。吸附力的大小与基托和黏膜之间的接触面积及密合程度也有关。接触面积越大、密合度越高，其吸附力也就越大。

吸附力的大小与唾液的质和量有关，在一定范围内，如果唾液的黏稠度高、流动性小，可以加强附着力和黏着力，从而增强了义齿的固位。相反，如果唾液的黏稠度低、流动性大，则固位力减少。但唾液过于黏稠，不易压缩成一薄膜，也不利于固位。唾液分泌量少时，患者口腔干燥，义齿固位困难，且口腔黏膜组织脆弱易受损坏，产生疼痛和炎症。

（三）表面张力

防止基托与黏膜表面之间有空气进入，要靠唾液内部分子之间的相互吸引力，外层分子受到内部分子的吸引力，产生向液体内部的趋势，而使表面形成半月形的液体表面，这就是表面张力所造成的。两个物体表面之间的间隙越小，所形成的半月形液体表面越完全，表面张力也就越大。如果物体表面的间隙较宽，半月形液体表面被牵引，当表面张力不能维持两个表面接触或半月形液体表面破裂时，空气就会进入基托的组织面和组织之间。此时义齿基托和黏膜之间的唾液被分成两层，全口义齿出现脱位现象。1874 年，Stefan 用以下公式表达分开两个中间夹有液体膜的圆形盘所需要的力：

$$f = 2\pi r^2 C/4t^2 + 2y/h \qquad \text{（式 4-1）}$$

式中，f 为力；r 为盘子的半径；h 为作用时间；t 为两盘间距离；y 为表面张力；C 为黏度。

两圆盘之间的固位力与盘的面积、液体黏度和液体膜的表面张力成正比，与盘间距离的平方成反比。

全口义齿的固位力中吸附力和表面张力的发挥与义齿基托的覆盖面积、基托与黏膜的密合程度及唾液的黏稠度有直接关系。

二、影响全口义齿固位的因素

（一）颌骨的解剖形态

根据固位原理，吸附力、大气压力等固位力的大小与基托面积大小成正比，颌骨的解剖形态直接影响到基托面积。因此，颌弓宽大、牙槽嵴高而宽、腭穹隆高而深、系带附着距离牙槽嵴顶较远，则基托面积大，固位作用好。反之，如颌弓窄小、牙槽嵴吸收后窄而低平、腭穹隆平坦、系带附着距离牙槽嵴顶近，则义齿基托面积小，固位作用差。

（二）口腔黏膜的性质

若黏膜的厚度适宜，有一定的弹性和韧性，则基托组织面与黏膜易于密合，边缘也易于获得良好封闭，有利于义齿固位。反之，如黏膜过薄，没有弹性，则基托组织面不易贴合，边缘封闭差，义齿固位也差，并容易产生压痛。覆盖在硬腭和牙槽嵴上的黏膜致密并紧密地附着在下面的骨质上，有利于对义齿的支持。在唇、颊、舌沟处的黏膜，因含有疏松的黏膜下层组织，义齿边缘伸展到移行皱襞，容易获得良好的边缘封闭，也有利于义齿的固位。

（三）基托的边缘形态及伸展范围

基托边缘伸展范围、厚薄和形态，对于义齿的固位非常重要。在不妨碍周围组织正常活动的情况下，基托边缘应尽量伸展，基托边缘厚薄及形状应与相应的软组织间隙一致，并与移行黏膜保持紧密接触，获得良好的封闭作用，以对抗义齿的脱位力。

在上颌，基托唇颊边缘应伸展到唇颊沟内。在唇、颊系带处的基托边缘应做成切迹以免妨碍系带的活动。在上颌结节的颊侧间隙处，基托边缘应伸展到颊间隙内，以利于固位。基托后缘应止于软硬腭交界处的软腭上，此区黏膜组织有弹性，基托边缘可在此区稍加压（形成后堤区），形成良好的封闭，防止空气进入基托与组织之间而破坏负压状态，可以加强义齿后缘的封闭作用。义齿后缘两侧应伸展到翼上颌切迹。

在下颌，基托的唇颊边缘应伸展到唇颊沟内，舌侧边缘应伸展到口底。唇、颊、舌系带处边缘应做成切迹。基托后缘应盖过磨牙后垫的 1/2 或全部。

义齿基托边缘应尽可能圆钝，且与黏膜皱襞紧密接触，以获得良好的边缘封闭，加强义齿固位。

（四）唾液的质和量

唾液的黏稠度高、流动性小，可加强义齿的固位。如果唾液的黏稠度低、流动性大，则减低义齿的固位。唾液分泌量也不宜过多或过少。帕金森病患者由于共济失调，吞咽功能差，口底往往积存大量唾液，影响下颌全口义齿固位。口腔干燥症者唾液分泌量极少，义齿固位也有困难。

三、影响全口义齿稳定的因素

全口义齿有了良好的固位，并不能保证在行使功能如咀嚼、说话时不脱落，任何加在义齿磨光面和咬合面上的不稳定因素，均会使义齿受到水平或侧向力而发生移位或翘动，从而破坏边缘封闭，使义齿脱位。理想的义齿稳定要求周围组织提供抵抗水平脱位的力量。义齿的不稳定是因为人工牙的位置、磨光面的外形与唇颊舌肌功能不协调所产生的水平力量引起。因此，需从排牙、咬合关系、磨光面形态上注意，使其与唇、颊、舌肌功能运动相协调。

（一）良好的咬合关系

正常人作正中咬合时，由于有上下颌天然牙列尖窝交错面的扣锁作用，上下颌的位置关系是恒定的，而且很容易重复。全口义齿戴在无牙颌患者口内时，上下人工牙列的扣锁关系也应符合该患者上下颌的位置关系。而且上下颌牙列间要有均匀广泛的接触。这样咬合力才能有助于义齿的固位。如果义齿的咬合关系与患者上下颌的颌位关系不一致，或上下颌人工牙列间的咬合出现早接触，患者在咬合时，不但不会加强义齿的固位，还会出现义齿翘动，造成义齿脱位。因此，制作全口义齿时，良好的咬合关系极其重要。此外，全口义齿应形成合适的补偿曲线、横𬌗曲线。前伸、侧向远动时都应达到平衡𬌗，才能有利于义齿的稳定。

（二）合理的排牙

自然牙列的位置处于唇颊肌向内的力与舌肌向外的力大体相当的部位。如果全口义齿的人工牙列也排在原天然牙列的位置，人工牙也处于唇颊肌向内的力与舌肌向外的力大体相当的部位，则有利于义齿的固位。如果排牙明显偏向唇（颊）侧，或偏向舌（腭）侧，唇颊肌或舌运动时，唇颊肌或舌肌的侧向推力就很容易破坏义齿的稳定。

天然牙列完整时，舌体受到牙列的限制，不会向外膨大。牙列缺失后，有的患者舌体变大，人工牙列也应相应地调整，否则舌体的运动将推动义齿向唇（颊）侧移动、脱位。

全口义齿人工牙应尽可能排在牙槽嵴顶上，咬合力沿牙槽嵴顶传递，义齿稳定性好（图 4-9）。如果过于偏向唇、颊侧，在行使功能时产生不利的杠杆作用，使义齿发生前后或左右翘动，破坏义齿基托的边缘封闭和基托与黏膜之间的紧密贴合，致使义齿脱位。若人工牙排列的过于偏牙槽嵴顶舌侧，将会妨碍舌运动，也不利于义齿稳定。全口义齿的人工牙应按一定的规律排列，形成合适的补偿曲线、横𬌗曲线，𬌗平面应平行于牙槽嵴，尽量平分颌间距离（图 4-10）。

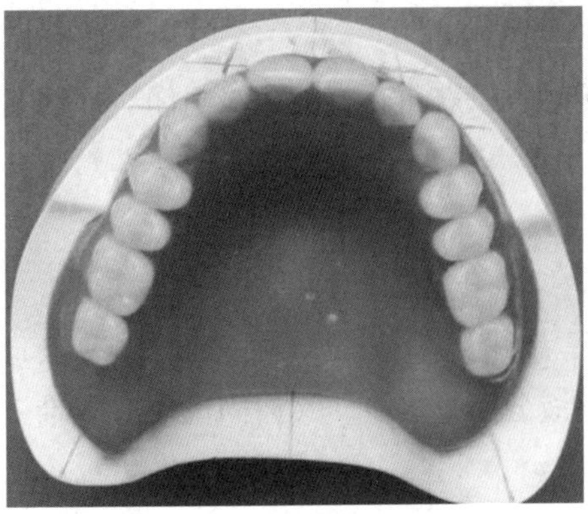

图 4-9　良好的排牙

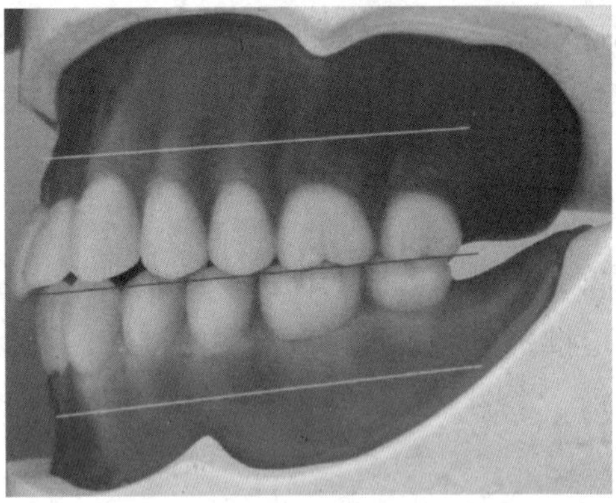

图 4-10　𬌗平面平行于牙槽嵴，平分颌间距离

上下颌作正中咬合时，𬌗面应均匀广泛地接触，前伸、侧向运动时应达到平衡𬌗，才能有利于义齿的稳定。如果正中咬合出现早接触，前伸、侧方未达到平衡𬌗，会使义齿在咀嚼时翘动，造成脱位。

（三）基托磨光面形态

义齿在口腔中的位置，应在唇、颊肌与舌肌内外力量相互抵消的区域。在行使功能的过程中，如咀嚼、说话、吞咽等动作时，唇、颊、舌肌及口底组织都参与活动，各肌收缩的力量大小和方向多不相同。为争取获得有利于义齿稳定的肌力和尽量减少不利的力量，需制作良好的磨光面形态。一般基托磨光面应呈凹面，唇、颊、舌肌作用在基托上时能对义齿形成挟持力，使义齿更加稳定（图 4-11）。如果磨光面呈凸形，唇、颊、舌肌运动时，将对义齿造成脱位力，破坏义齿固位。

全口义齿的固位和稳定，经常是相互影响的。固位和稳定作用在临床上常常难以区分，二者缺一不可。固位力强可以弥补稳定性方面存在的不足，而牙槽嵴萎缩等解剖因素造成的固位不良，又可通过改进磨光面、咬合面形态来弥补。因此，良好的固位和稳定是全口义齿修复成功的基本因素。

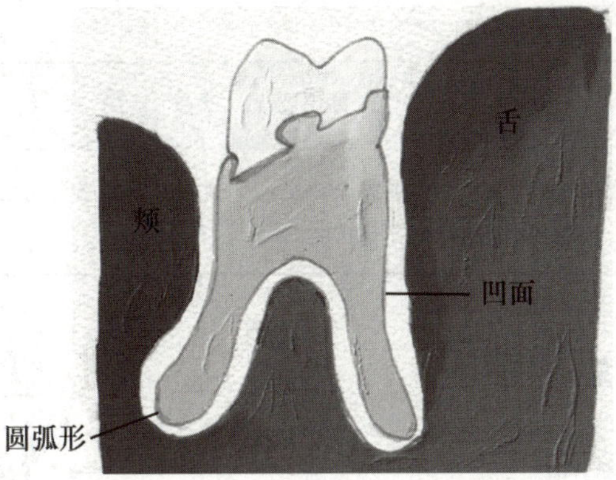

图 4-11　理想的磨光面形态与义齿稳定

▶**任务拓展**

三因素、四定律

1. 三因素　髁道斜度、切道斜度、牙尖平衡（工作）斜面斜度。

牙尖平衡斜面斜度：牙尖平衡斜面是指 7|7 近中颊尖的远中斜面（或下颌 7 远中颊尖的近中斜面），与基线的交角称作平衡斜面斜度。

2. 四定律

（1）第一定律：髁道斜度增加，牙尖平衡斜面斜度也增加。

（2）第二定律：髁道斜度增加，切道斜度减小。

（3）第三定律：切道斜度增加，牙尖平衡斜面斜度也增加。

（4）第四定律：髁道斜度增加，切道斜度减小，牙尖平衡斜面斜度增加。

【任务评价】

详见表 4-1。

表 4-1　与全口义齿相关的生理学知识任务评价表

任务	评价要点	分值
一	理解并能正确说出全口义齿𬌗型的分类及平衡𬌗的概念	20
	理解并能正确说出平衡𬌗的分类	20
	能描述平衡𬌗理论的五因素、十定律	10
二	正确复述全口义齿固位及影响因素	20
	描述全口义齿稳定的因素	10

续　表

任务	评价要点	分值
三	能运用平衡𬌗理论，调整全口义齿平衡𬌗，提高患者的咀嚼功能和舒适度，确保义齿的稳定性和功能	20

—• 考试知识点总结 •—

—• 项目小结 •—

—• 协和云课堂……　拓展练习及参考答案 •—

（沈艳玲）

项目五　与全口义齿相关的材料学知识

教学课件

项目目标

素质目标

提高创新思维和细致观察力，愿意探究与全口义齿相关的材料学知识。

知识目标

掌握：常用材料的分类、组成、性能和应用。

能力目标

具备独立选择和使用不同的全口义齿相关材料的能力。

项目案例

【案例】

李先生，男，70 岁。因多年来缺失牙齿，导致咀嚼功能严重下降，并且长期佩戴活动义齿。然而，近期他发现原有的义齿不仅固定不稳，而且由于长期使用，义齿基托部分出现了松动现象，且佩戴时感到不适。为了提高生活质量，他决定重新进行修复。经过口腔检查和患者需求评估，决定为李先生制作一副全口义齿。治疗过程需要使用多种材料，确保义齿的稳定性、舒适性和美观性。整个过程将涉及三个关键步骤：印模材料的选择与应用、模型材料的制作，以及义齿基托树脂材料的选用。

【问题】

1．为什么选择不同的印模材料可能会影响全口义齿的适配度？

2．在制作口腔模型时，如果石膏材料出现气泡或裂纹，可能会对义齿的制作产生哪些不利影响？如何避免这些问题的发生？

【项目分析】

印模材料、模型材料和义齿基托树脂材料作为全口义齿修复的基础材料，它们的选择和使用直接影响到修复效果和患者的舒适度。对于口腔技师而言，熟悉这些材料的特点与使用要求，能确保制作出的义齿在功能、舒适性及美观性上达到最佳效果。

任务一　印模材料

一、概述

微课：
印模材料

在口腔修复过程中，用于制作口腔及颌面软硬组织阴模的材料被称为印模材料（impression material）。口腔印模是对口腔相关组织复制的阴模，能够准确记录口腔内各部位组织的形态和相互关系。

印模制取是传统口腔修复中的第一步。为了获取高精度的印模，操作者不仅需要熟练的操作技能，还必须选择合适的印模材料。选材时，需了解印模材料的种类、组成、性能、适用范围及其使用要求。根据不同的精度要求和应用场景，选择合适的印模材料，以确保能够准确反映口腔组织结构，从而获得高质量的印模。

（一）理想印模材料应具备的条件

1. 具有良好的生物安全性　材料应无毒、无刺激、无致敏性及异味，确保对口腔软硬组织的安全性。

2. 具有适当的流动性、可塑性与弹性　印模材料应在凝固前具备良好的流动性和可塑性，能够在轻微压力下覆盖口腔各个细微部位，确保获得清晰、准确的印模。材料凝固后还应具备适当的弹性，以便在取出时不造成变形或损伤口腔组织。

3. 适宜的工作时间和凝固时间　工作时间：从开始调拌至材料失去流动性的时间，通常应为3至5分钟，确保临床操作的时间充裕。凝固时间：从调拌开始至材料凝固，并达到足够弹性以便确定合适的取出时间，避免凝固过快或过慢影响操作舒适度。

4. 良好的细节再现性　印模材料应能够准确复制口腔内的细节，尤其是组织的精细结构，保证修复体的精密度。

5. 尺寸稳定性　印模材料在凝固后至灌注模型前应保持稳定的形态和体积，避免因膨胀或收缩而影响精度。

6. 适当的强度　凝固后的印模应具有一定强度，不易撕裂或损坏，且在灌模时能够保持其形状和强度。

7. 化学稳定性　印模材料与模型材料应保持化学稳定性，避免发生反应或粘连，便于模型分离。

8. 便于清洁、消毒与操作　印模材料应易于清洁和消毒，操作简便且价格合理，以便于广泛应用和推广。

（二）口腔印模材料的分类

口腔印模材料种类繁多，各种材料在特定条件下（如温度或化学作用）会逐渐失去可塑性，并转变为具有弹性或非弹性的固体。因此，根据材料的特性，口腔印模材料可分为以下几种类型（表 5-1）。

1. 按弹性分类

（1）弹性印模材料：材料在凝固后能够恢复形状，适用于大多数口腔印模制作。

（2）非弹性印模材料：凝固后不能恢复形状，通常用于特定的修复需求。

2. 按凝固方式分类

（1）化学反应凝固类：通过化学反应引发材料的凝固过程，通常需要添加一定的激发剂。

（2）温度变化固化类：通过温度变化来促使材料凝固，常见于某些热固性材料。

（3）室温固化类：在常温下即可凝固，不需要额外的温度或化学反应。

3. 按是否可逆分类

（1）可逆性印模材料：材料在凝固后可以通过加热等方法恢复为可塑状态，适用于需要反复使用的场景。

（2）不可逆性印模材料：凝固后不能恢复原状，通常一次性使用。

这些分类有助于临床医生根据不同的临床需求，选择合适的印模材料，确保制作的印模具备精确的尺寸和良好的再现性。

表 5-1 常用印模材料的分类

	弹性印模材料	非弹性印模材料
可逆性印模材料	琼脂	印模膏 印模蜡 印模油泥
不可逆性印模材料	藻酸盐类 纤维素醚类 合成橡胶类	印模石膏 氧化锌印模材料

口腔印模材料种类繁多，但在实际临床中，藻酸盐类和合成橡胶类材料是最常见的两种。这些材料主要用于口腔内的印模制取，属于印模材料的主要类型。此外，另一类印模材料则用于技工室复制模型的制作，除琼脂外，还包括易熔合金（如硬铅）、齿科油泥及铸造包埋材料等。下面重点介绍几种常用于口腔内的印模材料。

二、藻酸盐印模材料

藻酸盐印模材料是一种具有弹性且不可逆的水胶体印模材料。该材料在凝固前展现出良好的流动性和可塑性，能够与模型材料不发生化学反应，凝固后则具备较好的弹性，并且在短时间内尺寸变化较小。藻酸盐印模材料使用方便且价格低廉，因而成为目前临床中应用最为广泛的印模材料之一。藻酸盐印模材料可分为粉剂型和糊剂型两种，其中粉剂型最为常用。粉剂型由粉末和水调和而成，而糊剂型则是将糊剂与胶结剂混合使用。

从成分角度来看，藻酸盐印模材料通常包含藻酸钾、藻酸钠和藻酸铵三种类型。藻酸盐是由海藻酸与氢氧化钠或氢氧化钾反应形成的盐类。海藻酸是一种天然高分子化合物，通常从海藻中提取，分子量一般在 5000 ～ 15 000，且随着分子链长度的变化，溶液的黏稠度也会相应增大。藻酸盐溶于水后呈溶胶状态，具有较高的黏度。虽然纯藻酸盐溶胶具有一定的黏性，但并不能完全满足印模材料对流动性、可塑性及弹性的要求，因此通常需要添加辅助材料，以增强其性能，确保印模的精确性和清晰度。

（一）粉剂型藻酸盐印模材料

1. 组成

（1）藻酸盐：藻酸盐是藻酸盐印模材料产生弹性的基础成分。它不溶于乙醇、乙醚等有机溶剂，粒度一般为 200 目，黏度在 30oE 以上。藻酸盐的主要作用是提供材料的弹性，确保印模凝固后的良好回弹性和稳定性。

（2）胶结剂：胶结剂通常使用二水硫酸钙，它在藻酸盐与其反应时促进凝固。二水硫酸钙在反应中释放钙离子，从而促进藻酸盐的凝结，形成坚固的印模结构。

（3）缓凝剂：由于藻酸盐与硫酸钙的化学反应速度较快，为了延缓其凝固过程并便于临床操作，常添加缓凝剂（又称迟缓剂）。常见的缓凝剂包括磷酸钠、无水碳酸钠和草酸钠等。磷酸钠在水中溶解后，能与二水硫酸钙中的钙离子结合，形成不易溶解的磷酸钙，从而延缓凝固反应，提高操作时间。

（4）填料：填料不参与凝固反应，主要起到调节强度和形态的作用。填料的加入能够增强凝固后印模材料的物理性能，确保印模的稳定性，增加硬度和抗压强度。常用的填料包括氧化锌、硅藻土、滑石粉和碳酸钙等。细小颗粒的填料有助于提高印模的光滑度和精度。

（5）氟钛酸钾：氟钛酸钾能够提高凝胶的回弹性，改善印模的弹性。它在一定浓度下可加快石膏模型的凝固速度，使石膏表面更加致密、光滑。

（6）防腐剂：为了延长印模材料的存储期和使用时间，防腐剂被加入印模材料中。常见的防腐剂有甲醛和麝香草酚等，这些成分可以有效防止材料变质。

（7）矫味剂：由于藻酸盐印模材料具有海腥味，常加入矫味剂以改善其气味，提升患者的舒适度。常见的矫味剂包括香精、薄荷油和留兰香等，这些成分能有效掩盖材料的异味，使患者使用时感到更加舒适。

藻酸盐印模材料的各个组成成分协同作用，确保了其良好的流动性、可塑性和弹性，满足了口腔临床中对印模材料的各种要求。

2. 性能

（1）凝固时间：凝固时间是指藻酸盐印模材料的混合物从开始调和至凝固为固体的时间。根据我国医药行业标准，在 20 ～ 22℃的环境温度下，藻酸盐印模材料的凝固时间一般为 2 ～ 5 分钟。

影响凝固时间的主要因素如下。

1）缓凝剂的量：缓凝剂是通过延缓藻酸盐和硫酸钙之间的化学反应来延长凝固时间。若缓凝剂的使用量较多，凝固时间会延长；若使用量较少，则凝固时间会缩短。

2）水粉比：水粉比即藻酸盐粉末和水的比例。水粉比大时，混合物中的水分较多，凝固过程会比较缓慢；而水粉比小，则水分较少，凝固时间相对较快。

3）温度：温度对藻酸盐印模材料的凝固时间有显著影响。温度越高，藻酸盐的凝固时间越短；温度越低，则凝固时间越长。因此，在临床操作中，可以通过调节温度来控制材料的凝固时间（图 5-1）。

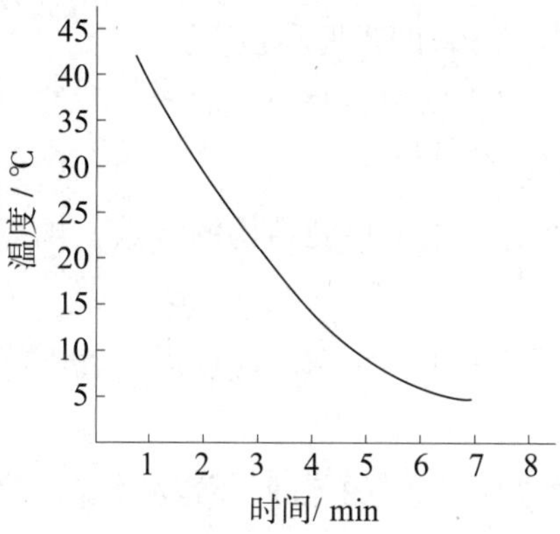

图 5-1　温度对藻酸盐印模材料凝固时间的影响

（2）流动性、弹性及强度：藻酸盐印模材料具有优良的流动性、弹性和强度。调拌时，若保持适当的稀稠度，材料在溶胶状态下流动性良好，可以顺利填充口腔内的细微结构。当材料凝固后，形成的凝胶具备一定的弹性，能够从具有倒凹的口腔组织中顺利取出，不易变形。根据相关标准，藻酸盐印模材料的压缩强度应不低于 0.35MPa，通常为 0.5 ～ 0.9MPa，能够满足常规的临床使用要求。

影响藻酸盐印模材料流动性、弹性和强度的因素如下。

1）材料的组成和各组分的含量：藻酸盐的含量、水粉比、缓凝剂和其他辅助成分的比例都会影响材料的流动性、弹性及强度。例如，藻酸盐含量较高时，材料的黏稠度较大，流动性较差；而水粉比较大时，材料会更加稀薄，流动性增强，但凝固后弹性和强度会有所降低。

2）调和时间：调和时间的长短也会影响印模材料的物理性质。若调和时间过短，藻酸盐的溶胶结构未能充分形成，弹性和强度较差；调和时间过长则可能破坏凝胶的结构，导致弹性下降，甚至影响材料的强度。

（3）尺寸稳定性：水胶体印模材料的一个重要缺点是体积不稳定。藻酸盐印模材料具有一定的吸水性，若暴露于空气中或长时间存放，容易发生渗润（吸水膨胀）或凝溢（失水收缩），这会影响印模的尺寸稳定性和准确性。因此，在制取藻酸盐印模后，必须尽快进行模型灌注。

如果印模不能立即灌模，可以采取以下措施。

1）浸泡于固定液中：固定液一般由 1% ～ 2% 的硫酸钾（K_2SO_4）、硫酸锌（$ZnSO_4$）、铝酸钾［$KAl(SO_4)_2$］等组成。浸泡印模后，这些金属离子会被印模表面吸附，减缓水分的丧失，从而减少失水收缩，并帮助保持印模的尺寸稳定性。

2）及时灌注模型：如果能在短时间内灌注石膏模型，能够有效避免藻酸盐印模材料的失水或吸水变化，保持模型的精确度。

3. 应用　藻酸盐印模材料的使用需要注意调拌的比例、时间，以及操作步骤，以确保印模质量。具体要求如下。

（1）调拌工具保持清洁：使用前，应确保调拌工具没有任何杂质或污染物，以免影响印模质量。

（2）水粉比例精确：按材料说明书推荐的比例进行调和。过多或过少的水分都会影响材料的凝固时间和性能。

（3）调和时间控制在适当范围：调和时间一般为 30 ～ 45 秒，时间过短会导致胶体反应不完全，时间过长则会使凝胶结构破坏，影响材料的弹性和强度。

（4）调拌均匀：调拌时要确保混合均匀，避免气泡产生。气泡不仅会影响印模的精确度，还可能影响印模的物理性质。

（5）规范操作：在制取印模时，应根据口腔结构的特点，规范操作，确保印模能准确地反映口腔的细节。

（6）及时灌注模型或浸泡于固定液中：制取完印模后，若不能立刻灌注石膏模型，应将印模浸泡于固定液中，以保持尺寸稳定。

（7）材料贮存要求：由于藻酸盐粉剂中的硫酸钙容易吸湿，导致材料提前凝固，因此未使用的材料应密封保存，存放在干燥、阴凉处。材料的贮存期通常不能超过 1 年。

通过严格控制调拌时间、比例和操作规范，藻酸盐印模材料能够获得较高的精度，确保临床使用的效果和患者的舒适度。

（二）糊剂型藻酸盐印模材料

糊剂型藻酸盐印模材料是一种传统的藻酸盐印模材料剂型，通常被商品化为“弹性打样膏”。该材料由两部分组成：糊剂和胶结剂。糊剂的主要成分为藻酸盐水溶胶，而胶结剂的主要成分为硫酸钙。在使用时，将糊剂和胶结剂按照一定的比例调和均匀，便可制取印模。

1. 组成 糊剂型藻酸盐印模材料的组成包括以下几个主要成分。

（1）糊剂部分

1）藻酸盐：作为糊剂的主要成分，藻酸盐的黏度可以根据需要分为低、中、高三个等级。口腔科通常使用中等黏度的藻酸盐，以确保良好的流动性和适中的凝固时间。

2）缓凝剂：常用的缓凝剂有磷酸钠、无水碳酸钠和草酸盐等，缓凝剂用于延缓藻酸盐与硫酸钙的反应速度，确保印模材料的操作时间足够。

3）增稠剂：增稠剂如硼砂和硅酸盐，主要用于增加材料的弹性和韧性，同时调节流动性，使藻酸盐胶体呈现适度黏稠。此外，增稠剂还具有一定的防腐作用，并能够加速材料的凝固过程。

4）填料：常用的填料包括硅藻土、碳酸钙和滑石粉等。填料的作用是调节印模材料的物理性能，如增加弹性、提高强度，并有助于改善凝固后的精度。

5）指示剂：常用的指示剂是酚酞，通常以 10% 的乙醇溶液添加。指示剂的作用是显示反应过程的变化，材料反应完成时，酚酞会由红色逐渐变回无色，提示凝固过程已结束。

6）防腐剂：由于糊剂是水胶体，容易腐败，因此需加入防腐剂如甲醛或麝香草酚等，以延长材料的存储和使用时间。

7）矫味剂：为了改善印模材料的气味，通常会添加香精、薄荷油或留兰香等矫味剂。

8）稀释剂：水作为稀释剂，可以调节糊剂的黏度，确保其使用的便捷性。

（2）胶结剂部分：胶结剂主要由硫酸钙组成，常用的是生石膏（$CaSO_4 \cdot 2H_2O$）。生石膏比熟石膏含水量高，更容易与藻酸盐反应，生成藻酸钙盐，导致胶体的凝固。熟石膏的水分含量较少，易吸收糊剂中的水分，可能影响凝固效果，因此不常使用。

2. 性能　糊剂型藻酸盐印模材料的性能与粉剂型类似，但在某些方面有所不同。

（1）弹性：糊剂型藻酸盐印模材料形成的凝胶比粉剂型更加富有弹性。因此，在临床操作中，糊剂型材料通常能更好地适应口腔的倒凹结构，取模时不容易变形。

（2）调和比例：调和糊剂和胶结剂的比例会影响最终印模的性能。胶结剂过多，印模的弹性差；胶结剂过少，则印模的强度降低。因此，合理的配比至关重要。

（3）与粉剂型比较：相比于粉剂型藻酸盐印模材料，糊剂型具有一些优缺点。优势是糊剂型材料的操作较为简单，调和后即用，且凝固时更加富有弹性。缺点是粉剂型藻酸盐印模材料通常提供更高的精度，印模表面更光滑，脱模更加方便。此外，粉剂型材料在保存和携带上也更加便捷，因为它无须额外的水溶胶。

3. 应用　使用糊剂型藻酸盐印模材料时，应严格按照操作说明进行。通常的操作流程如下。

（1）按照推荐的比例（1∶2 ～ 1∶1，质量比）量取适量的糊剂和胶结剂。

（2）将糊剂和胶结剂放入干净的橡皮碗中，使用不锈钢调拌刀进行调和。调和时间应控制在 30 ～ 45 秒，确保材料均匀混合。

（3）将调和好的材料转移至印模托盘内，迅速放入口腔内进行印模取制。通常情况下，材料在 3 ～ 5 分钟会凝固。

（4）凝固后，应立刻用水清洗印模，去除表面唾液，并除去多余的水分。

（5）在印模取出后，应立即进行石膏灌模，或者将印模放入 100% 相对湿度的环境中，或浸泡于 2% 的硫酸钾固定液中，等待几分钟后再进行灌模。

三、琼脂印模材料

琼脂印模材料是一种弹性可逆水胶体材料，主要成分为琼脂。该材料在加热过程中由凝胶转变为溶胶，而在冷却后则恢复为凝胶状态，因此具有可逆性。琼脂印模材料广泛应用于口腔印模制取，特别是在对细节要求较高的修复治疗中。

（一）组成

琼脂是一种亲水性胶体，易溶于热水但不溶于冷水。琼脂水胶体加热至 71 ～ 100℃时液化成溶胶，冷却至 30 ～ 50℃时重新凝结成凝胶。琼脂的溶胶—凝胶转变温度取决于其浓度。为了增强琼脂水胶体的强度和黏度，常在其中加入少量的硼酸盐。但需要注意，硼酸盐的加入会对石膏模型材料的凝固产生一定抑制作用，因此，在进行模型灌注之前，通常需要添加适量的硫酸盐以加速模型的凝固，或者将琼脂印模浸入硫酸盐溶液中处理。

有时，在琼脂印模材料中还会加入如硅藻土、二氧化硅粉、蜡粉等惰性填料，进一步调整材料的性能。

（二）性能

1. 水溶胶特性　琼脂具有水溶胶的特性，在空气中失水时会收缩，遇水则膨胀，因此其体积不稳定。印模制取后应尽快进行模型灌注，以防止体积变化带来的误差。与藻酸盐印模材料相比，琼脂印模的溢水程度较轻，具备较好的复制性。

2. 流动性与润湿性 琼脂具有良好的流动性和对口腔组织的润湿性，适用于精细部位的印模取制。其黏稠度和强度与所加入的硼砂等填料的量密切相关。

3. 力学性能 琼脂印模材料的压缩强度通常为 0.8MPa，挠曲度范围为 4% ～ 15%，永久形变为 1% ～ 2%。这些力学性能可以通过调整不同成分的含量进行优化，以满足不同印模需求。

4. 相容性 琼脂印模材料与磷酸盐包埋材料，以及以硅酸乙酯为结合剂的包埋材料有良好的相容性。只要灌模前确保印模表面无水渍，就可以获得表面致密光洁的高温耐受模型。

操作注意事项：在使用琼脂印模材料时，必须确保材料的温度适中。如果温度过高或过低，可能会导致印模材料不完整或造成口腔烫伤。由于琼脂是热可逆性材料，可以反复使用，但使用次数应控制在 4 次以内。尽管如此，由于操作相对复杂且较难掌握，琼脂材料在临床中的使用逐渐减少。

（三）应用

1. 适用范围 琼脂印模材料适用于口腔所有印模的制取。然而，由于其需要专用的加热设备和托盘，因此在全口和可摘局部义齿印模的制取中较少使用。

2. 琼脂与藻酸盐印模材料的联合应用 鉴于藻酸盐印模材料操作简便，且琼脂材料具有优异的细节再现性，将两者联合使用可以互补各自的优势，同时简化琼脂材料的加热设备及操作过程。在使用过程中，先将融化的琼脂材料注射到牙体表面及周围区域，然后将预先填充藻酸盐印模材料的托盘放入口腔，完成印模制取。联合使用时，要求琼脂和藻酸盐材料在两者均处于流态时结合，确保材料间的牢固结合。通常情况下，同一生产商生产的琼脂与藻酸盐材料结合较好。

四、硅橡胶印模材料

硅橡胶印模材料是一种人工合成高分子弹性材料，广泛应用于口腔医学领域。其主要优点包括优良的弹性、韧性、强度、流动性和可塑性，同时具有较小的体积收缩和良好的化学稳定性。硅橡胶制成的印模精确度高、易脱模，与模型材料的相容性好，是目前理想的印模材料之一。

根据其聚合方式的不同，硅橡胶印模材料可分为两大类：缩合型（condensation type，C 型）和加成型（addition type，A 型）。

（一）缩合型硅橡胶印模材料

缩合型硅橡胶材料属于室温硫化材料，在室温下即可完成固化反应，形成三维网状结构。

1. 组成

（1）基质糊剂：主要成分为端羟基聚二甲基硅氧烷和补强填料（如碳酸钙、二氧化硅）。根据不同稠度的需要，低稠度材料补强填料含量约为 35%，腻子型为 75%。

（2）交联剂：通常使用正硅酸乙酯（四乙氧基硅烷），它与基质糊剂中的端羟基反应，形成交联结构。

（3）催化剂：如辛酸亚锡，用于加速交联反应，调节凝固时间。

（4）填料与香料：如白炭黑（轻质二氧化硅），用于增强材料的强度，并使其具备一定的气味和色彩。

缩合型硅橡胶材料有双组分和三组分两种形式。双组分系统包括基质材料和交联剂催化剂；三组分系统则将基质、交联剂、催化剂分别包装，提供更长的贮存期。

2. 性能

（1）凝固时间：在口腔温度下（约 37℃）需 3 ～ 6 分钟，室温下（23℃）大约 10 分钟。凝固时间与催化剂的用量和温度相关，催化剂用量多则凝固时间缩短。

（2）弹性：硅橡胶固化后弹性良好，分子链的卷曲结构使其具有优异的弹性恢复性，恢复率可达 97% ～ 99%。

（3）尺寸稳定性：由于固化过程中乙醇的挥发，硅橡胶印模有轻微的收缩，一般 24 小时内的线性收缩为 0.4% ～ 0.6%。

（4）化学稳定性：具有优良的抗老化性和耐高温性，能够抵抗高压蒸汽灭菌、盐水浸泡等常见处理。

3. 应用　缩合型硅橡胶材料主要应用于全口义齿、可摘局部义齿、冠桥等的印模制取，尤其适用于二次印模法，以提高印模的尺寸稳定性。

（1）托盘要求：适合使用有孔托盘，或采用托盘粘合剂制作个别托盘。

（2）调和方法：采用不锈钢调拌刀进行混合，避免空气进入。调和时间为 1 分钟。

（3）灌模要求：建议在 2 小时内完成灌模，以确保最佳的尺寸精度。

4. 贮存　缩合型硅橡胶印模材料的贮存期较短，过长时间的存放会导致基质变稠、催化剂活性下降，因此应在有效期内使用。

（二）加成型硅橡胶印模材料

1. 组成

（1）基质糊剂：主要成分为端乙烯基聚二甲基硅氧烷、含氢硅油（交联剂）和补强填料。

（2）催化糊剂：主要含有端乙烯基聚二甲基硅氧烷、铂络合物催化剂及一些补强剂。

2. 性能

（1）工作时间与凝固时间：工作时间为 1.5 ～ 3 分钟，口腔内凝固时间为 2 ～ 4 分钟。凝固速度受温度、催化剂含量等因素影响。

（2）弹性与恢复性：具有出色的弹性，弹性恢复率可达 99.5% ～ 99.9%，永久变形率极低。

（3）化学稳定性：加成型硅橡胶具有优异的化学稳定性，耐高温和酸碱性强。

（4）尺寸稳定性：与缩合型相比，加成型硅橡胶的体积收缩较小，尺寸稳定性好，适合用于延时灌模。

3. 应用

主要有以下几点注意事项。

（1）与缩合型材料的兼容性：加成型硅橡胶不能与缩合型硅橡胶或某些聚醚类材料混合使用。

（2）操作时注意：使用时应避免直接接触硫化合物，避免乳胶手套的硫黄残留物污染材料，影响凝固。

（3）消毒与储存：使用标准消毒液进行消毒，避免与有机溶剂接触，储存温度为 5 ～ 25℃。

任务二　模型材料

一、概述

模型是物体的阳模，口腔模型用于复制口腔组织的形态及关系。模型材料是制作模型的基础，常见类型包括石膏类模型材料、耐高温模型材料和蜡型材料。理想的模型材料应具备以下特点。

1. 流动性与可塑性　良好的流动性确保材料能充满印模细节，可塑性保证材料在印模中成型并固化。

2. 凝固时间适宜　从调和到固化过程中，确保操作时间充足，通常 30 ～ 60 分钟完成脱模。

3. 尺寸稳定性与精确度　要求凝固过程中体积变化小，能够精确复制口腔解剖形态。

4. 耐热性与强度　能承受高温和压力，且表面硬度高，不易破碎。

5. 化学稳定性　与印模材料不发生反应，保证容易脱模。

6. 操作简便与成本效益　材料来源广泛，价格低廉，易于贮存和操作。

二、石膏类模型材料

石膏类模型材料主要用于制作工作模型、对颌模型、研究模型等。根据其性能特点，我国标准将口腔石膏分为五类：①Ⅰ型：印模石膏。②Ⅱ型：普通石膏。③Ⅲ型：硬质石膏（又称模型人造石）。④Ⅳ型：高强度低膨胀人造石。⑤Ⅴ型：高强度高膨胀人造石。

这些材料都是由天然生石膏经过煅烧处理而得。生石膏的主要成分为二水硫酸钙（$CaSO_4 \cdot 2H_2O$），经过煅烧脱水形成半水硫酸钙（$CaSO_4 \cdot 1/2H_2O$），不同的煅烧方式生成不同相态的半水硫酸钙，这决定了石膏材料的性能。

普通石膏以β-半水硫酸钙为主，其结晶颗粒松散，力学强度较低，适用于可摘局部义齿修复模型、固定义齿对颌模型等。而硬质石膏则以α-半水硫酸钙为主，颗粒更致密、规则，力学强度较高，主要用于冠桥修复模型。

（一）普通石膏

普通石膏，又称煅石膏，是通过将生石膏在 110 ～ 120℃下煅烧脱水得到的。其化学反应为

$$2(CaSO_4 \cdot 2H_2O) \rightarrow 2(CaSO_4 \cdot 1/2H_2O) + 3H_2O \qquad (式 5\text{-}1)$$

1. 组成　普通石膏的主要成分为β-半水硫酸钙，占 75% ～ 85%，另外还含有 5% ～ 8% 的未脱水生石膏和 5% ～ 8% 的无水硫酸钙。

2. 性能

（1）水粉比：水粉比是指反应过程中所需水量与石膏粉的质量之比。理论上，100g 半水硫酸钙

需 18.6ml 水，但实际操作中，水粉比通常为 0.4 ～ 0.5（每 100g 石膏粉需 45 ～ 50ml 水）。这是因为石膏粉颗粒细小、多孔，表面积大，需要额外水分润湿，以确保流动性良好，便于灌模。凝固后，多余水分以自由水形式存在于孔隙中，干燥时会挥发，形成微小孔隙，孔隙率影响石膏的强度。

硬质石膏和超硬石膏颗粒较粗、结构致密，比表面积小，因此需水量较少。硬质石膏的水粉比为 0.28 ～ 0.30，超硬石膏为 0.19 ～ 0.24。水粉比越大，孔隙率越高，强度越低。

（2）凝固时间与速度：石膏的凝固过程分为初凝和终凝。初凝表示石膏变得坚韧，可脱模但未完全固化；终凝时石膏具有足够强度，能完全脱模。普通石膏的初凝时间为 8 ～ 15 分钟，终凝时间为 40 ～ 60 分钟。操作时间应控制在 5 ～ 7 分钟，调拌时间为 40 ～ 60 秒。

凝固速度受以下因素影响。

1）石膏模型材料的质量：生石膏的纯度及加工工艺直接影响凝固速度和强度。加热脱水不足或过度都会影响凝固特性。

2）水粉比：水量过多，凝固时间延长，强度下降；水量过少，凝固时间缩短，流动性差，膨胀率增大。

3）调拌时间与速度：调拌时间越长、速度越快，结晶中心越多，凝固加速，但膨胀率增大，强度下降。调拌时间对凝固的影响较大。

4）水温：水温对凝固速度有影响，30 ～ 50℃时凝固速度稳定，超过 80℃时石膏反应停滞（图 5-2、图 5-3）。

5）加速剂与缓凝剂：常用加速剂（如硫酸钾、氯化钠）能提高凝固速度并增强强度；缓凝剂（如硼砂、枸橼酸钾）则延长凝固时间。

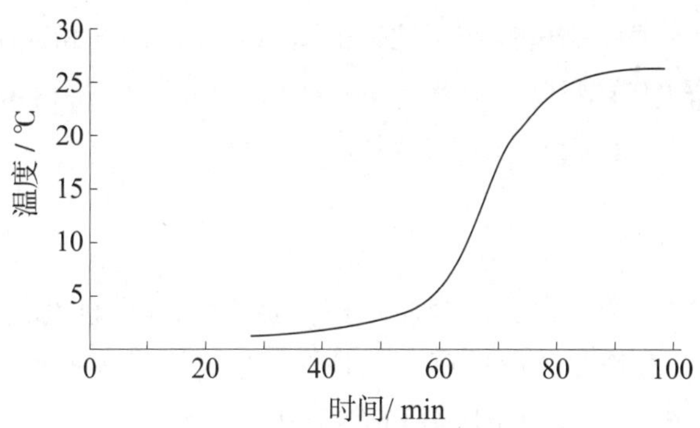

图 5-2　石膏凝固时温度的变化

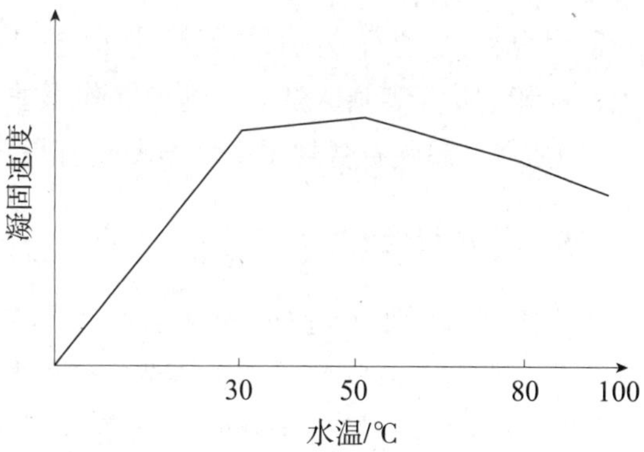

图 5-3　石膏凝固速度与水温的关系

（3）膨胀性能：石膏凝固过程中会发生体积膨胀，普通石膏的线性膨胀率为 0.2% ～ 0.4%，包括凝固膨胀和吸水膨胀。凝固膨胀受水粉比影响，水多粉少时膨胀小；反之，水少粉多时膨胀大。调拌速度快时膨胀较大，慢时膨胀小。吸水膨胀是凝固膨胀的延续，可以达到凝固膨胀的 2 倍。如果膨胀影响修复体精度，可通过添加抗膨胀剂或增膨剂进行调整。

（4）强度与硬度：石膏在凝固初期（30 ～ 45 分钟）强度迅速提升，完全硬化后，孔隙率决定了最终的强度。水粉比与孔隙率成正比，水量越多，孔隙越大，强度越低。石膏模型在使用前应至少干燥 1 ～ 2 小时，最好隔夜干燥，以增强硬度。

3. 应用　由于其低廉的价格，普通石膏在临床中仍广泛应用。主要用于制作全口义齿、可摘局部义齿初模型、对颌模型、研究记存模型，以及工作模型的底座部分。

（二）硬质石膏

硬质石膏由生石膏在密闭容器中加热脱水制成，主要成分为α-半水硫酸钙。其晶体颗粒粗大、致密且形状规则。

1. 组成 硬质石膏的主要成分是α-半水硫酸钙、少量杂质，以及色素、抗膨胀剂（如硫酸钾）和调节凝固时间的缓凝剂（如硼砂）等。

2. 性能 硬质石膏与普通石膏的凝固反应相同，但性能更优。

（1）高纯度：不含未脱水的生石膏和过度脱水的无水石膏，结晶致密，杂质少。

（2）优良力学性能：压缩强度、弯曲强度、硬度和表面光洁度均优于普通石膏，且凝固膨胀率较低。

（3）低需水量：水粉比为25～35ml/100g，水量为普通石膏的一半，孔隙较少，更加致密。

（4）长初凝时间：初凝时间较长，适合临床操作。

（5）表面光洁度：结晶致密，凝固后表面光滑清晰。

（6）良好保存性：需要密封、干燥保存，且保存期较长。

3. 应用 硬质石膏主要应用于对精度、强度要求极高的领域。在牙科领域，它被广泛用于制作精确耐用的牙科模型。

（三）超硬石膏

超硬石膏采用精选高密度生石膏，通过高温、高压在30%气化钙溶液中脱水而成。

1. 组成 化学成分与人造石相同，但由于制作工艺不同，其α-半水硫酸钙的强度更高，晶体颗粒更大、更紧密。

2. 性能 超硬石膏的性能类似于人造石，但由于其特殊的制作工艺，需水量更低，硬度和强度更大，性能均优于普通人造石。能够制作出非常精密的模型。

3. 应用 超硬石膏的硬度大于硬质石膏，常用于制作精密铸造的模型。

（四）特殊用途石膏

高强度、高膨胀人造石（V型石膏）具有比超硬石膏更大的压缩强度和表面硬度，其凝固膨胀率也更高。此类石膏材料可弥补铸造合金的收缩，提高修复体的精度。此外，可以在石膏中加入少量树脂以增强力学强度，或添加不同色素制成彩色石膏，以便于区分口腔组织，还可加入消毒剂，预防交叉感染。

三、耐高温模型材料

耐高温模型材料能够承受高温用于带模铸造，主要用于复制整体铸造的耐高温模型。常用的耐高温材料为磷酸盐包埋材料。

1. 组成

（1）耐火材料：主要成分为石英粉（二氧化硅），占总重量的80%～90%。

（2）结合剂：磷酸二氢胺、磷酸二氢镁、氧化镁等，占总重量的10%～20%。

（3）溶胶悬浊液或水：用于调和材料，硅溶胶可以调整膨胀率，补偿铸造金属修复体的收缩。

2. 性能 磷酸盐包埋材料用于铸造时，膨胀率和强度可以通过调节硅溶胶的浓度进行控制，以满足不同修复体的需求。钛合金铸造时，必须选择专用的模型材料，且不适合使用磷酸盐材料进行复制，印模材料也应选用硅橡胶等。

四、蜡型材料

蜡型材料是用于口腔临床修复体制作过程中的蜡制模型，主要用于制作固定义齿、可摘局部义齿的熔模、蜡基托、蜡堤、支架及暂时固定等。蜡型材料的质量直接影响修复体的最终质量，因此临床对其性能要求较高，需了解蜡的种类、性能和工艺特点。

（一）蜡的分类

1. 按成分与来源分类

（1）动物蜡：如蜂蜡、虫蜡、川蜡、鲸蜡等。

（2）植物蜡：如棕榈蜡、栌蜡、椰子蜡等。

（3）矿物蜡：如石蜡、地蜡等。

（4）合成蜡：天然蜡与合成树脂混合物，如塑料蜡等。

2. 按用途分类

（1）印模蜡：如咬合蜡、压型蜡等。

（2）模型蜡：如铸造蜡、基托蜡等。

（3）造型蜡：如堤蜡、混合蜡、黏蜡、雕刻蜡等。

（二）蜡的性能

蜡是来源于动植物或矿物的高分子有机化合物，也可以人工合成。其化学成分主要是碳氢化合物或长链脂肪酸与高级醇形成的酯。蜡的性能受分子结构（如羧酸和醇的链长、烃类链长、支化度、极性基团等）及成分类型影响，这些因素共同决定其熔点、软化点、硬度、韧性、流动性和可塑性等特性。

（二）蜡的工艺特点

蜡在常温下易于雕刻、拼接，可精准复制复杂结构。加热时，线性膨胀可控，可确保型壳尺寸稳定。高温焙烧时，能够完全气化，无残留，保障铸件型腔洁净。蜡的熔化流动性能优，成型后模型表面细腻，可减少后处理需求。

任务三　义齿基托树脂材料

一、概述

义齿基托是可摘局部义齿和全口义齿的主要组成部分，直接覆盖在缺牙区的牙槽嵴及硬腭上，与口腔黏膜接触，起到将各部分连接为整体的作用，为人工牙的排列提供基础，并有效分散与传导咀嚼力。义齿基托树脂材料是制作可摘局部义齿和全口义齿基托的主要高分子材料，直接覆盖在缺牙区的牙槽嵴及硬腭上，与口腔黏膜接触，起到将各部分连接为整体的作用，为人工牙的排列提供基础，并有效分散与传导咀嚼力。

1. 生物安全性 基托材料必须对口腔组织无毒、无刺激，无不良气味。

2. 化学稳定性 材料应不溶于唾液及食物，且不易老化。

3. 物理与力学性能 应具备足够的硬度、耐磨性，能够承受咀嚼力量而不发生变形或破裂。

4. 体积稳定性 制作过程中、成型后及在口腔内使用时，体积应变化较小。

5. 易加工性 材料应便于制作、成型，且表面抛光容易，易于修补，同时与牙龈色泽接近，不易变色。

6. 质地轻盈且价格经济 材料应尽量轻便，且具有较低的成本。

目前，常用于义齿基托的材料为聚甲基丙烯酸甲酯（polymethyl methacrylate，PMMA）及其改性产品。根据其聚合方式，主要分为四类：热凝义齿基托树脂、自凝义齿基托树脂、光固化义齿基托树脂、热塑注射型义齿基托树脂。

二、热凝义齿基托树脂

热凝义齿基托树脂（heat-curing denture base resin，HCDBR）简称热凝树脂，是目前最常用的基托材料，通过加热引发聚合反应固化。

（一）组成

1. 牙托水 其主要成分为甲基丙烯酸甲酯（methyl methacrylate，MMA）。MMA 为无色透明液体，易挥发且易燃，是聚甲基丙烯酸甲酯的单体。为了便于储存与运输，通常添加阻聚剂（如 2,6-二叔丁基对甲苯酚 DTBC），以防止在光照或高温下发生聚合反应。

（1）阻聚剂：为了方便运输和储存，牙托水中需要加入少量阻聚剂，以防止在光照或高温等条件下发生意外的聚合反应。阻聚剂的添加量通常非常微小（约 0.02%），因此不会影响热处理过程中树脂的正常聚合反应。常见的阻聚剂为酚类物质，如 2,6- 二叔丁基对甲苯酚。

（2）交联剂：有时会添加 1% ～ 3% 的交联剂，以增强树脂的刚性与硬度。然而，交联剂过多可能导致树脂变脆，性能反而降低。

（3）紫外线吸收剂：为了避免紫外线对树脂的老化和变色，牙托水中常加入紫外线吸收剂，如 UA-327 或 UV-9。

2. 牙托粉 主要成分为甲基丙烯酸甲酯的均聚粉或其共聚粉。均聚粉由 MMA 经悬浮聚合得到，粒度一般在 80 目以上，分子量在 30 万～ 40 万。较高的分子量能够提高力学强度，但过高则影响溶胀速度，影响实际使用效果。共聚粉的性能得到进一步改进，具有更高的冲击强度和耐磨性。常见的共聚粉类型包括 MMA 与丙烯酸丁酯共聚粉、MMA 与丙烯酸乙酯共聚粉等。

（1）引发剂：为促进聚合反应，牙托粉中通常加入过氧化苯甲酰（debenzoyl peroxide，BPO）等引发剂，提升聚合效率。

（2）着色剂：为了提高美观，牙托粉中可以加入钛白粉、镉红等颜料，模仿牙龈色。同时，有时还会加入尼龙纤维或醋酸纤维，模仿黏膜下血管，增加仿生效果。

（3）增塑剂：如邻苯二甲酸二丁酯等增塑剂，可以提高聚合物的柔韧性与韧性，但不会参与聚合反应。

（二）成型及热处理工艺

1. 模压法

（1）模型准备：将蜡型与模型一同包埋，除蜡后留下石膏阴模腔，并均匀涂布一层分离剂。

（2）调和牙托粉与牙托水：牙托粉与牙托水的常见配比为粉液体积比 3∶1 或重量比 2∶1，或按厂家推荐的比例。将适量牙托水和牙托粉置于干净的玻璃杯或瓷杯中，使用不锈钢调拌刀混合均匀，振荡排除气泡，并加盖以防单体挥发，待调和物呈面团状可塑时使用。

（3）调和后的变化：调和后，牙托水逐渐渗透并溶胀牙托粉，过程中会经历以下几个阶段。

湿砂期：牙托水未完全渗透，粉粒之间仅有少量水分，表现为湿砂状，几乎无黏性。

稀糊期：牙托水开始溶胀牙托粉，颗粒紧密排列，单体开始渗出，呈现较大流动性和较小黏性。

黏丝期：水继续溶胀牙托粉，调和物黏性变强，流动性减小，容易拉丝。

面团期（可塑期）：牙托水与牙托粉完全结合，形成无多余水分的可塑性团块，是填塞型盒的最佳时期。

橡胶期：表面硬化，内部弹性增强，调和物逐渐变硬并具弹性。

坚硬期：牙托水逐渐挥发，形成坚硬脆性体，但强度较低，尚未完全聚合。

各阶段无明确界限，时间受多种因素影响。面团期是填塞型盒的最佳时机，通常从开始调和到面团期约需 20 分钟，面团期持续约 5 分钟。

（4）填塞：在面团期内完成填塞操作。将调和物揉捏均匀，填入型盒并加压，使其充满阴模腔，挤出多余的调和物。

（5）热处理：将填塞好的树脂加热，激活引发剂产生自由基，启动聚合反应，完成义齿基托的聚合。常用的热处理方法是水浴加热，常见方法如下。①将型盒放入 70 ～ 75℃水中，恒温 1.5 ～ 2 小时，再升温至沸腾，维持 0.5 ～ 1 小时，自然冷却。②将型盒放入室温水中，缓慢升温至沸腾（1.5 ～ 2 小时），再维持 0.5 ～ 1 小时。③将型盒放入 70 ～ 75℃水中，维持 9 小时以上。

第一种方法较快；第二种最简便；第三种聚合最完全，基托性能最好。热处理过程中，温度升高时需要控制升温速度，以避免气泡生成。推荐的热处理加热速度如图（图 5-4）。

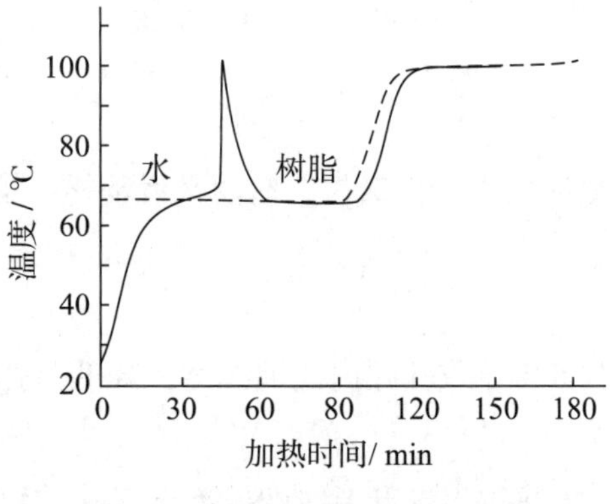

图 5-4 推荐的热处理加热速度

（6）开盒与打磨：热处理后的型盒需自然冷却，避免开盒过早导致基托变形。在打磨抛光时要防止过热，以免影响基托形态。

2. 压注法 粉与液混合后，装入注射管内，通过注射机加压（0.6MPa）将混合物注入型盒内的阴模腔，再放入100℃的沸水中进行热处理，恒温35分钟固化成型。压注法可以在聚合收缩时补充材料，确保基托的尺寸精确，咬合良好，内部致密，强度高，残余单体少。

3. 微波热处理法 微波具有穿透性，能激发极性分子产生热量。由于MMA容易吸收微波，利用微波热处理可快速完成聚合。微波热处理需要使用特制的玻璃钢或聚碳酸酯型盒，避免金属型盒，因为金属会干扰微波并产生电弧。基托树脂放入微波炉内，每面照射2分钟左右，直至完全聚合。微波热处理时间短，固化后基托表面光滑，适合性好。

（三）性能

1. 物理、力学性能

（1）热学性能：热凝树脂的热变形温度约为94℃，但在过热条件下易变形。由于热凝树脂的线膨胀系数较大，可能影响基托与口腔组织及其他材料（如瓷牙、金属）的结合。

（2）体积收缩：MMA聚合时会发生体积收缩。聚合后的理论收缩值为7%，但实际测得的线收缩为0.2%～0.5%。

（3）吸水性：PMMA具有一定的吸水性，吸水后可略微膨胀，有助于改善与口腔组织的密合性。但若失水过多，则可能导致基托变形。

（4）力学性能：热熔树脂具有较好的力学性能，但韧性和耐磨性不足，容易折断。近年来，通过调整配方和加入交联剂，已在一定程度上改善了强度和韧性。

（5）应力与裂纹：由于热处理过程中的体积收缩，基托可能会在冷却过程中产生应力，导致表面和内部出现微裂纹，影响基托的强度。

2. 化学性能

（1）溶解性：PMMA能溶解于一些有机溶剂，如MMA、氯仿、丙酮等。乙醇和部分消毒剂可能导致表面泛白或产生微小裂痕，因此不宜用乙醇擦拭义齿。

（2）老化性：随着时间推移，PMMA的冲击强度略有上升，但拉伸强度和透光率会有所下降，抗老化性能较好，但长期使用后可能变黄。

3. 生物学性能 固化完全的PMMA对人体无毒性，但未完全聚合的MMA可能引起刺激或过敏反应，少数患者可能会出现义齿性口炎。

（四）临床应用

1. 适用范围 热凝树脂广泛应用于全口义齿、活动义齿基托、颌面赝复体、牙周夹板、矫治器及保持器等的制作。

2. 使用中的注意事项

（1）基托气泡问题：操作不当会导致基托内气泡产生，降低基托强度。常见原因包括粉液比失调、填塞时机不准、升温过快等。

（2）基托变形：压力过大、填塞过迟、升温过快及冷却过快均可能导致基托变形，应避免不当操作。

三、自凝义齿基托树脂

自凝义齿基托树脂（self-curing denture base resin，SCDBR），又称室温固化型基托树脂，能在室温条件下通过氧化还原引发聚合反应固化。该材料由粉剂和液剂两部分组成，常用于制作义齿基托和其他相关设备。

（一）组成

1. 自凝牙托水

（1）甲基丙烯酸甲酯：单体，主要成分。

（2）促进剂：包括有机叔胺（如 N,N- 二羟乙基对甲苯胺，含量 0.5% ～ 0.7%）和对甲苯亚磺酸盐，前者加速固化，后者改善树脂色泽稳定性。

（3）阻聚剂：常用 2,6- 二叔丁基对甲苯酚，含量为 0.025% ～ 0.040%。

（4）交联剂和紫外线吸收剂等。

2. 自凝牙托粉　自凝牙托粉主要由 PMMA 均聚粉或共聚粉组成，含少量引发剂（如 BPO）和着色剂（如镉红、钛白粉）。其粒度较热凝型小，能够在短时间内溶胀，增加树脂的强度。

（二）性能

自凝树脂的性能与热凝树脂相似，但由于其快速聚合，存在以下缺点。

1. 力学性能差　自凝树脂的分子量较低（8 万～ 14 万），因此硬度、挠曲强度较低，韧性差，脆性和刚性较大。采用 MMA-EA-MA 三元共聚粉可改善韧性。

2. 对黏膜刺激性大　聚合过程中产生的热量及未完全聚合的残留单体可能刺激口腔黏膜。自凝树脂的残留单体含量较高，刺激性较强。

3. 色泽稳定性差　由于残留单体的存在，自凝树脂的色泽较不稳定，容易变色。

（三）临床应用

1. 应用范围　自凝树脂常用于制作正畸活动矫治器、个别托盘、义齿重衬、义齿修理、临时义齿、牙周夹板及腭护板等。

2. 使用方法

（1）糊塑成型法：在石膏模型上涂布分离剂，按 2∶1 的粉液比或 5∶3 的体积比调和材料，待材料进入稀糊末期后，在模型上糊塑成型。正畸矫治器可在黏丝期涂塑成型。

（2）模压成型法：与热凝树脂相同，材料在面团期填入型盒中加压固化，在室温下聚合，或放入 37℃温水中加速聚合。

（3）口内直接衬垫：在面团期或丝状期，将树脂置于旧义齿的组织面，然后放入口腔，要求患者做正中咬合。由于聚合时放热，可能会引起黏膜灼伤，因此在操作前可在衬垫区涂布液状石蜡或甘油保护黏膜。若口腔内有组织倒凹，需注意及时取出。

（4）自凝树脂灌注成型法：将调和好的树脂灌入石膏阴模中，并在 0.1 ～ 0.2MPa 的气压下加热至 55 ～ 60℃，聚合 30 ～ 45 分钟。此方法能提高义齿尺寸的准确性，但与塑料牙的结合较差，需要对人工牙进行预处理。

四、光固化义齿基托树脂

光固化义齿基托树脂（light curing denture base resin，LCDBR）是一种通过特定波长的光照射后发生聚合固化的材料。在使用前，它呈现可塑的面团状，适用于在石膏模型上直接制作义齿或在已有义齿上进行重衬。光固化树脂具有较长的操作时间，且聚合过程不会产生过多热量，减少了高温变化可能带来的气泡和应力残留。此外，光固化义齿基托树脂在色泽、尺寸稳定性和适配性方面也有一定优势。

（一）组成

光固化义齿基托树脂通常为单糊剂型，多为预制成片状或条状的面团状可塑物。其具体成分包括以下部分。

（1）光敏引发剂：可吸收特定波长的光，产生自由基并引发聚合反应。

（2）单体：通常为丙烯酸酯类或其衍生物，作为聚合的基础物质。

（二）性能

1. 固化特性　光固化树脂需要在专用固化器中使用特定波长的光照射才能固化。一般情况下，波长为 400 ～ 500nm 的蓝光对其固化最为有效，照射时间通常为 13 分钟。由于光线穿透能力有限，固化深度一般在 3 ～ 5mm，且停止照射后，固化过程会立即停止。

2. 力学性能　与热凝树脂和自凝树脂相比，光固化树脂具有较高的硬度和刚性，受力时不易变形。然而，光固化树脂的脆性较大，且研磨和抛光困难。

3. 操作性能　光固化树脂的制作过程简单，不需要制作蜡型、去蜡或热处理等复杂步骤。使用时不需要调和，操作时间较为充裕，且固化时间较短，具有较好的可操作性。

4. 聚合收缩　光固化树脂的聚合收缩较热凝树脂小，约为热凝树脂的一半。

5. 与人工塑料牙的结合　光固化树脂与人工塑料牙的结合较差，需要在塑料牙的嵴部磨出固位沟槽以增加结合力。

（三）临床应用

光固化义齿基托树脂主要应用于制作简单义齿、矫治器、基托重衬、义齿修补、临时冠桥，以及个别托盘等。此外，它也可用于外科种植导板的制作。该树脂由于其简单的制作工艺和较好的操作性能，广泛应用于临床修复和矫治领域。

五、热塑注射型义齿基托树脂

热塑注射型义齿基托树脂（thermoplastic injection denture base resin）是一类通过高温熔融、加压注入模具后冷却成型的热塑性高分子材料。其无须化学聚合反应，凭借物理相变实现固态成型，适用于全口及局部义齿基托制作，尤其适合对弹性与舒适性要求高的病例。

（一）组成

1. 基体材料　主要为高性能工程塑料：①尼龙类（如聚酰胺PA12）：高弹性、抗冲击性强。②聚碳酸酯类（如PC）：高透明度与刚性。③聚醚醚酮类（PEEK）：生物相容性极佳，耐高温老化。

2. 改性添加剂　包括增韧剂（如弹性体微粒）、着色剂（仿牙龈色）、流变调节剂（优化注塑流动性）。

（二）性能

1. 机械性能

（1）高弹性与抗疲劳性：尼龙类材料弯曲模量接近口腔黏膜，可缓冲咬合力，减少牙槽嵴吸收。

（2）低脆性：抗冲击强度显著高于丙烯酸树脂，不易折裂。

（3）耐磨性优异：表面硬度高，长期使用划痕少。

2. 加工特性

（1）注塑成型：需专用注塑机（加热至200～300° C熔融，60～100MPa压力注入金属模具）。

（2）无聚合收缩：冷却固化以物理过程为主，尺寸稳定性优于化学固化树脂。

（3）无残留单体：生物安全性高，避免黏膜过敏风险。

3. 使用性能

（1）轻量化：密度低于传统树脂，佩戴舒适。

（2）疏水性：吸水性极低（<0.5%），不易滋生异味。

（3）抛光性受限：表面需专用抛光剂处理，无法常规研磨修改。

（三）临床应用

1. 适应证　牙槽嵴重度吸收患者的弹性基托义齿；对丙烯酸过敏者；活动义齿金属支架的隐形连接体（如PEEK材质）；运动防护牙套及夜间磨牙垫。

2. 工艺局限　依赖昂贵注塑设备及金属模具，技工成本高；基托破损后难以修补，多需整体重制；与人工牙结合需预埋机械固位装置（如金属网）。

▶任务拓展

全口义齿相关的材料学知识

全口义齿的材料学知识除传统的热凝树脂、自凝树脂和光固化树脂，还涵盖了现代新型材料的应用，如纳米复合材料、热塑性树脂和生物陶瓷等。纳米技术的引入使义齿材料在硬度、耐磨性及色泽稳定性方面得到了显著提升。此外，热塑性树脂因其更好的适应性和加工性，正在逐渐替代传统树脂，特别是在某些需要耐高温或长时间使用的情况下。生物陶瓷材料因其优越的生物相容性和高强度，正在成为全口义齿的潜在替代材料，尤其在种植义齿和义齿基托方面展现出广阔前景。随着3D打印技术的发展，打印树脂和其他数字化制作材料也逐渐被应用于全口义齿的个性化定制，能够提高制作精度和缩短制作周期。

【任务评价】

详见表 5-2。

表 5-2　与全口义齿相关的材料学知识任务评价表

任务	评价要点	分值
一	阐述印模材料的性能要求（准确性、弹性等）	15
	区分藻酸盐、硅橡胶、聚醚等常用印模材料的特性	10
	说明不同印模材料适用的临床场景	10
二	解释模型石膏的膨胀控制及强度要求	15
	解释模型石膏的膨胀控制及强度要求	10
	材料的调拌与灌注注意事项	10
三	列举义齿基托树脂的类型（热凝 / 自凝 / 光固化）	10
	分析基托树脂的聚合收缩控制方法	10
	说明不同义齿基托树脂的临床应用	10

—• 考试知识点总结 •—

—• 项目小结 •—

—• 协和云课堂…… 拓展练习及参考答案 •—

（李　欢）

项目六　与全口义齿相关的设备学知识

教学课件

项目目标

素质目标

具备扎实的口腔修复专业素养、创新思维和团队协作能力，为未来的职业发展打下基础。

知识目标

（1）掌握：殆架与面弓的基本理论、分类与应用。

（2）了解：下颌运动与口腔修复之间的关系。

能力目标

具备操作殆架进行患者下颌运动模拟及修复体设计的能力，能够解决临床中的修复问题。

项目案例

【案例】

小王是口腔医学技术专业的一名学生，今天他正在实训室进行下颌运动的模拟练习。他的任务是使用简单的殆架设备，模拟患者的下颌运动来设计一副全口义齿。

通过将患者的上下颌模型固定在殆架上，小王可以看到患者的下颌如何开闭口，并且在殆架上模拟咀嚼运动。通过这个过程，小王理解了修复体与患者下颌运动的关系，学习了如何根据模拟结果调整修复体的形态和咬合关系。

【问题】

1. 使用殆架模拟下颌运动能帮助学生解决哪些实际问题？
2. 为什么模拟下颌运动对全口义齿设计至关重要？

【项目分析】

学习殆架相关知识对学生来说，是一个涉及基础理论与实践技能相结合的关键任务。学生首先需要掌握殆架的基本概念和分类；其次应理解殆架在模拟下颌运动中的作用，能够根据不同类型的殆架进行有效的操作和调整。任务的核心目标是让学生通过实际操作，熟练掌握如何通过殆架模拟患者的下颌运动，进而为修复体的设计和调整提供依据。

这一任务的完成不仅要求学生具备扎实的基础理论知识，还需要在实际操作中提高分析问题和解决问题的能力。通过学习和实践，学生能够更好地理解口腔医学技术的专业知识，并将其应用于临床实践，提升其修复体设计与调整的能力。

任务一　𬌗架种类

微课：𬌗架种类

𬌗架（articulator）是一种用于模拟人体颞下颌关节的仪器，旨在通过固定上下颌模型来便于修复体的制作。𬌗架的设计不仅能够保持上下颌模型之间的相对位置和距离，还能模拟下颌的运动轨迹，协助在口腔外进行修复体的制作，以确保其在口腔内的功能性和舒适性。此外，𬌗架还可用于观察牙列及其周围组织的状态，并有助于临床治疗计划的制订与口颌系统功能的评估。𬌗架的不断发展源于对下颌运动机制的逐步认识与研究，早期的𬌗架仅能模拟简单的铰链运动，而现代的𬌗架则能够更精确地再现多种下颌运动。

一、不可调节𬌗架

（一）简单𬌗架

最初由 Gariot 于 1805 年开发的简单𬌗架，结构设计简单，采用穿钉铰链轴将上下颌体连接。该类𬌗架的功能仅限于简单的铰链运动，能够再现固定的下颌位置，如牙尖交错位等。由于其只能模拟单一的下颌运动，且无法进行精细调节，因此适用于一些简单的修复体制作，然而，面对需要精细调整咬合关系的复杂修复病例时，其应用较为受限（图 6-1）。

图 6-1　简单𬌗架

（二）平均值殆架

平均值殆架（average type articulator）具有一系列标准化的运动参数，例如固定的前伸髁导斜度、侧方髁导斜度等。这些参数基于人群的平均值，尽管能模拟一定的下颌前伸和侧向运动，但无法准确反映每个患者的个体差异。因此，平均值殆架适合处理常见的修复病例，特别是全口义齿修复等。但对于需要更精细的咬合重建的患者，效果可能不够理想（图 6-2）。

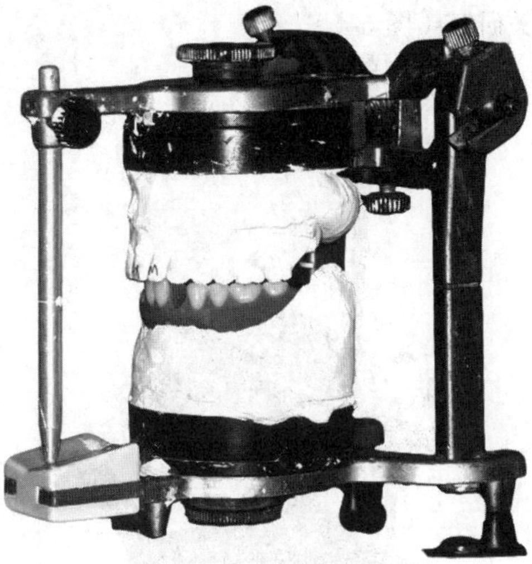

图 6-2 平均值殆架

二、半可调节殆架

半可调节殆架（semi-adjustable articulator）在原有的不可调节殆架的基础上，加入了可调节的前伸髁导斜度、侧方髁导斜度和切导斜度。通过配合面弓，半可调节殆架能够将患者实际的铰链轴位置转移到殆架上，使模型的开闭运动与患者的自然下颌运动大致相符。然而，由于其无法对工作侧的髁导斜度进行精确调节，且髁突间距不可调，因此这种殆架只能大致再现患者的下颌运动，适用于全口义齿及一些复杂的牙列修复（图 6-34）。

图 6-3 Hanau H 型半可调节殆架

三、全可调节𬌗架

全可调节𬌗架最早是由 McCollum 于 1937 年开发，设计上能够全面调节前伸髁导斜度、工作侧与非工作侧髁导斜度等多个参数，且其髁导轨道呈曲线形状，更加贴近人体下颌的运动特征。该类𬌗架不仅能够精确模拟患者的下颌运动，还能够通过面弓记录上颌与颞下颌关节的关系，将这些个体化的参数转移至𬌗架上，从而实现精细的下颌运动模拟。这种𬌗架常用于全口咬合重建，以及下颌运动、颞下颌关节功能等相关研究（图 6-4）。

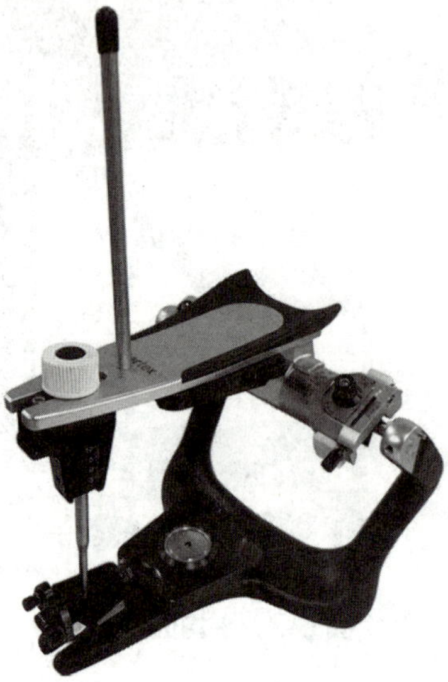

图 6-4　全可调节𬌗架

任务二　𬌗架组成

下面以 Hanau H2 型𬌗架为例介绍𬌗架的组成。Hanau H2 型𬌗架是一种改良版的半可调节𬌗架，具备调节前伸髁导斜度及侧方髁导斜度，并能根据患者情况调节髁导斜度，常用于全口义齿的制作。它配有专用面弓，能够转移患者上颌相对于颞下颌关节的位置关系，广泛应用于临床。

一、𬌗架主体

（一）上颌体

上颌体位于𬌗架的上部，模拟人体的上颌，呈“T”字形结构。其后端通过髁球与侧柱的髁槽连接，前端有切导针穿过切导针孔，起到定位作用（图 6-5）。

1. 髁球　为球状体，连接上颌体与侧柱的髁槽，形成关节连接。

2. 髁杆　位于上颌体后部的两端，呈杆状结构。

3. 前部螺钉和螺钉孔　设置于切导针孔的后方，常用于固定眶下点指示板（部分𬌗架可能不具此结构）。

4. 中部螺钉和螺钉孔　位于上颌体中部，主要用于固定上颌架环。

5. 切导针孔　位于上颌体的前部，切导针通过此孔设置。

6. 切导针固定螺钉　位于上颌体的前端，用于牢固固定切导针。

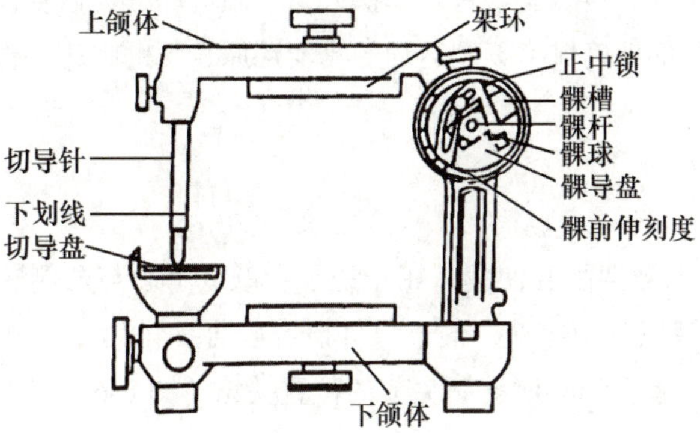

图 6-5　Hanau H2 型𬌗架模式

（二）下颌体

下颌体位于𬌗架的下方，与上颌体共同作用，模拟人体的下颌结构，同样呈“T”字形。

1. 侧柱凹槽　位于下颌体后部两端，为圆筒形凹槽，用来容纳侧柱的下端。

2. 侧方髁导刻度　设置在侧柱凹槽内侧，用于调整和确定侧方髁导斜度。

3. 侧柱固定螺钉　设置在侧方髁导刻度的后方，用于固定侧柱的固定位置。

4. 中部螺钉和螺钉孔　位于下颌体中部，用于固定下颌架环。

5. 切导盘凹槽　位于下颌体前部，为圆形凹槽，用于容纳切导盘的球形底部。

6. 切导盘固定螺钉　位于下颌体前端，用来固定切导盘。

（三）侧柱

侧柱是连接上颌体和下颌体的重要柱状结构，位于𬌗架的两侧。上端与上颌体的髁球通过髁槽相连，下端通过凹槽与下颌体连接。

1. 髁环　位于侧柱上端的圆环形结构，外侧具有前伸髁导的刻度，内侧套住髁导盘。

2. 髁导盘　位于髁环内，能够在髁环内转动，从而调整髁槽的方向。

3. 髁槽　髁导盘中央的沟槽，用来滑动髁球。髁槽的倾斜角度决定前伸髁导斜度。

4. 髁导盘固定螺钉　穿过位于髁环上方的槽形孔，用来固定髁导盘，确保髁槽方向稳定。

5. 正中锁　位于髁导盘外侧，起到锁定髁球的作用。当正中锁被固定时，髁球将固定在髁槽前壁；而松开锁时，髁球可在髁槽内自由滑动。

（四）其他附件

1. 上、下架环　分别固定在上颌体和下颌体的中部，具有圆环状结构，用来固定上下颌模型。

2. 切导针　位于𬌗架的前端，穿过上颌体前端的切导针孔，并与切导盘接触，确保上、下颌体之间的平行关系。切导针上有刻线，确保上颌和下颌体位置的正确对齐。

3. 切导盘　位于下颌体前端的切导盘凹槽中，用于调整切导斜度。切导盘带有调节柄和固定螺钉，可精确调节并确保固定。

4. 眶点指示板 位于上颌体前方，通常通过螺钉固定在上颌体上，作为面弓转移患者上颌与颞下颌关节位置关系时的定位标志（某些𬌗架不包括此结构）。

通过这些组件的协同工作，𬌗架能够有效模拟人体下颌运动，为修复体的设计与调整提供重要支持。这些精确的调节和固定部件确保了下颌运动的真实还原，帮助临床工作者进行精细的修复工作。

二、面弓

面弓（facebow）通常与𬌗架配套使用，用于记录上颌或下颌与两侧髁突的相对位置，并将患者的模型转移到𬌗架上，以模拟下颌运动，便于口外研究咬合和排列全口义齿。面弓由𬌗叉和弓体两部分组成，能够记录转移患者上颌与颞下颌关节的位置关系（图 6-6）。

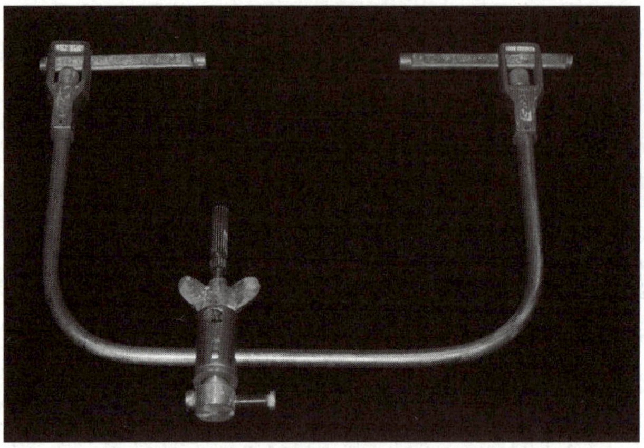

图 6-6　面弓

根据转移关系的不同，面弓分为上颌面弓和下颌面弓。上颌面弓用于转移上颌相对于颞下颌关节的位置；而下颌面弓则是动力式面弓，能在患者下颌前伸运动时描记髁突运动轨迹，帮助计算前伸髁道斜度。

三、哥特式弓

哥特式弓描记法是一种用于确定水平颌位关系时客观观察下颌后退程度的方法。通过让受试者反复进行侧方及前伸运动，可以记录下正中关系位的轨迹，并以轨迹最后方交叉点的形式表现出来。哥特式弓的主要结构包括描记板和高度可调节的描记针。在设定垂直距离后，患者开始进行双侧侧方运动，最终，轨迹描记会显示出一个清晰的后边界箭头轮廓，箭头的顶点即为正中关系的标志。将描记针尖对准顶点的位置记录并转移到𬌗架上，就获取了患者的正中颌位。

▶**任务拓展**

𬌗架的发展

随着口腔医学个性化治疗的普及，𬌗架在临床应用中的作用越发重要。过去，𬌗架多依赖于经验数据和标准化参数进行调整，但现在，结合现代影像学技术和生物力学研究，殆架能够更加精确地模拟患者的下颌运动。这些个性化的调整能够根据患者特定的颞下颌关节状态和下颌运动轨迹进行定制，从而为患者提供量身定制的修复方案。这种方法不仅提高了修复体的适配性，还能够有效避免传统治疗中可能出现的咬合不良等问题，提升患者的口腔功能和舒适感。

【任务评价】

详见表 6-1。

表 6-1　与全口义齿相关的设备学知识任务评价表

任务	评价要点	分值
一	阐述殆架的概念和组成	15
	比较半可调殆架与全可调殆架的适用范围	15
二	说明颌架上颌体、下颌体、髁导斜度调节部件的作用	15
	解释侧方导针、切导针的功能	15
三	阐述面弓转移铰链轴位置的意义	20
	描述面弓使用步骤及临床注意事项	20

—• 考试知识点总结 •—

—• 项目小结 •—

—• 协和云课堂……　拓展练习及参考答案 •—

（李　欢　蒋　丽）

模块二

全口义齿制作相关的临床知识

项目七 取 印 模

教学课件

微课：取印模

项目目标

素质目标

具备良好的职业道德，取模型过程中与医务人员熟练配合，安抚患者紧张情绪，耐心引导患者配合治疗。

知识目标

（1）掌握：全口义齿取印模的适应证、禁忌证和操作前准备工作。

（2）熟悉：全口义齿取印模的操作步骤、方法和注意事项。

能力目标

具备与患者沟通交流的能力，能够在操作过程中取得患者的配合，确保印模制取的准确性和成功率。

项目案例

【案例】

患者，男，68 岁。因全口牙齿缺失，严重影响咀嚼功能和面容美观，前来口腔修复科就诊，寻求全口义齿修复治疗。患者自述多年前因严重的牙周病导致牙齿逐渐松动脱落，现剩余牙列已无法保留或行使正常功能。近期在进食时只能选择软食或流食，且因牙齿缺失导致面部凹陷，面容苍老，对其生活质量和社交活动产生了极大的困扰。经口腔检查和全身健康状况评估后，确定患者符合全口义齿修复的适应证，接下来的关键步骤是为患者制取精确的全口义齿印模。

既往史：高血压病史 10 年，规律服用降压药物，血压控制在正常范围；无糖尿病、心脏病等其他系统性疾病史；无药物过敏史。

口腔检查情况：上下颌牙列缺失，牙槽嵴呈中等程度吸收，上颌牙槽嵴顶较平坦，下颌牙槽嵴低平且稍向舌侧倾斜，黏膜色泽正常，无明显炎症、溃疡及增生。口腔前庭较浅，系带附着位置正常，无明显异常动度。张口度正常，无颞下颌关节紊乱症状。

【问题】

1. 全口义齿取印模前需要对患者进行哪些方面的评估？

2. 如何根据患者的口腔解剖结构特点选择合适的印模托盘？
3. 常用的全口义齿印模材料有哪些？其性能特点和使用方法有何不同？
4. 在取印模过程中，如何确保印模的准确性和完整性？需要注意哪些细节问题？
5. 如果患者在取印模过程中出现恶心、呕吐等不适反应，应如何处理？

【项目分析】

在全口义齿修复中，取印模极为关键。

印模是义齿固位的基础。精准印模如实呈现口腔软硬组织形态，如牙槽嵴的细节，以及前庭、系带等结构，让义齿基托紧密贴合牙槽嵴，借助大气压力与吸附力稳固义齿，防止其移位脱落。其合适的边缘伸展可利于软组织倒凹，形成有效边缘封闭，强化固位稳定性。

印模也是恢复口腔功能的前提。功能性印模能记录口腔组织功能运动时的形态变化，使义齿适应咀嚼、吞咽、说话等活动。比如，下颌运动时义齿仍可良好贴合，保证咀嚼效率，恢复正常功能。同时，准确的印模可确定正确咬合关系，合理分配咬合力，避免义齿与牙槽嵴受损，让患者舒适地进行口腔功能活动。

印模更是恢复面部美观的关键。印模决定义齿基托形态与范围，精确反映腭穹隆等形态的印模能支撑面部软组织，改善因缺牙导致的面部凹陷，恢复丰满度。且印模边缘的准确度会影响面部自然轮廓，合适的边缘可使基托与组织过渡自然，患者佩戴后更美观。

此外，印模是后续义齿制作的依据。它作为制作工作模型的母模，为技师提供口腔数据，影响义齿设计与制作，像人工牙排列、基托外形等环节均依赖印模信息。若印模质量不佳，会使工作模型存在偏差，波及义齿试戴与调整，增加患者复诊次数与治疗时长，降低治疗效率与满意度。

总之，取印模在全口义齿修复中起着不可或缺的重要作用，是保障义齿修复成功的关键起始步骤，对患者的口腔功能恢复、面部美观改善，以及整体治疗体验有着重要的决定性影响。

任务一　印模概述

全口义齿印模是运用可塑性印模材料所制取的无牙颌上、下颌牙槽嵴及其周围软硬组织的印模（图 7-1）。它作为全口义齿制作的根基，需精准呈现口腔解剖学形态，涵盖牙槽嵴的形状、大小、表面特征，以及口腔前庭、系带、腭穹隆等结构特点，同时还应体现周围组织在生理功能活动中的范围变化。

准确的印模能够使义齿基托在牙槽嵴上实现恰当伸展，紧密贴合口腔黏膜，构建起有效的边缘封闭状态，进而为全口义齿获取良好且稳固的固位效果奠定坚实基础。印模的精准度是全口义齿修复成功与否的关键前置要素之一，在整个全口义齿修复流程中占据极为重要的地位，对最终义齿的质量、佩戴舒适度，以及功能恢复程度均有着决定性的影响。

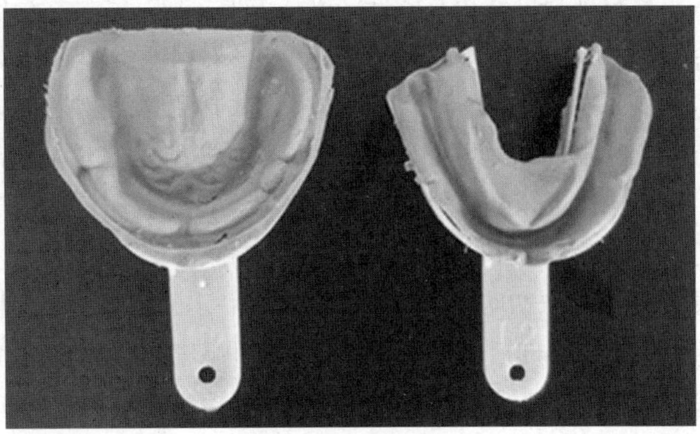

图 7-1　无牙颌印模

一、印模的分类

（一）按印模次数分类

1. 一次印模法　使用合适的成品托盘和印模材料，一次完成无牙颌印模的制取。这种方法操作相对简便，不需要复杂的步骤和额外制作个别托盘。

适用于牙槽嵴条件较好，如牙槽嵴丰满、形态规则，口腔前庭和系带位置正常，口腔解剖结构无明显特殊之处的情况。例如，对于一些年轻的无牙颌患者，牙槽嵴吸收不严重，使用一次印模法就能够获取比较满意的印模，用于全口义齿制作。

2. 二次印模法　先采用成品托盘和初印模材料（如印模膏）制取初印模，然后根据初印模制作个别托盘，最后使用个别托盘和终印模材料（如藻酸盐或硅橡胶）制取终印模。

适合于牙槽嵴条件复杂的患者，如牙槽嵴严重吸收变得低平、狭窄，口腔前庭较浅，系带附着位置异常等情况。通过二次印模法，可以对初印模进行调整和完善，利用个别托盘更好地贴合患者口腔组织，从而获取更精确的印模，为制作高质量的全口义齿提供良好基础。

（二）按印模时患者口腔组织状态分类

1. 解剖式印模　是在患者口腔组织处于静止状态下制取的印模。主要记录口腔组织的解剖形态，如牙槽嵴的形态、大小、高度，口腔前庭的深度和宽度，腭穹隆的形状等。

一般用于对义齿固位要求不高，或者口腔组织活动度较小的情况。比如，一些患者主要是为了改善面容美观而制作全口义齿，对咀嚼功能要求较低，此时解剖式印模可以满足基本需求。

2. 功能性印模　是在患者口腔组织进行功能运动（如吞咽、模拟咀嚼、说话等）时制取的印模。它能够记录下口腔组织在功能活动中的形态变化和位置关系，使制作出的义齿更符合口腔生理功能。

适用于对全口义齿功能要求较高的患者，尤其是那些希望通过义齿恢复良好咀嚼功能的人群。例如，大多数需要长期佩戴全口义齿进行正常饮食的老年人，采用功能性印模制取的印模制作的义齿能更好地适应口腔功能运动，提高咀嚼效率。

（三）按印模材料分类

1. 藻酸盐印模　以藻酸盐为主要成分的印模材料。它具有良好的流动性和弹性，能够准确地反映口腔组织的形态，亲水性较好，价格相对较低，操作方便。但是其尺寸稳定性稍差，凝固后的印模如果保存不当可能会发生变形。一般用于制取初印模或者对精度要求不是极高的终印模。

2. 硅橡胶印模 以硅橡胶为主要成分的印模材料。它的精度高，弹性恢复性能好，能够精确地复制口腔组织的细微结构。根据不同的类型（如缩合型和加成型），其性能有所差异。加成型硅橡胶的尺寸稳定性更好，生物相容性也较好，但价格相对较高。硅橡胶印模适用于对印模精度要求较高的情况，如制作高精度的全口义齿或者种植义齿的印模。

3. 印模膏印模 主要用于制取初印模的材料。它具有一定的可塑性和黏性。温度对其性能有较大影响，在加热后变软可塑形，冷却后变硬。印模膏制取的印模精度相对较低，但可以用于初步获取口腔组织的大致形态，为制作个别托盘或者进一步制取更精确的印模提供基础。

二、无牙颌初印模

（一）目的

全口义齿依靠基托与支持组织紧密贴合达成良好固位。制取初印模旨在构建无牙颌初模型，为个别托盘的制作奠定根基。

（二）要求

1. 与组织面的紧密贴合，且为无压力印模，防止对组织产生不当压迫。

2. 应于患者处于自然放松状态时制取，在不阻碍口腔功能运动的情形下，最大限度伸展印模边缘，以完整涵盖相关区域。

3. 要确保解剖标志完整清晰呈现，有效推开软组织干扰，精准获取承托区骨面形态，尤其下颌部分需保证磨牙后垫形态清晰且无压痕留存。

4. 初印模表面应光滑平整，无明显气泡产生，具备适宜弹性，自口腔取出后能够维持原有形态，不出现变形与损坏状况，以保证印模的准确性与实用性。

三、无牙颌终印模

（一）目的

无牙颌终印模致力于尽可能精准地复刻口腔组织的细微形态，保障义齿基托下方组织均匀受压，使边缘趋近生理功能状态，从而提高义齿佩戴的舒适度与功能发挥的有效性。

（二）要求

1. 具备精确的组织解剖形态，如实反映口腔内各结构的真实情况，为义齿制作提供精准模型依据。

2. 拥有适当的伸展范围，在黏膜反折处、系带，以及软腭等关键部位，在不影响正常功能活动的前提下，充分延展印模边缘，确保义齿基托边缘能良好贴合与封闭。

3. 印模边缘应清晰地呈现口腔前庭沟和黏膜反折处的组织形态，且边缘需光滑圆钝，如此可使义齿基托边缘实现出色的边缘封闭性。借助周围肌功能整塑操作，精准确定唇、颊、舌系带在功能运动时的形态与位置，让义齿能更好地适应口腔动态环境，发挥理想功能效果。

任务二　印模的制取方法

一、制取初印模的方法

视频：调拌藻酸盐印模材料

（一）托盘的选择

根据患者颌弓的形态，牙槽嵴的宽度、高度，以及印模材料的不同，选择合适的无牙颌托盘（图 7-2）。

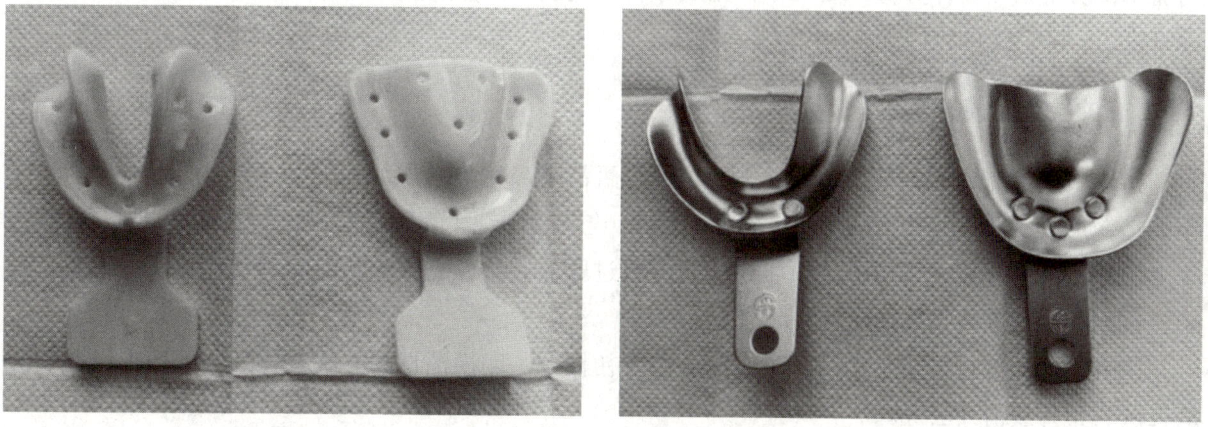

A　　　　B

视频：捏合硅橡胶印模材料

图 7-2　无牙颌托盘

A. 有孔托盘；B. 无孔托盘。

合适的托盘应比牙槽嵴宽 2 ～ 3mm，周围边缘高度应距离黏膜反折处 2 ～ 3mm，唇、颊、舌系带处充分避让。上颌托盘后缘两侧需盖过翼上颌切迹，后缘连线应超过颤动线 3 ～ 4mm。下颌托盘后缘应盖过磨牙后垫，在舌侧翼缘区充分伸展。

若牙槽嵴过高，托盘边缘高度不够，可用蜡片或印模膏加高托盘边缘。

（二）印模材料的选择

口腔印模材料用于制取口腔阴模，主要包含藻酸盐印模材料、硅橡胶印模材料、印模石膏，以及印模膏等。

在全口义齿初印模制取过程中，藻酸盐印模材料应用最为普遍，因其具备出色的流动性、弹性与可塑性。而终印模材料则需要有良好的流动性与较低的黏性，像精细的藻酸盐印模材料、硅橡胶印模材料，以及氧化锌丁香酚材料等都可选用。

（三）调整体位

把椅位调节至适宜的高度与角度，在确保患者舒适度的同时，也要为医生的操作提供便利。通常会让患者处于下颌牙槽嵴与地平面平行的体位。

（四）制取无压力初印模

1. 上颌初印模制取 首先挑选与患者口腔上颌状况大致匹配的成品托盘，用藻酸盐印模材料制取上颌初印模。取适量藻酸盐印模材料放置于托盘之上，医生站在患者右后方，右手握持托盘，左手持口镜牵开左口角，将托盘旋转放入患者口腔。托盘就位后，牵动患者的唇颊或让其模拟正常的唇颊功能活动以修整唇颊的印模边缘，以完成肌功能整塑。待藻酸盐印模材料凝固，将托盘手柄下压使印模从上颌后缘脱离，再从口腔内旋转取出。

2. 下颌初印模制取 制取下颌初印模时，同样先选取合适的成品托盘。医生站于患者右前方，右手拿托盘，左手持口镜拉开患者右口角，将托盘旋转放入患者口中。右手示指、中指置于托盘两侧相当于前磨牙部位，左手托住患者下颌骨下缘，轻轻按压使托盘就位。稳定托盘后引导患者噘嘴、咧嘴、伸舌等摆动舌体并做吞咽动作，完成肌功能整塑。待藻酸盐印模材料凝固后，使印模从下颌后缘脱离，随后从口腔内旋转取出。

（五）检查印模、消毒

初印模制取完成后，检查解剖标志及边缘是否清晰、完整，是否有压力过大处。上颌无牙颌印模的边缘应充分反映前庭沟的形态，总体光滑、连续、圆钝，无气泡等缺陷，后缘盖过上颌结节、翼上颌切迹及腭小凹。下颌无牙颌印模应完全盖过磨牙后垫，充分反映前庭沟、外斜线、下颌舌骨嵴、舌侧翼缘区等重要解剖标志的形态。

检查完成后进行印模消毒，并及时灌制石膏初模型。印模消毒的方法有化学浸泡消毒法、喷雾消毒法、紫外线消毒法等。

二、制取终印模的方法

（一）传统二次印模法

1. 制作个别托盘 选择合适的成品托盘，采用印模膏于口内印压。取出后再将边缘分段软化，分次放口内逐段作机能修整，印模材料凝固后获得初印模。将印模组织面和边缘均匀地刮去1～2mm并形成粗糙面，成为个性化托盘。

2. 制取终印模 调拌少量弹性印模材料，放在个别托盘中衬印取模，同时作机能修整。材料凝固后获得终印模。

（二）改良二次印模法

1. 制作树脂个别托盘

（1）按常规制作初印模、模型。

（2）绘制基托边缘线及个性化托盘边缘线。

（3）在口腔内骨突、组织倒凹等需要缓冲的部位贴蜡做缓冲处理。

（4）在模型上涂布分离剂，使用预制薄膜在模型表面个性化托盘边缘线范围内进行塑型，制作个性化托盘。

（5）树脂结固后从模型上取下，打磨修整托盘边缘，形成自凝树脂个别托盘。

2. 口内检查托盘边缘　将个别托盘置于口内，逐段检查唇颊、舌侧边缘的长短。要求托盘的边缘与黏膜反折线之间留有 1 ～ 2mm 的距离。

3. 修整托盘边缘　将印模膏或红蜡软化后分段、分次粘于托盘边缘，放入口内逐段作机能修整。

4. 衬印取模　调拌适量印模材料放在托盘内，放入口内做肌功能修整。印模材料凝固后从口内取出，终印模即告完成，冲洗、消毒后，尽快灌注得到终模型。

▶任务拓展

全口义齿数字化印模技术

全口义齿数字化印模技术是近年来牙科领域的一项重要进步，它利用数字化手段获取患者口腔内的解剖信息，为全口义齿的制作提供精确的数据基础。特别是数字化印模技术与 3D 打印技术的结合，为全口义齿的制作带来了革命性的变化。通过数字化印模获取的数据可以直接用于 3D 打印个性化托盘、义齿基托等部件。3D 打印技术能够快速、精确地制造出复杂的形状，减少了传统手工制作的误差和时间。随着数字化技术的不断进步，全口义齿的制作将更加高效和精准。未来的研究可能会集中在开发更经济实惠的数字化设备、优化数据处理流程，以及提高 3D 打印材料的性能。此外，人工智能和机器学习技术的应用也有望进一步提升数字化印模和义齿制作的自动化程度。

【任务评价】

详见表 7-1。

表 7-1　取印模任务评价表

任务	评价要点	分值
一	正确复述印模的概念	5
	正确说出印模的几种分类方法	5
	正确复述取无牙颌初印模的目的和要求	10
	正确复述取无牙颌终印模的目的和要求	10

续　表

任务	评价要点	分值
二	正确复述如何选择一副合适的托盘	20
	正确复述各种印模材料在流动性和可复性上的区别	10
	正确复述如何制取无压力初印模	20
	正确复述改良二次印模法	20

考试知识点总结

项目小结

协和云课堂…… 拓展练习及参考答案

（杨海新）

项目八　颌位关系记录

教学课件

项目目标

素质目标

具备扎实的专业知识与严谨的态度，取颌位关系过程中注重操作细节；将多学科知识融于全口义齿颌位关系记录，提升口腔修复专业素养。

知识目标

（1）掌握：颌位关系记录的概念及方法。

（2）熟悉：垂直距离与殆平面的关系，垂直距离过高、过低的影响。

能力目标

具备与患者有效沟通交流的能力，能引导患者配合完成颌位关系记录过程，提高操作的准确性与成功率。

微课：颌位关系记录

项目案例

【案例】

患者，女，70 岁。因全口牙齿缺失前来就诊，希望通过全口义齿修复改善口腔功能与面容。患者多年前因龋齿及牙周疾病未及时治疗，致使牙齿逐渐缺失，现仅余少量残根，已无法进行保留修复。目前患者在进食时极为困难，只能勉强吞咽一些细碎食物，且因牙齿缺失时间较长，面部出现明显塌陷，不仅严重影响了其营养摄入，还对其心理状态和社交生活造成了很大困扰。经全面口腔检查与全身健康评估后，确定患者具备全口义齿修复条件，且已完成全口义齿印模制取，下一步关键在于准确记录全口义齿颌位关系，为后续义齿制作提供重要依据。

既往病史：患有轻度骨质疏松症，长期服用钙剂进行治疗；无高血压、糖尿病、心脏病等其他重大系统性疾病；无药物过敏史。

口腔检查情况：上下颌牙列缺失，牙槽嵴吸收较为严重，上颌牙槽嵴呈刃状，下颌牙槽嵴低平且宽度变窄。口腔黏膜较薄，弹性稍差，但无明显炎症与溃疡。口腔前庭较浅，系带附着位置正常，无明显异常动度。张口度正常，颞下颌关节无疼痛、弹响等紊乱症状。

【问题】

1. 全口义齿颌位关系记录前，需要对患者进行哪些口腔及全身状况的评估？
2. 确定垂直距离有哪些方法？其依据和操作要点是什么？
3. 如何准确确定水平颌位关系？有哪些常用的方法与技巧？
4. 在颌位关系记录过程中，如何保证记录的准确性与稳定性？需要留意哪些细节？
5. 若患者在颌位关系记录时出现颞下颌关节不适或难以配合的情况，应如何处理？

【项目分析】

颌位关系是指下颌相对上颌的位置关系，包括上下、前后、左右三个方向，即在口腔功能运动过程中，下颌可在不同的高度、不同的水平位置上与上颌相对，从而构成若干颌位关系。颌位关系记录是指用𬌗托来确定并记录上下颌位置关系，此时患者面部下1/3的高度适宜，且两侧髁状突位于颞下颌关节凹的生理位置，在这个位置关系上，用全口义齿来重建无牙颌患者的正中关系。

当天然牙列存在时，上下颌骨的位置关系由紧密而广泛的上下颌牙列咬合来保持。当正常人上下牙列呈现尖窝锁扣的咬合状态时，前牙呈正常覆𬌗、覆盖，后牙面间呈尖窝交错的接触关系，髁状突位于关节窝内适中的位置，此时的关系为牙尖交错位（亦称正中𬌗位）。牙尖交错位时，下颌骨还可以后退少许，当下颌髁状突位于关节凹居中，而周围组织不受限的生理位置时，称正中关系位，也称为下颌后退位或下颌生理后位。牙尖交错位于正中关系位前方1mm的范围内或二者一致。当天然牙列缺失后，上下颌关系的唯一稳定参考位是正中关系位。因此，要确定并记录在适宜面下1/3高度情况下的关节生理位置。

颌位关系记录就是找出无牙颌患者的正中关系位，然后把这种关系转移到𬌗架上排牙。颌位关系记录包括了垂直关系记录和水平关系记录两部分。

无牙颌患者不仅失去了牙齿、牙列，同时也失去了确定基本颌位关系的标志。但制作全口义齿又必须首先确定颌位关系，并用一定方法记录好，再以此关系将上下颌模型固定在颌架上排列人工牙。这样，全口义齿就位时，上下人工牙列在口内才能咬合良好。记录颌位关系和印模的制取是全口义齿成功的两个重要步骤，两相比较，记录颌位关系被认为更重要。如果制取的印模非常精确，那么上下颌义齿分别试戴时固位良好，但是如果颌位关系不正常，𬌗关系与上下颌骨之间的位置不匹配，义齿在反复咬合时会出现位置变化，甚至脱落；如果义齿制作稍有缺陷固位不好，但颌位关系恢复正确时，适当调磨改善固位后，义齿还可以使用一段时间。

任务一　垂直颌位关系

确定垂直颌位关系等同于确定垂直距离。在天然牙列处于正中咬合，即呈现尖窝交错广泛接触时，鼻底至颏底的距离就是垂直距离，也就是面下1/3的距离。当牙列缺失后，上下牙槽嵴之间形成的间隙称为颌间距离，而垂直距离的确定需要借助上下颌𬌗托来达成。

一、确定垂直距离的方法

（一）息止颌位测量法

当天然牙列存在时，在口腔不咀嚼、不吞咽、不说话的静止状态下，下颌自然下垂，上下颌牙列彼此分开无𬌗接触，称为息止颌位。此时上下颌牙列间存在的间隙即为息止𬌗间隙，其平均值一般在 2 ～ 3mm。在确定义齿垂直距离时，测量鼻底至颏底的距离，减去 2 ～ 3mm 作为参考数据（图 8-1）。测量息止颌位时，可引导患者轻轻闭合上下唇并放松，持续发出“m”音，以便进行多次精准测量。

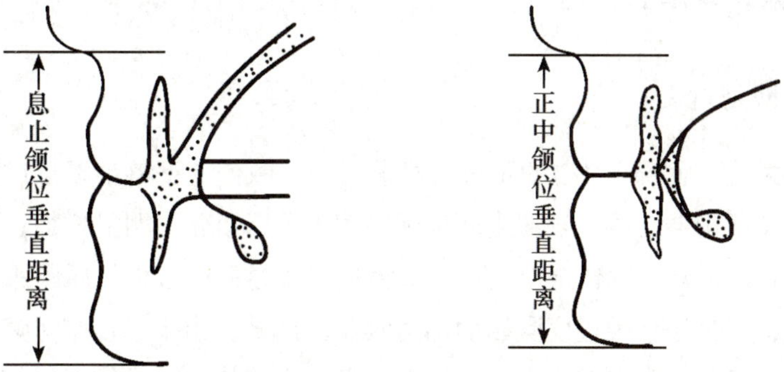

图 8-1　息止颌位垂直距离与正中颌位垂直距离

（二）瞳孔至口裂距离参照法

让患者保持两眼平视，测量其瞳孔至口裂的距离，此距离可作为确定垂直距离的一项参考数据（图 8-2）。不过，由于个体差异，并非所有人的瞳孔至口裂距离都等同于鼻底至颏底的距离。

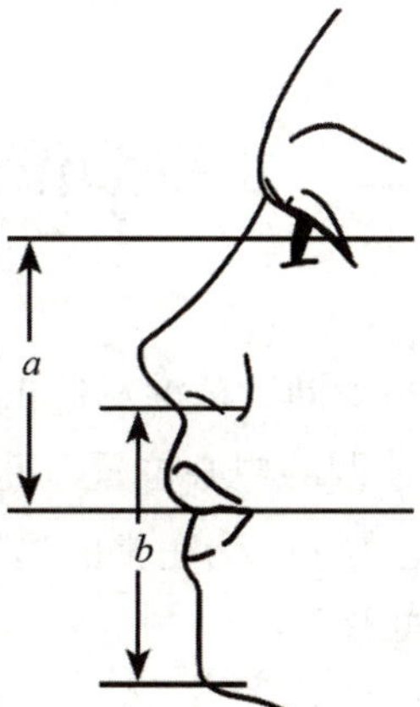

瞳孔至口裂距离（a）≈鼻底至颏底距离（b）。

图 8-2　瞳孔至口裂距离

（三）面部外形观察法

正常情况下，当天然牙列存在且处于正中咬合位时，上下唇自然闭合接触，口裂近乎平直，口角不下垂，鼻唇沟和颏唇沟深度适中，面部下 1/3 与整个面部比例协调美观。当为患者佩戴上、下颌殆托后，若患者感觉舒适且面部表情自然，那么这种面部外形状态可作为确定垂直距离的重要参考依据。

在临床实践中，不能单纯依赖某一种方法来确定垂直距离，而应综合运用上述三种方法。息止间隙大小因人而异，也并非所有人的瞳孔至口裂距离都与鼻底至颏底距离一致，关键在于结合测量数据的同时，仔细观察患者的面部外形是否和谐对称，这需要医生凭借丰富的工作经验及一定的审美素养进行判断。倘若患者有拔牙前咬合位垂直距离的记录，那么这将是无牙颌修复时确定垂直距离极为可靠的参考资料。

二、垂直距离恢复异常的影响

（一）垂直距离恢复过大

若垂直距离恢复过大，面部下 1/3 的距离会显著增大，致使上下唇难以自然闭合而张开。当患者勉强闭合上下唇时，颏唇沟会变浅，颏部皮肤出现皱缩现象，肌张力明显增加，患者极易产生肌疲劳感。若依据过大垂直距离的殆托制作全口义齿，义齿的高度过高，过大的肌紧张力使牙槽嵴长期处于受压状态，久而久之，牙槽嵴会因过度受压而加速吸收。此外，由于息止殆间隙过小，患者在说话和进食时，后牙容易发生撞击，常常需要大张口进食，义齿也容易出现脱位现象，咀嚼效率降低。

（二）垂直距离恢复过小

当垂直距离恢复过小时，面部下 1/3 的距离会明显减小，唇红部变窄，口角下垂，鼻唇沟加深，颏部向前突出。使用垂直距离过小的殆托制作的全口义齿戴入口中后，患者看上去仿佛未佩戴义齿。此时息止殆间隙偏大，患者在咀嚼时肌紧张度降低，虽用力较大但咀嚼效能却很低。

任务二　水平颌位关系

在口腔修复领域，确定水平颌位关系等同于精准定位正中关系位。正中关系位有着特定的解剖学标志，即下颌髁突恰好处于颞下颌关节凹的中心位置，此时面部下 1/3 的比例协调，颞下颌关节处于舒适的状态，咀嚼肌能够产生较大的力量，为正常的咀嚼功能奠定基础。对于无牙颌患者而言，确定正中关系位的常用方法主要有以下四类。

一、哥特式弓描记法

此方法由 Gysi 在 1908 年首创的哥特式弓口外描记法发展而来。在进行颌位关系确定时，会在上下颌𬌗托的前端分别安装一个长度约 2mm 的小柄（图 8-3）。其中，上颌柄的末端固定有一根垂直于柄的描记针，与之相对应，下颌柄上则配备一块描记板。当患者进行下颌前伸和侧向运动时，上颌的描记针会在下颌的描记板上绘制出特定的图形。该图形呈现出类似“↑”的形状，而当描记针准确指向这个图形的顶点时，就意味着下颌刚好处于正中关系位。由于这个图形与当时欧洲盛行的哥特式建筑的尖顶形状相似，故而得名哥特式弓描记法。

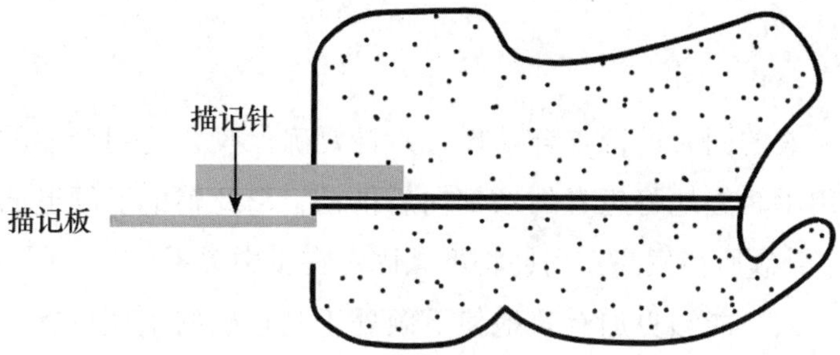

图 8-3　口外哥特式弓描记法

到了 1944 年，McGvane 进一步提出了哥特式弓的口内描记法。这种方法是将描记针安置在上颌𬌗托的腭中部位置，而描记板则安装在下颌𬌗托两侧𬌗堤的中间部位（图 8-4）。在确定水平颌位关系的众多方法中，哥特式弓描记法具有不可替代的独特性，它是能够客观地观察下颌后退程度的唯一方法，并且在临床应用中已经历经了近一个世纪的时间考验。然而，口外描记法由于其装置是安装在𬌗托的前端，如果𬌗托不够稳固，就极易对描记结果产生干扰，导致结果不准确，所以在现代临床实践中已经很少被采用。而口内描记法虽然装置稳定性较好，但对于那些舌体较为肥大的老年人，以及身体存在残疾的患者来说，这种装置可能会引发不适反应，进而影响最终的描记结果。

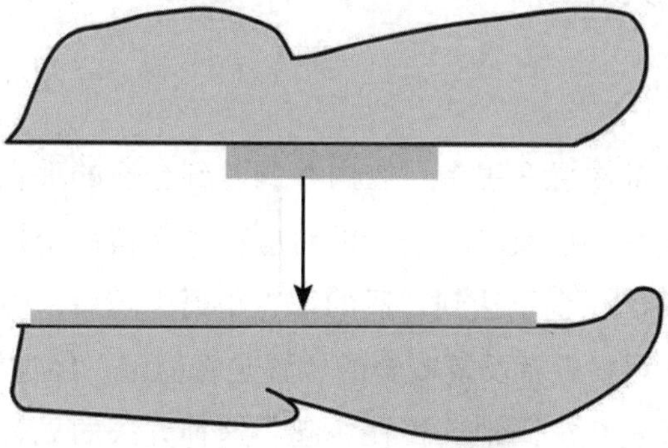

图 8-4　口外哥特式弓描记法

二、直接咬合法

直接咬合法主要是借助𬌗堤，以及颌间记录材料，引导无牙颌患者主动将下颌向后退并完成咬合动作，从而确定正中关系位。由于无牙颌患者常常存在下颌习惯性前伸的不良习惯，因此需要采用一些特殊的辅助方法来帮助他们准确地将下颌退回至正中关系位，并实现稳定咬合。

（一）卷舌后舔法

患者先微微张开嘴巴，然后将舌尖朝着后上方卷起，去舔触上颌𬌗托后缘中间位置的蜡球。在舔到蜡球之后，患者再缓慢地进行咬合动作，直至达到合适的垂直距离。在这个过程中，当舌尖向后上方卷起舔蜡球时，舌部会对舌骨产生向后上方的牵拉力量，而舌骨又会连带舌骨肌一起对下颌施加向后的拉力，从而使得下颌髁突能够顺利地回到其生理位置，实现正中关系位的确定。

（二）吞咽咬合法

患者在吞咽自身唾液的同时进行咬合动作，并且要确保咬合达到合适的垂直距离。在吞咽过程中，还可以由医生用手轻轻地将患者的颏部向后推动，以此辅助下颌退回至生理位置。这是因为在吞咽动作发生时，升颌肌会发挥作用，将下颌固定在正中关系位上。所以采用吞咽咬合与下颌受推力后退相结合的方式，能够更加有效地使下颌处于其正确的生理位置，从而准确确定正中关系位。

（三）后牙咬合法

首先，将上颌𬌗托放置在患者口腔内合适的位置并使其就位。然后，医生将两根手指放置在患者下颌牙槽嵴的第二前磨牙和第一磨牙所在的位置，让患者轻轻地咬合几下，直到患者能够明显感觉到咬合时可以充分发力。接下来，将粘有已经烤软蜡卷的下颌𬌗托放入患者口中，此时仍然先让患者尝试咬合医生的手指，随后医生将手指逐渐向𬌗堤的颊侧方向滑动。当上下颌𬌗托最终接触时，下颌就处于正中关系位。这是因为在咬合过程中，颞肌、咬肌，以及翼内肌会同时收缩，这些肌肉收缩产生的力量会牵引下颌向后上方移动，并且当这种力量在第二前磨牙和第一磨牙处发挥到最大限度时，下颌就恰好处于正中关系位。

（四）四小柱法

操作时，先将上下颌𬌗托都放置在患者口腔内并调整到合适的垂直距离。之后，将下颌部分的蜡堤切除，仅在双侧第一前磨牙，以及第一磨牙的对应位置保留四个蜡小柱。接着，将蜡小柱的顶端烫软，让患者自然地闭合嘴巴，直至达到合适的垂直距离。随后，引导患者进行快速且小范围的开闭口运动，在此过程中仔细观察患者反复咬合的位置是否稳定。经过检查确认咬合位置稳定之后，使用咬合记录硅橡胶将上下颌𬌗托牢固地连接在一起。这种方法的显著优势在于能够有效避免前牙区蜡堤对咬合过程的干扰，从而更加精准地检查患者是否具备稳定的水平颌位关系。

直接咬合法的操作流程相对较为简便，比较适合那些具有丰富临床经验的医生使用。但是在实操过程中，需要特别注意将蜡堤调整到合适的高度。如果蜡堤高度不合适，就可能会导致患者口腔内某一区域的黏膜承受过大的压力负荷，出现下颌偏斜的情况。此外，使用直接咬合法时需要医生推动患者下颌后退，如果医生施加的力量不准确，就很有可能导致最终确定的颌位关系出现偏差，得到不正确的结果。因此，在临床实际应用中，建议综合参考运用上述几种直接咬合法，并对确定的颌位关系进行反复检查与确认，以确保水平颌位关系确定的准确性和可靠性。

三、肌监控仪法

由 Jankelson 发明创造的肌监控仪在确定水平颌位关系方面也有着独特的作用。该仪器能够释放出微量的直流电，通过将表面电极粘贴在患者耳垂前方上下约 4cm 的范围之内，利用电流作用于三叉神经运动支，从而促使咀嚼肌产生有节律的收缩运动。这种收缩运动能够有效地使咀嚼肌解除疲劳状态并放松紧张情绪，让肌肉恢复到自然的生理状态。对于那些长期处于全口无牙状态并且存在不良咬合习惯的患者而言，先使用肌监控仪对其进行治疗，使咀嚼肌恢复正常状态之后，再采用直接咬合法进行颌位关系确定，这样就能够使下颌自然地退回到生理位置，从而更加准确地确定正中关系位。

四、治疗义齿法

在临床实践中，部分患者由于咀嚼系统存在不协调的问题，导致在进行颌位记录时，下颌会出现诸如前伸、倾斜、滑动、抖动等不稳定的现象，难以获得稳定可靠的修复颌位。针对这类特殊患者，可以采用制作治疗义齿的方法来解决颌位不稳定的问题。

治疗义齿的设计原理是基于稳定咬合板的理念。具体来说，在上颌后牙部位采用质地坚硬的瓷质后牙，并且使瓷质后牙的舌尖与下颌相对较为柔软的树脂咬合板形成单点接触。在后续的调颌过程中，逐步调整双侧后牙的接触关系，直至实现双侧后牙均匀且等力的接触状态。通过这样的调整过程，能够有效地稳定咀嚼肌的生理功能，最终获得稳定的修复颌位。对于那些咬合不稳定的患者，在经过一段时间的调整之后，可以观察到上颌瓷质后牙的尖部在树脂咬合板上留下的磨动印迹。这些印迹会从最初的杂乱无章、存在滑动现象，逐渐演变为稳定、平衡且面积相对集中的清晰轨迹。通过这种变化，医生不仅能够获得稳定可靠的修复颌位，同时还能够得到下颌在咀嚼运动过程中的磨动印迹，这些信息对于后续的排牙，以及调颌工作都能够提供极为重要的指导作用，有助于提高全口义齿修复的质量和效果。

▶任务拓展

功能性全口义齿

功能性全口义齿是一种基于生物功能模拟技术制作的全口义齿。它通过记录患者下颌的运动轨迹（包括前伸和侧方运动）来确定咬合关系，从而实现更自然、更稳定的咬合功能。这种义齿不仅注重牙齿的排列和外观，更强调义齿在口腔内的功能表现。功能性全口义齿在临床效果上优于传统全口义齿。患者对功能性全口义齿的满意度更高，特别是在咀嚼功能、发音和舒适性方面。此外，功能性全口义齿的制作过程更加标准化和系统化，减少了传统义齿制作中的盲目性。功能性全口义齿作为一种新型的修复方式，已经在临床应用中显示出显著的优势。随着数字化技术和新材料的不断发展，功能性全口义齿有望为无牙颌患者提供更好的治疗效果和更高的生活质量。

【任务评价】

详见表 8-1。

表 8-1　颌位关系记录任务评价表

任务	评价要点	分值
一	正确复述殆平面、牙尖交错位、正中关系位及颌位关系的概念	10
	正确复述确定垂直距离的方法	30
	正确复述垂直距离恢复异常的影响（过大、过小）	20
二	正确说出确定水平距离的几种方法	30
	正确复述使用直接咬合法确定水平距离的几种方法	10

—• 考试知识点总结 •—

—• 项目小结 •—

—• 协和云课堂……　拓展练习及参考答案 •—

（杨海新）

项目九 试 戴

教学课件

项目目标

微课：试戴

素质目标

具有良好的人文素养和科学素养，愿意深入探究义齿蜡型试戴的相关知识。

知识目标

（1）掌握：义齿蜡型试戴前的准备。

（2）了解：义齿蜡型试戴时正确形态。

能力目标

具备试戴义齿蜡型检查和正确咬合关系辨认的能力。

项目案例

【案例】

患者，男，70岁，厨师。无基础病史。就诊时，患者口内戴有一副全口义齿。主诉：食物咀嚼不烂，地包天面型，微笑不露牙齿。查体：旧义齿咬合面磨耗严重，咬合偏低，上颌唇部支撑不足，面型不够丰满。

【问题】

如何为该患者制作一副能够让其满意的全口义齿？

【项目分析】

医生取得颌位关系记录上𬌗架后，由技师完成排牙。在装盒充胶前，返回医生处进行试戴。在临床进行检查和确认，再交技师做最后的调整，进行聚合和回𬌗架调𬌗。

蜡义齿试戴是全口义齿修复中必不可少的临床过程。技师交付的蜡义齿已具备终义齿的所有信息，医生和患者对蜡义齿进行最后的确认，方可进行充胶聚合。

医生应在试戴时仔细检查、核对所有修复信息，并得到患者的确认。

任务一　试戴前的准备工作

一、检查人工牙

（一）人工牙表面残蜡

检查人工牙表面及沟窝点隙内是否干净、无残蜡。如果有多余的蜡，则应擦干净，再给患者进行试戴工作，不然会造成咬合的早接触，影响试戴效果。

（二）人工牙牙尖

检查调磨过的人工牙尖及牙尖斜面是否光滑无锐角。如果过锐，则需要磨圆钝；否则有可能会对口腔黏膜造成伤害。

二、检查蜡义齿基托

（一）模型

检查模型是否完好，如遇模型损坏，尤其是靠近制作修复体的组织面，则会导致修复体与患者口腔黏膜不密合，变成不良修复体。检查模型底座与殆架是否密贴，若不密贴，应把模型底座与殆架清理干净；否则可能会造成咬合出现误差。

（二）是否密贴

检查蜡义齿在模型上是否密贴、有无翘动。

（三）磨光面

检查蜡义齿基托的磨光面形态是否光滑、自然，是否符合口腔的生理运动功能。磨光面的不自然形态会刺激患者的口腔，有可能导致患者出现紧张的情况，影响咬合的观察与判断。

（四）蜡义齿边缘

检查蜡义齿基托边缘延伸是否到位、义齿边缘是否光滑，有无尖锐部分或基托边缘过长过短的情况。基托边缘过长可能会刺激口腔黏膜，引起疼痛等不适；过短则可能影响义齿的固位。例如，上颌基托后缘应在腭小凹后 2mm 左右，下颌基托后缘应盖过磨牙后垫前 1/2 ～ 2/3。

三、检查人工牙的排列

（一）义齿正中𬌗

检查正中𬌗是否达到最大面积的尖窝交错接触关系，前伸𬌗及侧方𬌗是否均具备多点接触的平衡𬌗。

（二）牙列形态

检查牙列形态与牙弓形态是否协调，上下颌牙列是否均衡均匀，上下颌牙列的中线是否正确并对齐，人工牙的长轴倾斜、扭转是否自然。

（三）牙列

检查上下颌牙列位置是否整齐，覆𬌗、覆盖关系是否合适，后牙与牙槽嵴顶间线的位置关系是否正确。

（四）人工牙排列

检查上下颌人工牙排列是否呈良好的牙弓曲线、纵𬌗曲线与横𬌗曲线。

任务二 试戴义齿蜡型检查

全口义齿蜡型戴入口腔这一工作由口腔科医生来完成，戴入口腔后应从以下几点进行检查。

一、检查蜡义齿基托的稳定、边缘的延展

（一）密贴程度

检查戴入后组织面与黏膜是否密贴，术者可用两手示指左右按压两侧后牙𬌗面，检查是否稳定、有无翘动，取下时是否有吸附力，从而判断义齿蜡型与口腔黏膜的紧密贴合程度。

（二）边缘伸展情况

蜡义齿的边缘应延伸至黏膜转折并在系带、肌肉附着处避让，若未做避让，则会造成压痛，增加患者的不适感。

（三）磨光面形态

检查蜡义齿的磨光面形态是否符合生理功能、能否对唇颊侧形成良好的支撑并且不会引起软组织的不适感。

二、检查蜡义齿的美观及垂直距离

戴入蜡义齿后与患者自然交流，并观察蜡义齿是否对称协调自然、患者是否满意。

（一）中线

检查中线是否一致，牙齿是否对称协调。

（二）人工牙

检查人工牙齿的大小、形态和颜色与患者自身是否匹配自然。

（三）丰满度

检查对唇颊侧的支撑，鼻唇沟、口角线支撑度是否与患者年龄相匹配，恢复面部丰满度是否适宜。

（四）𬌗平面

观察𬌗平面与面部观测线是否协调一致。

（五）面部比例

通过正面与侧面观察患者面部下 1/3 的比例、微笑时露齿的程度是否协调自然。

（六）息止𬌗间隙

在患者自然放松的情况下，观察是否有合适的息止𬌗间隙。

（七）碰撞声

在与患者自然交谈的过程中，观察患者上下牙列是否有碰撞声。

（八）上下唇闭合状态

观察患者在颏肌放松的状态下，上下唇是否轻微闭合。

（九）颌间距离

嘱患者进行“s”音的发音检测，如四十一、四十二，观察上下牙列之间是否存在 1 ～ 2mm 间隙，存在即为正常，间隙消失则为颌间距离略高。

三、检查颌位关系

蜡义齿戴入患者口内，需先检查患者咬合时有无垂直距离过高或过低现象，再检查患者的水平关系有无前伸、偏斜现象。如果颌位关系出现以下几种问题，则需要重新制取颌位关系记录。

（一）下颌后退

下颌后退，前牙间隙变大，说明用蜡堤定位咬合时患者咬合处于前伸状态，需要把蜡义齿的后牙替换为蜡堤，重新确认咬合关系。

（二）下颌前伸

下颌前伸，前牙对刃或反殆，说明有可能患者在试戴蜡义齿时下颌处于前伸位，或者在用蜡堤确认咬合时，下颌处于后退位，需加大前牙的覆盖，重新排牙。

（三）下颌偏斜

下颌偏斜，上下颌中线不一致，造成这种情况的原因有可能是患者习惯偏侧咀嚼，记录了错误的颌位关系。

（四）前牙开殆

后牙接触，前牙开殆，造成这种情况是因为咬合记录时蜡堤发生形变，或上殆架过程中移动了咬合记录。

四、检查咬合

（一）覆殆、覆盖

检查前牙覆殆、覆盖是否符合患者口腔条件。

（二）正中殆

检查前牙、后牙的位置是否得当，后牙的尖窝位置是否正确，是否达到正中殆，正中殆时上下牙列殆面达到广泛均匀接触。

（三）咬合关系

戴入蜡义齿后，检查患者在咬合过程中两侧的咀嚼力度是否一致，义齿在咀嚼时是否稳定，咬合关系是否良好。患者轻轻咬合，观察上下牙列是否能紧密贴合，咬合是否均匀，有无早接触点、高点或咬合过低的情况。正常的咬合应该是上下牙尖窝相对，广泛接触，前伸和侧方运动时无咬合干扰。比如，可以用咬合纸检查咬合接触点，观察接触点显示的位置，都处在尖窝位置则为正常，若出现在斜嵴或斜面会造成咬合的不稳定。

五、检查发音

戴上义齿后，让患者读一些词语、句子或进行日常对话，检查发音是否清晰、自然，有无哨音、鼻音过重或发音不清的情况。如果发音受到影响，可能需要调整义齿的位置、形态或人工牙的排列。

（一）唇音（b，p）

检查前牙唇舌向位置和唇侧基托厚度是否正常。

（二）唇齿音（f，v）

注意上中切牙切缘与下唇干湿线的接触情况，上前牙过长、过短可能影响发音。

（三）舌齿音（t，h）

舌尖应位于上下前牙切缘间，若上前牙偏唇侧、前牙覆盖大，可能导致发音异常。

（四）舌腭音（d，t）

舌尖位于上下前牙的腭侧，与上腭侧轻轻接触，前牙唇舌向位置、上颌腭侧基托前部厚度异常可能影响发音。

（五）齿音（s，ch）

上下前牙切缘接近，若前牙唇舌向位置异常，如下前牙过于偏舌侧、覆盖过大，或者垂直距离过高或过低，都可能使发“斯”音不清楚。

六、检查舒适度

询问患者戴上蜡义齿后的感受，是否有明显的压痛、异物感或其他不适。如有不适，需仔细检查相应部位，确定是基托不合适、人工牙排列问题还是咬合过高过低等原因引起，并进行相应调整。

七、患者自查

患者试戴蜡义齿时，医护人员可暂时离开，让患者拿着镜子多观察，并跟同伴交流意见。之后跟患者沟通，了解患者对义齿的感受，听取患者及其家人意见，及时调整，达成医患共识。

▶任务拓展

吸附性全口义齿优势

吸附性全口义齿通过良好的边缘封闭，使义齿和口腔黏膜间贴合紧密，产生类似吸盘的吸附效果，能有效抵抗义齿沿就位道相反方向的脱落，固位效果优于传统全口义齿。在制作过程中，对印模制取的要求细致严格，通常会采用二次印模法等特殊方法，先初步制取印模，灌注模型后制作个别托盘，再用个别托盘制取精细的终印模，以精准复制口腔黏膜的形态细节，确保义齿与患者口腔组织形态高度契合。刷牙、漱口等保持口腔清洁的动作有助于维持其稳定性，且在咀嚼运动中也不易松动、移位，具有良好的稳定性。

【任务评价】

详见表9-1。

表9-1 试戴任务评价表

任务	评价要点	分值
一	说出检查人工牙的方法	10
	阐述蜡义齿基托检查的方法	10
	明确检查人工牙排列的方法	10
二	明确蜡义齿基托戴入口内检查的方法	10
	明确检查颌位关系的方法	20
	说出检查咬合的方法	10
	阐述检查发音的方法	10
	了解检查舒适度的方法	10
	了解患者自查的必要性	10

考试知识点总结

项目小结

协和云课堂…… 拓展练习及参考答案

（乔莹莹）

教学课件

项目十　全口义齿初戴

微课：全口义齿初戴

项目目标

素质目标

具备讲解使用维护要点、细心解答医生疑问的素质。

知识目标

（1）掌握：选磨调𬌗的意义。

（2）熟悉：选磨调𬌗的方法步骤。

（3）了解：全口义齿初戴时检查内容和方法。

能力目标

具备全口义齿初戴检查和调改的能力。

项目案例

【案例】

患者，女，68岁，演员。有糖尿病、高血压等基础病史。患者几年前因牙周炎导致牙齿逐渐松动，其间经过多次口腔诊疗，去除松动牙齿。查体：患者上下颌牙槽嵴因松动牙刺激吸收严重。患者有基础病史，无法接受种植修复，故制作全口义齿进行口腔修复。

【问题】

1. 如何为该患者顺利戴牙？需要对制作的义齿进行哪些检查？
2. 患者初次戴牙有哪些需要注意的方面？要如何叮嘱患者？

【项目分析】

制作全口义齿过程中的每一步都必须达到标准，最终才能制作一副高质量的全口义齿修复体。由于全口义齿是完全覆盖在黏膜软组织之上的，不同患者牙槽嵴及口腔黏膜状况不同，初戴时都可能会出现不同的情况。如果制作中任何环节误差较大，初戴全口义齿时就可能出现更多的问题。因此，初戴全口义齿时要按步骤认真检查，发现问题及时处理。

任务一　初戴前检查

一、核对患者信息

核对患者的治疗加工单、模型、义齿和口内情况等信息，确认是该患者的全口义齿。

二、检查义齿表面

（一）检查石膏残渣

检查义齿表面有无石膏残渣。

（二）检查组织面及基托边缘

用棉球检查组织面有无树脂小瘤，用手检查基托边缘有无锐利之处。

（三）检查倒凹

检查有无因牙槽嵴过突造成的唇颊基托倒凹过大，若有，则应磨改该处基托组织面相应的倒凹区，否则会影响义齿就位，强行就位会损伤口腔黏膜，给患者带来痛苦。但磨除过多会破坏边缘封闭性，影响固位。

任务二　初戴检查

一、检查义齿就位

全口义齿戴入时一般都能顺利就位，少数不能就位者多因基托局部有明显的倒凹，其边缘受过凸的唇颊侧牙槽嵴阻挡所致，需要磨改后才能就位。

二、检查基托

（一）基托边缘

边缘过长或过短都会影响义齿的固位，过长的部位压迫口内黏膜引起不适，还会影响唇颊舌肌的运动，不利于义齿的固位，应磨去过长的部分。要特别注意唇、颊系带处，观察边缘切迹是否避让，有无妨碍系带活动情况。基托边缘过短也会影响固位，常见于上颌结节颊侧及下颌舌侧翼缘区。过短的部分可以用自凝树脂或其他的印模材料加长。

（二）基托组织面

全口义齿基托组织面直接与患者口内组织紧密接触，而牙槽嵴表面不规整，常存在较大的骨突影响基托组织面承力。因此，每副义齿都应该检查基托与组织的密合性，以及基托组织面的压力。过大的压力可能导致患者口腔组织的变形而出现刺激和疼痛，必须予以缓冲。这种情况常采用压力指示糊剂检查明确受压的区域。

（三）基托磨光面

全口义齿基托磨光面应该与唇颊舌肌外形相适应，符合生理功能的外形使义齿处于肌动力平衡，增强义齿稳定性。磨光面的凹度不可过分，否则容易积存食物，不易自洁，尤其是下颌的颊棚区。如果呈凸形，将影响义齿的稳定，可磨改处理。上颌义齿腭部形态应有利于发音，而唇侧基托的磨光面过厚或过薄，将影响口唇的丰满度。

三、检查前牙排列形态

（一）外观

1. 中线对齐 全口义齿排列中线应与面部中线对齐，确保义齿在面部的对称性，使患者的面部外观看起来协调自然。

2. 牙弓形态 从正面观察，义齿的牙弓形态应左右对称，呈自然的弧形，与患者的面部轮廓相适应。牙弓过宽或过窄都会影响颊廓的宽度，进而影响美观。

3. 牙齿形态与大小 前牙的形态、大小应与患者的自然牙相似，或者根据患者的面型、性别、年龄等因素进行个性化选择。同时，左右前牙的形态、大小和比例应基本相似，侧切牙和尖牙的形态应与中切牙相协调，以保证整体的美观效果。

（二）位置关系

1. 唇舌向位置 前牙的唇面应与唇有适当的位置关系，上中切牙切缘一般位于唇内侧1～2mm，且在正中咬合时，上前牙应适当搭盖下前牙，搭盖量约为1mm，以提供足够的唇保护，同时避免前牙过于唇倾或舌倾，影响美观和发音。如遇特殊咬合关系的患者应特殊处理。

2. 垂直位置 切牙的切缘应与患者的微笑线相协调，在患者自然微笑时，上前牙切缘应暴露适当，一般不超过上唇下2～3mm，以展现自然美观的笑容，避免前牙过长或过短。

3. 前后位置 可参考切牙乳突来判断人工牙的前后位置，上颌中切牙唇面应距离切牙乳突中点8～10mm。

（三）排列与咬合

1. 排列整齐度 前牙应排列整齐，无明显的扭转、倾斜或错位，牙齿之间的邻接关系应正常，避免出现过大的间隙或拥挤。

2. 覆𬌗、覆盖关系 上前牙与下前牙应建立正常的覆𬌗、覆盖关系，覆𬌗和覆盖的距离应适当，一般覆盖不超过3mm，覆𬌗不超过下前牙切1/3，以保证良好的咀嚼功能和美观效果，同时避免咬伤下唇或影响发音。

3. 咬合接触 在正中咬合时，前牙的接触点分布应均匀对称，避免个别牙早接触或无接触，同时要检查前伸和侧方咬合运动时，前牙有无咬合的干扰，确保咬合关系稳定，能进行正常的咀嚼和发音功能。

四、检查义齿固位力

义齿经过严格的质量控制，基托组织面和口腔黏膜密贴，边缘封闭良好，具备良好的固位力。义齿戴入时，能有明显的密贴感，无论在自然状态下还是功能状态下都不会脱落。可从以下三个方面进行检查。

（一）口腔静止状态时

让患者保持口腔静止，观察义齿是否有松动或脱位的迹象。若义齿在静止状态下就容易脱落，可能是基托变形后与黏膜不密贴、基托边缘伸展不够及封闭不良等原因所致。

（二）口腔软组织活动时

让患者做吞咽、说话、微笑等口腔软组织活动，观察义齿是否脱位。如果在这些活动时义齿容易脱位，可能是基托边缘伸展过长、系带阻挡等原因所致。

（三）咬合时

检查咬合时义齿是否有移位。若正中𬌗有早接触，或非正中𬌗未达到𬌗平衡，可能会导致义齿在咬合时移位，影响固位力。

五、检查义齿稳定性

（一）组织面稳定

义齿就位后，双手置于两侧磨牙区轮流施压，检查基托有无翘动。

（二）牙列位置稳定

嘱患者叩齿，观察义齿有无翘动现象，检查义齿是否稳定。

（三）正中𬌗稳定

检查叩齿时义齿是否保持前后向稳定和双侧受力平衡，对造成正中𬌗不稳定的早接触点进行调磨。

（四）非正中𬌗稳定

检查侧方运动和前伸运动时，义齿是否在口内翘动或摆动。

六、检查颌位关系

（一）视觉观察

1. 牙齿对齐情况 观察上下牙齿是否能对齐，有无明显的错位、扭转或偏斜。若上下颌牙齿中线不一致，可能提示下颌偏斜。

2. 覆𬌗、覆盖关系 检查前牙的覆𬌗、覆盖是否正常，有无深覆𬌗深覆盖、对刃或开𬌗等问题。正常的覆𬌗、覆盖关系有利于咀嚼和美观。

3. 面部比例与形态 查看面下 1/3 距离是否协调，口唇闭合和软组织形态是否自然。垂直距离过高可导致面下 1/3 增大，上下唇张开、勉强闭合，颏唇沟变浅等；垂直距离过低则面下 1/3 变短，口角下垂，鼻唇沟变深。

（二）正中𬌗接触检查

1. 𬌗力检查 使用两张咬合纸分别放于双侧后牙𬌗面，于患者正中咬合时，抽拉咬合纸，如双侧咬合纸均无法抽出，则双侧牙列接触紧密，若有一侧咬合纸轻易拉出，则表明该侧牙列接触不紧密。

2. 髁突位置检查 让患者在正中咬合时，医生将小指放入外耳道内，感受两侧髁突撞击小指指腹的力度是否相同，若两侧撞击力度不一，可能提示下颌偏斜。

3. 咬合纸检查 将咬合纸放在上下牙齿之间，嘱患者做正中、前伸、侧向运动，通过观察咬合纸的颜色变化来判断咬合关系是否正确。正常情况下，咬合纸应该是均匀的蓝色，如果颜色不均匀，则说明存在咬合不平衡的情况。如个别牙面上有蓝色印迹，或蓝色印迹很明显者为早接触点，可磨改消除之。

七、检查有无疼痛

（一）询问患者主观感受

在初戴义齿时，要及时询问患者的感受，让患者描述疼痛的具体部位、程度、性质，以及疼痛出现的时间，如是否在咬合、说话、吞咽等特定情况下疼痛会加剧或减轻等，以便初步判断疼痛的原因。

（二）口腔黏膜检查

1. 直接观察 仔细查看口腔黏膜的颜色、形态，是否有红肿、充血、溃疡、糜烂等情况，尤其要注意牙槽嵴顶、上颌硬区、下颌隆突、唇颊系带等容易受义齿压迫的部位。若发现黏膜有明显的损伤痕迹，通常提示该部位存在疼痛点。

2. 义齿组织面检查　将义齿从患者口中取出，擦干后在义齿组织面均匀涂抹一层压力指示剂，戴入口内，手指在义齿表面均匀施加压力后取出，观察义齿组织面。组织面上若有明显透出的印迹，且与患者口腔内疼痛部位相对应，说明该部位的义齿组织面与黏膜压力过大，可能是导致疼痛的原因之一。

（三）咬合检查

1. 静态咬合检查　让患者轻轻咬合，检查上下义齿的咬合关系是否正常，有无个别牙早接触或咬合不平衡的情况。可以用咬合纸放在上下牙齿之间，让患者咬紧后观察咬合纸的颜色变化，若出现个别牙面上有蓝色印迹，或蓝色印迹很明显者，为早接触点，可能会导致患者在咬合时出现疼痛。

2. 动态咬合检查　让患者进行前伸、侧方咬合运动，观察在运动过程中义齿的咬合是否协调，有无干扰或异常的接触。若存在侧方干扰等问题，可能会在咀嚼时引起疼痛。

（四）义齿边缘检查

1. 长度检查　检查义齿基托边缘是否过长，过长的边缘可能会压迫口腔黏膜，引起疼痛，常见的部位有上颌义齿的后缘、下颌舌侧翼缘区等。若边缘过长，需要适当磨短。

2. 厚度检查　检查义齿基托边缘的厚度是否合适，过厚的边缘可能会影响口腔肌肉的运动，导致疼痛等不适。特别是下颌舌侧基托厚、排牙靠舌侧时，容易引起疼痛。

（五）颞下颌关节检查

让患者做开闭口、前伸、侧方运动等，观察颞下颌关节的运动是否正常，有无疼痛、弹响或杂音等。如果义齿的咬合关系不正确，可能会对颞下颌关节造成额外的压力和负担，导致关节疼痛。

任务三　选磨调𬌗

一、选磨调𬌗的意义

因全口义齿装盒、填胶、热处理等工序操作有误差存在，会使义齿的𬌗关系受到影响。全口义齿初戴时选磨是改善咬合关系、提高咀嚼效率等的必要措施。主要表现在以下几个方面。

（一）改善咬合关系

1. 消除早接触和𬌗干扰　通过选磨调𬌗，可以去除正中𬌗、前伸𬌗及侧方𬌗时的早接触点和𬌗干扰点，使义齿在各种咬合运动中都能达到广泛均匀的接触，建立稳定的尖窝关系，从而避免个别牙承受过大的咬合力，保护牙齿和义齿的结构完整性。

2. 调整覆𬌗、覆盖　对于存在深覆𬌗、深覆盖等异常覆𬌗、覆盖关系的患者，选磨调𬌗可以适当调整上下前牙的切缘位置和角度，改善前牙的美观和功能，减少对牙龈组织的不良刺激，预防前牙区的创伤和牙龈吸收等问题。

（二）提高咀嚼功能

1. 均衡咬合力分布 选磨调𬌗后，义齿的咬合面接触更加均匀，咬合力能够合理地分布到各个牙齿上，使咀嚼时的力量传递更加有效，从而提高咀嚼效率，让患者能够更好地咀嚼食物，促进消化和营养吸收。

2. 协调咀嚼运动 良好的咬合关系有助于下颌在咀嚼过程中进行平稳、协调的运动，减少因咬合不平衡导致的下颌偏斜、关节弹响等问题，使咀嚼肌能够更好地发挥作用，提高咀嚼的舒适度和效果。

（三）增强义齿的固位和稳定

1. 减少脱位和翘动 当义齿的咬合关系得到优化，在咀嚼、说话、吞咽等口腔功能运动中，义齿就不容易因咬合不平衡而产生脱位或翘动，从而提高了义齿在口腔内的固位力和稳定性，减少义齿脱落的风险，增加患者佩戴义齿的信心和满意度。

2. 维持义齿与黏膜的贴合 合适的咬合可以使义齿在行使功能时，基托与口腔黏膜之间保持良好的贴合状态，避免因咬合力量不均衡导致基托局部翘起或松动，进而破坏义齿的边缘封闭，影响义齿的固位。

（四）减轻疼痛和不适

1. 缓解黏膜压痛 如果义齿存在早接触或咬合不平衡，在咬合时会对口腔黏膜产生过大的压力，导致黏膜压痛、溃疡等问题。选磨调𬌗可以消除这些不良的咬合接触，减轻黏膜的负担，缓解疼痛和不适，提高患者佩戴义齿的舒适度。

2. 减轻颞下颌关节负担 不良的咬合关系可能会引起颞下颌关节紊乱病，如关节疼痛、关节弹响、张口受限等。通过选磨调𬌗改善咬合，可使关节在咀嚼运动中受到的压力和扭力更加均衡，减轻关节的负担，缓解关节症状，保护颞下颌关节的健康。

（五）改善颜面美观

1. 协调面部比例 合适的咬合关系可以使义齿与面部表情自然和谐，维持正常的面下 1/3 高度和唇齿关系，改善患者的面部外观，使其更加美观自然，增强患者的自信心和社交能力。

2. 调整牙列形态 在选磨调𬌗过程中，还可以对人工牙的外形进行适当调整，如磨改牙尖高度、调整牙面形态等，使其更加符合美学标准，进一步提升义齿的美观效果。

二、选磨调𬌗的目的

通过对人工牙的选磨调改，使其形态、排列、咬合达到平衡和协调，从而增强义齿的固位、稳定，提高咀嚼功能，减少患者佩戴时的不适感，使义齿在口腔中能更好地行使功能。

三、选磨调𬌗的原则

（一）不能影响正中𬌗的接触

如果选磨调𬌗过程影响了正中𬌗的接触，可能会导致咬合不稳定、咀嚼效率降低，甚至引发颞下颌关节紊乱综合征等口腔问题。因此，在进行选磨调𬌗时，必须确保正中𬌗的接触不受影响，保持正常的咬合功能和𬌗面关系。

（二）不能影响面下 1/3 的垂直距离

垂直距离反映面部的比例和形态。这个距离与咬合高度密切相关，咬合高度的改变会直接影响面下 1/3 的垂直距离。如果选磨调𬌗导致咬合高度发生变化，进而影响面下 1/3 的垂直距离，可能会引起面部形态的改变，如面容变老、口角下垂等，同时还可能对发音、吞咽等功能产生不良影响。所以，在选磨调𬌗时，要严格控制咬合高度的变化，避免对面下 1/3 的垂直距离造成影响。

（三）每个颌位的高点要用其他颌位来检查

在调𬌗过程中，不仅要关注正中𬌗的接触情况，还要考虑不同颌位下的咬合关系。因为口腔在咀嚼运动过程中，下颌会进行各种复杂的运动，包括前伸、侧方、后退等，每个颌位都对应着不同的咬合接触点。如果只关注某个特定颌位的高点而忽略了其他颌位，可能会导致在某些情况下出现咬合高点，从而影响咀嚼运动的顺畅性和颞下颌关节的功能。因此，需要通过其他颌位来检查每个颌位的高点，确保在各种运动状态下都能保持良好的咬合接触。

（四）以调磨非功能尖和中央窝为主

非功能尖是指在咬合过程中不发挥主要咀嚼功能的牙尖，而中央窝则是牙齿咬合面的凹陷部分。在选磨调𬌗时，主要针对非功能尖和中央窝进行调整，这是因为这些部位对咬合的影响相对较大。调磨非功能尖可以消除咬合干扰，使牙齿在咀嚼过程中能够更好地发挥功能；调磨中央窝可以调整咬合接触的面积和位置，提高咬合的稳定性和舒适性。通过对这些部位的精细调磨，可以在不影响牙齿正常功能的前提下，改善咬合关系。

（五）前伸、侧方𬌗平衡调好后，要回到正中𬌗核对

在调𬌗过程中，只调整前伸、侧方𬌗的平衡是不够的，还需要回到正中𬌗进行核对。这是因为正中𬌗是最基本的咬合状态，只有在正中𬌗稳定的基础上，前伸、侧方𬌗的平衡才有意义。通过回到正中𬌗核对，可以发现并纠正在前伸、侧方𬌗调整过程中可能出现的问题，确保整个咬合系统的协调和稳定。

四、选磨调𬌗的方法

（一）咬合纸调磨

将薄咬合纸放在上下牙列之间，轻轻咬合。根据咬合纸被咬合的痕迹，进行相应的调磨。重复

此过程，直到义齿上均匀显示咬合印迹。

（二）调磨正中咬合

调整上下牙列的相对位置，通过少量多次选磨，使其在正中咬合时，上、下牙列的尖窝相对，达到广泛均匀的接触。因为支持尖有维持义齿高度的作用，在调磨时，应优先选磨与早接触支持尖相对的中央窝和近远中边缘嵴。

（三）调磨侧方及前伸咬合

用咬合纸检查在侧方及前伸咬合时有无干扰，如有干扰，选磨少数有咬合印迹的非支持尖上的干扰点，更换咬合纸反复选磨去除干扰点。

侧方咬合时，选磨部位通常为下颌舌尖的颊斜面或上颌颊尖的舌斜面，一般以选磨下颌舌尖的颊斜面为主。

前伸咬合时，若前牙接触而后牙不接触，可将下前牙唇斜面磨去少许；反之，后牙接触前牙不接触，选磨上颌后牙牙尖的远中斜面或下颌后牙牙尖的近中斜面。

五、选磨调𬌗的注意事项

（一）专业人员操作，保障义齿固位与稳定

调磨需要由专业的牙科医生进行，以确保磨除量适当，不影响义齿的固位和稳定性。在处理复杂病例时，专业医生能根据患者的口腔具体情况，如牙槽骨的吸收程度、剩余牙齿的分布状态等，精准地确定磨除量，从而确保义齿在调𬌗后仍能保持良好的固位和稳定性，避免因磨除量不当导致义齿松动、移位甚至脱落等问题，为患者提供舒适且功能良好的修复效果。

（二）把控调磨量，维持牙齿解剖形态

每次调磨的量要适度，避免过度调磨导致义齿过度磨损或形态改变，尽量保持牙齿的解剖形态。在实际调磨过程中，医生需要综合考虑多方面因素，如咬合高点的位置、咬合力量的分布等，通过精细的操作，一点一点地去除咬合高点，同时密切关注牙体形态的变化，确保在调整咬合的同时，最大程度地保留牙齿原有的解剖特征，使牙齿在功能和美观上都能达到最佳状态。

（三）保护软组织，防止口腔黏膜损伤

选磨调𬌗操作过程中，保护口腔软组织是不容忽视的重要环节。口腔内存在着丰富的黏膜组织，这些软组织在维持口腔正常生理功能和保护口腔结构方面起着重要作用。如果在调磨过程中不小心磨伤口腔黏膜，会给患者带来不必要的痛苦，还可能引发局部炎症和感染等问题，影响口腔健康和修复进程。

（四）检查咬合与结合主观感受，精准调磨

在选磨调𬌗过程中，需要不断地检查咬合情况，这是确保调磨效果良好的关键步骤。只有通过频繁、细致的咬合检查，医生才能及时了解调磨过程中咬合关系的变化，发现是否存在咬合高点、

早接触点等问题，并据此调整调磨方案。同时，仅依靠客观的检查结果是不够的，还需要结合患者的主观感受进行针对性调磨。因为每个患者对咬合的感受和舒适度的要求可能有所不同，患者自身的反馈能够为医生提供更全面、更准确的信息。为了更清晰地辨认出需调磨部分，可选用不同颜色的咬合纸。不同颜色的咬合纸在咬合时能够在牙齿表面留下不同的印迹，医生可以根据印迹的颜色、形状和位置等信息，准确地判断哪些部位需要进行调磨，从而避免错调现象的发生，提高选磨调殆的精准度和效率。

任务四　戴牙指导

一、患者心理调适

（一）建立信心

患者在初戴全口义齿时，往往会对义齿的使用效果和自身的适应能力存在疑虑和担忧。医生应在初戴前与患者充分沟通，向其介绍全口义齿的使用方法和注意事项，以及初戴的目的和过程，让患者对义齿有一个正确的认识和预期，从而建立起使用义齿的信心。

（二）心理疏导

在初戴过程中，患者可能会因为出现各种不适或问题而产生焦虑、烦躁等情绪。医生要耐心倾听患者的感受和诉求，及时给予心理疏导和安慰，帮助患者缓解紧张情绪，使其积极配合初戴和调整工作。

（三）鼓励与支持

当患者在初戴过程中取得一定的进步或适应良好时，医生要及时给予鼓励和表扬，增强患者的自信心和积极性。同时，医生还可以向患者介绍一些成功佩戴全口义齿的案例，让患者了解到自己并不是个例，从而更好地调整心态。

（四）饮食适应过程

初戴全口义齿前期不适应时，可以先吃软的小块食物，咀嚼速度要慢，用两侧后牙咀嚼食物，不要用前牙切咬食物，适应义齿后，再逐渐吃其他食物。

二、纠正不正确的咬合习惯

（一）针对下颌习惯性前伸

1. 练习吞咽后咬合　教会患者先做吞咽动作，在吞咽的同时自然地将后牙咬合，通过吞咽反射引导下颌回到正中颌位，以纠正下颌习惯性前伸的问题。患者可以多次练习，逐渐养成正确的咬合习惯。

2. 镜子辅助练习 让患者面对镜子进行咬合练习，观察自己的咬合动作，以便及时发现并纠正下颌前伸的情况，使患者能够直观地看到正确和错误的咬合姿势，增强自我纠正的意识。

（二）针对偏侧咀嚼习惯

1. 双侧咀嚼训练 在患者初戴义齿进行咀嚼练习时，医生或家属要及时提醒患者使用双侧后牙同时咀嚼食物，避免只用一侧咀嚼。可以从少量软质食物开始练习，如馒头、香蕉等，逐渐增加食物的硬度和咀嚼难度，让患者适应双侧咀嚼。

2. 口腔肌肉训练 进行唇、舌、颊肌的运动训练，如反复进行抿唇、舌左右转动、鼓腮等动作，增强口腔肌肉的协调性和控制能力，有助于改善偏侧咀嚼习惯，使患者能够更好地控制下颌的运动，实现双侧均衡咀嚼。

（三）针对舌后缩习惯

1. 舌尖舔下前牙舌侧练习 教会患者通过练习用舌尖舔下前牙舌侧来矫正舌后缩习惯，每天进行多次练习，每次练习时间可根据患者的情况而定，以帮助患者逐渐克服舌后缩，使舌头处于正确的位置，从而有利于下颌义齿的固位和稳定。

2. 口腔感知训练 可以让患者在口腔内放置一些小的、柔软的物体，如棉球等，让患者用舌头去感知和触碰，以增强舌头对口腔空间的感知能力，帮助患者更好地控制舌头的位置，纠正舌后缩习惯。

三、全口义齿初戴后的护理与保养

（一）口腔清洁

饭后应及时取下义齿，用软毛牙刷和清水轻轻刷洗义齿的内外表面，去除食物残渣和菌斑。也可以使用义齿清洁剂进行浸泡清洁，但要注意按照说明书的要求使用，避免使用过热的水或刺激性强的化学药剂，以免损坏义齿。同时，患者还需要用清水漱口，清洁口腔内的残余食物和细菌。

（二）义齿保存

不佩戴义齿时，应将其浸泡在冷水中，避免干燥变形。如果义齿长时间不佩戴，建议定期更换浸泡水，防止细菌滋生。不要将义齿放在高温、干燥或阳光直射的地方，也不要与尖锐、坚硬的物品放在一起，以免义齿受到损坏。

（三）定期复诊

患者需要按照医生的建议定期复诊，一般在初戴后的 1 周、1 个月、3 个月等时间节点进行复查。医生会对义齿的使用情况进行检查，包括义齿的固位、咬合、黏膜健康等方面，及时发现问题并进行调整和处理，以延长义齿的使用寿命。

▶任务拓展

义齿清洁剂的种类

（一）泡腾片类

将泡腾片放入温水中，待其溶解后产生丰富的泡沫和清洁溶液，把义齿浸没在溶液中浸泡 15～30 分钟，可有效去除义齿上的污垢、细菌和异味，使用方便，清洁效果显著。

（二）液体类

如假牙清洗剂，通常用牙刷蘸取适量液体，轻轻刷洗义齿表面，能快速渗透至义齿面及牙刷触及不到的部位，清洁牙垢，消除牙面色素沉积、烟垢、细菌等有害物质。

（三）清洁刷类

双面双头设计的清洁刷可以清洁义齿的不同部位，刷毛柔软，能够温和清洁难以触及的细缝，确保口腔卫生，但一般需要搭配其他清洁剂一起使用。

【任务评价】

详见表 10-1。

表 10-1　全口义齿初戴任务评价表

任务	评价要点	分值
一	阐述核对患者信息的方法	5
	说出检查义齿表面的位置	10
二	阐述检查义齿就位的特点	5
	明确检查义齿基托的位置	5
	说出检查前牙排列形态的方法	5
	阐述检查义齿固位力、稳定性的要点	10
	了解检查颌位关系及疼痛的方法	10
三	明确选磨调𬌗的意义	5
	解释选磨调𬌗的目的	5
	说出选磨调𬌗的方法	10
	阐述选磨调𬌗的注意事项	10

续 表

任务	评价要点	分值
四	了解患者心理调适的方法	5
	阐述纠正不正确咬合习惯的特点	10
	说出全口义齿初戴后护理与保养的方法	5

—• 考试知识点总结 •—

—• 项目小结 •—

—• 协和云课堂…… 拓展练习及参考答案 •—

（乔莹莹）

项目十一　全口义齿修复后复诊常见问题及义齿修理

教学课件

项目目标

素质目标

具备良好的职业道德，以责任心、细致态度和伦理规范处理复诊问题及义齿修理问题。

知识目标

（1）掌握：义齿基托折裂或者折断的原因及修理方法、人工牙折断或脱落的原因及修理方法、全口义齿重衬的原因及方法。

（2）熟悉：义齿修复后常见的问题及处理方法。

（3）了解：𬌗面重度磨损的原因及处理方法。

能力目标

能够修理基托折裂或折断，修理人工牙脱落或折断，进行全口义齿重衬。

项目案例

【案例】

患者，男，72 岁，退休小学教师。有高血压病史，口服降压药控制良好。患者 2 年前行上下颌全口义齿修复，义齿戴入后觉疼痛，经复诊调改后好转。1 天前上颌义齿基托折断。查体：患者全口无牙颌，上下颌牙槽嵴有一定的高度和宽度，形态较丰满。下颌义齿固位良好，上颌义齿基托正中纵向折断。

【问题】

1．全口义齿戴入后出现疼痛的原因可能有哪些？应如何处理？

2．义齿基托折断应该如何修理？

【项目分析】

无牙颌患者佩戴全口义齿后近期或者远期均可能出现各种问题，如固位不良、疼痛、咬颊咬舌等，也可能出现义齿基托的折裂或者折断、人工牙的折断或者脱落等，复诊时要结合患者的描述进行检查、诊断与处理。只有找对原因，才能对症进行调整修改，或者重新制作全口义齿。

任务一 全口义齿修复后复诊常见问题及处理

一、固位不良

全口义齿的固位，指全口义齿戴入后能够抵抗从口内垂直脱位的能力，全口义齿良好的固位主要依靠大气压力、吸附力和表面张力等物理作用。良好的固位是全口义齿修复的先决条件，是义齿发挥功能的前提和重要保障。固位不良即全口义齿戴入后，在张口或者行使其他功能时出现脱位的现象。造成全口义齿固位不良的原因有很多，包括医生或者技师对全口义齿固位原理理解不到位或者技术不够精湛、态度不够认真等，导致制作的义齿质量不高；另外，患者自身口腔条件，如牙槽嵴窄而低平等，或者患者对全口义齿理解不够全面或对义齿的适应性差等也有可能导致固位不良。复诊时要仔细检查，找到义齿固位不良的确切原因，再设法改善义齿的固位。

下颌全口义齿基托吸附面积小，周围组织活动度大，导致其边缘封闭效果和稳定性均不如上颌义齿，因此固位不良常见于下颌义齿，尤其是牙槽嵴低平者。引起全口义齿固位不良的主要原因及处理方法如下。

（一）原因

1. 患者方面 初戴义齿时，常有明显的异物感，当牙槽嵴因吸收变得低平，黏膜较薄，唇颊向内凹陷，舌体变大，舌运动空间减小，唾液增多，功能运动时神经肌肉协调性改变等，均会导致全口义齿的固位和稳定性较差。

2. 义齿方面

（1）义齿就位后无明显固位力，口腔处于休息状态时义齿易松动脱落。

原因：基托组织面与承托区黏膜组织不密合或基托边缘伸展不够，不能形成良好的边缘封闭，使基托与黏膜间不能产生足够的吸附力和大气压力。

（2）口腔处于休息状态时义齿固位尚好，但张口、说话、打哈欠时易脱位。

原因：基托边缘过长、过厚；唇、颊、舌系带区基托边缘缓冲不够，影响系带活动；义齿基托磨光面外形不良或人工牙排列过分偏向唇颊或舌侧，影响周围肌肉的活动。

（3）义齿固位尚好，但咀嚼食物时易松动脱位。

原因：人工牙有明显的早接触和干扰，咬合时没有达到平衡；上下颌义齿后部基托之间，以及后部基托与对颌人工牙之间有早接触和干扰，导致咀嚼时义齿翘动，破坏了边缘封闭。

（二）处理方法

1. 针对患者自身问题引起的全口义齿固位不良，通过耐心指导患者正确佩戴义齿，增强戴义齿的信心、纠正不正确的咬合习惯，让患者坚持戴用，适应义齿的存在，使义齿周围肌肉组织逐渐适应并能较好控制义齿以保持其稳定，提高义齿固位力。

2. 由于义齿本身问题导致的固位不良，要根据具体情况进行处理。

（1）义齿就位后无明显固位力，口腔处于休息状态时义齿易松动脱位者，可以进行基托组织面重衬，或加长基托边缘，使得义齿基托能够形成良好的边缘封闭；或者重新制作义齿。

（2）口腔处于休息状态时义齿固位尚好，但张口、说话、打哈欠时易脱位者，可以磨改基托过长或过厚的边缘，对基托系带区进行缓冲，形成良好的基托磨光面外形。对于人工牙排列偏唇颊或偏舌，轻者可磨改人工牙的颊舌面，重者需重新制作义齿。

（3）义齿固位尚好，但咀嚼食物时易松动脱位者，可以进行选磨调𬌗，消除人工牙之间的早接触和干扰以达到平衡；或磨短过长的基托边缘，消除基托间或基托与对颌人工牙之间的接触和干扰以达到平衡。

二、疼痛

全口义齿由人工牙和基托组成，基托的组织面与牙槽嵴黏膜轻轻相贴，咬合力通过基托传导于无牙颌的牙槽嵴黏膜上。目前，制作全口义齿的工艺方法尚未十分精确，从医生临床操作到技师制作全口义齿的过程中，由于所使用的材料、医生和技师的技术、经验，以及患者牙槽嵴条件等方面的原因，均可能导致制作出的全口义齿出现误差，致使一些患者佩戴全口义齿后出现疼痛症状。根据临床患者出现疼痛的原因分析，检查与处理此类症状要从基托和牙列咬合两方面分析。佩戴全口义齿后产生疼痛的常见原因和处理方法如下。

（一）原因

1. 基托边缘处理不当　基托边缘伸展过长、过锐或系带处缓冲不够，妨碍了周围组织的功能运动，则可在基托过度伸展边缘对应的口腔黏膜、系带部位出现软组织红肿、溃疡和疼痛。当上颌义齿后缘过长、下颌义齿远中舌侧边缘过长时，常可发生咽喉痛或吞咽时疼痛的症状。

2. 基托组织面处理不当

（1）全口义齿基托组织面在无牙颌缓冲区未进行充分缓冲处理，如牙槽嵴上的骨尖或骨棱、上颌硬区、颧突区、上颌结节颊侧、下颌隆突、下颌舌骨嵴等骨质隆起处，导致局部基托与黏膜接触过紧，压力过大，造成黏膜红肿、压痛，甚至溃疡。

（2）义齿基托进入组织倒凹，进入组织倒凹区的基托在义齿摘戴时受到阻碍，会造成黏膜擦伤产生疼痛。

（3）基托组织面有未处理的树脂小瘤，压迫黏膜造成局部压痛。

3. 义齿咬合不平衡　义齿咬合不平衡，有早接触或𬌗干扰，导致𬌗力分布不均匀。如局限性咬合高点可产生局部压痛，正中咬合或侧方咬合时该部位基托下方组织压力过大，正中咬合明显的局限性咬合高点的压痛部位常位于牙槽嵴顶，侧方咬合局限性咬合高点的压痛部位常位于牙槽嵴的侧斜面。又如因正中关系错误或人工牙咬合关系不平衡，咬合时义齿不稳定，易发生滑动、翘动或扭转，造成支持组织受力不均衡，常出现定位不明确或广泛的、弥散性黏膜压痛。

4. 垂直距离过高　患者戴义齿后，若垂直距离恢复过高，导致肌肉紧张、肌张力大，易发生广泛的弥散性的黏膜压痛，但口腔黏膜检查无异常，此种情况多是垂直距离过高所致。

5. 牙槽嵴呈刃状或过度低平 特别是下颌牙槽嵴，由于主承托区面积小，不能承担较大的咀嚼压力，抵抗侧向力的能力更差，容易出现广泛的、弥漫性黏膜压痛。如果义齿基托伸展不充分，承托面积减小时更容易导致压痛。

6. 印模或模型不准确及义齿制作的其他问题 印模或模型变形，或由于义齿制作的问题，使制作完成的义齿基托与组织不密合，导致承托组织压力不均衡而出现压痛。

（二）处理方法

由于义齿制作问题导致疼痛，要根据具体情况进行处理。

1. 基托边缘处理不当 确定疼痛对应的基托部位，将过长、过锐的边缘磨短、磨圆钝，系带处适当缓冲。具体做法是：先擦干黏膜表面和义齿基托组织面，在黏膜红肿或溃疡部位涂布颜色指示剂（甲紫溶液），然后将义齿在口内就位，颜色会转印到相应部位的基托组织面或边缘，以此确定基托压迫的部位。取出义齿，将显示颜色处的基托边缘磨除少许，然后将义齿重新戴入口内检查调磨是否得当，如调磨不够可重复进行，直至疼痛消失或明显减轻。注意，不宜磨除过多，特别是黏膜肿胀明显者，要避免过度缓冲，以免肿胀消退后基托与黏膜不密合，或边缘过短而破坏边缘封闭。

2. 基托组织面处理不当 先擦干红肿或溃疡处的黏膜表面和义齿基托组织面，在黏膜红肿或溃疡部位涂布甲紫溶液，然后将义齿在口内就位，以此确定基托压迫的部位，在相应部位的基托组织面作缓冲处理。或者在黏膜损伤相对应的基托处涂压力指示剂，戴入义齿，压力过大的部位，压力指示剂被挤压变薄或消失，此处就是需要缓冲的部位。使用压力指示剂时，黏膜不能过于干燥，以免摘下义齿时基托组织面上的糊剂被黏膜粘掉。

3. 义齿咬合不平衡 在义齿制作过程中注意精细咬合，调整消除早接触。如义齿戴用后有早接触或干扰则应找出早接触点，对此部位选磨、调𬌗，以达到多点接触平衡𬌗要求。

4. 垂直距离过高 多数情况难以通过调改获得满意结果，可重新制作全口义齿。

5. 牙槽嵴呈刃状或过度低平 减少人工后牙数目、选磨调𬌗（减径或降低牙尖斜度）以减小侧向力，基托加软衬材料等。或者重新制作全口义齿，基托尽量充分延展，通过人工牙减数、减径或降低牙尖斜度、改变𬌗型、基托加软衬材料等方式减少疼痛出现的可能。

6. 印模或模型不准确或义齿制作问题 义齿重衬或者重新制作全口义齿。

戴全口义齿后出现咬合痛的原因可能来自咬合不平衡，也可能来自基托方面，也可能是两方面的原因都有。因此，若主要问题在咬合时不能忽略检查基托，主要问题在基托时也不能忽略检查咬合，两者兼顾才能更好地解决患者的疼痛。

三、发音障碍

全口义齿初戴时，因舌的运动范围受到限制或初戴不适，常导致发音不清，若患者坚持戴用，很快就能克服和适应。但仍存在因义齿制作不当需进行修改的情况。

（一）原因

若牙齿排列的位置不正确或义齿基托形态异常，则会导致发音不清或产生哨音。前牙的唇舌向位置和唇侧基托厚度异常，会影响唇音清晰度。上颌前牙过长或过短，均会影响唇齿音的清晰度。上颌前牙过于偏唇侧或前牙覆盖过大，会影响舌齿音清晰度。前牙唇舌向位置异常，或上颌义齿腭侧基托前部过厚，会影响舌腭音清晰度。下颌前牙过于偏舌侧，覆盖过大，息止间隙过小或过大，人工后牙排列过于偏舌侧，舌侧基托过厚等，均可影响齿音清晰度。上颌前牙舌面及基托前部的腭面太光滑或前磨牙区牙弓狭窄，可产生哨音。

（二）处理方法

当患者存在发音障碍时，根据情况可从以下几个方面进行修改：调整人工牙排列位置，修改过分唇、舌向排列的上、下颌前牙或过于狭窄的后部牙弓；修改上颌前牙区部基托形态制作时形成腭皱和切牙乳突形态；磨薄过厚的上下基托；调改过高的垂直距离，严重者重新制作全口义齿。

四、咬颊、咬舌

全口义齿初戴时易出现咬颊或咬舌现象，坚持戴用义齿一段时间后，症状可逐渐消除。如因制作原因引起咬颊或咬舌，应根据具体情况进行修改，必要时应重新制作全口义齿。

（一）原因

初戴全口义齿时易出现咬颊或咬舌现象。常见原因：初戴义齿不适应；牙列缺失后长期未修复者，颊部软组织可内陷或舌体肥大造成咬颊或咬舌现象；人工牙排列的覆盖偏小或呈对刃；上下颌基托远中端咬合时间隙过小；当人工后牙𬌗平面低于舌侧缘时，容易咬舌。

（二）处理方法

若因初戴不适或舌体变大，坚持戴用义齿一段时间后，症状可逐渐消除。若因颊部内陷咬颊，必要时可加厚上颌义齿颊侧基托，以外撑颊部软组织。若因后牙排列覆盖过小而咬颊或咬舌，可磨改上颌后牙颊尖舌侧斜面和下颌后牙颊尖颊侧斜面，加大颊侧的覆盖，以解决咬颊问题；咬舌时，磨改上颌后牙舌尖舌侧斜面和下颌后牙舌尖颊侧斜面，加大舌侧的覆盖，以解决咬舌问题。如颊部软组织被上颌结节和下颌磨牙后垫区的基托夹住，可将该区过厚的基托磨薄，上下基托间的间隙增加后症状即可消失。若为人工后牙平面过低，低于舌侧缘下方而咬舌时，应重新制作义齿。

五、恶心

全口义齿初戴时患者常觉不适应、有异物感，出现恶心、唾液增多等现象。坚持戴用后，多数患者可于数日后逐渐缓解症状。如因制作不当导致，应查找原因进行修改。

（一）原因

常见的原因：上颌义齿后缘伸展过长、刺激软腭，或义齿基托后缘与黏膜不密合，其间的唾液刺激黏膜所致；前伸咬合不平衡，义齿后缘翘动而刺激黏膜，也会引起恶心；上颌义齿后部基托过厚，下颌义齿远中舌侧基托过厚，下颌后牙排列偏舌侧，挤压舌体也可引起恶心；更年期的患者往往也容易产生恶心的症状。

（二）处理方法

根据具体情况，处理方法如下：调磨过长或过厚的基托后缘和舌侧基托；重衬恢复基托后缘与黏膜密合性，加强上颌义齿后缘封闭；调磨消除前伸干扰；调磨基托和人工后牙舌面，增加舌的活动空间。

六、咀嚼功能不良

全口义齿戴入后有时会出现咀嚼功能不好的问题，应及时查找原因进行处理。

（一）原因

全口义齿戴入后有时会出现咀嚼功能不良的问题，常见原因如下。初戴义齿不适应、咀嚼时疼痛或固位不良、咬唇颊舌等原因而影响咀嚼功能；咬合关系不良导致上下颌牙齿接触面积过小；调𬌗时磨改过多，破坏了人工牙应有的尖窝解剖形态；垂直距离过低导致咀嚼无力，或垂直距离过高致咀嚼费力，咀嚼肌疲劳；人工后牙𬌗平面过高，导致舌肌容易疲劳，影响咀嚼功能。

（二）处理方法

初戴不适应者，经过短暂时间的适应，咀嚼功能即可逐渐恢复，要鼓励患者增强信心；找出咀嚼时疼痛和固位不良、咬唇颊舌、恶心等的原因进行修改；咬合关系不良，可通过调𬌗来增加咬合接触面积；若为人工𬌗面形态不良，可磨改面，恢复尖窝形态及食物溢出道。如垂直距离过低、过高，应重做义齿，恢复正确的垂直距离；人工后牙𬌗平面过高，亦应重新制作全口义齿，调整𬌗平面正常高度。

七、义齿不美观

全口义齿戴入后，部分患者可能觉得不够美观。应与患者及时沟通，适当修改或重新制作义齿。

（一）原因

全口义齿的主要功能是咀嚼、发音和美观。不同年龄的患者其要求不完全一样，如中青年无牙颌患者强调美观，但也要求功能；老年患者则更强调功能，但也不忽略美观。由于医生、技师、患者对义齿的审美观并不完全一致，医生和技师认为美观功能不错的义齿，患者不一定能接受。此外，有时由于患者口腔条件的限制，义齿在美观和咀嚼功能方面会有一些矛盾。临床上较常出现的患者不满意的情况有：唇部不丰满或唇部过突；人工牙显露过多或过少；上前牙弧度过大或弧度过小；中线偏斜、上下中线不一致。有时也会出现牙过大、过小、颜色不好等意见。

（二）处理方法

一旦出现了对义齿的美观不满意的情况，有些可以适当修改弥补，如唇侧基托过厚、上前牙过长或者切角不够圆钝等，而多数情况需要重新制作义齿。因此，在制作全口义齿前，一定要与患者沟通对义齿外观美的认识，并说明义齿修复后的效果。全口义齿试戴时，要让患者充分参与，提出对美观方面的修改意见。

任务二　全口义齿的修理

一、基托折裂或折断

微课：
全口义齿
的修理

（一）原因

全口义齿基托折裂或折断的原因包括患者使用不当、基托质量不高，以及咬合不平衡；另外，当对颌牙是天然牙时，𬌗力较大，使用时间较长后也可造成义齿基托折裂或者折断。具体有以下几种情况。

1. 不慎将全口义齿摔落导致基托折裂或者折断，可伴有或不伴有人工牙折断或脱位。

2. 基托树脂材料强度不够、基托的厚度不足、结构有缺陷等。

3. 咬合不平衡，分以下两种情况。

（1）后牙排列位置不正确，两侧后牙排列在牙槽嵴顶颊侧，咬合时以牙槽嵴顶或上颌硬区为支点，造成基托左右翘动，影响义齿的固位，导致义齿的折裂或折断。

（2）牙槽嵴顶吸收，基托组织面与黏膜组织间不密合，使义齿翘动而致使基托折裂或折断。

4. 单颌全口义齿，对颌为天然牙时，咬合力量较大，使用时间较长后可造成义齿基托折裂或者折断。

（二）处理方法

全口义齿基托折裂或折断部位，最常见的是上颌基托的正中，多为先从前牙区出现裂隙，然后逐渐向远中延伸，最后纵向裂成两瓣，也有直接裂成两瓣。

1. 基托折裂的修理　当全口义齿仅处于裂隙阶段而尚未完全断裂成两瓣时，可以直接在口内修理。先将基托折裂区及其附近磨光面打磨粗糙，滴单体，放置黏丝期的自凝树脂，置口内让患者做正中咬合，此时基托的组织面受压后与牙槽嵴黏膜完全密贴，待其树脂完全凝固后取出，打磨抛光即可完成。自凝树脂对口腔黏膜有明显的刺激性，且树脂固化过程中产生的化学反应热可能灼伤黏膜（造成黏膜充血、破溃、疼痛等）。可以考虑在重衬接触的口腔黏膜区域涂凡士林，以减少刺激，保护黏膜。

当然，基托折裂也可用基托折断的修理方法，在口外石膏模型上使用自凝树脂修理或者用蜡恢复基托形态后装盒，再充填热凝树脂（见基托折断的修理）。

2. 基托折断的修理

（1）固定折断的基托：将义齿基托的断面清洁干燥，以粘接剂将折断的基托两个断面准确对位粘固。亦可用烧红的蜡刀在基托磨光面的裂纹两侧与裂纹垂直的方向将裂纹两侧的基托表面烫熔，使基托准确对位固定，间隔 2 ～ 3mm 的距离烫一下，折断的义齿即可初步对接在一起，但并不牢靠。可以使用蜡将牙签、火柴棒等固定于双侧磨牙处加强。

（2）灌注模型：确认基托准确对位，组织面涂分离剂，调拌石膏，按常规方法注入初步对接在一起的义齿基托组织面。石膏凝固后将义齿从模型上取下，并在基托修理区对应的模型表面涂分离剂。

（3）调磨基托断面：将临时粘固在一起的基托分开，将断面两侧的基托磨去一部分，在基托磨光面侧形成斜面，并使其表面打磨粗糙，增加新树脂材料与原基托的接触面，增强牢固度。磨改后的两瓣义齿重新置于石膏模型上。

（4）调胶、填胶：于打磨过的基托处滴少量单体使之溶胀。调适量自凝基托树脂，于黏丝期放在基托打磨过的部位，用单体在自凝树脂表面涂抹加压成型，并使之光滑。待其凝固后从模型上取下，打磨、抛光。为增加基托抗折强度，可在基托断面放置金属丝包埋在新的树脂内。这一步也可以用蜡恢复基托的正常形态，然后装盒，再充填热凝树脂进行热处理。

另外，当折断的基托有缺失或者不能准确对位时，可以用蜡或者印模膏放在基托折断部位，置入口内恢复缺损的基托的外形，然后口外灌注石膏模型，以自凝或者热凝树脂进行修理。

基托折断成两瓣的义齿，虽然可以修好，但其强度会明显下降，不久后可能再次折断，最好及时重新制作。

因咬合不平衡引起的基托折裂或者折断，应该及时进行咬合调整，如进行全口义齿重衬或者重新制作全口义齿。

二、人工牙折断或脱落

（一）原因

1. 全口义齿的人工牙折断多由不慎摔落导致。

2. 脱落则多因制作不当所致，如人工牙与基托之间结合部的面积过小、填塞树脂前人工牙的表面不洁或误涂了分离剂等，充填树脂时型盒加压不够或者树脂的量不足。

（二）处理方法

1. 基托的准备

（1）人工牙折断：应将残留在基托内的断牙磨去，然后将基托上与人工牙盖嵴部接触的“牙槽窝”扩大，表面磨粗糙。注意保留唇侧基托不要磨除，以免修理用的自凝树脂颜色与原基托的颜色不一致而影响美观。腭侧基托必要时可以适当磨除一部分，增大与修理用的自凝树脂结合面积。

（2）人工牙脱落：处理方法如上述人工牙折断处理基托“牙槽窝”。

2. 人工牙的准备 选择形态、颜色、大小与对侧同名牙一致的人工牙，进行调磨，调磨部位包括人工牙的盖嵴部、邻面，经磨改后放在基托的“牙槽窝”内试合。最后要求唇面美观，无咬合早接触。

3. 自凝树脂固定 人工牙磨改、试合后，将磨过的部位和基托的“牙槽窝”内滴少量单体使之溶胀。调拌适量基托自凝树脂填入“牙槽窝”内，再将滴过单体的人工牙置于“窝”内并调整好位置，修去多余的自凝树脂，待其固化。自凝树脂固化前要观察人工牙的唇面与基托接触的部分是否美观，上下人工牙咬合有无早接触（包括前伸、侧方），如有应做调整。树脂完全固化后打磨抛光。

必要时可以从义齿组织面灌注石膏模型，人工牙和基托调磨合适，以蜡固定人工牙并恢复基托形态，进行装盒，用热凝树脂进行充填。

三、全口义齿重衬

重衬是在全口义齿组织面添加一层新的树脂材料，使其充满牙槽嵴及周围组织被吸收后的间隙，从而增加义齿的固位和稳定，也就是用一种新的义齿基托材料将原有义齿组织面重新塑形的过程。

（一）义齿重衬的常见情况

口内牙槽嵴吸收导致基托组织面与牙槽嵴密合度变差，影响义齿固位，甚至导致基托折裂或折断；重衬还可用于处理原有义齿边缘伸展问题或其他能够良好对位的义齿折断，以及因组织面不贴合引起的初戴义齿固位不良。

义齿折裂或折断，需按前述方法修理后再重衬。重衬前应检查颌位关系是否正确、有无𬌗干扰，咬合关系异常者应进行选磨调𬌗，应在无压痛和黏膜无破溃的情况下进行重衬。

（二）重衬方法

1. 直接重衬法　即在患者口内用自凝树脂直接进行重衬操作。适用于需要进行小范围重衬的情况。

（1）义齿准备：洗净义齿，去除义齿组织面上的软垢和色素沉着。将组织面均匀磨除约 1mm，且使表面粗糙，以单体溶胀打磨过的基托组织面及周围。

（2）涂凡士林：在重衬接触的口腔黏膜区域涂凡士林，以减少刺激，保护黏膜。在义齿磨光面及牙面上涂凡士林，以免溢出的树脂粘到磨光面或者牙面上不易去除。

（3）充填树脂：取适量黏丝期基托自凝树脂充填在义齿组织面需衬垫区，将义齿在口内就位后咬合于正中位，并让患者做各种运动，进行边缘功能性整塑。

（4）打磨抛光义齿：在自凝树脂初步硬化而尚有一定弹性时，将义齿从口内取出。将义齿在温水中浸泡 3 ～ 5 分钟，树脂完全硬固后，磨除多余树脂、磨光边缘。将重衬完成的义齿戴入患者口内，检查义齿的固位、稳定和咬合。

优点：方便、快捷。

缺点：患者偶有过敏反应。用直接法重衬时，要事先询问患者有无药物过敏史，是否过敏体质，因为在口内采取大面积的室温固化树脂重衬时，易引起过敏反应。另外，若未能及时取下义齿，室温固化树脂硬固时放热，可能烧伤黏膜，或出现树脂硬化后进入倒凹区摘取困难的情况。

2. 间接重衬法　即在患者口内取功能性印模，再转移到型盒内包埋后进行重衬操作。适用于义齿基托边缘短，基托组织面与口腔黏膜间空隙较大，患者对自凝树脂过敏者。

（1）义齿准备：洗净义齿，将组织面均匀磨去一层。

（2）取模：调拌适量的弹性印模材料，置于义齿基托组织面，将义齿在口内就位后咬合于正中位，进行边缘功能性整塑，印模材料凝固后从口内取出义齿。放置的印模材料不宜过多、过稠，以免影响垂直距离和正中关系。

（3）装盒、开盒：将衬有印模材料的义齿装盒，待石膏凝固后打开型盒，去除弹性印模材料，再在组织面涂布适量的热凝树脂单体溶胀，石膏表面涂布分离剂。

（4）充填、完成：热凝树脂常规充填、热处理、打磨抛光。戴入口内检查义齿的固位、稳定和咬合关系。

优点：避免了自凝树脂对黏膜的刺激，减少患者痛苦。且重衬树脂与基托结合好，性质稳定、持久。

缺点：操作略烦琐，时间略长。

3. 软衬材料重衬法 在基托组织面与黏膜之间增加一层柔韧有弹性的材料，可以使基托与黏膜更加密合。适用于低平或刃状牙槽嵴和黏膜较薄的无牙颌患者。常用的软衬材料有丙烯酸树脂类和硅橡胶类两种，可以采用直接重衬和间接重衬，与硬衬基本相同。以直接法为例，该重衬法操作流程如下。

（1）义齿准备：重衬前洗净吹干义齿，将基托组织面均匀磨除一层。

（2）放置软衬材料：自凝软衬前需在基托组织面涂布粘接剂，将一定比例的粉剂和单体调和，呈糊状后均匀涂布在基托组织面上，将义齿在口内就位后咬合于正中颌位，并作肌功能整塑。

（3）修整义齿：当达到规定的固化时间后，取出义齿，检查表面是否光滑、清晰。材料硬固后，先用锋利的手术刀切除多余软衬材料，再用锐利的磨头轻轻打磨边缘，不宜抛光。

热凝软衬既可以在患者的旧义齿组织面用间接法重衬，也可以直接用在新义齿上。方法是在制作新义齿时，采用分层装胶的办法。在开盒、冲蜡、涂布分离剂后，在石膏模型组织面铺一层 1mm 厚的基托蜡片，先进行硬质基托装胶。然后去除蜡片，再在模型组织面加软衬的胶。最后压盒、热处理。完成的新义齿硬质基托组织面就会带有一层约 1mm 厚的软衬材料。

优点：自凝软衬材料具有良好的弹性，无刺激性，能与义齿基托牢固结合。义齿进行软衬后，能增加义齿的固位，消除压痛和其他不适，提高咀嚼效率。

缺点：不易抛光，弹性维持时间短，易老化，易滋生细菌。

四、𬌗面重度磨损

（一）原因

长时间使用的全口义齿，𬌗面常有不同程度的磨损，严重者可使𬌗面变平，失去正常的解剖形态，垂直距离明显降低，甚至形成反𬌗关系或偏斜。其原因可能为常吃硬食或与人工牙的耐磨性不足等。

（二）处理方法

当全口义齿𬌗面出现磨损，导致垂直距离明显降低时，应重做全口义齿。重做时需先用原义齿逐步加高垂直距离，在患者适应髁状突的正常位置后，再做新义齿。其方法如下：在原义齿咬合面上分次逐步加高，每次加高约 2mm 后让患者戴用 1 ～ 2 周，适应后再加第二次，直至垂直距离恢复到正常高度（恢复的垂直距离可较年轻时略低），且患者已适应此高时，再重新制作义齿。通过此方法，可使患者逐步适应髁状突位置的改变，戴用新义齿后能较快适应。

▶**任务拓展**

全口义齿修复后的心理干预

全口义齿修复后初期，患者的心理疏导至关重要，有助于缓解焦虑、增强信心并促进适应。首先建立信任与沟通，认真听取患者的担忧和期望，了解他们的心理状态；用通俗语言向患者说明义齿的适应过程、可能的不适及解决方法，帮助他们建立合理预期，让患者明白适应义齿需要时间，初期的不适是正常现象；鼓励患者关注每天的进步，而非短期内达到完美效果；介绍其他患者的成功经验，增强患者的信心。同时定期随访与调整，定期检查义齿的适配情况，及时调整，确保舒适；通过复诊了解患者的心理状态，提供持续的心理支持。鼓励患者逐步恢复日常社交，增强自信；建议患者加入义齿使用者小组，分享经验，互相支持。

【任务评价】

详见表 11-1。

表 11-1　全口义齿复诊常见问题及处理任务评价表

任务	评价要点	分值
一	阐述全口义齿固位不良的原因及处理方法	10
	阐述全口义齿戴入后疼痛的原因及处理方法	10
	阐述全口义齿戴入后发音障碍的原因及处理方法	10
	阐述全口义齿戴入后咬颊、咬舌的原因及处理方法	10
	阐述全口义齿戴入后恶心的原因及处理方法	10
	阐述全口义齿戴入后咀嚼功能不良的原因及处理方法	10
	阐述全口义齿戴入后不美观的原因及处理方法	5
二	基托折裂或折断的原因及处理方法	10
	人工牙折断或脱落的原因及处理方法	10

续 表

任务	评价要点	分值
二	全口义齿重衬的原因及处理方法	10
	殆面重度磨损的原因及处理方法	5

考试知识点总结

项目小结

协和云课堂…… 拓展练习及参考答案

（沈菊香）

模块三

全口义齿制作工艺

项目十二　取模相关操作工艺

教学课件

微课：取模相关操作工艺

项目目标

素质目标

具备良好的职业道德、社会责任感，愿意深入研究制作个别托盘的具体方法和工艺流程，以及全口义齿石膏模型的制备，为患者提供更好的服务。

知识目标

掌握：个别托盘的制作工艺流程，围模灌注法的工艺流程，后堤区制作的工艺流程。

能力目标

能对全口义齿石膏模型进行上颌后堤区制备。

项目案例

【案例】

患者，男，71 岁。有高血压和糖尿病病史。3 年前患者即有牙列缺失，其间曾进行过一次全口义齿修复，但现觉旧义齿不好用，要求重新修复。口腔检查：上下颌牙槽嵴均有重度吸收，特别是上下颌前牙牙槽嵴松软。在戴入旧义齿后发现，旧义齿的固位力较差，患者在说话、进食时很容易导致义齿脱落。

【问题】

1. 针对该患者的情况，如何改善新义齿的固位力，确保其在说话和进食时不易脱落？

2. 考虑到患者有高血压和糖尿病史，如何在义齿设计和材料选择上做出相应的调整，以适应其特殊健康状况？

3. 除固位力外，还有哪些因素可能影响患者对新义齿的满意度和使用效果？

【项目分析】

全口义齿印模制取质量的好坏，往往决定了全口义齿最终的质量。为了能够制作出一款高质量的全口义齿，口腔技师必须仔细记录上颌与下颌牙槽嵴的对应形态、功能和位置关系，并且能够在殆架上完美地呈现这些关系。为了取得更好的印模效果，一副制作精良的个别托盘起到了至关重要的作用。它能够让医生更好地进行边缘整塑，同时确保获得更准确的口腔形态。同时，模型的灌注和修整也至关重要。口腔技师需要采用围模灌注法进行石膏模型的灌注，以减少变形的可能性，同时精确地复制口腔解剖形态，展现精细的边缘修整形态，完美呈现口腔的细微结构，从而为全口义齿的制作打下坚实的基础。这样，口腔技师才能确保最终制作出的全口义齿不仅在形态上与患者的口腔结构相匹配，而且在功能上也能满足患者的需求，提供舒适的佩戴体验。

任务一　个别托盘制作

全口义齿的最终固位是建立在基础固位之上的，而这种基础固位主要是在印模制取过程中获得的。然而，仅依赖于成品托盘并不能确保获得一个标志明确且受压均匀的印模。这是因为在大多数情况下，成品托盘可能会与部分黏膜接触，从而导致黏膜发生变形。此外，由于印模材料的流动性较大，可能会使得一些重要的解剖标志或边缘形态无法得到完美的体现。因此，为了确保印模的精确性，需要根据患者的独特解剖特点来制作个别托盘。通过使用个别托盘进行印模制取，可以更好地适应患者的口腔结构，从而获得更为精确的印模。制作个别托盘的材料通常包括自凝树脂或者光固化树脂，这些材料能够根据患者的具体情况灵活调整，以确保印模的准确性和舒适度。

一、制作要求

（一）强度和稳定性

在制作个别托盘的过程中，必须确保其具备足够的强度和稳定性，以承受在使用过程中可能遇到的各种压力和负荷。

（二）覆盖范围

个别托盘的设计应当全面覆盖整个义齿承托区，确保其能够充分接触并支撑义齿，从而提供良好的支持和稳定性。

（三）边缘设计

个别托盘的边缘设计需要特别注意，以确保在进行终印模操作时，印模材料能够顺畅地进入唇沟和颊沟等部位，同时在取模过程中，软组织能够保持稳定，不会发生移位或变形。

（四）缓冲

为了达到最佳的舒适度和功能性，个别托盘在设计时还应考虑到患者的口腔解剖结构，如倒凹、骨尖或骨突等部位。托盘在这些区域应进行适当的缓冲处理，以避免在佩戴过程中对这些敏感区域造成不必要的压力或不适。

（五）与口腔内组织的关系

个别托盘的设计应确保不会妨碍口腔内相应肌肉和系带的正常运动，从而保证患者在佩戴义齿时能够自如地进行各种口腔运动，如说话、咀嚼等，确保其日常生活的舒适性和便利性。

二、工艺流程

（一）模型设计

在初步设计模型的过程中，需要使用铅笔仔细地描绘出唇（颊）侧黏膜的反折线，同时也要描绘出舌侧黏膜的反折线。为了更好地区分不同的线条，可以采用不同颜色的铅笔来描记个别托盘的边缘线，以便在后续的边缘整塑工作中更加清晰地识别和操作。特别需要注意的是，个别托盘的边缘线应当比基托边缘稍微靠近牙槽嵴顶约 2mm，这样做是为了在后续的边缘整塑工作中留出足够的空间进行调整。此外，在上颌托盘的设计中，后缘的连线需要在软腭处超过颤动线 2 ～ 3mm，以确保覆盖范围的准确性。而在下颌托盘的设计中，后缘则需要完全覆盖全部磨牙后垫，以确保托盘的稳定性和功能性。通过这些细致的步骤，可以确保初模型的设计更加精确和符合实际需求（图 12-1）。

（二）缓冲

在进行上下颌模型的制作过程中，需要仔细检查并标记出需要进行缓冲处理的具体部位。这些部位包括但不限于骨尖、骨突、切牙乳突、上颌硬区、上颌结节、腭皱襞、尖锐的牙槽嵴顶、松软的牙槽嵴，以及其他具有倒凹特征的位置，如下颌牙槽嵴的唇侧。在这些已经标记好的部位上，需要铺设一层薄薄的基托蜡。这层基托蜡的作用是在后续的制作过程中，对这些部位进行有效的缓冲处理（图 12-2）。

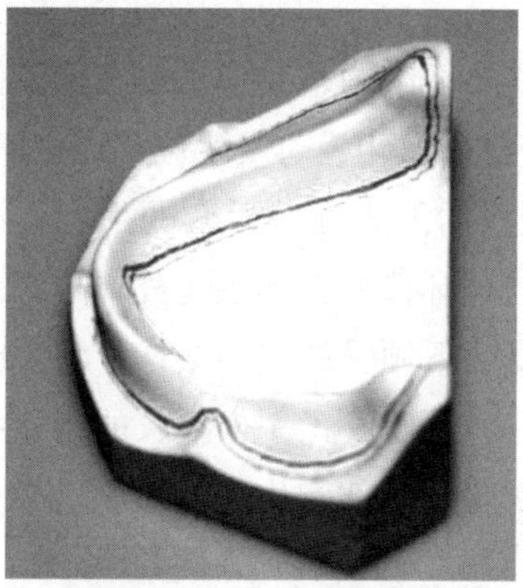

图 12-1　初模型设计

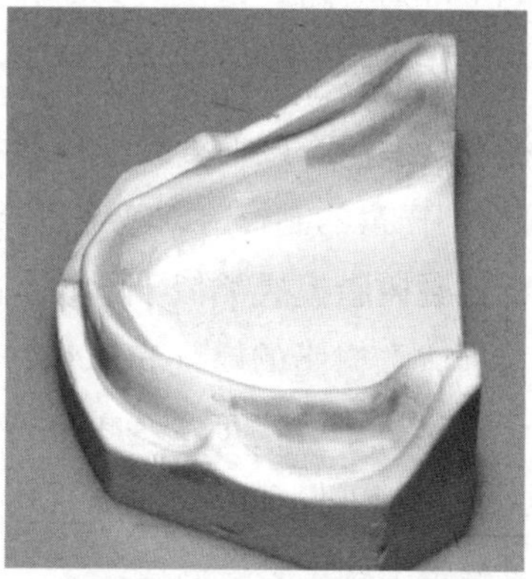

图 12-2　模型缓冲与填倒凹

（三）制作

在制作个别托盘的过程中，建议采用光固化树脂材料进行操作。首先，将预先准备好的光固化树脂片放置在已经完成倒凹处理的模型上，确保树脂片能够紧密贴合模型表面。接下来，使用雕刻刀仔细地切除划线范围之外的多余树脂部分，以确保个别托盘的形状和尺寸符合要求。在制作上下颌个别托盘时，特别要注意手柄的设计，确保手柄的唇侧外表面与患者原有的天然牙列的弧度保持一致，并且要考虑到唇舌侧的倾斜度，以确保佩戴的舒适性和功能性。最后，使用光固化灯对个别托盘进行充分的固化处理，以确保其强度和稳定性（图 12-3）。

临床也常用自凝树脂制作个别托盘，具体操作如下。首先对初印模灌注的石膏模型进行修整，标记缓冲区并均匀涂布分离剂；然后按比例调拌自凝树脂至面团期，在模型上均匀铺展 2 ～ 3mm 厚，边缘需短于功能性黏膜皱襞 2mm，在腭穹隆和牙槽嵴顶等主要承力区适当加厚；在树脂初凝阶段（5 ～ 8 分钟）进行边缘功能性整塑，用手指在颊舌沟区域做牵拉动作形成边缘形态；待完全固化后取下托盘，修整飞边和锐利边缘，打磨抛光。最终制成的个别托盘应具备均匀的 2 ～ 3mm 厚度，边缘圆钝光滑，与口腔组织保持 2mm 缓冲间隙，且手柄位置便于操作。

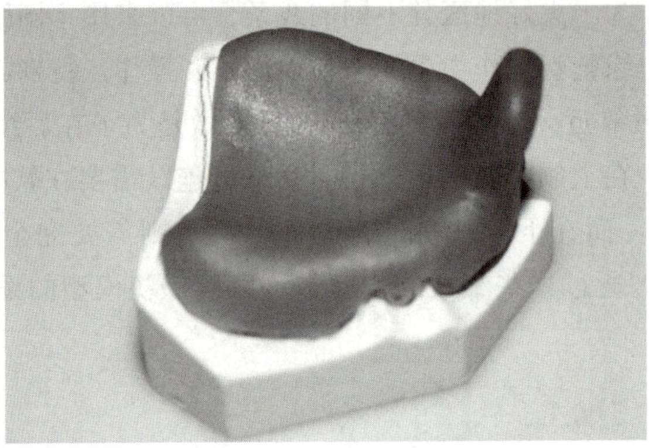

图 12-3　个别托盘制作

1. 上颌个别托盘的制作　首先，在戴手套的手指上涂抹少许凡士林，以减少树脂与手指之间的粘连。然后，将自凝树脂捏成大致上颌模型的形状，或者做一个球形的树脂，并将其放在上腭的正中央。接下来向周围铺展，使树脂盖过牙槽嵴并伸展至外周边缘。在操作过程中，应确保树脂的厚度和形状符合上颌骨的实际结构。将多余的树脂捏成手柄状，这个手柄的作用是防止在制取印模时推挤唇部，妨碍边缘整塑。

为了确保手柄的尺寸、位置和方向与上颌中切牙相似，需要仔细调整其形态。在保证强度和操作方便的前提下，手柄应该垂直放置在湿润过的部位，以防止在制取印模时发生位移或变形。

2. 下颌个别托盘的制作　对于下颌个别托盘的制作，同样需要先在戴手套的手指上涂抹凡士林。然后，将自凝树脂捏成类似于下颌牙槽嵴的 U 形，使其盖过牙槽嵴并伸展至外周边缘。在制作过程中，应特别注意树脂的厚度和形状，以确保其能够准确反映下颌骨的实际结构。将手柄朝上放置在下颌前牙的位置上，高度约为 15mm。同时，在下颌第一磨牙处放置一个狭长的指支托。这个指支托的作用是在制取印模时，用双手示指按在指支托上，以防止颊部和边缘变形。这样可以避免在制取印模过程中出现不必要的误差。

待树脂完全结固后，将托盘小心取下，并进行修整。在修整过程中，应特别注意唇、颊系带的部位，需要磨出较多的空隙，以确保这些部位的功能不受影响。同时，还要确保制作完成的托盘干净、光滑，没有残留的树脂或杂质。

（四）修整边缘

在制作托盘的过程中，需要使用打磨机对个别托盘的边缘进行精细的打磨，以确保其表面光滑无毛刺。这一步是为了确保托盘在口腔内的舒适性。在打磨完成后，将这些经过打磨处理的托盘放置在口内相应的位置，仔细检查其边缘是否与口腔内的系带活动自如，是否存在任何不适或摩擦。如果发现边缘位置不当或有其他问题，进行进一步的打磨和调整，以确保托盘能够完美贴合口腔内部的结构。为了增加托盘与印模材料之间的结合强度，还需要特别注意托盘边缘的打磨方式。通过将托盘边缘打磨成斜面，可以有效增加其与印模材料的接触面积，从而提高整体的结合力。这种斜面设计有助于印模材料更好地附着在托盘上（图 12-4）。

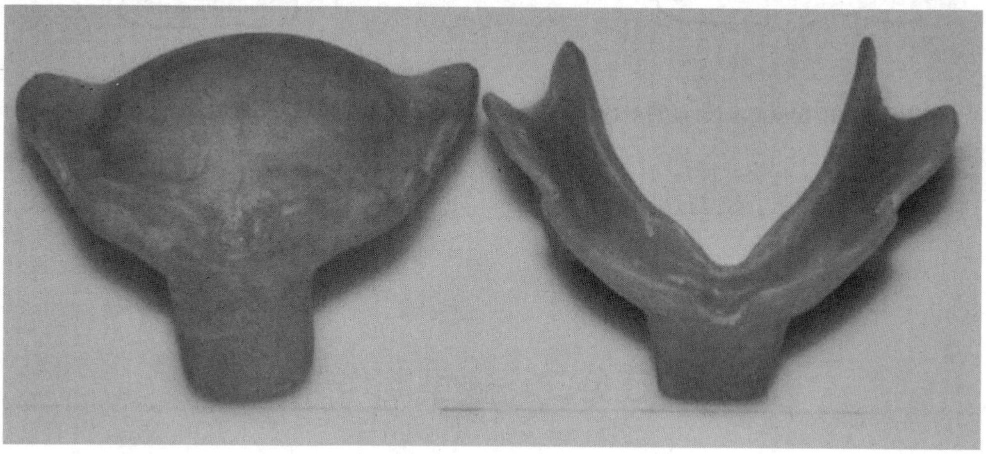

图 12-4　个别托盘完成

（五）边缘整塑

个别托盘边缘整塑是全口义齿制作过程中的关键步骤，其目的是利用边缘整塑材料在结固前的良好成型性，对个别托盘的边缘形态和伸展范围进行准确成型。这一步骤为终印模制取无牙颌唇、颊、舌侧边缘的功能形态提供了合适的托盘基础。

在进行边缘整塑时，首先需在口内检查个别托盘的边缘伸展和外形，确保托盘边缘比唇、颊前庭沟底深度短 2 ～ 3mm，并在唇、颊系带的部分留有 2mm 的空间。按照图 12-5 和图 12-6 所示的分区进行边缘整塑，上颌一般分段依次进行整塑，即左右后牙区、左右前牙区和后堤区。将边缘整塑蜡烤软后，加在个别托盘边缘，逐段放入口内进行肌功能修整。上颌后堤区是上颌全口义齿后缘的封闭区，该区组织柔软且有一定可让性。适当加压可使义齿软硬腭交界处的黏膜组织紧密贴合，实现后缘封闭，以利固位。在个别托盘后缘约 4mm 宽处放上烤软的整塑蜡，放入患者口内原有位置并加压，软化的整塑蜡会推软腭向上形成后堤，从而完成上颌全部边缘封闭。下颌除唇颊侧修整与上颌基本相同外，还需进行舌侧修整，可分舌前、左、右三个部分进行。嘱患者舌头左右活动及上抬，即可修整舌侧翼缘及舌系带区。在舌侧修整时，一定要注意个别托盘的位置不能移动，以免影响其准确性。

个别托盘边缘整塑完成后，应在口腔内有良好的固位，确保唇、颊、舌活动时托盘不脱落。同时，要确保整塑材料只存在于边缘，刮去后堤区以外卷入托盘组织面的整塑材料。在上颌硬区、切牙乳突部位及牙槽嵴顶处可打孔，以便多余的二次印模材料流出，避免对组织造成过大压力。对于牙槽嵴较松软者，可选用合适的有孔无牙颌托盘或特制有孔的个别托盘，取印模时采取轻压就位，以便于多余的印模材料从托盘溢出，减小松软牙槽嵴变形，从而形成较合适的印模。

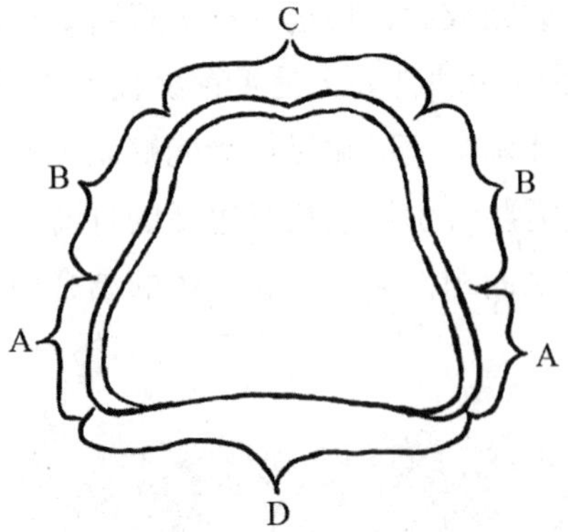

A. 颊侧后缘区；B. 颊侧前缘区；C. 唇侧边缘区；D. 上颌后堤区。

图 12-5 上颌边缘整塑分区

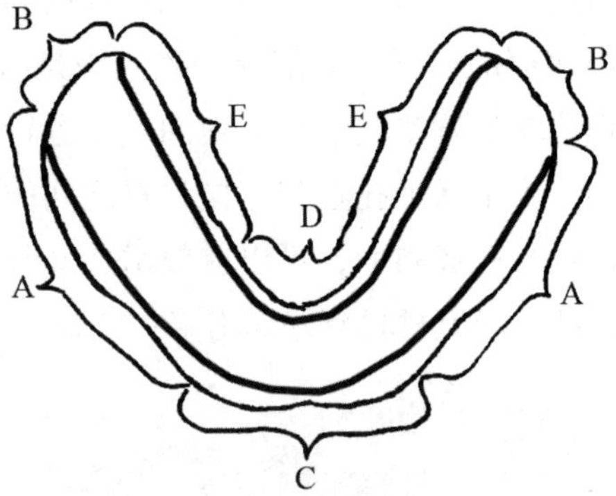

A. 颊侧后缘区；B. 磨牙后垫区；C. 唇侧边缘区；D. 舌侧边缘前部；E. 舌侧边缘后部。

图 12-6 下颌边缘整塑分区

任务二 模型制作

一、终模型应具备的要求

终模型的清晰度和完整性在很大程度上依赖终印模的质量。为了确保终模型的精确度，终印模必须能够准确地反映出无牙颌组织面的细微纹路和细节。模型表面应光滑，无气泡存在，且边缘无缺损，确保模型的完整性和准确性。印模的边缘部分应该清晰地显示出肌功能修整的痕迹，同时印模本身需要具备一定的厚度，以确保其稳定性和耐用性。

在正常情况下，模型的左右两侧同名牙区域应该呈现出等高、等厚的对称形态，这样才能保证模型的精确度和美观性。为了确保模型的强度和耐用性，模型最薄处的厚度不应小于 10mm。此外，模型边缘的宽度应该控制在 3 ～ 5mm，这样的宽度既能保证模型的稳定性，又能避免过度占用口腔空间（图 12-7）。对于模型后缘的位置，它应该位于腭小凹之后不少于 2mm 的地方，这样可以确保模型的舒适度和功能性。对于下颌模型，要注意后界应完全包含磨牙后垫区并向后延伸至下颌升支前缘，以确保足够的空间和舒适度。

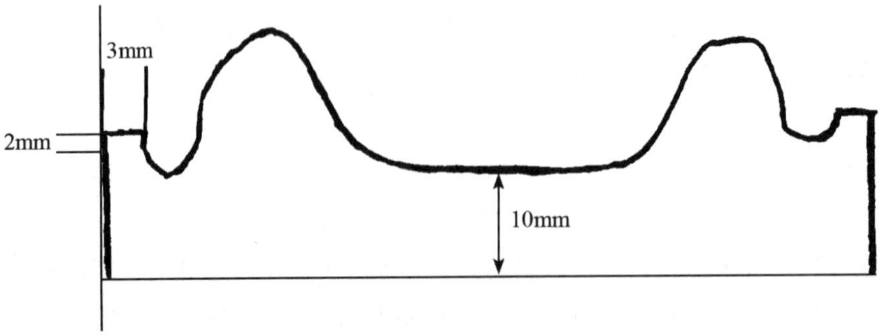

图 12-7 工作模型

二、围模灌注法工艺流程

（一）蜡条粘固

在最终的印模边缘外侧下方大约3mm的位置，需要按照一定的顺序仔细地粘固上一圈粘蜡条。这样做是为了确保蜡条能够与印模表面紧密结合，从而达到更好的固定效果。为了进一步增强蜡与印模表面的结合力，可以在印模的相应位置先涂覆上一层薄薄的粘蜡或者托盘粘接剂。涂布完毕后，再将蜡条放置在相应的位置，然后使用热蜡匙将蜡条烫牢并固定在印模上。在烫蜡的过程中，不能让熔化的蜡液流到印模的组织面或边缘，否则可能会导致印模被破坏，影响其使用效果。对于下颌印模，需要特别注意舌体所在的区域。在这个区域，可以切取一块形状和大小都适合的红蜡片，并将其粘固在舌侧边缘的粘蜡条上。粘固时，要确保蜡片的长度与印模的后缘平齐，这样可以保证印模的整体美观和功能性。

（二）蜡片围框

选取整片红蜡片，使用酒精灯炙烤，待到烤软后进行塑形，印模外侧被完全包绕形成围模封闭的圆筒状，印模的组织面必须向上。印模的外表面侧，使用电蜡勺或热蜡匙将红蜡片和印模边缘粘蜡条牢牢粘固在一起。红蜡片圆筒上缘与印模组织面最高处的距离需大于10mm。

（三）蜡框检查

在印模圆筒内注入一些清水，认真检查印模圆筒，确定其不存在漏水现象。需注意的是必须要做到“滴水不漏”方可，否则在进行灌注超硬石膏过程中，材料会漏出黏附于印模表面不容易脱模。

（四）灌注石膏

在调拌足量的超硬石膏时，使用真空搅拌机来防止出现气泡。采用振动器灌注时，先使用调拌刀取少许石膏放于印模组织面最高处位置，使石膏能够自然地向下流动，待其充盈全部牙槽嵴区域后，然后向内逐渐添加石膏，使其将印模组织面完全覆盖后，最后再将石膏灌注于圆筒内，终模型石膏底座的厚度要求不能低于10mm。

（五）后处理

模型灌注硬固后进行脱模时，应该注意先用水浴加热，软化位于倒凹区的边缘整塑膏等印模材料，避免强行脱模引起的石膏终模型损伤。终模型经打磨成型后，在其模型底面应制作V状复位槽。复位槽能够保证终模型二次准确复位至石膏底座上。

三、终模型的灌注方法

终模型的灌注采用围模灌注法，其目的是将终印模精细的边缘形态反映在模型上，以便指导义齿基托边缘厚度及形态的制作。围模灌注法的优点是模型质地致密、精度高、厚度适宜、外形整齐。

四、模型修整与后堤区制作

（一）模型修整

模型修整的主要目的是让模型更加整齐、美观，并且便于后续的义齿制作工作。通过修整，模型不仅能够更加方便地进行观察和保存，还能确保其精确度和实用性。通常情况下，模型修整是通过使用专门的模型修整机来完成的。在修整过程中，首先需要对模型的底面进行处理，确保其与牙槽平面保持平行状态。此外，模型底座的厚度必须满足一定的要求，通常情况下不应小于10mm，以保证模型的稳定性和耐用性。

其次，需要对模型的周边进行细致的修整。具体来说，模型的后壁需要与底面，以及牙弓中线保持垂直关系，以确保模型的整体对称性和稳定性。同时，模型的两侧壁需要与前磨牙和磨牙颊尖的连线保持平行，这样可以进一步增强模型的精确度。在处理后壁与侧壁之间的夹角时，需要将夹角磨去一部分，形成一个后侧壁，而这个后侧壁应当与原夹角的平分线保持垂直关系，以确保模型的整体协调性。

再次，模型的前壁也需要进行相应的修整。对于上颌模型，前壁应修整成一个等腰三角形，其顶角应正对牙弓的中线，这样可以确保模型的对称性和美观性。而对于下颌模型，前壁则应修整成一个弧形，这个弧形应与牙弓前部的弓形大致一致，以确保模型的自然性和适用性。在修整过程中，还需要修去黏膜反折处的边缘，使下颌舌侧部分变得平展，这样可以为后续的修复体制作提供便利。

最后，在完成上述修整工作后，还需要在工作模型的底座上修出三个V形刻槽。这些刻槽的作用是为了在后续的制作过程中提供一个固定点，确保模型在操作过程中的稳定性。在刻槽完成后，还需要在这些刻槽中涂抹凡士林，以起到润滑的作用，防止模型在使用过程中出现不必要的摩擦和损伤。通过这些细致的修整步骤，可以确保模型在后续的义齿制作过程中能够发挥出最佳的作用。

（二）后堤区制作

后堤区的形成是通过精确的雕刻和刮除技术来实现的。首先，使用铅笔在上颌终模型上仔细描绘出后堤区的界线，确保这些界线清晰可见，以便后续操作。然后，在颤动线的位置，使用雕刻刀沿着界线刻出一条深度适中的沟槽，通常这个深度在1.0～1.5mm（图12-8）。这条沟槽的目的是在义齿基托的后部形成一个凹陷区域，以便更好地贴合口腔黏膜。

接下来，沿着沟槽向前延伸大约5mm的区域，轻轻地刮去一层石膏。在刮除石膏的过程中，需要特别注意的是，越向前刮去的石膏量应该逐渐减少，这样可以确保最终形成的后堤区是一个平滑过渡的凹陷弓形。这种凹陷弓形的设计是为了更好地模拟上腭黏膜的自然形态，从而使得义齿基托能够与口腔黏膜紧密贴合，减少空隙和摩擦。后堤区的形成对于全口义齿的舒适度和功能性至关重要。一个良好的后堤区可以确保义齿在口腔中的稳定性，防止义齿在咀嚼或说话时发生脱位。

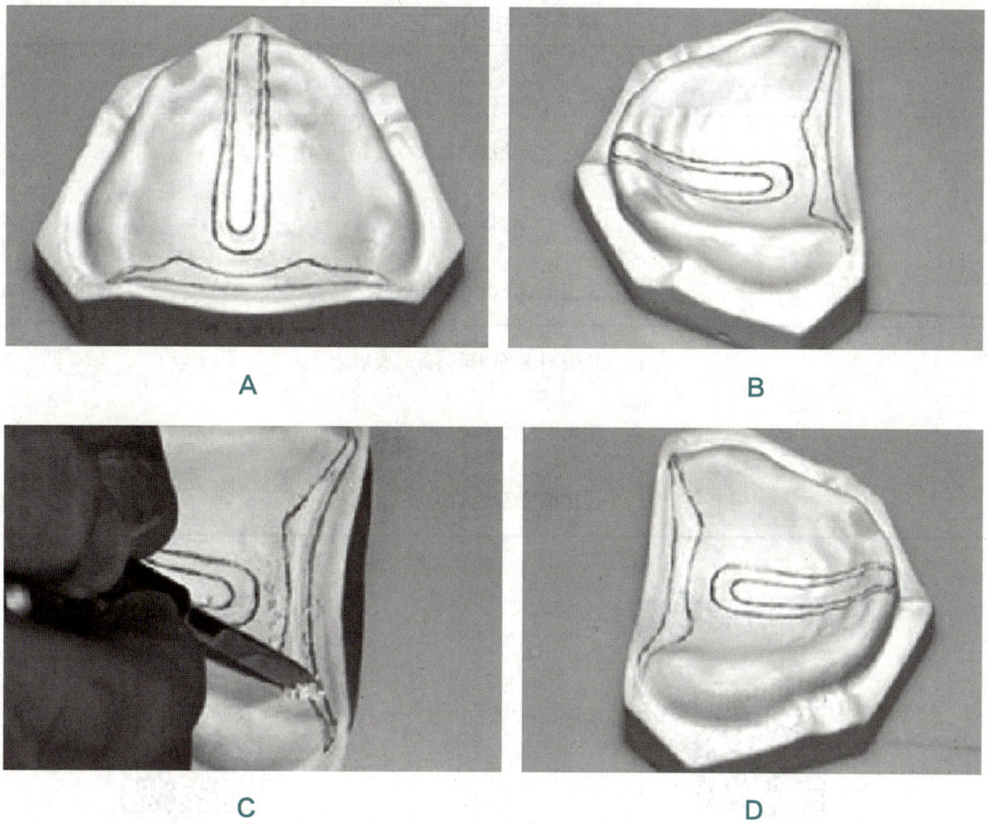

图 12-8　后堤区操作流程

A. 确定后堤区范围前缘；B. 确定后堤区范围后缘；C. 后堤区处理；D. 完成后堤区处理。

▶任务拓展

标准化工作模型

全口义齿标准化工作模型是制作与修复全口义齿的关键模型，其能精准呈现口腔组织解剖形态，为义齿制作提供统一标准与依据，保障义齿质量及适用性。

制作时，口腔技师与临床医生需以𬌗平面为基准，保持相同视线，使模型底面与牙槽嵴平行。如此，双方视角统一，减小制作误差，且模型具视觉平衡感，利于𬌗托制作与检查。上颌模型要求中切牙处黏膜反折线距底面 8mm，翼上颌切迹距底面 25mm；下颌模型要求中切牙处黏膜反折线距底面 12mm，磨牙后垫上缘距底面 30mm。全口义齿标准化工作模型在制作流程、数据规范等方面要求严格，对提升义齿制作精度、保障患者佩戴效果意义重大，是口腔修复领域不可或缺的重要工具。

【任务评价】

详见表 12-1。

表 12-1 取模相关操作工艺任务评价表

任务	评价要点	分值
一	阐述个别托盘的定义	10
	说出个别托盘的制作要求	20
	说出个别托盘的制作过程	20
二	正确阐述终印模具备的要求	20
	说出围模灌注法制作流程	20
	说出模型后堤区的制作	10

考试知识点总结

项目小结

协和云课堂…… 拓展练习及参考答案

（刘 云）

项目十三　颌位记录相关工艺

教学课件

微课：颌位记录相关工艺

项目目标

素质目标

具备良好的职业道德，能够运用所学的知识和技能，独立完成全口义齿蜡堤的制作，以及自凝树脂基托、光固化树脂等基托的制作，服务患者、服务社会。

知识目标

（1）掌握：自凝树脂基托的制作工艺流程。

（2）熟悉：使用光固化树脂进行基托制作的工艺流程。

（3）了解：颌位记录相关工艺的特点和优势。

能力目标

能够运用所学的知识和技能，独立完成全口义齿蜡堤的制作。

项目案例

【案例】

患者，男，89岁，退休工人。有帕金森综合征病史。患者常出现手部震颤、肌肉僵硬和运动迟缓等临床症状。患者主诉牙列缺失3年，现要求进行义齿修复。查体结果显示，患者的上下颌牙槽嵴均有不同程度吸收，特别是下颌前牙牙槽嵴吸收明显，触诊发现牙槽嵴松软，口腔黏膜有多处溃疡。

【问题】

1. 如何改善患者佩戴义齿的固位和稳定性？
2. 为该患者制作𬌗托，应该选择哪种合适的材料？

【项目分析】

𬌗托由基托及𬌗堤组成，主要由口腔技师进行制作。𬌗托主要用于记录与转移上、下颌的垂直和水平关系。采用面弓来记录上颌与颞下颌关节的关系，并将记录的上、下颌及颞下颌关节的三者位置关系转移并固定到殆架上；也常用于指导人工前牙，以及后牙的选择与排列。当自然牙列存在时，上下颌骨的位置关系是由紧密接触的上下颌牙列来保持的。对无牙颌患者来说，需要借助正中关系位来调整上下颌关系。殆托与无牙颌应紧密贴合并有一定的固位能力，在颌位关系记录时不产生形变。医生借助上下颌托来恢复无牙颌患者的垂直距离和水平距离，上颌托还用于记录和转移上颌与颞下颌关节的位置关系，殆托也用于记录面部丰满度、平面、中线等内容。基托在义齿的制作过程中被热凝树脂代替，所以也被称为暂基托。暂基托在义齿制作中用于排列人工牙、修整牙龈和基托的外形。用于制作暂基托的材料有基板蜡、自凝树脂、光固化树脂等。在这一阶段，医生会将技师制作好的殆托放入患者口中进行试戴，以检验其固位力、稳定性，以及边缘整塑的合理性。通过患者的反馈与医生的观察分析，医生能够及时发现并纠正可能存在的问题与不足。这一过程不仅有助于提升义齿的制作质量与患者满意度，更是医生、技师与患者之间信任与合作的体现。

任务一　殆托制作

一、殆托的组成和作用

殆托主要由基托和殆堤两部分组成。上下颌基托和殆堤在口腔修复中扮演着至关重要的角色，它们不仅用于精确记录和转移上、下颌的垂直和水平关系，还承担着记录和转移上颌与颞下颌关节位置关系的重要任务。此外，殆托的设计也充分考虑了面部丰满度、殆平面，以及中线的记录需求，这些信息对于指导人工牙的选择和排列具有关键意义。

为了确保殆托的功能性和舒适性，它必须与无牙颌紧密贴合，具备一定的固位力，并在颌位关系记录过程中保持稳定，不产生任何形变。这样的设计要求殆托在口腔修复过程中能够提供准确、可靠的支持，为患者带来更好的修复效果。

二、基托制作工艺

（一）暂基托

目前进行暂基托制作常用的基托材料有基板蜡、自凝树脂和光固化基托树脂。三种材料有各自的优缺点。基板蜡材料来源广泛，价格低廉，易于操作，但是基板蜡的缺点是强度不足、易变形、固位差，不适合承受较大的咀嚼力，尤其是下颌基托易断裂，复位准确度不高。自凝塑脂和光固化基托树脂有一定的强度，不易变形，稳定性好，与基托易于贴合，是暂基托宜选用的材料，但是操作过程略显复杂，光固化基托树脂还需要专用设备进行光照聚合。

1. 蜡基托的制作　修整模型，用红蓝铅笔在上、下颌模型上画出基托的伸展范围。将模型浸湿，以增加蜡片与模型的贴合度。将两层基板蜡在酒精灯上烤至发白后粘合在一起，轻按压蜡片使之与模型紧密贴合。上颌从腭中心开始，下颌从舌侧开始，向牙槽嵴及唇颊侧方向推压，使蜡基托与模型表面紧密贴合。使用雕刻刀去除多余部分，再用镊子夹住增力丝在酒精灯上烤热，分别将其放于上颌腭侧及下颌舌侧内。增力丝的放置可以增强蜡基托的强度，防止其在后续操作中变形。取下蜡基托，用热蜡刀将基托边缘烫光滑。再次修整蜡基托，确保其与模型的贴合度和形状符合要求。将修整好的蜡基托放回模型上，供医生进行颌位记录时使用。

2. 自凝树脂基托的制作　首先将终模型上的倒凹区用蜡填充，以便基托取下时不损伤模型。将分离剂涂布于上、下颌模型基托范围内。调拌自凝树脂至黏丝期，沿基托边缘线均匀涂布在模型上，按压成型，厚度为 2mm。也可将树脂均匀放置于已完成的蜡基托组织面，再将蜡基托戴入模型上加压，形成树脂基托。待树脂固化后取下基托，用小刀在基托边缘轻轻翘动，使基托与模型分离。取下基托，将基托边缘打磨抛光后备用。初步固化后，可将基托连同模型一起置于 60℃热水中浸泡 30 分钟，以促进固化完全，冷却后适当调整咬合。

3. 光固化树脂基托的制作　用变色铅笔在模型上画出基托的范围，在无牙颌与唇、颊、口底黏膜转折处画出边缘线。用红蜡填塞模型的倒凹区，预留印模材料间隙。在模型上涂布分离剂或间隙保持剂。取 4mm 厚的光固化树脂片，用拇指推压于模型上，使树脂片与模型之间紧密贴合。用雕刻刀沿画线切下多余树脂，绕开唇颊舌系带处。将整塑好的树脂与模型一起放在光固化箱内，树脂面朝上，关闭防护盖。因为制作基托的树脂较厚，所以两面均需照射。先将整塑好的基托连同模型一起照射，设定计时器时间为 3 分钟，打开照射开关。然后将基托与模型分离，翻转，照射组织面时间亦为 3 分钟。将固化后的基托从模型上取下。用低速手机或者大钨钢钻打磨基托边缘，使其光滑。如有需要，可进行适当的调改，以确保基托的适配度和舒适度。

（二）恒基托

恒基托是全口义齿的基础部分，通常由金属或高强度树脂材料制成。它覆盖在上下颌牙槽嵴上，通过精确的模型制作和个性化的调整，与患者的口腔解剖结构相匹配。恒基托的设计考虑了患者的口腔健康状况、咀嚼习惯，以及面部肌肉的运动，以确保义齿的稳定性和舒适性。临床制作步骤如下。

1. 初步印模制取　首先，使用合适的印模材料和托盘，准确制取患者的上下颌印模。这一步骤对于后续的模型制作至关重要，必须确保印模的准确性和完整性。

2. 模型灌注与修整　将印模灌注成石膏或人造石模型，然后进行必要的修整，以确保模型的准确性和光滑度。修整过程中需要特别注意模型的边缘和细节部分，以便后续的义齿制作。

3. 恒基托设计与制作　根据修整后的模型，设计并制作恒基托。这一步骤需要考虑到患者的口腔解剖结构、咀嚼习惯，以及面部肌肉的运动。恒基托的材料选择和设计应确保其稳定性、强度和舒适性。

4. 试戴与调整　将制作好的恒基托试戴在患者口中，检查其稳定性、舒适度，以及与口腔组织的贴合情况。如有需要，进行必要的调整，以确保恒基托的完美适配。

三、𬌗堤制作

（一）上颌𬌗堤的制作

1. 制作方法和步骤　将模型浸湿，用烤软的蜡片铺在模型上，自腭部中心向外侧推压蜡片，使其与模型紧密贴合。用雕刻刀沿基托边缘线切除多余蜡片。弯制增力丝并将其烧热后按预定位置安放在基托内，以增强基托的强度。取下基托，修整边缘，使之光滑、圆钝。参考解剖标志，𬌗堤应尽量位于原天然牙的位置。将红蜡片烤软，折叠成厚 8 ～ 10mm 且与上𬌗弓长度一致的蜡条，或者用基板蜡浇筑成品蜡堤，按压到基托牙槽嵴顶区，与基托粘合在一起。趁蜡尚软时，用𬌗平面规轻轻按压其表面，形成𬌗平面。

2. 上颌殆堤的要求 上殆堤前部在上唇下缘以下 2mm（老年人根据情况可适当减少），并与瞳孔连线平行；上殆堤侧面殆平面和鼻翼耳屏连线平行。殆堤的唇、颊侧要衬托出唇颊的丰满度。修整殆堤宽度，使前牙区宽约 5mm、前磨牙区 7mm，磨牙区宽约 10mm，殆堤的唇侧面应位于切牙乳头中心前 8 ～ 10mm 处。殆堤后缘修整呈斜坡状（图 13-1）。

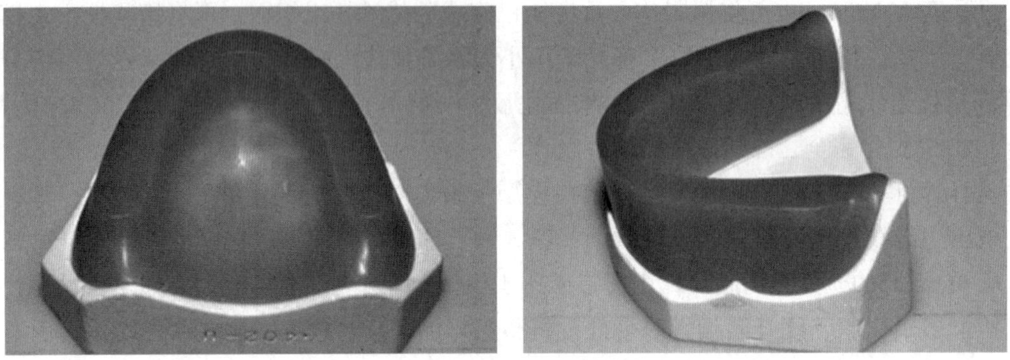

A　　B

图 13-1　制作完成的殆托

A. 上颌殆托；B. 下颌殆托。

（二）下颌殆堤的制作

1. 制作方法和步骤 下颌暂基托及殆堤的基本制作方法同上颌。将模型浸湿，用烤软的蜡片铺在模型上，自舌侧向外侧推压蜡片，使其与模型紧密贴合。用雕刻刀沿基托边缘线切除多余蜡片。弯制增力丝并将其烧热后按预定位置安放在基托内，以增强基托的强度。取下基托，修整边缘，使之光滑、圆钝。随后在牙槽嵴顶上方堆砌蜡堤，前牙区略低、后牙区略高，使蜡堤平面与鼻翼耳屏线平行，并用蜡刀精细修整表面形态。尽量将下殆堤位于原天然牙所在的位置。

2. 下颌殆堤的要求 下殆堤的高度约相当于磨牙后垫高度的 1/2，修整殆堤宽度，使前牙区宽约 5mm，前磨牙区宽约 7mm，磨牙区宽约 10mm，殆堤的唇侧面应位于牙槽嵴顶上方 15 ～ 20mm 处。殆堤后缘修整呈斜坡状。

在制作过程中，要确保蜡片与模型的贴合度，避免产生气泡和空隙。殆平面的制作要准确，以确保后续义齿的咬合关系和功能。殆堤的宽度和高度要根据患者的具体情况进行调整，以保证义齿的舒适度和美观度（图 13-2）。

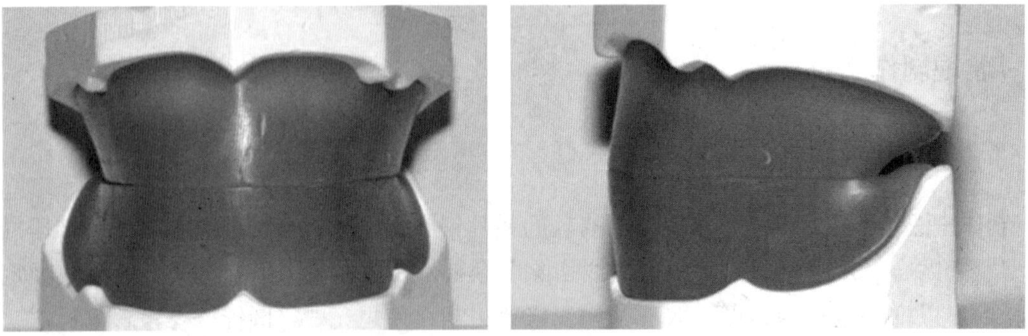

A　　B

图 13-2　殆制作完成的上下殆托的正面观和侧面观

A. 正面观；B. 侧面观。

任务二　颌位关系记录

一、确定颌位关系

确定全口义齿颌位关系记录中的殆堤高度和位置，即垂直距离和正中矢状关系的过程，通常采用以下两种方法。

（一）确定下颌殆托高度并取得正中关系位记录

将上颌殆托置于患者口内，指导患者半张口，练习用舌尖向后上卷曲舔蜡球的动作，然后进行咬合。待患者熟练掌握此动作后，将烤软的蜡条卷曲成与牙弓一致的形状，粘贴在下颌基托上，迅速将其带入患者口中就位。此时，医生需用两手指扶住下颌殆托，指导患者用舌尖向后上方舔蜡球并咬合至合适的垂直距离。随后，用冷水冲洗，取出上下颌殆托并浸泡于冷水中数分钟，以修去下殆堤多余的蜡。最后，将上下颌殆托分别引入患者口中就位，反复指导患者进行舔蜡球和咬合动作，直至准确无误。这一方法需要由经验丰富的医生操作，以确保准确性和患者的舒适度。

（二）调整预制下颌殆托高度并取得正中关系记录

将修整后的上颌殆托置于患者口中，随后就位下颌殆托，并用手指轻轻扶住。指导患者进行轻轻咬合，逐步修去下颌殆托上的过高部分，直至其高度略低于预期的合适位置。接着，将烤软的蜡片贴附于下颌殆托上，并迅速引入患者口中就位。此时，可通过指导患者进行卷舌舔蜡球、吞咽或结合轻推下颌等动作，帮助患者找到并咬合至合适的垂直距离。

若采用哥特式弓描记法来确定正中关系，可在调整好下颌殆托高度后，安装描记针和描记板。在上颌腭部放置描记针，确保其顶端与殆平面保持等高。为避免描记时上下殆堤之间产生障碍，需修去上颌殆堤约 3mm 的高度。然后将描记板固定于下颌殆堤表面，并确保其与殆堤平行。将上下颌殆托放入患者口中，指导患者进行前后左右的下颌运动。取出后，观察描记板上留下的印迹，确定哥特式弓的顶点为正中关系位。再次将殆托放入患者口中，指导其咬合在正中关系位。此时，可拉开患者的口角，从颊侧注入印模石膏等殆间记录材料至描记针和板之间，以稳定正中关系位的记录。或者，拧紧描记板上的螺钉以固定描记针，从而稳定正中关系位的记录。

二、核对颌位关系

（一）检查垂直距离的合适性

为了进一步核对垂直距离的合适性，可以采用前述确定垂直距离的方法。特别需要观察患者的面部外形是否对称，以及面部上下部分的比例是否协调。在息止颌位时，检查上下殆堤间是否存在息止𬌗间隙及其大小。如果上下𬌗堤间保持 2 ～ 3mm 的息止𬌗间隙，这通常表明垂直距离是合适的。另外，还可以让患者轻轻发出“s”音，观察上下颌蜡堤间的距离是否发生变化。如果距离没有变化，说明垂直距离是合适的。

（二）检查正中关系的准确度

为了核实正中关系的准确性，可以嘱患者小张口并快速反复咬合，观察上下颌𬌗托上的颌位标志位是否稳定且可重复。当患者咬紧𬌗托时，术者可以将双手小拇指插入患者的外耳道，感觉并比较咬合时两侧力量向后撞击的力度是否相等。此外，还可以将两示指放于患者的颞部，感觉并比较咬合时两侧颞肌是否等量收缩。如果感觉两侧颞肌有明显的收缩，并且收缩力度相等，那么可以确定为正确的正中𬌗关系。因为颞肌的收缩会牵引下颌后退。如果下颌呈现前伸咬合状态，则可能是由于翼外肌的收缩不一致导致的偏位咬合。

（三）检查𬌗平面的合适性

为了确保𬌗平面的合适性，需要细致地检查其多个方面。首先，𬌗平面的两侧应保持等高，这有助于确保义齿在口腔中的稳定和平衡。其次，对于后牙区的𬌗平面，其高度应等于或略低于舌背的粗糙面与舌侧缘的移行部。这一标准有助于确保后牙区在咀嚼过程中能够与舌头协同工作，提供稳定的支持。最后，𬌗平面的远中延长线应约等于磨牙后垫 1/2 的高度。这一要求有助于确保义齿在后牙区域的稳定性和功能性，使患者在咀嚼时能够获得更好的舒适度和效率。通过综合这些标准来检查𬌗平面的合适性，可以确保全口义齿的设计更加科学、合理，并符合患者的口腔解剖结构和生理需求。

三、𬌗堤记录唇面标志线

在上下颌𬌗托形成之后，将它们分别就位于患者口中，并使用蜡刀在𬌗托唇面刻画一些标志线。这些标志线不仅有助于选择人工牙的长度、宽度，还能指示人工牙的排列位置（图 13-3）。

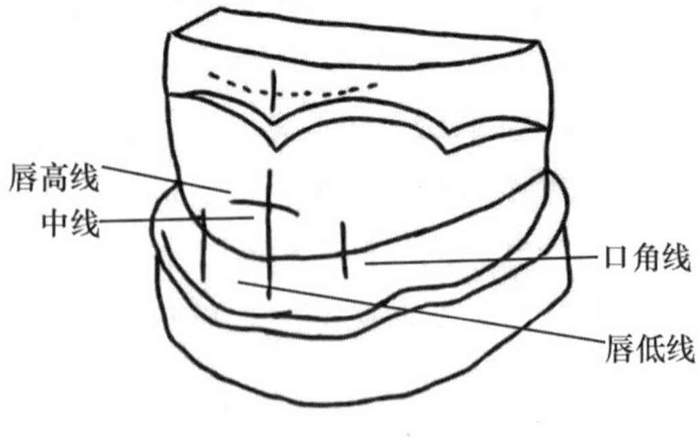

图 13-3　𬌗托唇面标记线

（一）中线确定

参照患者的面部形态确定中线，并在𬌗堤前部唇面进行标记。这条中线代表面部正中矢状面所在的位置，是两个上颌和下颌中切牙交界的重要标志线。

（二）口角线确定

当上下唇轻轻闭合时，在𬌗托上刻画出口角的位置，形成垂直于𬌗平面的直线。这条口角线对于确定人工牙的排列范围至关重要。

（三）唇高线和唇低线确定

嘱咐患者微笑，使用蜡刀在𬌗托唇面上刻画出上唇下缘和下唇上缘的位置线。上唇下缘在上颌𬌗托唇面上形成凸向上的弧线，而下唇上缘在下颌𬌗托唇面上形成凸向下的弧线。这两条线也被称为笑线，根据微笑的程度不同，笑线又可分为微笑线和大笑线两种。

▶任务拓展

治疗性全口义齿

治疗性全口义齿是一种兼具修复与治疗功能的高阶口腔修复方案，专为复杂无牙颌患者设计。具有通过重建咬合垂直距离和正中关系，缓解关节压力及肌肉痉挛；个性化设计（基于 CBCT 数据）分散咬合力，减少牙槽嵴吸收和采用弹性衬垫、钛合金支架等材料，结合功能性印模技术，适应组织变化并促进骨改建，基托和咬合面可灵活调整的主要特点。其核心目标不仅是恢复咀嚼、发音和美观，更通过生物力学优化和动态调整，主动干预口腔问题，如纠正颌位异常、缓解颞下颌关节紊乱及改善软组织损伤。

【任务评价】

详见表 13-1。

表 13-1 颌位记录相关工艺任务评价表

任务	评价要点	分值
一	正确说出𬌗托的组成和作用	10
	阐述暂时基托制作过程	10
	区分上下𬌗堤	20
二	解释如何正确确定颌位关系	20
	说出颌位关系核对的方法	20
	区分唇高线和唇低线	20

考试知识点总结

项目小结

协和云课堂…… 拓展练习及参考答案

（刘　云）

项目十四　颌位关系转移工艺

教学课件

微课：
颌位关系
转移工艺

项目目标

素质目标

具备良好的职业道德、团队精神，能够就颌位关系转移工艺的相关问题和医生、患者进行有效沟通。

知识目标

（1）掌握：面弓的概念、不使用面弓转移颌位关系的工艺流程、前伸髁导斜度与侧方髁导斜度的概念。

（2）熟悉：使用面弓转移颌位关系的工艺流程、切导斜度的概念。

（3）了解：确定前伸髁导斜度和侧方髁导斜度的方法。

能力目标

具备使用平均值𬌗架进行颌位关系转移的能力。

项目案例

【案例】

患者，男，71 岁，退休工人。全口牙列缺失 1 年。查体：上下颌牙槽嵴中度吸收。予以取模、颌位关系记录、送义齿加工厂进行继续制作，因为颌位关系转移时发生偏差，导致义齿在试戴时后牙咬合出现干扰，予以重新进行颌位关系记录、再次进行颌位关系转移、排牙，试戴无异常后完成义齿的修复。

【问题】

进行颌位关系转移时，如何减少误差？

【项目分析】

在全口义齿制作的复杂工艺中，颌位关系转移无疑是其中最为精细且至关重要的一个环节。这一过程不仅要求精湛的技术，还需要对患者的口腔结构有深刻的理解并能进行精确的测量。通过将模型及对应的上下𬌗托用石膏精确地固定在𬌗架上，同时保持上下颌间的水平与垂直距离，从而为全口义齿的成功制作奠定坚实的基础。颌位关系转移的核心在于确保患者上颌与颞下颌关节之间位置的精确记录与再现。为实现这一目标，面弓发挥了不可替代的作用。通过面弓，可以详细记录下患者上颌与颞下颌关节的确切位置关系。这样，上颌模型固定在𬌗架的位置就与患者上颌对颞下颌关节的固有的位置关系相当，𬌗架就可在口外模拟患者的口内情况，以便排牙及做排牙后的调𬌗，使在𬌗架上完成的全口义齿戴入口中，能符合或接近患者的实际情况。根据𬌗架模拟下颌运动的程度不同，可将𬌗架分为不可调𬌗架、半可调𬌗架及全可调𬌗架。在此过程中，半可调𬌗架因其灵活性与准确性，成为众多口腔技师的首选。颌位关系转移并非仅是技术上的挑战，也是医患沟通、医技沟通的重要环节。在这一过程中，医生、技师与患者三者之间的有效沟通显得尤为重要。此外，颌位关系转移的成功与否还直接影响到全口义齿的最终效果。一个准确的颌位关系转移能够确保义齿在患者口腔中的稳定性与舒适性，从而大大提高患者的满意度与生活质量。反之，如果颌位关系转移出现偏差，不仅会导致义齿的佩戴不适，还可能对患者的口腔健康造成不良影响。因此，对于每一位口腔技师而言，掌握颌位关系转移的精湛技艺都是至关重要的。

任务一　颌位关系转移

颌位关系的转移，又称上𬌗架，是将带有上下颌𬌗托的上下颌模型用石膏固定在𬌗架上，以便保持上下颌模型间的高度和颌位关系。𬌗架是一种固定上下颌𬌗托和模型的仪器，它具备与人体咀嚼器官相当的部件和关节，能在一定程度模拟下颌的运动。上𬌗架需借助于面弓将患者上颌对颞下颌关节的固有的位置关系通过上𬌗托转移至𬌗架上。

一、使用面弓转移颌位关系的工艺流程

当使用半可调节𬌗架或全可调节𬌗架时，需用面弓转移颌位关系。

（一）操作步骤

1. 𬌗架设置　将𬌗架的切导针最上部的刻线和上颌体上缘平齐，并拧紧固定螺丝；将切导盘面放置为水平位；两侧前伸髁导斜度设置为 30°，使髁球紧贴髁槽前壁，扭紧固定螺丝；侧方髁导斜度设置为 15°；上、下颌架环紧贴于上下颌体上并加以固定。

2. 标记髁突点　从患者眼外眦至耳屏中点连线距耳屏前 13mm 处作标记点。

3. 固定𬌗叉　选择合适大小的𬌗叉，调整双翼使之位于同一平面上。将烧热的𬌗叉插入上𬌗堤内，距离𬌗平面约 2mm，确保𬌗叉平面与𬌗平面平行。

4. 固定面弓　将记录有患者上颌对于颞下颌关节关系的面弓两侧髁梁内侧端，分别固定于𬌗架上的髁杆外侧端上，调节两侧髁梁，将两侧髁梁刻度调节相同（图 14-1），然后扭动螺钉固定髁梁于髁杆上。再将面弓前方的眶下点指针尖端调至与𬌗架上颌体前方的眶下点指示板平齐并固定，调

整定夹下端使面弓保持这一位置，或利用䴘架转接台将面弓固位于䴘架的合适位置。

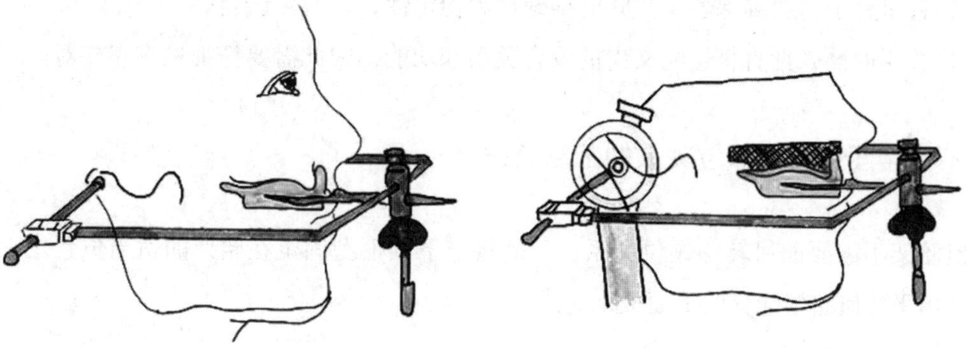

图 14-1　借助面弓记录上颌与髁突位置

A. 患者颌面部面弓位置；B. 䴘架上面弓位置。

5. 连接面弓和䴘叉　将插好䴘叉的上下䴘托戴入口内，嘱患者作正中咬合。将䴘叉柄插入面弓体上䴘叉固定器的孔内，使之完全被动就位后，旋紧固定䴘叉的螺钉。

6. 固定面弓于䴘架上　将面弓及䴘托从口内取出，将双侧髁梁分别套在䴘架的髁杆的梁上，调节面弓高度。

7. 固定上颌模型　将上颌模型就位于上䴘托上，调拌石膏（最好使用零膨胀石膏）把上颌模型固定在上颌架环上（图 14-2），注意石膏最好分次逐渐加入，减少由石膏膨胀导致的误差。

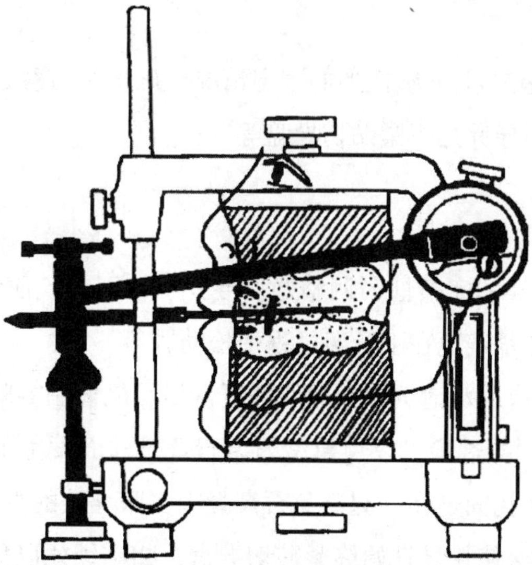

图 14-2　借助面弓上䴘架

8. 拆除面弓　待石膏完全凝固，拧松固定髁梁和定架的螺钉，取下面弓弓体，用酒精灯加热颌叉柄，使之软化䴘堤的蜡记录，小心取下䴘叉。

9. 固定下颌模型　按䴘堤的颌位记录，将下颌模型与䴘托按颌位关系记录就位于上䴘托上，使用同样的方法，用石膏将下颌模型固定在颌架下颌体的架环上。

（二）注意事项

1. 在转移过程中，要确保各个步骤的准确性和稳定性，以避免误差。
2. 颌位关系的准确性直接影响义齿的咬合关系和功能，因此需要仔细检查和核对。

二、不使用面弓转移颌位关系的工艺流程

平均值𬌗架不需要面弓转移颌位关系，只需将上下颌模型固定在𬌗架的适当位置之上即可。该项操作需使用平均值𬌗架配套的平面板来完成。

（一）操作步骤

1. 准备平面板和𬌗架 确保平面板干净、平整，并准备好𬌗架及所需材料。

2. 定位上颌蜡堤 将上颌蜡堤放置在平面板的正确位置，使其𬌗平面与平面板接触。确保蜡堤前方中线的末端和平面板前方十字交叉重合，以保证上颌模型的正确位置。

3. 调整垂直对齐 检查并确认石膏模型后方中线与平面板中线保持在同一个垂直平面上，以确保上颌模型的垂直对齐。

4. 固定上颌模型 使用石膏将上颌模型和上颌架环固定在一起。在固定过程中，确保石膏均匀涂抹，避免产生气泡或空隙。

5. 固定下颌模型 等待上颌模型底部固定的石膏凝固后，根据颌位记录使用石膏将下颌模型固定在下颌架环。

6. 检查固定情况 仔细检查上下颌模型的固定情况，确保没有移位或松动。同时，检查𬌗架的各个部件是否正常工作，如切导针是否紧贴切导盘等。

（二）注意事项

1. 上𬌗架前应先检查𬌗架的完整性，调整好切导针、切刀盘、前伸髁导斜度、侧方髁导斜度，并将𬌗架上各固定螺丝完全拧紧避免在上𬌗架过程中松动脱落。

2. 石膏模型在上𬌗架之前用水泡透。上𬌗架的石膏尽可能使用零膨胀石膏或者超硬石膏来减少石膏的凝固膨胀。石膏不宜调拌过稀，以免模型因为石膏过软而发生下沉移位。在石膏初凝后用皮筋或细绳将𬌗架的上下颌体捆扎固定在一起避免石膏凝固膨胀导致的垂直距离改变。

3. 固定上下颌模型时务必使切导针始终紧贴切导盘，归零锁死以免咬合升高。

4. 𬌗架上好后，应洗净上𬌗架过程中多余的石膏并光滑石膏表面，避免石膏残渣影响𬌗架各部件的固位和滑动。

任务二　髁导斜度和切导斜度确定

一、确定前伸髁导斜度

（一）前伸髁道斜度和前伸髁导斜度

髁道是咀嚼运动时，髁突在关节凹内运动的轨迹。前伸髁道是下颌在前伸运动时，髁突在关节凹内向前下方运动的轨迹，髁道与眶耳平面的夹角称前伸髁道斜度。使用蜡𬌗记录法或硅橡胶咬合记录法，通过测量下颌前伸运动的路径来确定，或者使用下颌运动描记仪（如 Zebris JMA）进行测量，这种方法一致性好、灵敏度高且操作便捷。前伸髁导斜度是人体上的前伸髁道斜度转移到𬌗架以后的角度。在上颌托表面涂布分离剂后，将烤软的蜡片放在下颌托的𬌗平面上，嘱患者下颌前伸约 6mm 并轻轻咬合，待软蜡硬固后将𬌗托及蜡记录从口内取出，然后将确定的前伸髁导斜度转移至𬌗架上的方法来确定，或者使用基于面部扫描数据构建的虚拟面弓和虚拟咬合记录，通过虚拟𬌗架进行测量和设置。

（二）前伸克里斯坦森（Christensen）现象

颌位关系转移到𬌗架上后，再将上下𬌗托戴入患者口中，正中咬合时上下𬌗堤平面紧密接触，下颌前伸运动时，上下颌堤的前端虽仍互相接触，但中部和后部则出现了前小后大的三角形间隙，这就是所谓的前伸 Christensen 现象（图 14-3）。此现象是下颌在前伸过程中，髁突在前后倾斜的关节凹内滑动所致，且该现象的出现与髁道斜度呈正度数有关，正度数越大，楔状间隙也越大。临床上可以通过记录 Christensen 现象的三角形间隙大小来记录髁道斜度大小并转移到𬌗架上，并且在全口义齿的制作中，需要确保在前伸咬合时至少有一对对抗牙保持接触，以避免义齿的翘动。Christensen 现象可以通过调整 Spee 曲线的曲度来补偿。

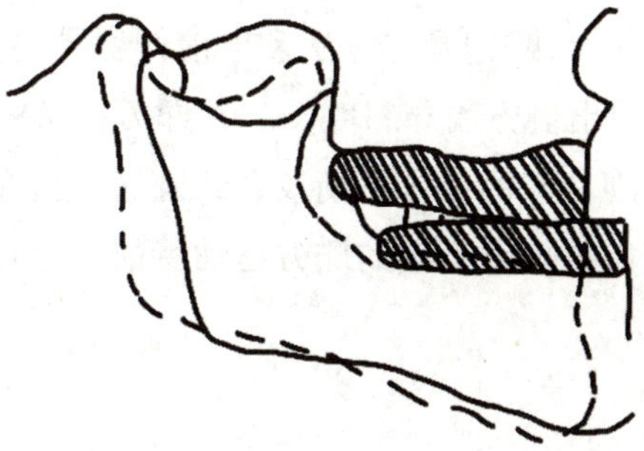

图 14-3　前伸 Christensen 现象

（三）取前伸颌关系记录

将上颌𬌗堤表面涂少许石蜡，将上下颌托放入口内。取出三片宽约 10mm 的蜡片，烤软后叠在一起放在下牙合堤平面上，嘱患者下颌前伸 6mm 左右并咬合。此时由于 Christensen 现象而在上下牙合托间形成的三角形间隙已被软蜡占据，将蜡片及上下牙合堤取出口外，用水冷却后待用。在取前伸咬合记录时，要确保患者的下颌前伸运动自然，避免过度用力或不自然的运动。蜡片在加热时要均匀，避免局部过热导致变形。

（四）在牙合架上调节出前伸髁导斜度

松开牙合架上的正中锁和固定髁槽的螺钉。将上下牙合托及前伸咬合蜡片记录放在上下颌模型上。松开切导针，使其离开切导盘。推上颌体一侧向后约 6mm，并来回移动，髁槽的倾斜角度便随之改变，并寻找合适的前伸髁导斜度。如果前伸髁导斜度过大，则上颌牙合堤后部与前伸蜡记录的后部不接触，而前部接触；如果前伸髁导斜度过小，则上颌牙合堤后部与前伸蜡记录的后部接触，而前部不接触；只有前伸髁导斜度合适时，上颌牙合堤与蜡记录表面才能完全接触。在调节完成后，重新锁定正中锁和固定髁槽的螺钉，以确保前伸髁导斜度的稳定。在调节过程中，要确保咬合记录的准确性和稳定性，避免误差。调节前伸髁导斜度时，要根据患者的实际情况进行个性化调整，以确保义齿的功能性和舒适度。

二、确定侧方髁导斜度

（一）侧方 Christensen 现象

当上下颌托戴入患者口中做侧方运动时，工作侧上下牙合堤相互接触，而非工作侧的上下牙合堤则相互离开，致使工作侧和非工作侧之间出现一个三角形间隙，这就是所谓的侧方 Christensen 现象。这一现象的出现与侧方髁道斜度有关，侧方髁道斜度是指下颌做侧方运动时，非工作侧髁突向前下内方运动，与正中矢状面形成的夹角。在全口义齿的制作中，需要确保在侧方咬合时至少有一对对抗牙保持接触，以避免义齿的翘动。侧方 Christensen 现象可以通过调整 Spee 曲线的曲度来补偿。

（二）侧方髁导斜度

下颌在做侧方运动时，侧方髁道是非工作侧髁突在关节凹内向前下内方运动的轨迹颌正中矢状面的交角，人体上的侧方髁道斜度转移到牙合架上，称侧方髁导斜度。侧方髁道斜度确定可以利用侧方 Christensen 现象，取侧方运动时的蜡记录，方法和取前伸髁导斜度类似。也可以利用前伸髁导斜度（H）后，用 Hanau 公式计算得出侧方髁导斜度（L），即 $L = H/8 + 12$。在全口义齿的制作中，侧方髁导斜度的准确设置有助于实现良好的侧方平衡咬合，确保义齿在侧方运动时的稳定性和舒适度。通过分析侧方髁导斜度，可以更好地理解下颌的侧方运动特征，为咬合问题的诊断和治疗提供依据。

三、确定切导斜度

（一）切导斜度

切道是下颌从正中咬合作前伸运动时，下前牙切缘顺着上前牙舌面向前下方运动的轨道（图 14-4）；切道斜度是前伸切道与眶耳平面的夹角。切导斜度是把前伸切道斜度转移到牙合架上。在全口义齿的制作中，切导斜度的设置有助于实现良好的前伸平衡咬合，确保义齿在前伸运动时的稳定性和舒适度。通过分析切导斜度，可以更好地理解下颌的前伸运动特征，为咬合问题的诊断和治疗提供依据。

（二）在𬌗架上调节出切导斜度

切导斜度是切导盘与水平面的夹角。现将上下前牙排好，形成合适的浅覆𬌗、浅覆盖的关系之后，松开固定切导盘的螺钉，推切导针使上颌体后退至上下前牙切缘接触位。调节切导盘一直与切导针下端保持接触，此时切导盘表面斜度就是所求的度数。也可以先将切导盘的前伸刻度固定在 5° 或 10°，当切导针顺切导盘面向上方滑动时，使排列的前牙达到切缘接触（图 14-5）。

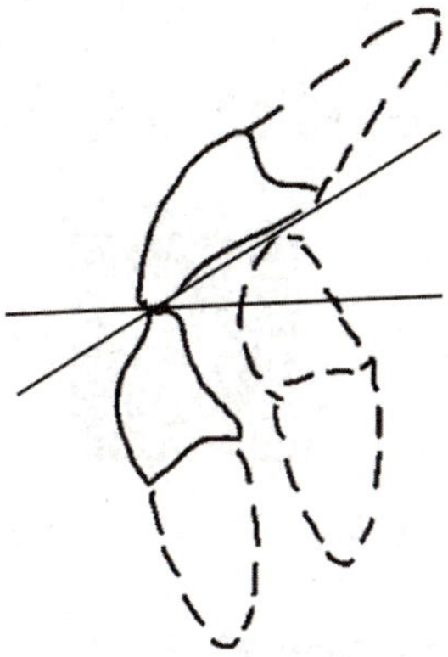

图 14-4　切道斜度

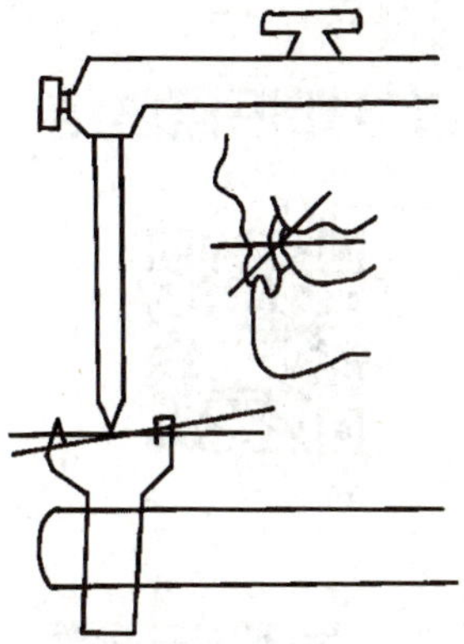

图 14-5　切导斜度（切导盘与水平面间的角度）

▶任务拓展

AI 智能面弓

AI 智能面弓是一种先进的医疗设备，它运用了计算机视觉技术，能够精确地捕捉到患者的面部信息。通过结合人工智能算法，AI 智能面弓对面部运动特征进行精细的计算和深入的分析。这一设备为医生提供了强大的辅助工具，使他们能够更准确地评估口腔健康状况，并制订个性化的治疗计划。AI 智能面弓能够完整地记录口颌系统的所有相关数据，并将这些数据精确地复制到相应的设计软件中。简化了传统的测量流程，使得医生能够迅速获取必要的数据，从而大大提升了治疗的效率。同时，详尽的数据使得医生能够为每一位患者量身定制出最适合的治疗方案，满足他们的个性化需求。

【任务评价】

详见表 14-1。

表 14-1　颌位关系转移工艺任务评价表

任务	评价要点	分值
一	正确复述使用面弓转移颌位关系工艺流程	25
	准确描述不使用面弓转移颌位关系工艺流程	30
二	理解并能复述前伸髁导斜度的相关概念及调节方法	15
	理解并能复述侧方髁导斜度的相关概念及调节方法	15
	理解并能复述切导斜度的相关概念及调节方法	15

考试知识点总结

项目小结

协和云课堂……　拓展练习及参考答案

（雷东辉）

项目十五　排牙原则

教学课件

项目目标

微课：
排牙原则

素质目标

具备辩证唯物主义思维，以整体、发展的观点看待排牙的原则。

知识目标

（1）掌握：排牙的美观原则、组织保健原则。
（2）熟悉：排牙的中性区原则。
（3）了解：排牙的其他原则。

能力目标

具备使用排牙原则指导全口义齿排牙的能力。

项目案例

【案例】

患者，女，62 岁，演员。患者主诉因牙列缺失 1 年，导致咀嚼和美观方面的问题前来就诊。查体结果显示，患者的上下颌牙槽嵴均有中度吸收。根据患者的具体情况，医生进行了取模、颌位记录等操作，并将数据送至义齿加工厂进行全口义齿的制作。在试戴制作完成的全口义齿后，患者对义齿的咬合和功能表示满意，但认为义齿的美观度不足，无法满足其作为演员的职业需求。患者希望义齿在外观上更加自然、逼真，以符合其职业形象。

【问题】

1．针对该患者的情况，如何进一步改善全口义齿的美观度？
2．考虑到患者是演员，如何在义齿设计上更好地满足其职业需求？
3．除了美观度外，还有哪些因素可能影响患者对全口义齿的满意度？
4．在制作全口义齿的过程中，如何确保义齿的功能性与美观性达到最佳平衡？

【项目分析】

在完成任务目标后，接下来将深入探讨排牙原则的具体实施。首先，通过案例分析来展示如何将理论知识应用于实际操作中，确保排牙过程既符合美观原则，又满足组织保健的要求。案例分析将涉及不同患者的口腔状况，以及如何根据他们的个性和功能需求来定制个性化的排牙方案。在案例分析的基础上，将进一步讨论如何在排牙过程中体现“中性区”原则，确保牙齿排列既自然又稳定。这包括对𬌗平面的调整、后牙功能尖的定位，以及如何将力集中在颌弓后段的中份，从而达到减少功能状态下的不稳定状态。通过这些步骤确保排牙不仅在外观上满足患者的期望，而且在功能上能够提供长期的舒适和健康。最终目标是让患者获得既美观又实用的全口义齿，提高他们的生活质量。

任务一　美观原则

全口义齿在恢复患者咀嚼功能的同时，也对维持整个口颌系统的平衡乃至全身的健康状态具有重要作用。一副制作精良的全口义齿要能够恢复患者面部下 1/3 的生理形态，实现面部下 1/3 与整体面部的比例协调，从而展现出健康的容颜，并带来年轻化的视觉效果，增强患者的美感和自信心。

全口义齿的美观主要体现在前牙的排列上，而后牙的排列虽然在一定程度上对美观有所影响，但并非主要决定因素。为了达到理想的美观效果，必须掌握前牙排列的基本原则。其中，第一前磨牙应视为前牙美学区域的延伸，其排列和形态对于整体美观至关重要。因此，在制作全口义齿时，应注重前牙的排列和形态设计，以确保最终的义齿既符合功能需求，又具备良好的美观效果。

一、前牙排列的原则

前牙排列要求在注重美观的同时，也要考虑咀嚼功能和发音功能。上颌前牙的切缘连线应与患者下唇的微笑线保持一致，形成一条向下突起的自然弧线（图 15-1）。

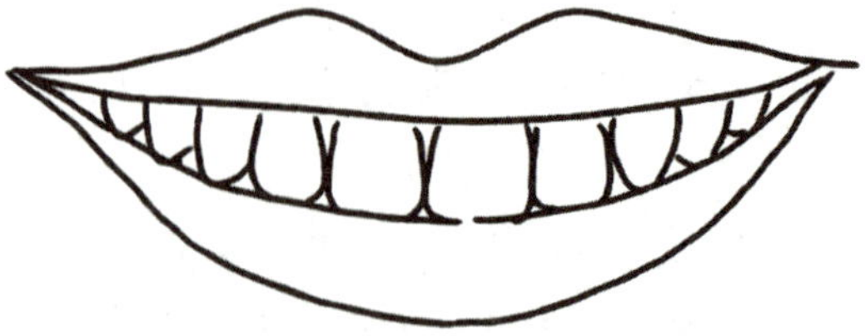

图 15-1　切缘连线与微笑线的关系

此外，口角与牙齿的位置关系对于颜面部的整体审美具有重要影响。如果颈缘线的一部分过于突出或高低不平，将破坏左右的平衡，并影响整体美观（图 15-2）。

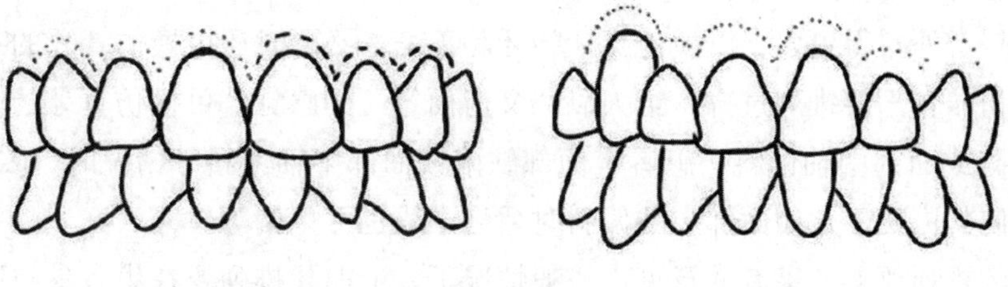

图 15-2　颈缘线走行

A. 协调；B. 不协调。

二、前牙排列时应注意的问题

1. 牙列弧度要与颌弓形保持一致　颌弓形与面型一样，也存在不同的类型，主要包括方圆形、尖圆形和卵圆形三种。牙弓形要与颌弓形协调一致，保持和谐的对应关系，同时上下牙弓间的关系应参考上下颌弓间的关系，确保整体的对称性和美观。

2. 上前牙的位置要衬托出上唇的丰满度　上颌中切牙的唇面应放置在切牙乳突中点前 8 ～ 10mm 的位置，以确保年轻个体的上颌尖牙顶连线能够通过切牙乳突中点，而对于老年人来说，上尖牙顶连线则应与切牙乳突后缘平齐。上尖牙的唇面通常与腭皱的侧面保持一定的距离，这个距离一般是 10.5mm±1.0mm，从而保持上唇的自然丰满度。

3. 浅覆𬌗、浅覆盖　下颌前牙的排列与发音功能密切相关，并且对于维持咬合平衡至关重要。上下颌前牙之间不应存在过深的覆𬌗或覆盖关系。这种覆盖的程度受到前伸髁导斜度的影响，在不影响美观和语音的前提下，可以根据前伸髁导斜度的具体数值来调整覆盖。正常情况下，正中颌位时上下前牙不接触；而在非正中颌位时，则会有接触发生。当上下颌弓形态正常时，理想的状态是形成浅覆𬌗（轻微的垂直重叠），以及浅覆盖（水平方向上的轻微覆盖），通常为 1 ～ 3mm（图 15-3）。然而，如果由于某些原因导致上下颌弓之间的关系异常，从而需要建立更紧密的接触以保持稳定，那么可能需要增加覆盖量以达到深覆𬌗的效果。

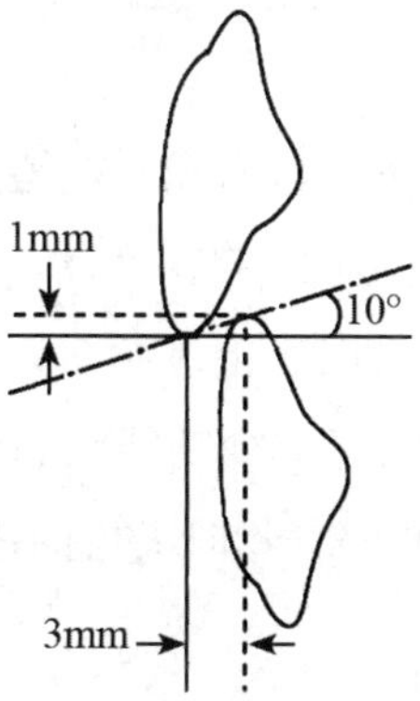

图 15-3　浅覆𬌗、浅覆盖

4. 排牙要体现患者的个性

（1）尽可能模仿患者原有真牙排列：如果患者有照片或拔牙前记录，或满意的旧义齿牙型，尽可能作为排列上前牙的参考。

（2）切缘和颈缘的位置：要考虑年龄差异，年老者切端及尖牙牙尖可略磨平，以模仿牙磨耗情况，颈部要较年轻者外露得更多，以模仿真牙的牙龈萎缩，必要时还可模仿真牙的某些着色。

（3）拥挤和扭转：不要排列过齐，给人以“义齿面容”的感觉，可模仿真牙的轻度拥挤和扭转。

（4）面部缺陷或面部中轴偏斜：患者有面部缺陷或面部中轴偏斜等情况时，要利用排牙弥补患者的缺陷而不要使其更明显，如面部中轴偏斜时牙齿中线也可略偏等。

（5）上前牙的排列要参考患者的意见：一般情况下，上前牙排列要在患者参与下完成。

任务二　组织保健原则

义齿在功能状态下的稳定性是维护口腔组织健康的关键因素，而这种稳定性很大程度上取决于人工牙齿的排列方式。

一、基本原则

1. 人工牙的排列　人工牙进行排列时要注意不能妨碍舌、唇、颊肌的活动，处于肌平衡位置。

2. 𬌗平面　𬌗平面与鼻翼耳屏线平行，其高度位于舌外侧缘最突出处，便于舌将食物送至后牙𬌗面，利于义齿在功能状态下的稳定。𬌗平面等分颌间距离时，上下牙列的𬌗平面至上下牙槽嵴顶的距离大致相等，可使上下半口义齿均获得良好的稳定性。𬌗平面后缘高度一般与磨牙后垫1/2位置平齐。

3. 后牙功能尖　后牙功能尖要尽量排在牙槽嵴顶上，使𬌗力沿垂直方向传至牙槽嵴，如果牙槽嵴吸收较多，要根据牙槽嵴斜坡倾斜方向调整后牙倾斜度，使𬌗力尽可能沿垂直方向传至牙槽嵴，如果牙槽嵴严重吸收，则要注意将𬌗力最大处放在牙槽嵴最低处，减少义齿在功能状态下的翘动。

4. 上下颌前牙排列　上下颌前牙排列成浅覆𬌗、浅覆盖，正中颌时前牙不接触，并在前伸和侧方运动时至少有1mm的范围，下牙沿上牙斜面自由滑动。

5. 平衡𬌗　在做前伸运动和侧方运动时，上下颌与人工牙之间，要有平衡𬌗接触。

6. 减少功能状态下的不稳定状态　为了减少功能状态下不稳定状态，要适当降低非功能尖的高度，如上磨牙颊尖和下磨牙舌尖，减少研磨食物时义齿的摆动。

二、后牙排列时应注意的问题

1. 𬌗平面应尽量平分颌间距离　𬌗平面定义为人工牙上颌中切牙的切缘与两侧第一磨牙近中舌尖三点所形成的假想平面。在实际操作中，蜡堤平面即代表𬌗平面。理想情况下，人工牙形成的𬌗平面应平分颌间距离，并与牙槽嵴平行。若𬌗平面与牙槽嵴不平行（前部低后部高），在咀嚼时可能导致上颌义齿被推向前；反之，若前部高后部低，则下颌义齿可能被推向前。当上颌或下颌牙槽嵴出现过度吸收时，为了增加义齿的稳定性，临床上可以适当调整𬌗平面的位置，使其稍微靠近吸收严重的一侧。

2. 𬌗平面的水平位置　𬌗平面应低于舌侧缘 1 ～ 2mm，以避免干扰舌头的自然运动。

3. 下颌后牙功能尖的位置　下颌后牙的功能尖应位于由下尖牙近中面、磨牙后垫颊缘及舌缘构成的三角形区域内。

4. 𬌗力集中在颌弓后段中部　牙槽嵴是主要的承重点，但前牙区牙槽嵴较窄小且下颌磨牙后垫区组织较为松软，不适合承受较大的力量。因此，在排牙时，应将承受较大𬌗力的第二前磨牙和第一磨牙集中排列于颌弓后段中部，以利用该区域相对坚固的牙槽嵴来支持较大的咬合力。

5. 根据上下颌骨对应位置排牙　上下颌人工牙的咬合关系应根据上下颌骨的实际对应关系进行排列。如果上下颌骨之间的关系正常，则按照正常的浅覆𬌗和浅覆盖原则排列前牙，后牙则按中性关系排列，即上颌第一磨牙近中颊尖正对下颌第一磨牙近中颊沟，上颌第一磨牙近中舌尖位于下颌第一磨牙中央窝内。下颌第一前磨牙的颊尖应处于上颌尖牙与第一前磨牙之间。对于存在异常颌关系的病例，则需要依据具体情况调整牙齿排列方式。

任务三　功能原则和其他原则

一、功能原则

人工后牙的主要功能是实现有效的咀嚼和满意的咬合。为了达到这一目标，应确保最广泛的牙尖接触，并且尖窝关系要稳定。尽量选择解剖式或半解剖式牙齿设计，以增加切割便利性、扩大接触面积，从而提高咀嚼效能。虽然无尖牙能够提供广泛的平衡接触并减少侧向力，但其咀嚼效能通常低于有尖牙。

二、牙槽嵴顶线原则

原则上上颌前磨牙的中央沟、第一磨牙的舌尖内斜面中央部，以及下颌前磨牙的颊尖和第一磨牙的颊尖内斜面中央部应尽可能排列在各自的牙槽嵴顶上。这种排列方式能够确保咬合力通过牙槽嵴顶传导，从而提升义齿的稳定性。当一侧进行咀嚼时，另一侧的基托不会发生翘动，从而保证义齿的单侧平衡。如果后牙排列过于偏向牙槽嵴顶的颊侧，由于咬合力作用于颊侧，而牙槽嵴顶形成支点，对侧的基托就会发生翘动，这在下颌尤为明显。相反，如果后牙过分偏向牙槽嵴顶的舌侧，虽然有利于义齿的稳定性，但可能会妨碍舌头的活动，并可能导致义齿脱位（图 15-4）。因此，在排列人工牙时，需要综合考虑咬合力的传导路径和口腔肌肉的活动，以达到最佳的功能和美观效果。

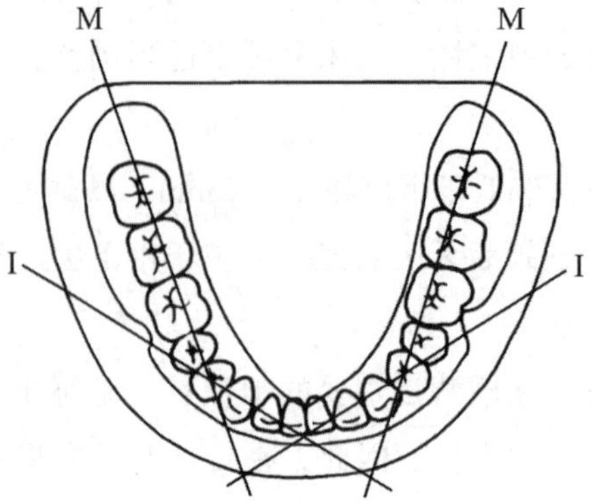

I：前牙区牙槽嵴顶线；M：后牙区牙槽嵴顶线。

图 15-4　牙槽嵴顶线原则

三、牙槽嵴顶间线原则

上下牙槽嵴顶间的连线被称为牙槽嵴顶间线（图 15-5）。在排列上下颌后牙的人工牙时，应尽量使这些牙齿位于牙槽嵴顶间线上。这种排列方式能够确保在咀嚼食物时，咬合力直接传递到牙槽嵴顶上，避免偏向舌侧或颊侧，从而保证义齿的稳定性。

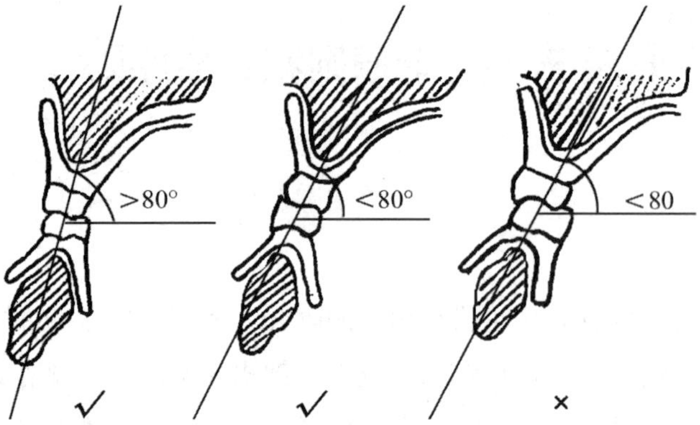

图 15-5　牙槽嵴顶间线原则

牙槽嵴顶间线与殆平面的交角称为牙槽嵴顶线角。如果该角度小于 80°，仍按照此原则排列牙齿，则可能会影响义齿修复后的外观或妨碍舌头的运动。因此，在设计全口义齿时，需要特别注意这个角度，以确保功能性和美观性的平衡。在前磨牙区，牙槽嵴顶间线通过上颌前磨牙的中央窝和下颌前磨牙的颊尖；而在磨牙区，它通过上颌磨牙的舌尖内斜面中央和下颌磨牙的颊尖内斜面中央。这种精确的排列有助于实现最佳的咬合关系和功能效果。此外，一般来说，下颌牙槽嵴较为狭窄，不利于义齿的固位。因此，在排列下颌人工后牙时，应优先考虑这一解剖特点，以确保义齿的稳定性和功能性。

四、平衡殆原则

在非正中咬合运动中，天然牙的上下颌牙列间通常只有一部分牙齿发生接触。然而，这种咬合关系并不会损害整个牙列及口颌系统的健康。相反，它有助于分散咬合力，减少单个牙齿承受的压力。然而，对于全口义齿来说情况则有所不同。如果在非正中咬合运动中只有部分牙齿接触，将破坏义齿的稳定性，使其无法发挥良好的功能。因此，全口义齿的咬合关系需要具有其特殊性。为了实现这一点，可以通过调整人工牙的咬合面来使义齿在前伸及侧方运动时保持稳定性。具体而言，在前伸及侧方运动时，应确保上下颌的双侧磨牙能够同时保持接触，从而提供稳定的支持和平衡。

在侧方运动时，工作侧（正在咀嚼食物的一侧）的上下颌后牙应当是同名牙尖相对接触。而在非工作侧（也称为平衡侧），下颌磨牙颊尖的舌斜面应与上颌磨牙舌尖的颊斜面相接触（图15-6）。这种设计可以确保在咀嚼过程中两侧都能均匀受力，避免单侧过度负担。

在前伸运动时，上颌各人工牙牙尖的远中斜面应与下颌各人工牙牙尖的近中斜面相接触（图15-7）。这样设计的目的是在前伸咬合时形成三点接触关系，即上下颌前牙的切缘和两侧最后一颗磨牙的牙尖。这种三点接触不仅有助于分散咬合力，还能提升义齿的稳定性和功能性。

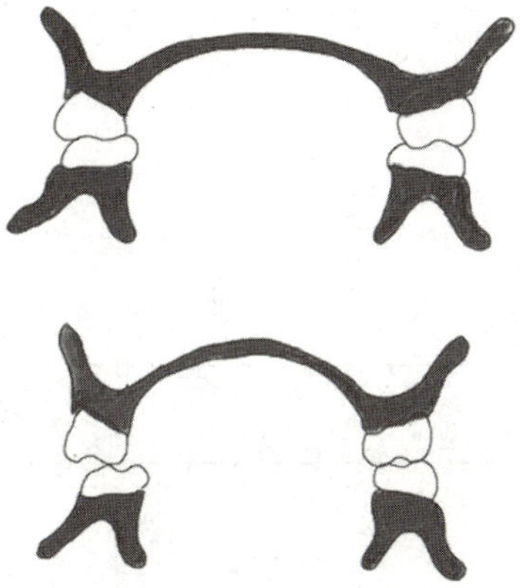
图15-6　侧方平衡殆

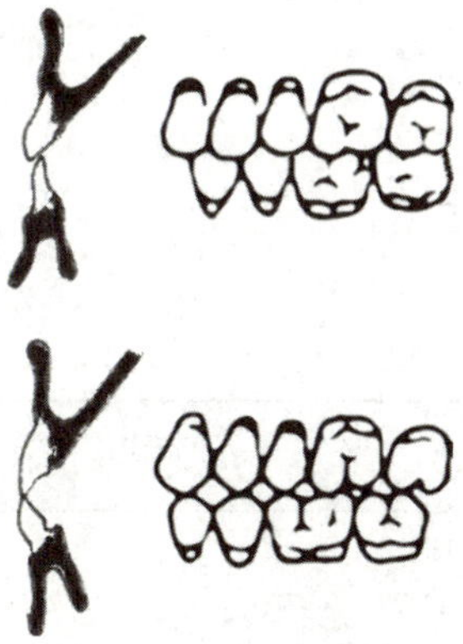
图15-7　前伸平衡殆

五、“中性区”排牙原则

天然牙齿在萌出过程中受到唇颊肌向内的压力和舌肌向外的推力，这使得天然牙齿在完全萌出后的位置恰好位于内外力的平衡区域内。当牙列缺失后，原来由牙列占据的空间形成了一个潜在的间隙，这个间隙即为唇颊肌和舌肌作用力的“中性区”。如果将人工牙排列在这个中性区内，它们仍能受到唇颊肌向内和舌肌向外基本处于平衡状态的力，从而有利于全口义齿的固位。因此，全口义齿应按照“中性区”位置进行排列。中性区的具体位置可以根据临床经验或口腔肌功能活动成形法来确定，其基本原则如下。由于无牙颌口腔内的上颌弓前牙区唇侧、后牙区颊侧、下颌弓前牙区唇侧和后牙区舌侧骨吸收较多，因此排列人工牙时，上下前牙可排在牙槽嵴的唇侧，上颌后牙可排在牙槽嵴的颊侧少许，下后牙可排在牙槽嵴舌侧少许，而前磨牙则不能偏颊，也不能偏舌，这样才能使人工牙排在原来天然牙所占据的位置，即处于“中性区”内，可受到唇颊舌侧较均衡的肌力，有利于义齿的固位。人工牙偏颊、偏舌的距离不能过大，偏离的距离常常要视唇颊的松弛程度、前庭沟的宽窄和舌体的大小而定。由于全口义齿的支持和固位与天然牙完全不同，故在排列人工牙时，要求能符合口腔的解剖生理特点，以起到恢复功能、增进美观、保护口腔组织健康的作用。

▶任务拓展

全口义齿排牙导板

全口义齿排牙导板是一种用于辅助控制人工牙排列位置及轴向的牙科工具，由平面板、定位块、弧度挡板等部分构成。定位块和弧度挡板安装于平面板上，弧度挡板用于记录牙弓弧度，定位块上具有一定角度的斜面，以及平面，以定位牙体，形成平衡咬合。导板的平面板部分可以辅助进行全口义齿人工牙的排列，准确定位人工牙，从而有利于快速形成平衡咬合，简化排牙操作，并减少后期调咬合的时间，提高工作效率。全口义齿排牙导板有多种类型，如万向排牙导板、塑钢牙瓷牙牙科排牙导板等，以满足不同牙科治疗的需求。这些导板在牙科治疗中广泛应用于全口义齿的排牙过程，帮助医生更准确地定位和调整人工牙的位置和咬合关系。

【任务评价】

详见表 15-1。

表 15-1　排牙原则任务评价表

任务	评价要点	分值
一	正确复述前牙排列的原则	20
	准确描述前牙排列时应注意的问题	10
二	理解并复述组织保健原则	20
	准确描述后牙排列时应注意问题	10
三	正确阐述功能原则	20
四	准确理解并描述其他原则	20

—• 考试知识点总结 •—

—• 项目小结 •—

—• 协和云课堂…… 拓展练习及参考答案 •—

（雷东辉）

项目十六　排牙工艺

教学课件

微课：
排牙工艺

项目目标

素质目标

具有卓越的精心、精密的工匠精神，对排牙工艺形成肌肉记忆。

知识目标

（1）掌握：人工牙的种类、全口义齿的排牙工艺流程。

（2）熟悉：人工牙的殆面形态的选择、平衡殆的调整工艺流程。

能力目标

具备上颌起排法全口义齿排列的能力。

项目案例

【案例】

患者，女，62 岁，退休教师。患者有糖尿病、高血压等基础病史。由牙周炎导致牙列缺失 12 年，其间经过多次全口义齿修复，患者均表示因为美观问题对修复效果不满意。查体：面型为卵圆形面，肤色偏白，口内检查上下颌牙槽嵴中度吸收。

【问题】

如何选择一副合适的人工牙，为该患者制作一副能够令其满意的全口义齿？

【项目分析】

一副制作精良的全口义齿，离不开医生和技师的紧密合作与共同努力。在技师所承担的众多任务中，排牙无疑是耗时最长、工艺最为复杂和精细的环节。从挑选合适的人工牙开始，到做好排牙前的各项准备工作，再到采用不同的排牙方法（如上颌起排法和下颌起排法），技师必须执行一系列精细的操作，这些操作不仅要求高度的专注和技巧，还离不开技师在殆架上进行精确的平衡调整。完成全口义齿的排牙工作后，技师还需进一步检查和微调，确保患者试戴时不会因排牙失误而导致治疗失败，从而提升佩戴的舒适度和满意度。

任务一　人工牙的选择

一、人工牙的种类

（一）根据材料分类

根据人工牙制作材料不同，可将人工牙分为树脂人工牙、陶瓷人工牙和金属人工牙三类。

1. 树脂人工牙　是目前临床使用最为广泛的人工牙。其主要成分为聚甲基丙烯酸甲酯树脂。塑料牙与基托的化学组成大致相同，它们之间通过化学方式紧密结合，展现出良好的结合力。树脂人工牙具备质轻、韧性优良、易于磨改及耐冲击等特性，然而也存在硬度不足、易磨损、易变色，以及咀嚼效能相对较低等缺陷。但是，近年来，填料技术不断发展，上述缺点也在不断被弥补（图 16-1）。

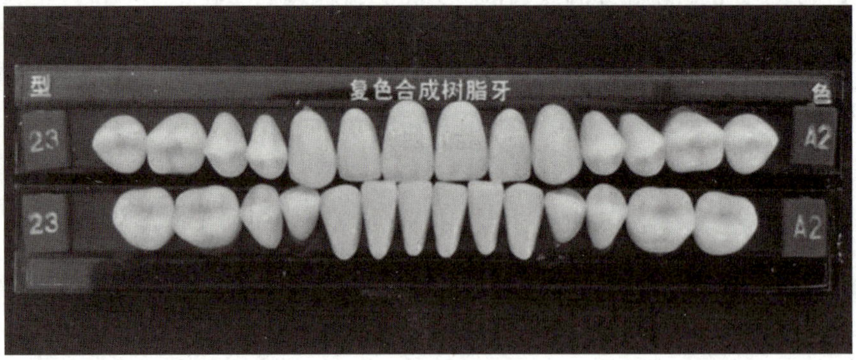

图 16-1　硬质树脂人工牙

2. 陶瓷人工牙　主要由陶瓷材料构成，其色泽优良、不易变色、硬度高、耐磨性强且咀嚼效率高。然而，陶瓷人工牙也存在质量较重、脆性大、易折裂，以及难以调整等缺点，与树脂基托面通过机械方式结合，导致固位力相对较弱。为了增强固位力，前牙瓷牙舌面设有固位钉，后牙瓷牙底面和邻面有固位孔，加强与树脂基托的机械结合。目前，临床上陶瓷人工牙的使用范围较小。

3. 金属人工牙　𬌗面为金属、其余部分为树脂制成的人工牙，主要用于颌间距离较小的患者。

（二）根据𬌗面形态分类

根据𬌗面形态不同，人工牙可分为解剖式牙、非解剖式牙和半解剖式牙三种。

1. 解剖式牙　𬌗面模拟天然牙的形态，有明显的牙尖颌斜面，牙尖斜度为 33°或 30°。此类牙咀嚼效能较好，但侧向𬌗力大，对于义齿的稳定不利。

2. 非解剖式牙　牙尖斜度为 0°，没有高出𬌗平面的牙尖，𬌗面设有窝沟和食物排溢沟。上下颌牙列之间呈平面接触。这种牙齿类型的咀嚼效率较低，但侧向受力较小，因此对牙槽骨的损伤也较小。

3. 半解剖式牙　牙尖斜度约 20°，模拟老年人的𬌗面磨耗，咀嚼效能介乎上述两者之间。

二、人工牙的选择

在选择人工牙时，需要综合考虑多个要素，包括其质地、形态、色泽，以及大小等方面。具体来说，前牙的形态选择通常会与患者的身材、面型、性别、年龄，以及个性气质等因素密切相关。这是因为前牙在很大程度上影响着一个人的外观和整体美感。后牙的主要功能是咀嚼和研磨食物，因此其形态和大小需要与患者的口腔结构和咀嚼习惯相匹配。而对于后牙的选择，则需要根据患者的牙弓长度，以及加工单上的具体信息来确定其颜色和大小。

（一）前牙的选择方法

因前牙影响到患者的面部形态和外观，故选前牙时重点在美观。有 3 个指标，即大小、形态和颜色。

1. 大小的选择 前牙大小的选择主要考虑两个因素，即宽度和高度。两侧口角线之间的唇面弧度长度与 6 个上前牙的总宽度相对应。利用唇高线和唇低线来确定上下颌前牙的高度，唇高线至𬌗平面的距离为上中切牙切 2/3 的高度；唇低线至𬌗平面的距离为下中切牙切 1/2 的长度；由此推算出上前牙的高度和宽度。

2. 形态的选择 牙齿唇面的设计需与患者的面部轮廓相协调，面型的特征主要取决于两侧颊部的相对位置，据此，人类的面部形态可大致划分为三种类型（图 16-2）。

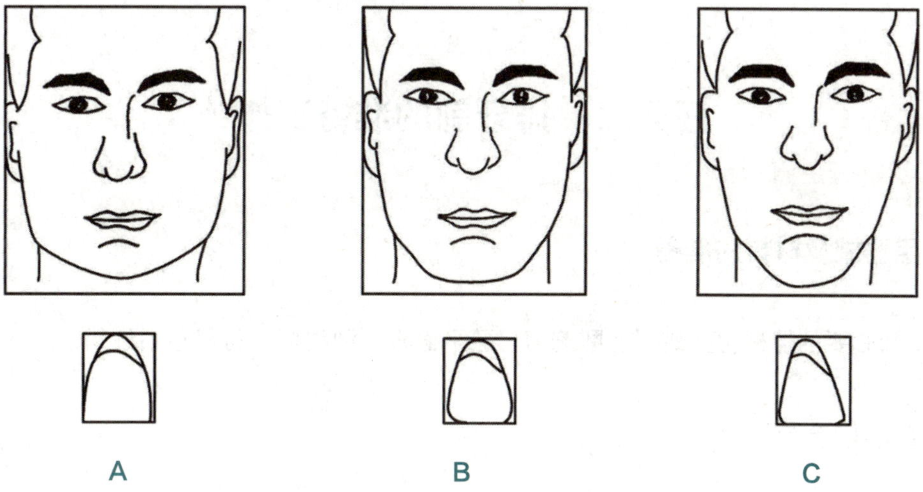

图 16-2 面型与人工牙形态的关系
A. 方形面；B. 卵圆形面；C. 尖形面。

（1）尖形面：两条颊线自上而下内聚比较明显，面型呈三角形。对于尖形面型，上中切牙的牙颈宽度适中，近中面和远中面近乎直线但非平行，唇面较为平坦，其宽度从切缘至颈部逐渐收窄，近中切角尖锐，远中切角则较为圆钝。

（2）卵圆形面：两侧颊线呈向外凸形，面型圆胖，颏部略尖，下颌下缘呈圆曲线。卵圆形面型的上中切牙牙颈相较于尖形面略宽，近中面微微凸出，远中面的前半部分较为突出，唇面则显得较为圆润，近中切角和远中切角均较为圆钝。

（3）方形面：两条颊线接近平行，额部较宽，颊部方圆。方形面型的上中切牙牙颈宽度较大，唇面在切缘的 1/3 和 1/2 处，近中边缘和远中边缘几乎保持平行，唇面平坦，近中切角和远中切角均接近直角。

3. 颜色的选择 人工牙颜色的选择主要参考患者的皮肤颜色、性别和年龄。相对年轻且肤色较白的女性，选择人工牙的颜色要尽可能偏白；而年龄较大、肤色较深的男性，宜选择色泽偏黄、偏暗的牙。在进行人工牙颜色的选择时，患者的意见是决定性的参考因素。

（二）后牙的选择方法

后牙的主要作用是咀嚼，同时还要重视义齿承托的组织保健。

1. 选择后牙的近远中宽度 将下颌尖牙远中面到磨牙后垫前缘的长度作为人工牙下颌第一前磨牙至第二磨牙近远中径的总长度的参考，上颌人工牙的近远中宽度与下颌人工牙近远中宽度相匹配。

2. 选择颜色 人工牙后牙的颜色与前牙牙色协调一致或略深。

3. 选择后牙𬌗面的形态 对于牙槽嵴健康的患者，建议选用解剖式牙，其咬合面形态与天然牙相似，在牙尖交错位时具有尖窝交错的广泛接触关系，而在非牙尖交错位时则能实现平衡咬合。对于牙槽嵴顶低平、狭窄，但是支持作用尚可的患者，可以选用半解剖式人工牙，半解剖式牙的𬌗面形态模拟老年人的𬌗面磨耗。非解剖式牙的优点在于能减少侧向力，使咬合力主要以垂直方向传导至牙槽嵴，从而降低由侧向力引起的义齿不稳定现象。

任务二　排牙前的准备工作

一、常用器械及材料的准备

排列人工牙必要的器械包括蜡刀、雕刻刀、𬌗平面板、酒精灯，材料包括红蜡片、人工牙等。

二、𬌗架的检查与准备

𬌗架是重现颌位关系的保持装置。一般可调式𬌗架均可模拟人体下颌关节的活动。它由许多机械零件构成，如出现误差将影响颌位关系的准确性，因此排牙前必须进行严密的检查。

1. 正中锁固定时，上颌体不能左右前后移动；正中锁打开时，上颌体能进行前伸和侧向运动。

2. 切导针上刻线与上颌体平齐，下刻线与𬌗堤平面高度一致。正中𬌗位时，切导针与切导盘中央紧密接触，这时要将切导盘固定器拧紧。

3. 上下架环与上下颌体密合，无松动。

三、描绘解剖标志和排牙标准线

需在工作模型上再次描绘解剖标志和排牙标准线。描绘解剖标志的目的是通过观察，判断人工牙所处的正确位置，并将其记录在工作模型上。

（一）上颌模型

1. 上颌结节及其中点　上颌结节中点大多处于牙槽嵴顶线上，为上颌后牙颊舌侧的分界线。原则上，上颌尖牙远中牙尖嵴指向上颌结节颊侧边缘与该中点之间的区域。

2. 切牙乳突及和第一横腭皱　切牙乳突对确定上颌中切牙、尖牙的唇侧位置具有重要作用。切牙乳头中点前方的 8 ～ 10mm 为上颌中切牙切缘的位置，第一横腭皱偏向唇侧 1.5 ～ 2.0mm 是上颌尖牙舌侧牙颈部的位置。牙列缺失后，若切牙乳突移位，需合理分析并确定其原有的正确位置。排牙前可暴露切牙乳突，在上颌殆托相当于切牙乳突处开孔。以此判断上颌中切牙切缘及尖牙牙尖位置的正确性。

3. 模型中线　模型中线起于切牙乳突中点，经腭中缝，平分两侧的腭小凹。由于腭中缝骨吸收少位置稳定，因此腭中缝是确定模型中线的重要标志之一。

4. 上颌牙槽嵴顶线　上颌牙槽嵴最高点连线为上颌牙槽嵴顶线，是排列上颌后牙区人工牙的重要标志线。

取下上颌殆托，沿相当于中切牙的牙槽嵴顶，连接到相当于尖牙的牙槽嵴顶画一横线，并延伸至模型边缘。描绘两侧上颌结节的范围，并勾勒其中点；上颌第一横腭皱襞远中端及颊系带近中处的牙槽嵴顶为上颌第一前磨牙的位置参考，将上述两点连接，画一前后向的直线并延伸到模型边缘。最后复位殆托，根据模型上的延伸线，用蜡刀在殆堤上刻出牙槽嵴顶的沟槽，以便排牙时参考（图 16-3）。

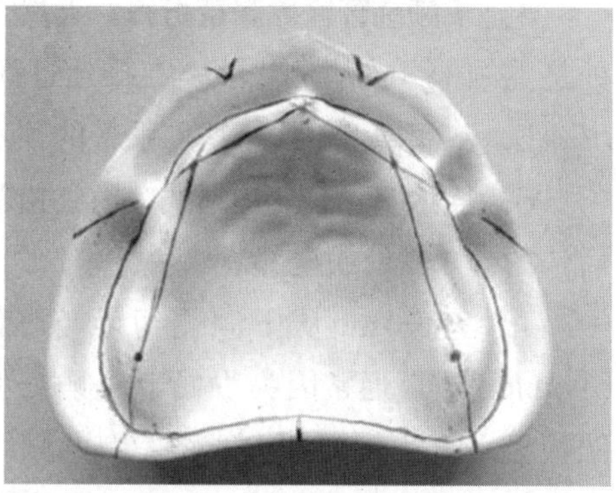

图 16-3　上颌牙槽嵴顶线

5. 翼上颌切迹　两侧翼上颌切迹之间是舌在上颌所占据的空间，原则上翼上颌切迹大致指向上颌最后磨牙的远舌轴面角。

6. 上唇系带、颊系带　因基托需避让唇系带、颊系带，所以需在模型上描绘上唇系带、颊系带。

7. 描绘上颌基托边缘线　用红铅笔沿模型唇颊侧黏膜反折线画出基托边缘线，以保证义齿基托边缘在不妨碍正常唇、颊、舌功能活动的前提下尽量伸展，以增强基托的固位力。上颌后界在腭小凹后 2mm 与翼上颌切迹连线处。

8. 后堤区处理　在两侧翼上颌切迹间画一连线为后堤区的后缘，该线中部应通过腭小凹后 2mm。用雕刻刀沿此线刻沟，深 1.0 ～ 1.5mm，最宽处 4 ～ 5mm，然后向前及向两侧扩展并逐渐变浅变窄形成弓形后堤区。后堤区的深浅和范围常因人而异，可根据基托后缘线前 5mm 内黏膜可压入的程度来确定。

（二）下颌模型

1. 下颌牙槽嵴顶线　下颌唇侧口腔前庭沟黏膜反折线和下前牙切缘在同一个垂直平面上，可以协助下前牙切缘的定位。可绘制前牙区牙槽嵴顶线和后牙区牙槽嵴顶线（图 16-4）。

2. 下唇系带、颊系带　因基托需避让唇系带、颊系带，所以需在模型上描绘下唇系带、颊系带（图 16-4）。

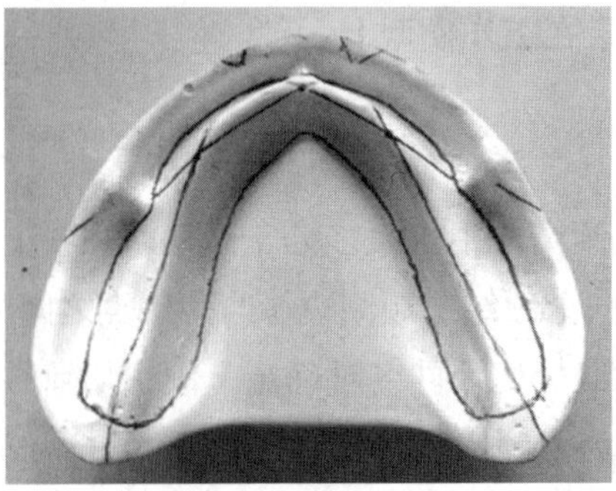

图 16-4　下颌牙槽嵴顶线

3. 磨牙后垫及其中点　磨牙后垫是水平面和矢状面的排牙参照物。磨牙后垫前缘是下颌后牙的止线。磨牙后垫中点是下颌后牙颊舌侧的分界线，下颌尖牙远中牙尖嵴大致对准磨牙后垫颊侧边缘与下颌牙槽嵴顶线之间的范围。

4. 下颌前牙区黏膜反折线　天然牙列时期，下颌前牙唇面位置通常不超过黏膜反折线，因此该处是下颌前牙的唇侧止线。在排牙过程中，为便于检查，需把该线延伸出组织面。

5. 下颌模型中线　从舌系带的顶点到下颌后牙区牙槽嵴的等分线是下颌模型中线。

6. 描绘下颌基托边缘线　用红铅笔沿模型唇颊侧黏膜反折线画出基托边缘线，下颌后界在磨牙后垫的前 1/2 处或全部。

7. 旁氏线　从下颌侧切牙与下颌尖牙的邻接点到同侧磨牙后垫舌侧的连线，称为旁氏线（Pound 线）。通常因为舌处于两侧磨牙后垫的舌侧之间，所以该线为下颌后牙的舌侧止线。在无牙颌模型上，下颌面部中线距左右两侧约 10mm 处，大致相当于下颌尖牙近中邻接点的位置。为防止义齿侵占舌的运动空间，所有下颌后牙舌侧不得处于比该线更偏向舌侧的位置。

8. 描绘磨牙后垫范围　在下颌模型上描绘磨牙后垫的范围，并把磨牙后垫前缘延伸到模型侧面。以此作为选择下颌后牙规格的标准，并用于检查下颌第二磨牙远中终止位置的正确性。

四、检查并确认颌位关系，描绘美学标志线

（一）检查颌位关系转移情况

把工作模型放回𬌗架，并检查颌位关系转移的情况。第一，面部中线是否与𬌗架中线一致，面部中线是否在颌架中线的延长线上；第二，上下𬌗托是否处于𬌗架的正确位置上；第三，假想𬌗平面是否与𬌗架的𬌗架平面一致，𬌗托上的𬌗架平面是否与颌架的𬌗架平面一致；第四，𬌗托是否处于颌架上解剖学的平均值位置。如果以上四个项目检查无误，则把𬌗托上的中线延伸到上下颌模型上。

（二）测绘与美学有关标志线

用于恢复美观的排牙标志线有口角线、唇高线、唇低线等，需将其体现在𬌗托上。由于无法在𬌗托上直接体现笑线，可以采用下列方式：用油性记号笔把上述标志线描记在颌托上，在其上放置一张规格为能覆盖上下颌模型的红蜡片，在该蜡片上按上述标志线去除多余的部分，制成中空的笑线核对工具。

（三）判断颌位的正确性

从矢状面进行观察，初步判断前牙区人工牙的位置，并初步确定人工牙的牙体长轴与牙槽嵴顶的位置关系。通常情况下，上前牙会位于切牙乳头与唇侧口腔前庭沟黏膜反折线之间的区域；而下前牙的切缘，则大致沿着唇侧口腔前庭沟的延长线分布。然后观察从上颌结节到翼下颌切迹及磨牙后垫的位置关系，判断上下颌模型位置的对应关系是否正常，特别是左右两侧上下的位置关系。最后，通过对比前方的标志线，能判断出下颌是否有移位的倾向。

任务三　上颌起排法前牙排列

一、上前牙排列要求

（一）上颌中切牙的排列要求

两侧上颌中切牙的近中接触点与殆堤中线一致，且上颌中切牙位于中线的两侧，上颌中切牙的唇面一般在切牙乳突中点前方 8 ～ 10mm。

1. 近远中向倾斜　从近远中方向上看，上颌中切牙颈部略向远中倾斜，牙体长轴与殆平面的交角为 88°左右。

2. 唇舌向倾斜　上颌中切牙的唇面应该和唇面与殆堤唇面一致，应衬托出上唇的丰满度，从唇舌方向上来看，上颌中切牙牙颈部略向舌侧倾斜，其牙体长轴与殆平面的交角为 85°左右。

3. 旋转度　上颌中切牙的旋转度和前牙颌弓曲度相一致。

4. 与殆平面的关系　上颌中切牙的切缘刚好与殆平面有接触。

（二）上颌侧切牙的排列要求

1. 近远中向倾斜　从近远中方向上看，上颌侧切牙颈部向远中倾斜更加明显，是上颌前牙当中最为明显的牙齿，牙体长轴与殆平面的交角为 86°左右。

2. 唇舌向倾斜　从唇舌方向上来看，上颌侧切牙牙颈部向舌侧倾斜也是上颌前牙当中最明显的，其牙体长轴与殆平面的交角为 82°左右。

3. 旋转度　相较于上颌中切牙，上颌侧切牙的旋转度更为明显，其远中端轻微地向舌侧方向倾斜。

4. 与殆平面的关系　上颌侧切牙的切缘与殆平面平行，并离开殆平面 0.5 ～ 1.0mm。

（三）上颌尖牙的排列要求（图 16-5）

1. 近远中向倾斜　从近远中方向上看，上颌尖牙颈部向远中倾斜介于上颌中切牙和上颌侧切牙之间，牙体长轴与殆平面的交角为 87°左右。

2. 唇舌向倾斜　从唇舌方向上来看，上颌尖牙牙颈部略向唇侧突出，其牙体长轴与殆平面的交角为 90°左右。

3. 旋转度 上颌尖牙的旋转度是前牙区最大的，其唇面远中舌侧与后部颌弓曲度保持一致。

4. 与殆平面的关系 上颌尖牙的牙尖与殆平面相接触。

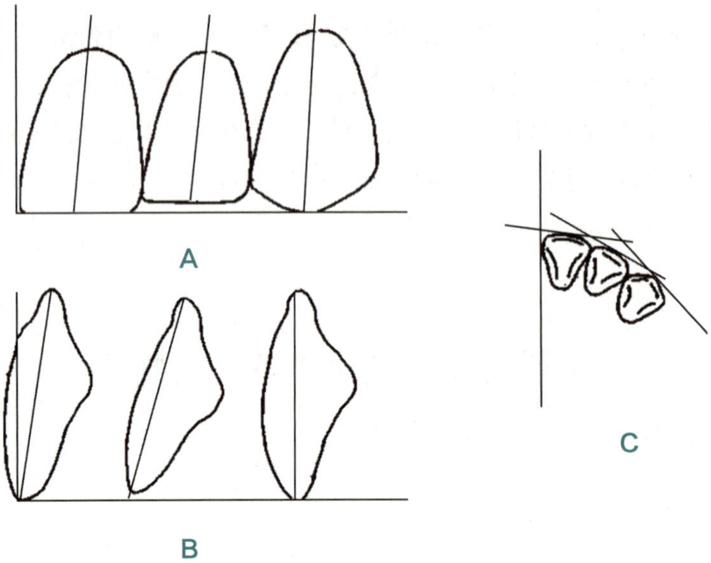

图 16-5 上颌前牙排列要求

A. 近远中向；B. 唇舌向；C. 旋转。

二、下前牙排列要求

（一）下颌中切牙的排列要求

两侧下颌中切牙的近中接触点与殆堤中线一致，而且其近中接触点咬合上颌中切牙的近中接触点保持一致。

1. 近远中向倾斜 从近远中方向上看，下颌中切牙颈部垂直排列，牙体长轴与殆平面的交角为 90°。

2. 唇舌向倾斜 下颌中切牙的唇面应该和唇面与殆堤唇面一致，应衬托出下唇的丰满度，从唇舌方向上来看，下颌中切牙牙颈部略向舌侧倾斜，其牙体长轴与殆平面的交角为 86°左右。

3. 旋转度 下颌尖牙的旋转度是下颌前牙区最大的，其唇面远中舌侧与后部颌弓曲度保持一致。

4. 与殆平面的关系 下颌中切牙的切缘高出殆平面 1mm，和上颌中切牙形成浅覆殆、浅覆盖的关系，并且前伸、侧方运动无咬合干扰。

（二）下颌侧切牙的排列要求

1. 近远中向倾斜 从近远中方向观察，下颌侧切牙颈部轻微向远中倾斜，其牙体长轴与殆平面的夹角约为 88°。

2. 唇舌向倾斜 从唇舌方向上来看，下颌侧切牙牙颈部略向唇侧突出，其牙体长轴与殆平面的交角为 90°左右。

3. 旋转度 下颌中切牙的旋转度与前牙颌弓的曲率保持一致。

4. 与殆平面的关系 下颌侧切牙的切缘高出殆平面 1mm，和上颌中切牙、侧切牙形成浅覆殆、浅覆盖的关系，并且前伸、侧方运动无咬合干扰。

（三）下颌尖牙的排列要求（图 16-6）

1. 近远中向倾斜　从近远中方向上看，下颌侧切牙颈部略向远中倾斜，牙体长轴与殆平面的交角为 86°。

2. 唇舌向倾斜　从唇舌方向上来看，下颌侧切牙牙颈部较明显唇侧突出，其牙体长轴与殆平面的交角为 94°左右。

3. 旋转度　下颌中切牙的旋转度和前牙颌弓曲度相一致。

4. 与殆平面的关系　下颌尖牙的牙尖高出殆平面 1mm，和上颌侧切牙、上颌尖牙形成浅覆殆、浅覆盖的关系，并且前伸、侧方运动无咬合干扰。

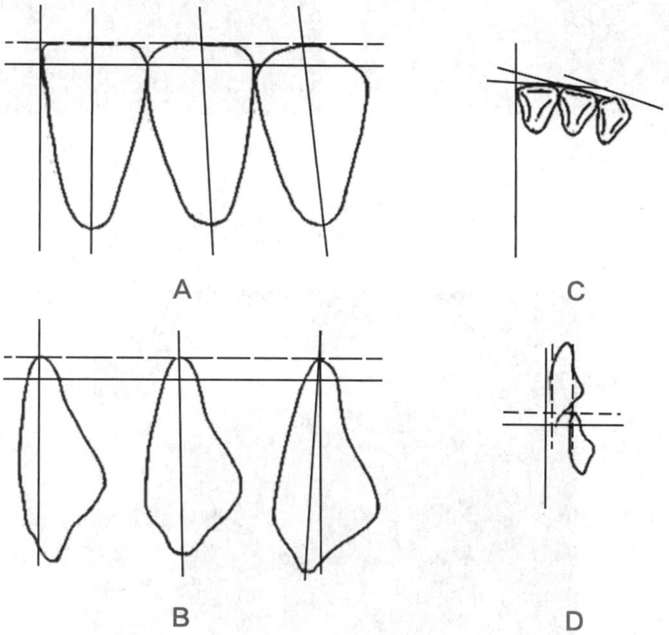

图 16-6　下颌前牙排列要求

A. 近远中向；B. 唇舌向；C. 旋转；D. 覆颌覆盖。

三、前牙排列的工艺流程

（一）器械

46 号、48 号蜡型雕刻刀，酒精灯（或者电磁熔蜡器）、酒精喷灯、殆平面板。

（二）材料

人工前牙、红蜡片、咬合纸（红蓝两色）。

（三）上颌前牙排列的工艺流程

1. 上颌中切牙排列　使用加热的蜡刀去除上颌中切牙所在部位的部分蜡堤，为避免由于蜡的收缩，造成人工牙移位，应形成唇侧低、舌侧高的预留空间（图 16-7）。蜡稍固化发白后，放置人工牙，并再次加热蜡刀进行固定（图 16-8），确保人工牙切缘与平面板紧密贴合。上颌中切牙的唇舌侧倾斜度应该和前牙区上颌𬌗托的丰满度保持一致。两侧上颌中切牙排列完成后，应该检查两侧的上颌中切牙切缘是否和𬌗平面板贴合；使用侧面观察的方法检查两侧上颌中切牙唇舌向倾斜度是否一致；从𬌗面观察两侧上颌中切牙的扭转度是否一致（图 16-9）。

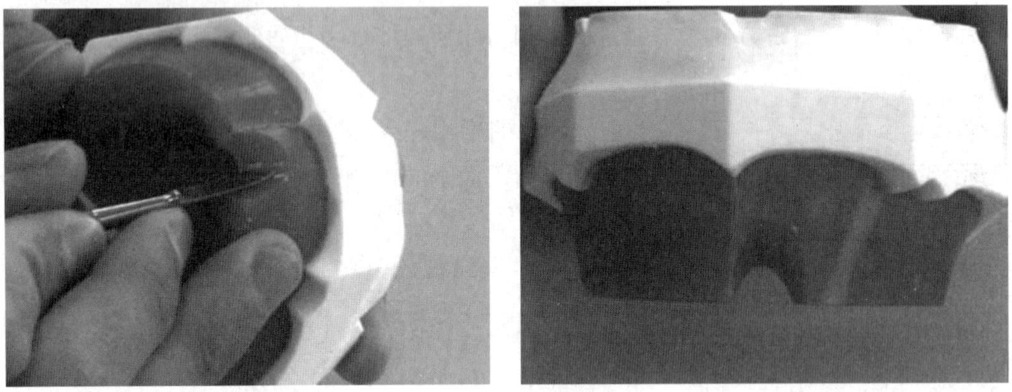

A B

图 16-7　上颌中切牙蜡堤削除

A. 切除蜡堤；B. 切除蜡堤范围。

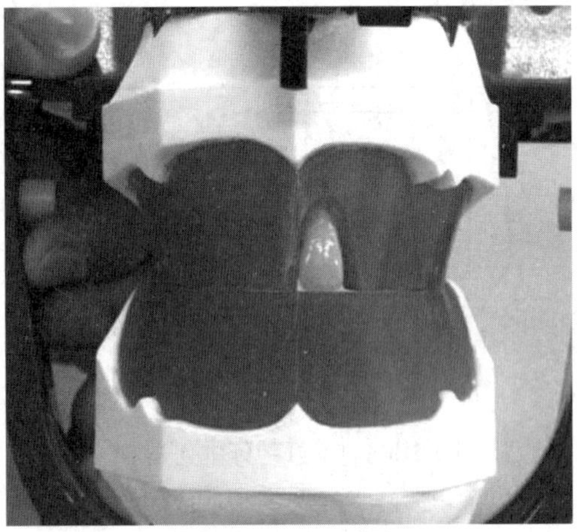

图 16-8　固定人工牙

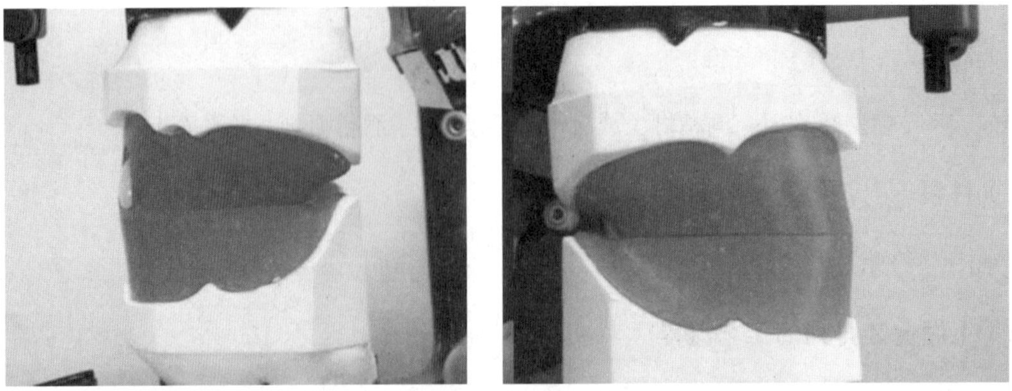

A B

图 16-9　上颌中切牙排列完成后的检查要点

A. 观察中切牙位置一侧可见；B. 观察中切牙位置对侧不可见。

2. 上颌侧切牙排列 使用和上颌中切牙同样的方法，切除上颌侧切牙所在部分蜡堤，形成合适的预留空间。加热蜡刀，固定人工牙（图 16-10）。上颌侧切牙需向内调整 0.5mm，相对于上颌中切牙。考虑到上颌中切牙唇舌方向的倾斜角度为 85º，而上颌侧切牙为 82º，故上颌侧切牙的颈部位置应更偏内侧于上颌中切牙。上颌侧切牙切缘应高于𬌗平面 0.5mm。两侧上颌侧切牙排列完成后，应检查两侧上颌侧切牙的切缘是否与颌平面平行并离开𬌗平面 0.5 ～ 1.0mm，唇舌向倾斜度是否保持一致，𬌗面观两侧侧切牙的扭转度是否保持一致，并且已经排列完成的 4 个切牙切缘形成的弧线与前牙区颌弓曲度保持一致（图 16-11）。

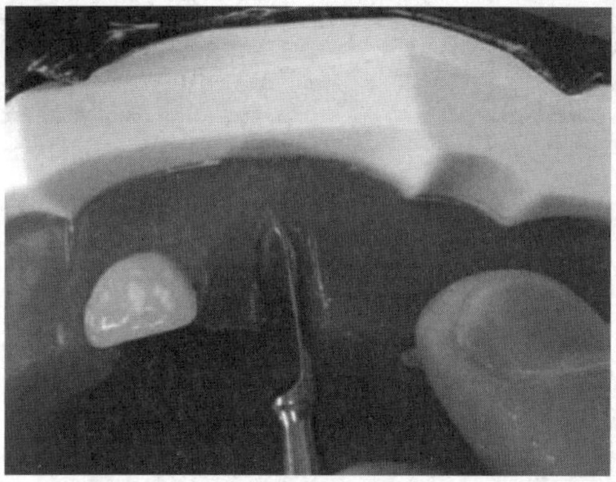

A

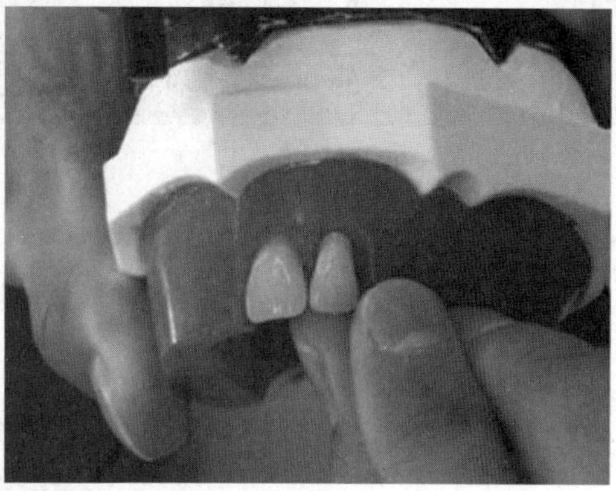

B

图 16-10 排列和固定上颌侧切牙

A. 切除侧切牙排列位置蜡堤；B. 排列侧切牙。

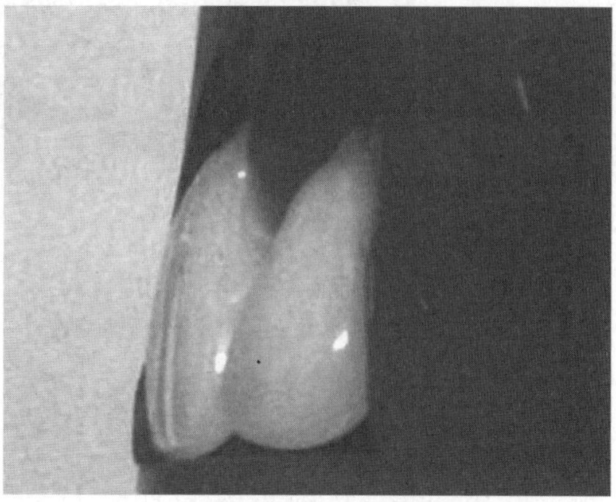

图 16-11 上颌侧切牙排列检查要点

3. 上颌尖牙排列 使用和上颌中切牙同样的方法，切除上颌尖牙所在部分蜡堤，形成合适的预留空间。加热蜡刀，固定人工牙（图 16-12）。两侧上颌尖牙排列完成后，应检查上颌尖牙近远中方向的牙体长轴与倾斜角介于上颌中切牙和上颌侧切牙之间；两侧上颌尖牙的牙尖是否与𬌗平面接触，近远中向倾斜度是否介于上颌中切牙和上颌侧切牙之间；上颌尖牙唇舌侧方向的牙体长轴应与𬌗平面成 90º 的交角，即牙颈部略向唇侧突起（图 16-13）；两侧上颌尖牙颊侧的远中斜面应和中线的平行线成 80°～ 90°的夹角（图 16-14）；并且已经排列完成的 6 个前牙的切缘和牙尖形成的弧线与上颌前牙区颌弓曲度保持一致（图 16-15）。

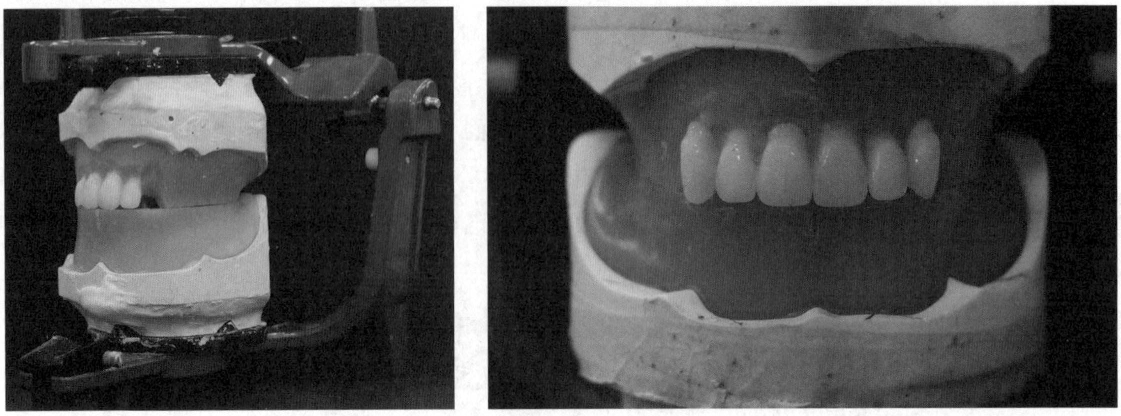

A　　B

图 16-12　上颌尖牙排列方法

A. 上颌尖牙蜡堤削除；B. 固定上颌尖牙。

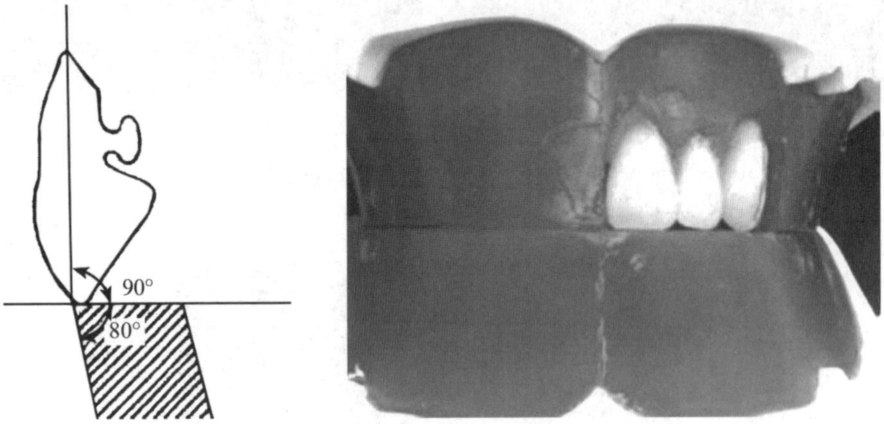

A　　B

图 16-13　上颌尖牙唇舌向角度

A. 尖牙位置唇舌面观；B. 尖牙位置近远中面观。

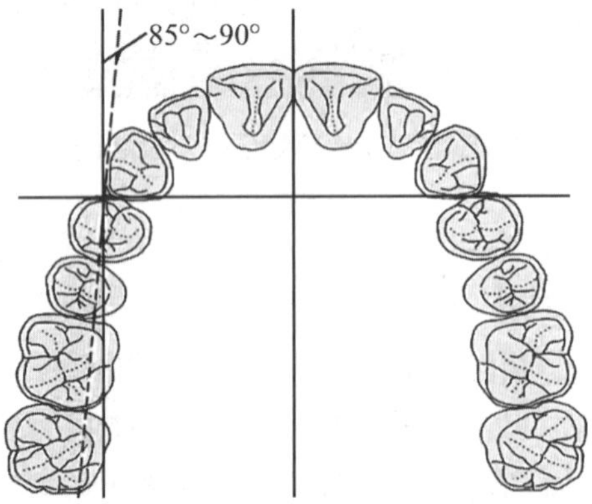

图 16-14　上颌尖牙扭转角度

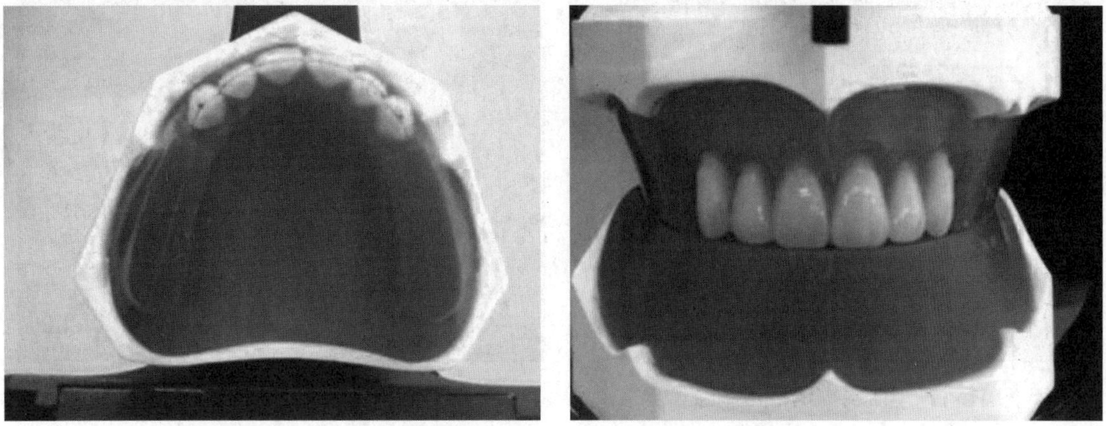

A　　B

图 16-15　上颌前牙排列完成

A. 上前牙排列完成䂊面观；B. 上前牙排列完成唇面观。

（四）下颌前牙排列的工艺流程（图 16-6）

1. 下颌中切牙排列　采用与上颌中切牙相同的方法。切除下颌中切牙所在区域的蜡堤，以形成恰当的预留空间（图 16-17）；随后加热蜡刀，将人工牙固定到位（图 16-18）。两侧的下颌中切牙排列完成后，中线应该和下颌中切牙的近中接触区重合；下颌中切牙的牙体在近远中向观察接近垂直；两侧下颌中切牙牙颈部应该都向舌侧倾斜，并且唇舌向倾斜角度保持一致；下颌中切牙切缘应该平行于䂊平面并且超出䂊平面约 1mm，下颌切缘应该和上颌中切牙的舌侧形成约 1mm 并且均匀一致的间隙。松开䂊架正中锁，推动上颌体向后，上下颌中切牙切缘应刚好有接触但不会形成䂊干扰。

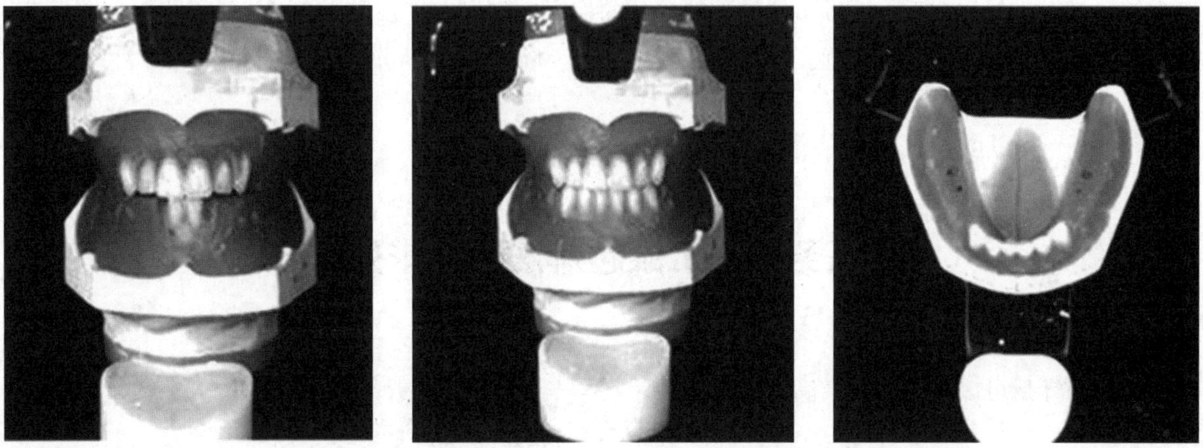

A　　B　　C

图 16-16　下颌前牙排列方法

A. 下颌中切牙排列位置；B. 下颌前牙排列完成；C. 下颌前牙排列完成䂊面观。

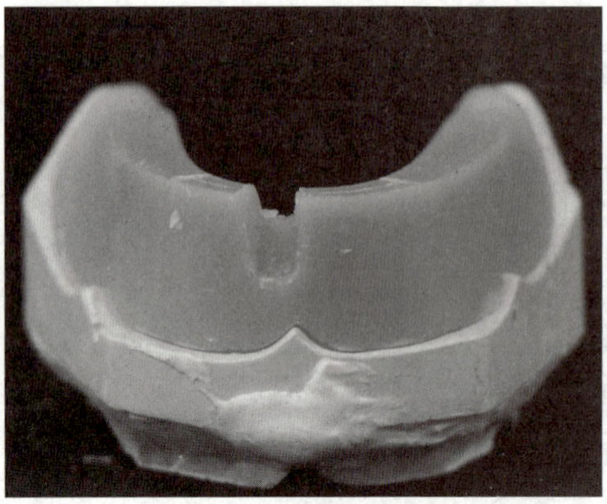

图 16-17　下颌中切牙蜡堤削除

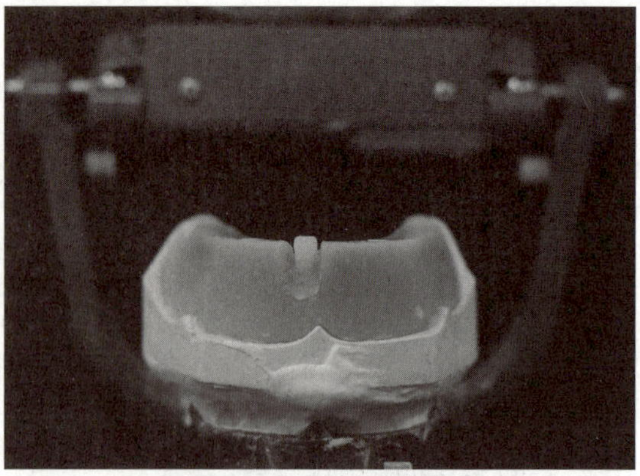

图 16-18　固定下颌中切牙

2. 下颌侧切牙排列　使用和下颌中切牙同样的方法，切除下颌侧切牙所在部分蜡堤，形成合适的预留空间。加热蜡刀，固定人工牙。两侧的下颌侧切牙排列完成后牙颈部在近远中方向上向远中倾斜；两侧下颌侧切牙牙颈部应该都向唇侧倾斜，并且唇舌向倾斜角度保持一致；下颌侧切牙应略向舌侧扭转，切缘应该平行于𬌗平面并且超出𬌗平面约 1mm，切缘应该和上颌中切牙、侧切牙的舌侧形成约 1mm 并且均匀一致的间隙。下颌 4 个切牙的切缘松开𬌗架正中锁，推动上颌体向后，上颌中切牙和下颌中切牙、侧切牙的切缘应刚好有接触但不会形成𬌗干扰，侧方运动，上下颌侧切牙也不会形成咬合干扰。

3. 下颌尖牙排列　使用和下颌中切牙同样的方法，切除下颌尖牙所在部分蜡堤，形成合适的预留空间。加热蜡刀，固定人工牙。两侧下颌尖牙排列完毕后，其牙颈部在近远中方向上会向远中微倾；同时，两侧下颌尖牙的牙颈部均应朝向唇侧倾斜，这一特征相较于下颌侧切牙更为明显，且唇舌向的倾斜角度需保持一致。下颌尖牙还需向舌侧适度扭转，确保其牙尖平行于咬合平面并超出约 1mm，此外，该牙尖与上颌侧切牙及尖牙的舌侧之间应形成约 1mm 且均匀一致的间隙。松开𬌗架正中锁，推动上颌体向后，上颌尖牙和下颌尖牙的切缘应刚好有接触但不会形成𬌗干扰，侧方运动，上下颌尖牙也不会形成咬合干扰。

任务四　上颌起排法后牙排列

排好前牙后可以试戴，患者满意后再排后牙。

一、后牙排列的基本要求

（一）确定后牙的上下位置关系

上下颌后牙的基本位置平分颌间距离，同时和前牙的上下位置协调一致。同时后牙的上下位置还要根据补偿曲线和横𬌗曲线的要求进行适当调整。各个后牙的相邻的边缘嵴高度基本一致，不能形成台阶。

（二）确定后牙的颊舌向位置关系

在颊舌向位置，后牙原则上应排在牙槽嵴顶上。如果上下牙槽嵴顶间线角小于 80°，后牙则需排成反𬌗。下颌后牙的舌尖原则上位于下颌尖牙近中面与磨牙后垫颊舌两侧连线所形成的三角内。

（三）确定后牙的前后衔接关系

后牙前后位置确定的基本原则：第一前磨牙的近中面需紧密贴合尖牙的远中面，确保邻接点自然流畅地相连，需将第二前磨牙与第一磨牙精准放置于颌弓中段的主要承托区域。

（四）旋转度

上颌后牙的旋转与颌弓后部的曲度一致，一侧第一前磨牙的颊舌尖与对侧第一磨牙的近中颊尖三点成一条直线；单侧第一前磨牙、第二前磨牙的颊轴嵴外形高点与第一磨牙近中颊轴嵴外形高点三点成一条直线，第一磨牙远中颊轴嵴外形高点与第二磨牙近、远中颊轴嵴外形高点三点成一条直线（图 16-19）。

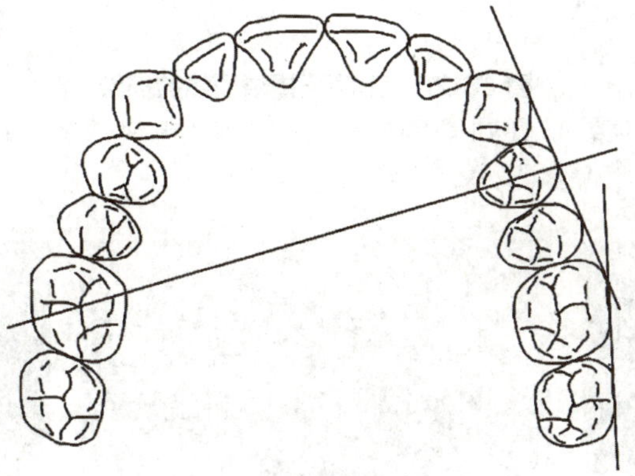

图 16-19　后牙旋转度

二、后牙排列的工艺流程

（一）在蜡堤上描绘牙槽嵴顶线

由于采用了成品蜡堤，牙槽嵴顶线平分后牙区域的蜡堤。牙槽嵴顶线并非一条直线，由两条相交的直线组成。其交点位置在上颌第一磨牙的中央窝处。需在上颌前磨牙及磨牙区域，分别确定蜡堤宽度的中心点（图 16-20）。测量人工牙板上上颌第一前磨牙的近中邻接点至上颌第一磨牙中央窝的距离（约为 1.8cm），将其精确的记录在蜡堤上分别连接前磨牙、后磨牙区域的中央点，使其交点在上颌 6 中央窝，并成两条相交的直线（图 16-24）。分别把上述牙槽嵴顶线正确延伸到石膏模型上。

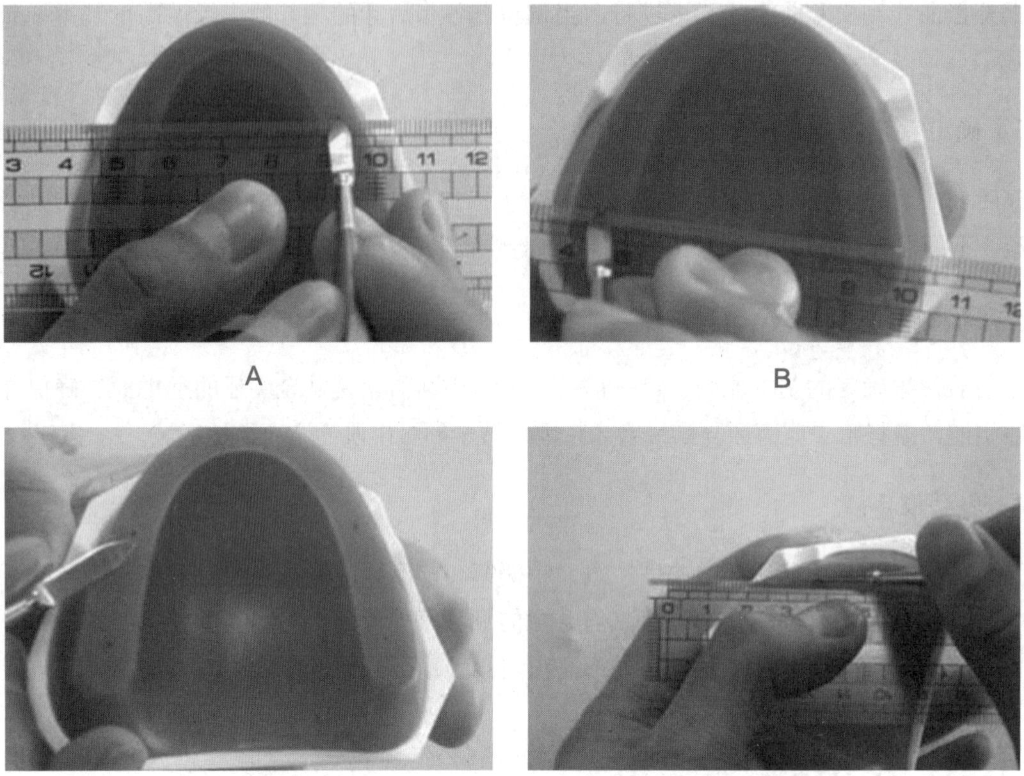

A　B　C　D

图 16-20　上颌牙槽嵴顶线的描绘

A. 确定上颌牙槽嵴顶线前位点；B. 确定上颌牙槽嵴顶线后位点；C. 确定两侧牙槽嵴顶线；D. 标记牙槽嵴顶线。

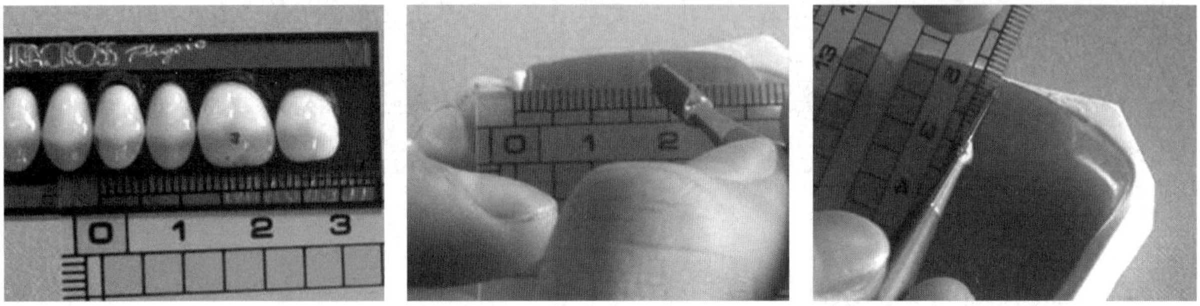

A　B　C

图 16-21　测量上颌 4 邻接点到上颌 6 中央窝的距离并转移到蜡堤上

A. 测量上颌后牙长度；B. 确定上颌第一磨牙位置；C. 标记另一磨牙中央窝位置。

（二）上颌后牙排列的工艺流程

1. 上颌第一前磨牙排列　在蜡堤上形成能够容纳上颌第一前磨牙人工牙的空间，同样形成唇侧低、舌侧高的预留空间。待蜡略固化发白后，再放置人工牙，加热蜡刀，固定人工牙（图 16-22）。上颌第一前磨牙固定后，要从四个方面进行检查：近远中方向，上颌第一磨牙牙体长轴略偏向远中；颊舌方向向上颌第一前磨牙的牙体长轴略向颊侧倾斜，并且中央沟和同侧蜡堤上牙槽嵴顶线重合；殆平面上颌第一磨牙的颊尖与殆平面相接触，舌尖离开殆平面 1mm；扭转度上颌第一磨牙颊尖、舌尖和对侧上颌第一磨牙近中舌尖三点在一条直线上。对侧上颌第一磨牙近中舌尖定位方法：从在对侧上颌第一磨牙中央窝前方约 3mm 处的舌侧蜡堤上画线，作为上颌第一磨牙近中舌尖的位置（图 16-23）。

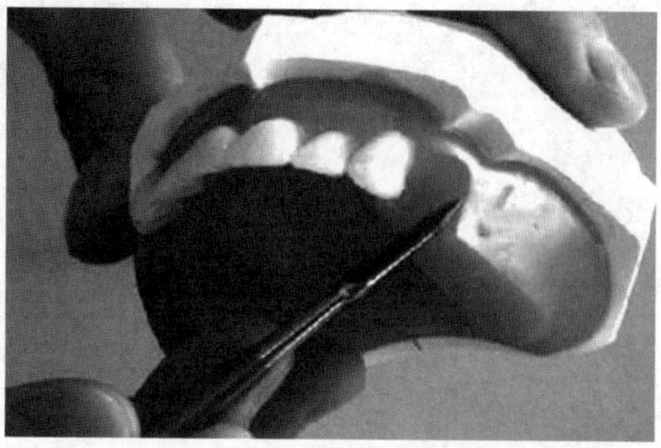

A

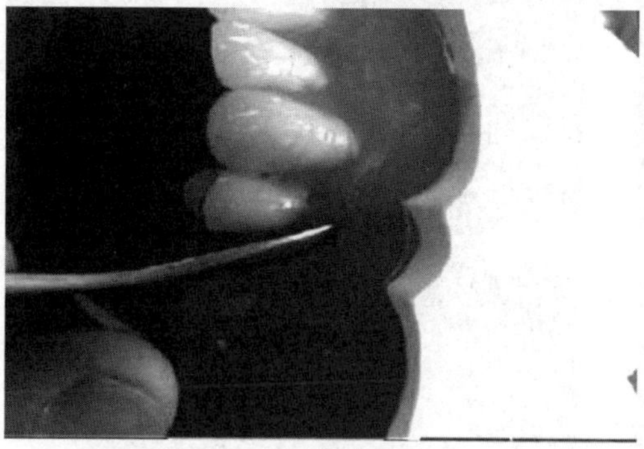

B

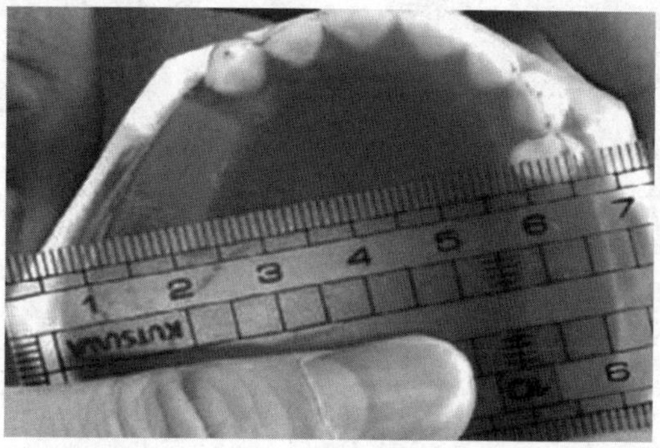

C

图 6-22　上颌第一前磨牙的排列方法

A. 去除第一前磨牙蜡堤；B. 排列上颌第一前磨牙；C. 检查第一前磨牙排列弧度。

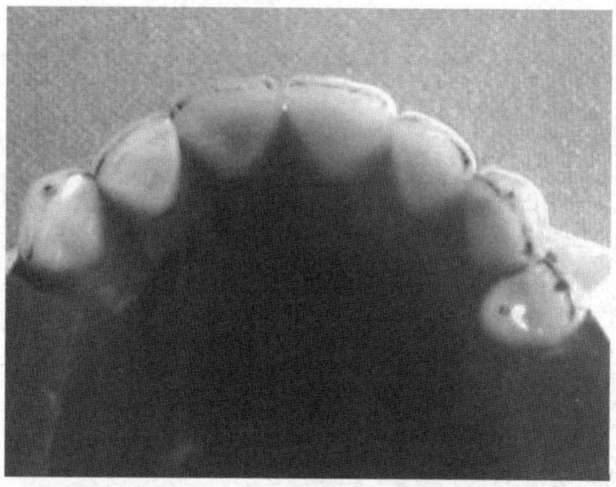

A

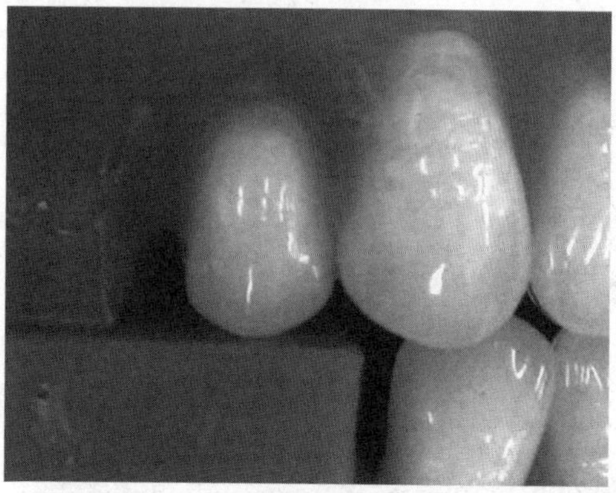

B

图 16-23　上颌第一前磨牙的检查要点

A. 上颌第一前磨牙排列𬌗面观；B. 上颌第一前磨牙排列唇面观。

2. 上颌第二前磨牙排列　和上颌第一前磨牙同样的方法，形成上颌第二前磨牙唇侧低、舌侧高的预留空间。待蜡略固化发白后，再放置并固定人工牙（图 16-24）。确保上颌第二前磨牙的颊尖与舌尖连线与上颌第一前磨牙的相应连线保持平行状态。检查上颌第二前磨牙的中央沟，应与上颌第一前磨牙中央沟相一致。上颌第二前磨牙的颊尖和舌尖均与咬合平面有轻微的接触（图 16-25）。

3. 上颌第一磨牙排列 根据上颌第一磨牙的大小应形成唇侧低、舌侧高近中高、远中低的预留空间，放置上颌第一磨牙，加热蜡刀并固定（图 16-26）。上颌第一磨牙的近中颊、舌尖连线应与上颌第一、第二前磨牙的颊、舌尖连线平行。上颌第一、第二前磨牙颊侧及第一磨牙的颊侧近中大致成一条直线。上颌第一磨牙与上颌第二前磨牙之间应保持紧密的邻接关系。检查上颌第一磨牙的近中沟，应与上颌第一、第二前磨牙中央沟一致。上颌第一磨牙的远中沟应与后磨牙区域的牙槽嵴顶线一致。两条牙槽嵴顶线的交点在上颌第一磨牙的中央窝。上颌第一磨牙的近中颊尖离开𬌗平面 0.5mm，远中颊尖离开𬌗平面 1.0mm，近中舌尖与𬌗平面轻轻接触，远中舌尖离开𬌗平面 0.5mm（图 16-27）。

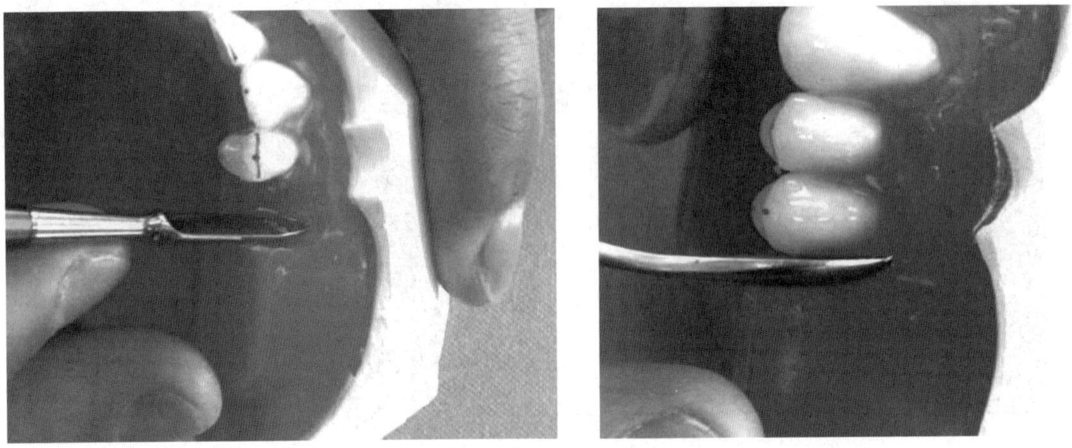

A　　　　B

图 16-24　上颌第二前磨牙的排列方法

A. 去除第二前牙位置蜡堤；B. 排列第二前磨牙。

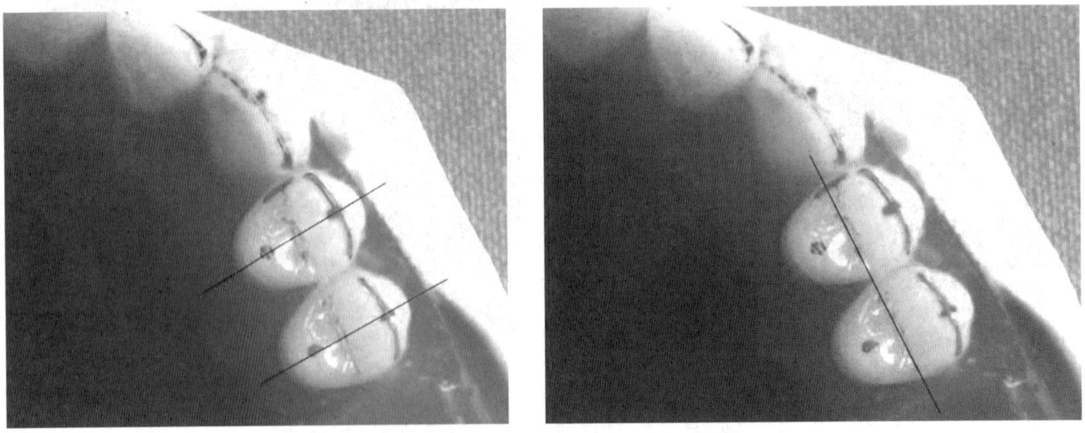

A　　　　B

图 16-25　上颌第二前磨牙的检查要点

A. 第二前磨牙弧度与第一前磨牙协调；B. 第二前磨牙中央沟和第一前磨牙一致。

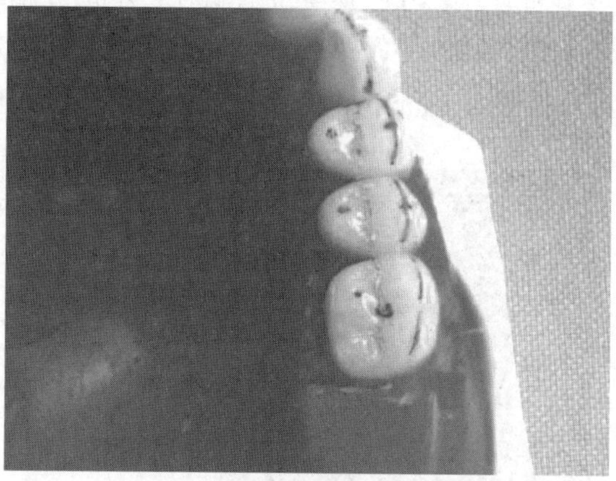

图 16-26　上颌第一磨牙排列方法

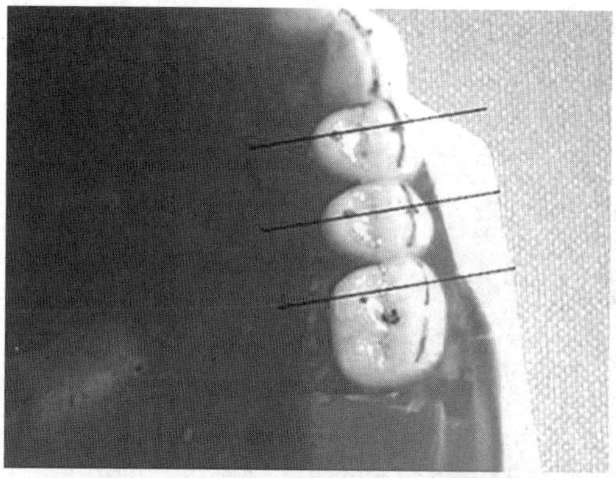

A

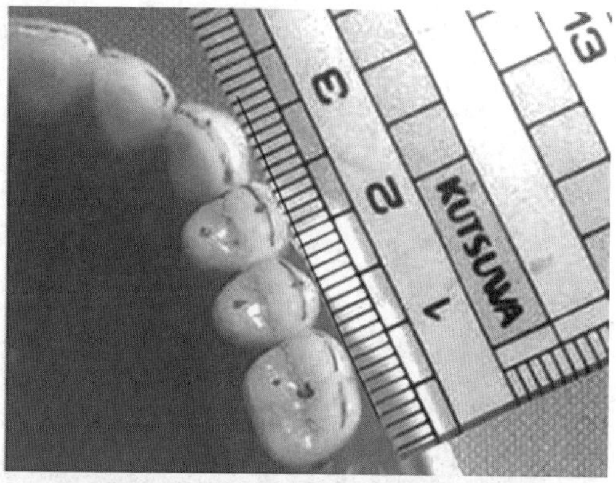

B

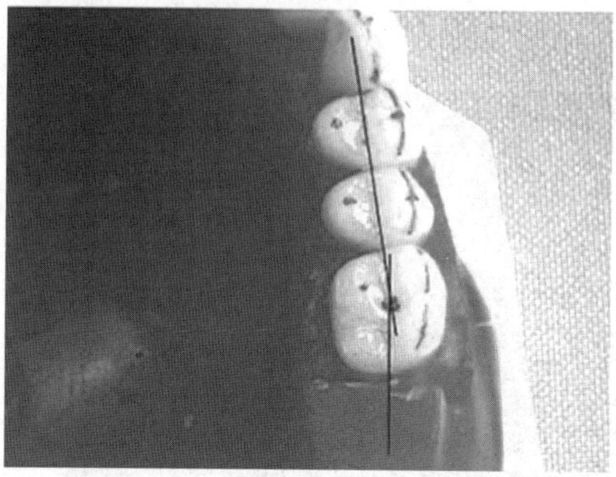

C

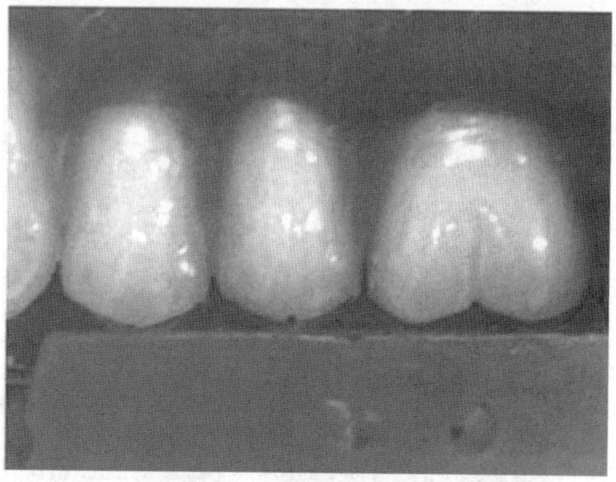

D

图 16-27　上颌第一磨牙排列检查要点

A. 上颌第一磨牙排列弧度与前磨牙𬌗面牙尖关系；B. 上颌第一磨牙排列弧度与前磨牙颊侧关系；C. 上颌第一磨牙排列弧度与前磨牙中央沟关系；D. 上颌第一磨牙排列倾斜度与前磨牙关系。

4. 上颌第二磨牙排列　根据上颌第二磨牙的尺寸，需预留唇侧较低、舌侧较高的空间，近中稍高、远中略低，以便正确放置并加热蜡刀固定（图 16-28）。上颌第一磨牙的颊侧远中与上颌第二磨牙的颊侧成另一条直线。上颌第二磨牙与上颌第一磨牙应有紧密的邻接关系。检查上颌第二磨牙的中央沟需与上颌第一磨牙的远中沟对齐，并与模型上后磨牙区域的牙槽嵴顶线保持一致。两条牙槽嵴顶线的交点在上颌第一磨牙的中央窝。上颌第二磨牙的近中颊尖离开殆平面 1.5mm，远中颊尖离开殆平面 2.0mm，近中舌尖离开殆平面 1.0mm，上远中舌尖离开殆平面 1.5mm（图 16-29）。

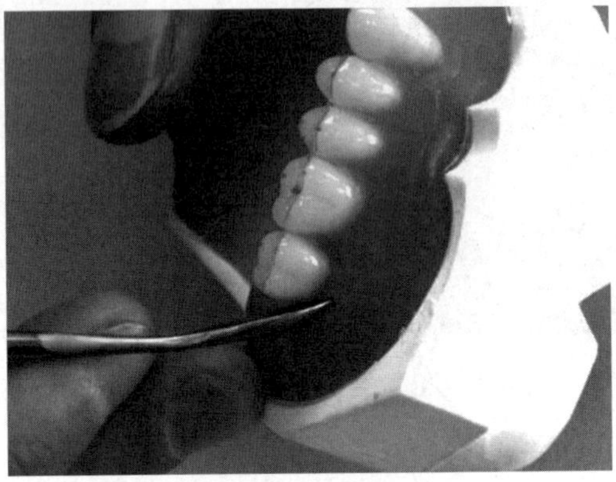

图 16-28　上颌第二磨牙排列方法

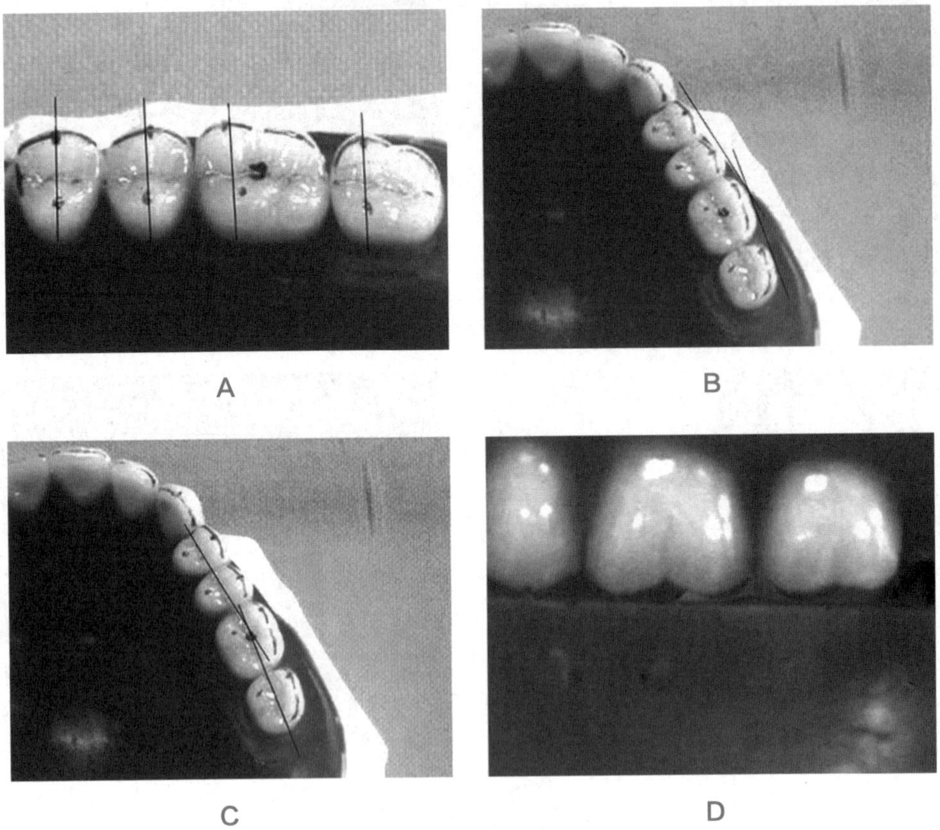

图 16-29　上颌第二磨牙检查要点

A. 上颌第二磨牙排列弧度与前磨牙殆面牙尖关系；B. 上颌第二磨牙排列弧度与前磨牙颊侧关系；C. 上颌第二磨牙排列弧度与前磨牙中央沟关系；D. 上颌第二磨牙排列倾斜度与第一磨牙关系。

（三）下颌后牙排列的工艺流程

上后牙排列完成后，去除下殆蜡堤。按确定的正中殆关系，依第一磨牙、第二磨牙、第二前磨牙和第一前磨牙顺序排列下颌各后牙。上下颌后牙之间要做到完善的一牙对二牙的关系，要形成紧密的尖窝咬合关系（图 16-30）。

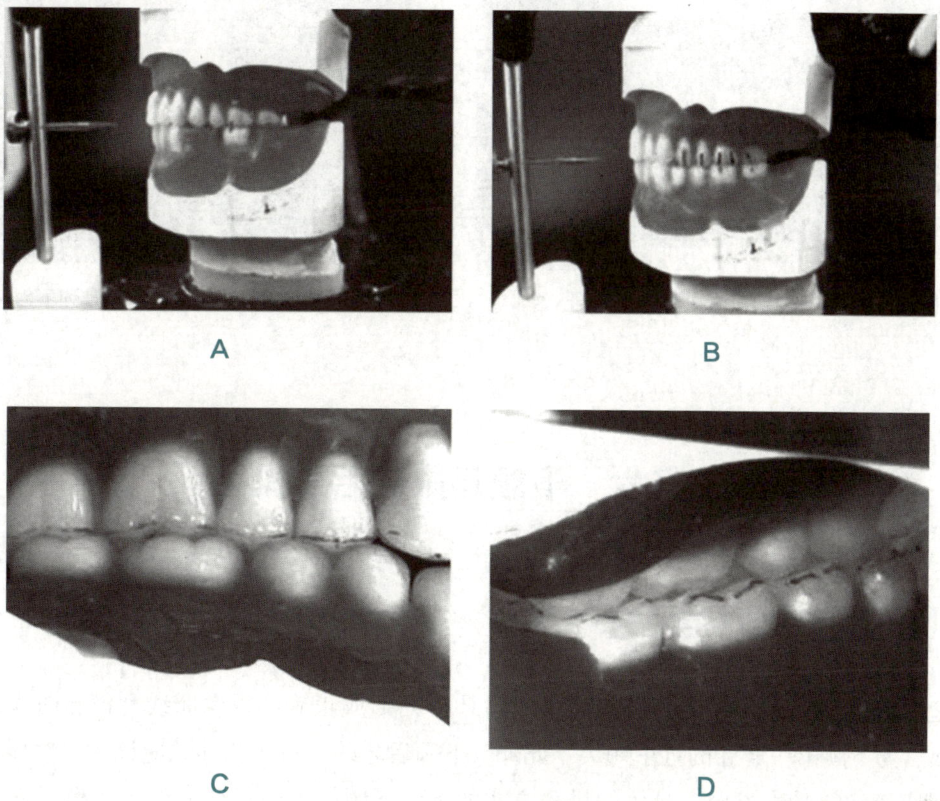

图 16-30　下颌人工后牙排列

A. 下颌第一磨牙排列；B. 下颌后牙排列完成；C. 下颌后牙覆𬌗、覆盖；D. 下颌后牙咬合检查。

任务五　下颌起排法前牙排列

在使用下颌起排法排列全口义齿时，需要口腔医生确定𬌗平面时让上𬌗托的下缘与上唇下缘平齐（图 16-31）。因此，为了确保美观，需把下𬌗托前牙区蜡堤降低 1mm，在排列上颌前牙时，让上中切牙和尖牙的切缘处于已经切低的蜡堤上，或者使用𬌗平面板辅助排牙，可以将𬌗平面板降低 1mm，然后排列上颌前牙，上颌前牙的排列要求同上颌排牙法（图 16-32）。在排列下颌前牙时，下颌前牙的切缘和牙尖与𬌗平面等高（图 16-33）。上下前牙排列完成后，尽可能在患者的口内进行试戴，检查人工牙列中线与面部中线是否一致，𬌗平面与瞳孔连线是否平行，上下唇缘关系是否自然协调，结合患者的要求，进行必要的调改。

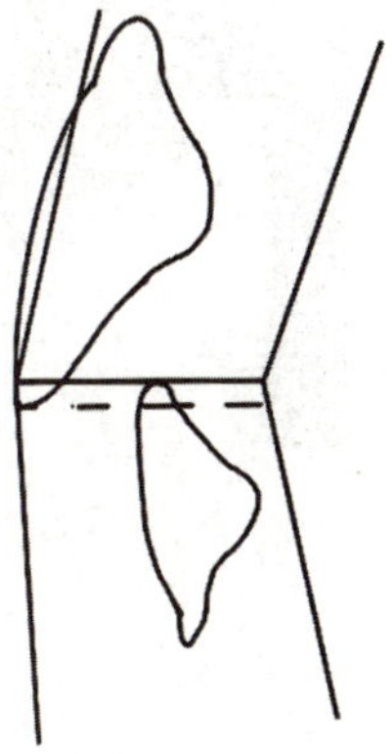

图 16-31　下颌起排法排列前牙示意

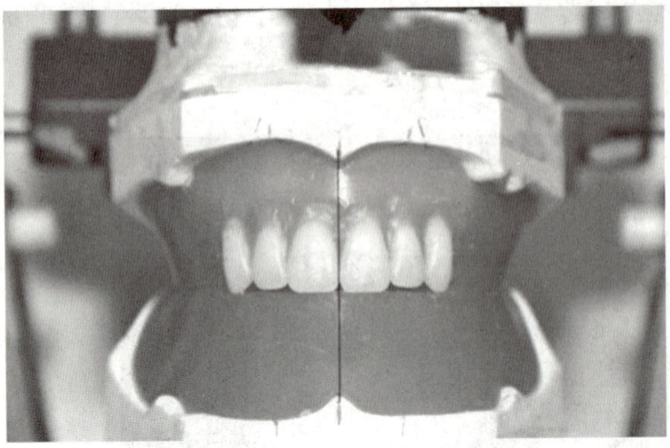

图 16-32　下颌起排法排列上颌前牙

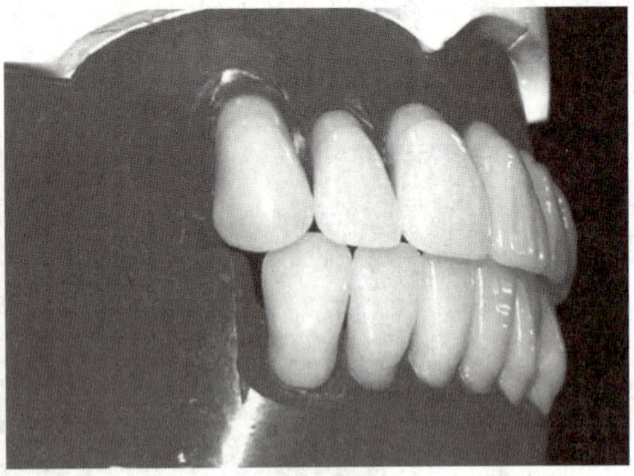

图 16-33　下颌起排法排列下颌前牙

任务六　下颌起排法后牙排列

一、下颌排牙法排列下后牙

下颌起排法排列下颌后牙的目标是让下颌后牙排列形成正确的纵𬌗曲线和横𬌗曲线，其中纵𬌗曲线的最低点为下颌第一磨牙的近中颊尖。此外，下颌后牙的中央沟的连线应该和下颌牙槽嵴顶线重合，确保形成正确的受力方向。具体的排列方式如下：下颌第一前磨牙的颊尖距离平面 0.2mm，舌尖距离平面 1.6mm；下颌第二前磨牙的颊尖距离平面 0.8mm，舌尖距离平面 0.9mm；下颌第一磨牙的近中颊尖距离平面 1.2mm，远中颊尖距离平面 1.0mm，近中舌尖距离平面 2.0mm；下颌第二磨牙的近中颊尖距离平面 0.6mm，远中颊尖与平面刚好接触，近中舌尖距离平面约 1.8mm（图 16-34）。

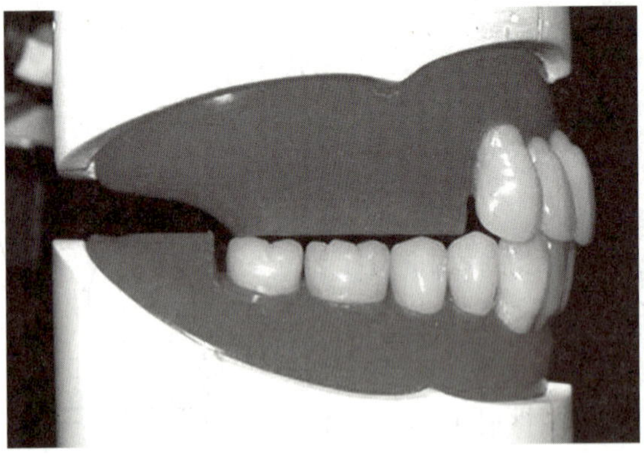

A

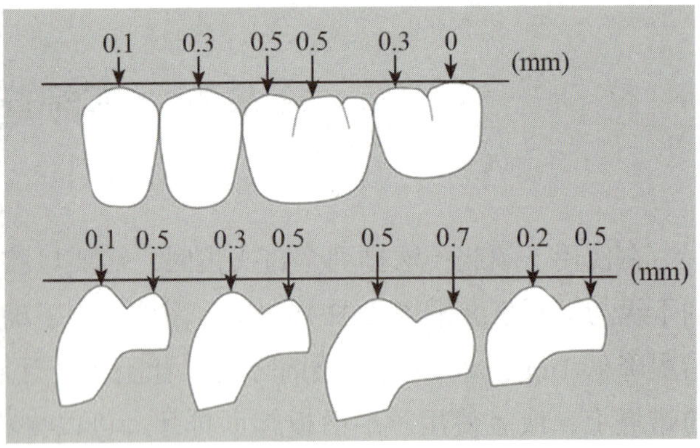

B

图 16-34　下颌起排法排列后牙方法

A. 下颌排牙法；B. 下颌排牙法各尖牙与𬌗平面关系。

二、下颌排牙法排列上后牙

上后牙的排列的依据是下颌后牙，通过上颌后牙的排列，使得上下颌后牙形成紧密的咬合关系。

因此，下牙列是排列上牙列的标准，在排列上牙前，应该再次检查下颌牙列的位置是否正确。上颌后牙排列时还要注意上下颌牙列之间形成一牙对二牙的关系。

任务七 平衡𬌗调整

一、正中平衡𬌗调整

人工牙排列完成后，在𬌗架上做开闭口运动，先从颊舌面两个方向进行检查，检查上下颌牙齿之间咬合接触是否良好，如果发现有咬合接触不足之处，则需要调整相应的牙尖使之达到良好的咬合接触。然后用咬合纸检查咬合情况，磨除早接触点，使之达到正中平衡𬌗。

二、前伸平衡𬌗调整

（一）前牙接触，后牙不接触

将架正中锁打开，推动上颌体向后移位，直至上下颌前牙切缘相对，而后牙牙尖保持无接触状态，导致这种情况的原因有以下几种：第一是排列前牙时，上下颌前牙形成的覆𬌗较深；第二是后牙排列不当，形成的补偿曲线曲度过小；第三是其他原因，比如上下颌后牙没有形成紧密的咬合接触或者后牙个别牙尖排列不合适形成了阻挡。根据其原因进行调整，其调整的方法如下：如果是上下颌前牙形成的覆𬌗较深，则需要通过适当降低下前牙的方式来减少覆𬌗；若后牙补偿曲线曲度过小，则需增加相应牙尖工作斜面的斜度，以增大补偿曲线曲度，实现平衡接触；若上下颌后牙未形成紧密咬合接触，则需重新排列相关牙齿，以实现紧密咬合接触；如果是后牙个别牙尖排列不合适，则需要及时调整。

（二）后牙接触，前牙不接触

说明下前牙切缘过低，导致前牙覆𬌗过浅；或者后牙排列形成补偿曲线曲度过大。进行调整时，可以调整上颌磨牙使其减少牙尖与𬌗平面距离，并重新排列下颌磨牙，通过这样的方法调整补偿曲线曲度；必要时在不超过 1mm 正常覆𬌗范围的情况下，可升高下前牙，加大前牙覆𬌗。

三、侧方平衡𬌗调整

（一）工作侧接触，平衡侧不接触

表现为在𬌗架打开正中锁，将上颌体向一侧做侧方移动，工作侧后牙的同名牙尖接触，而平衡侧牙尖无接触，导致这种现象的原因在于后牙横𬌗曲线曲度过小。方法是将上颌后牙牙颈部向舌侧倾斜，下颌后牙牙颈部向颊侧倾斜，加大横𬌗曲线曲度。

（三）平衡侧接触，工作侧不接触

在𬌗架上侧方颌运动时，工作侧相对牙尖无接触，平衡侧相对牙尖有接触，这主要是横颌曲线曲度过大造成的。方法是将上颌后牙牙颈部向颊侧倾斜，下颌后牙牙颈部向舌侧倾斜，减小横𬌗曲线曲度。

任务八　特殊类型无牙颌排列方法

一、上颌前突

根据上颌前突的不同程度，需采用不同的排牙方法。

（一）轻度上颌前突

上颌弓前部位于下颌弓前部的稍前方，为了美观和功能，可适当通过磨薄上颌人工牙盖嵴部，排牙时将上颌人工牙偏向舌侧，将下颌前牙略偏向唇侧，使其上下切缘能保持接触。

（二）严重上颌前突

上颌弓前部明显位于下颌弓前方，可以采取上述方法减少覆盖，同时还需要对下颌牙齿进行减数，为确保后牙能建立正常的咬合关系，必要时，可将上颌前牙腭侧基托进行加厚处理，使其形成与下前牙切缘相接触的平面板。

二、下颌前突

根据下颌前突的不同程度，需采用不同的排牙方法。

（一）轻度下颌前突

下颌弓前部位于上颌弓前部的稍前方，为了美观和功能，可排成对刃𬌗。在排牙过程中，可将上前牙轻微调整至唇侧，同时选用比原型号大一号的下颌前牙，并将盖嵴部适度磨薄后，再将其稍微排向舌侧。不可过于强求美观而将上前牙过度排向牙槽嵴唇侧，下前牙过分偏向舌侧，将影响义齿固位。

（二）严重下颌前突

下颌弓前部明显位于上颌弓前方，上下前牙应排成反𬌗。为了建立正常的后牙咬合关系，要选用大一型号的下前牙或小一型号的前牙。若上下前牙选择相同型号，则需通过增加下前牙的数量来确保咬合关系的正常。

三、上颌弓宽于下颌弓

上颌弓宽于下颌弓，即上颌牙槽嵴顶位于下颌牙槽嵴顶的颊侧。

（一）上颌弓稍宽于下颌弓

可将上颌后牙稍排向舌侧，下颌后牙稍排向颊侧，以建立正常咬合关系。

（二）上颌弓明显宽于下颌弓

可采用两种方法进行排牙：第一种将下颌后牙按正常要求排列在下牙槽嵴顶上，再按正常咬合关系排列上后牙，在上颌后牙的颊面添加蜡质，并根据颌弓的形状精心雕刻出后牙牙冠的颊面和舌面，以确保对颊部软组织的有效支撑。第二种是将上下颌后牙分别排在各自的牙槽嵴顶上。咬合时，需磨改早接触的牙尖以保持正常的颌间距离，随后在上颌后牙的腭侧添加软蜡片，使其与下颌后牙咬合，再根据咬合印迹精细雕刻出面（咬合面）的形态，从而恢复上下颌之间的正常咬合关系。

四、上颌弓窄于下颌弓

上颌弓窄于下颌弓，即上颌牙槽嵴顶位于下颌牙槽嵴顶的舌侧。

（一）上颌弓略窄于下颌弓

可以通过将上颌后牙稍微向颊侧排列、下颌后牙稍微向舌侧排列，建立正常的咬合关系。但务必注意，上颌后牙不可过度偏向颊侧，否则会导致义齿翘起，影响固位效果，严重时还可能造成上颌基托从中线处断裂。

（二）上颌弓明显窄于下颌弓

对于上下颌后牙排列成反𬌗的情况，需通过互换上下颌后牙的位置来形成正确的咬合关系。具体来说，就是将上颌后牙的颊尖与下颌后牙的中央窝相接触，同时下颌后牙的舌尖与上颌后牙的中央窝相接触，以此实现上下左右后牙的互换位置排列。此外，还需在下颌第一前磨牙与尖牙的间隙处多排一个前磨牙。

▶任务拓展

舌向集中𬌗全口义齿

舌向集中𬌗，又称舌侧集中𬌗或舌尖接触𬌗，是指上下颌后牙𬌗接触集中在舌侧、舌向，均为上舌尖与下牙窝的接触。舌向集中𬌗既基本保持了解剖𬌗型的自然外观，使患者易于接受，又在一定程度上消除了侧向力而符合改良𬌗型的特点，既保持了较高的咀嚼效率，又不妨碍平衡𬌗的建立。舌向集中𬌗多用于颌弓关系不良或解剖𬌗型有困难时，尤其在下颌骨吸收较重时应用较多。该设计显著减少正中𬌗和非正中𬌗咬合接触点，减小下颌后牙牙尖斜度，使上颌后牙舌尖能自由滑动。通过减小水平向作用力，有助于义齿的稳定，减少翘动，保护牙槽嵴。该方案既保持了解剖殆型的自然外观，又符合改良殆型特点，易于患者接受。在保持较高咀嚼效率的同时，不妨碍平衡殆的建立。

【任务评价】

详见表 16-1。

表 16-1　排牙工艺任务评价表

任务	评价要点	分值
一	说出人工牙的分类材料及设计	5
	阐述各类人工牙的优缺点及适应证	5
	理解面形、肤色、美观需求的匹配规则	10
二	正确进行排牙前的准备	10
	按照步骤完成上颌起排法的排牙	20
	按照流程完成下颌起排法的排牙	10
	正确进行全口义齿平衡殆的调整	20
三	解释排牙设计如何改善固位 / 咀嚼功能	10
	针对案例缺陷提出优化方案	10

—• 考试知识点总结 •—

—• 项目小结 •—

—• 协和云课堂……　拓展练习及参考答案 •—

（张　烨）

项目十七　蜡型塑型工艺

教学课件

微课：蜡型塑型工艺

项目目标

素质目标

具有超强的精密操作的工匠精神，对蜡型塑型工艺具备良好的整体观念。

知识目标

（1）掌握：蜡型上牙龈、牙根应有的形态、基托边缘形态。

（2）熟悉：牙龈、牙根塑型的工艺流程。

（3）了解：进行蜡型塑型的之前的工作准备。

能力目标

具备进行牙龈和牙根塑型的能力。

项目案例

【案例】

患者，女，71 岁，退休教师。患者身体健康，无基础病史。患者牙列缺失 5 年，其间进行了全口义齿修复，患者表示修复效果欠佳，进行说话、咀嚼时下颌义齿容易脱落。查体：面型为卵圆形面，肤色偏白，口内检查下颌牙槽嵴重度吸收。旧义齿检查发现，上下颌旧义齿颊侧基托磨光面没有形成凹面，而是形成凸面。

【问题】

如何对该义齿进行调磨，增强旧义齿的固位和稳定？

【项目分析】

在技师精心排列的全口义齿经过仔细检查和多次试戴之后，确认没有发现任何明显的缺陷或问题，接下来的步骤是对蜡型进行细致的塑型工作。基托组织面的外形设计必须严格依据患者口腔内的实际组织结构来完成。然而，磨光面的形态则需要技师根据具体的要求和标准进行精心塑型。在这一过程中，技师需特别关注两点。首先，需确保义齿磨光面的龈缘与基托边缘形成合理的凹形结构，以便颊部和舌部肌肉能对其产生恰当的夹持力。这种设计不仅能够在进行咀嚼、说话等口腔功能运动时避免对肌肉运动造成干扰，还能有效增强义齿的固位力，确保其在口腔中的稳定性。其次，义齿磨光面的外形设计还需要追求仿生学的效果，使其更加贴近天然牙齿的形态。只有这样，才能称得上是一副制作精良、外观逼真的全口义齿。通过这种细致入微的工艺，技师能够为患者提供既舒适又美观的全口义齿，从而显著提升患者的生活质量。

任务一　基托蜡型塑型

一、蜡型与工作模型的准备

（一）明确基托边缘的伸展范围

上下颌基托边缘的伸展范围是上下颌基托边缘线。

（二）明确基托厚度

基托中部厚度为 1.5 ～ 2.0mm，接近人工牙处逐渐变厚；基托在边缘、翼下颌切迹、磨牙后垫等处厚度增加，厚度为 2.5 ～ 3.0mm，断面呈圆钝状。为确保缓冲效果并防止基托破裂，应在缓冲区适当增加基托的厚度。唇、颊侧基托的厚度应以试戴时能恢复患者唇、颊部自然丰满度为准，避免随意调整。但基托的厚薄要与人工牙的排列相协调。

（三）固定暂基托

需将雕刻刀进行加热处理，随后利用基板蜡将已处理完毕的暂基托边缘予以密封，并稳固地固定于模型之上。操作前务必确保模型干燥，以防蜡型与模型间产生缝隙，导致装盒时石膏渗入组织面，影响树脂基托与口腔黏膜的贴合度，进而削弱义齿的固位效果。

二、蜡型基托的塑型技术

基托磨光面在基托的龈缘和基托边缘之间形成凹面：上颌腭侧向上内，颊侧向上外；下颌舌侧向下内，颊侧向下外。凹面的形成并非去除基托中段的蜡，而是在基托边缘和龈缘添加蜡，从而形成两端凸起、中间凹陷的形态。还可以在系带处基托堆塑成系带的形态。

任务二 牙龈、牙根和腭皱襞塑型

一、牙龈塑型

（一）牙颈部加蜡

在进行排牙时，通常为了方便观察人工牙的牙体形态，牙颈部仅添加部分蜡用于固定人工牙。为了塑造出腭裂处的牙龈形态，以及牙根形态，我们需要在人工牙的牙颈部添加适量的蜡。加蜡的范围是人工牙的颈部 1/3。同时还需要加蜡形成上下颌的牙根形态。具体的上下颌牙根形态要求如下。上前牙中，上颌尖牙的牙根外形最长，其次是中切牙，最短的是侧切牙。而下前牙中，下颌尖牙的牙根外形最长，侧切牙次之，中切牙则最短。上下颌第一前磨牙、第二前磨牙、第一磨牙、第二磨牙的牙根长度依次缩短，宽度依次增加。

（二）确定龈缘位置切削形成牙龈

1. 龈缘的位置 龈缘线与牙颈缘线保持一致，应当位于牙冠颈部的合适位置，以便能够再现与天然牙相似的外形。龈缘位置的高低，可以显著地改变牙冠的长宽比例，而龈缘的形态，以及最高点的位置，对牙冠的外形美观也有着重要的影响。在大多数情况下，龈缘的最高点会位于中线稍微偏向远中的位置，其中近中龈缘的弧度较小，远中龈缘的弧度则相对较大。对于女性患者而言，当龈缘弧度向最高点收缩得较为明显时，牙齿呈现尖圆形；而对于男性患者，龈缘弧度向最高点收缩得不那么明显，牙齿则呈现方圆形。针对老年患者普遍存在的牙龈萎缩现象，在获取患者同意的前提下，我们可以适度提升龈缘线，增加牙冠的暴露程度，从而提升修复体的仿真效果。

2. 龈缘的形态 基托向牙冠颈部近颈缘线 0.5mm 处形成逐渐变薄的斜坡；龈缘应薄，紧贴牙颈缘；乳头突出适当凹陷，形成外展隙。外展隙可增强牙冠的立体感，但不宜过深，否则易滞留食物。龈乳突的长度及其充满牙间隙的丰满度，也应与患者的年龄相协调。

3. 切削牙龈 用尖头雕刻刀雕刻龈缘时要从龈𬌗方向开始，使雕刻刀与前牙唇侧牙面成 60°，与后牙颊侧牙面成 45°，舌侧雕刻刀与舌侧牙面成 20°，逐个切削牙龈，使龈缘线对称、清晰。用雕刻刀在两牙之间去除部分蜡，形成略微内陷的龈外展隙（图 17-1）。

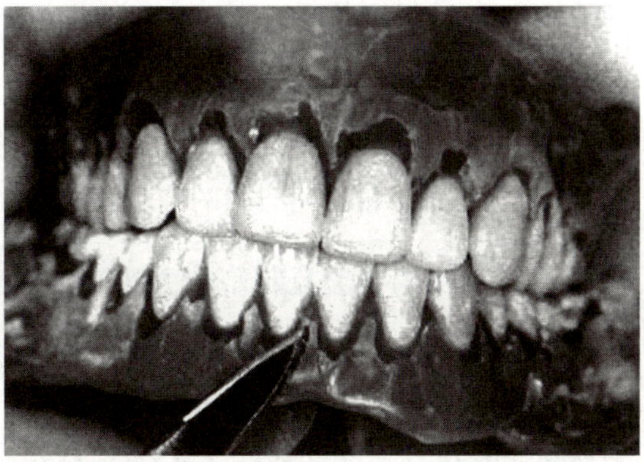

图 17-1 使用雕刻刀形成正确的龈缘形态

二、牙根塑型

在基托的唇、颊侧相当于牙根的部位，根据不同牙根的长度要求，逐渐去除牙根两侧多余的蜡，形成正确的牙根外形。牙根要和周围的蜡基托连接要流畅自然（图 17-2）。

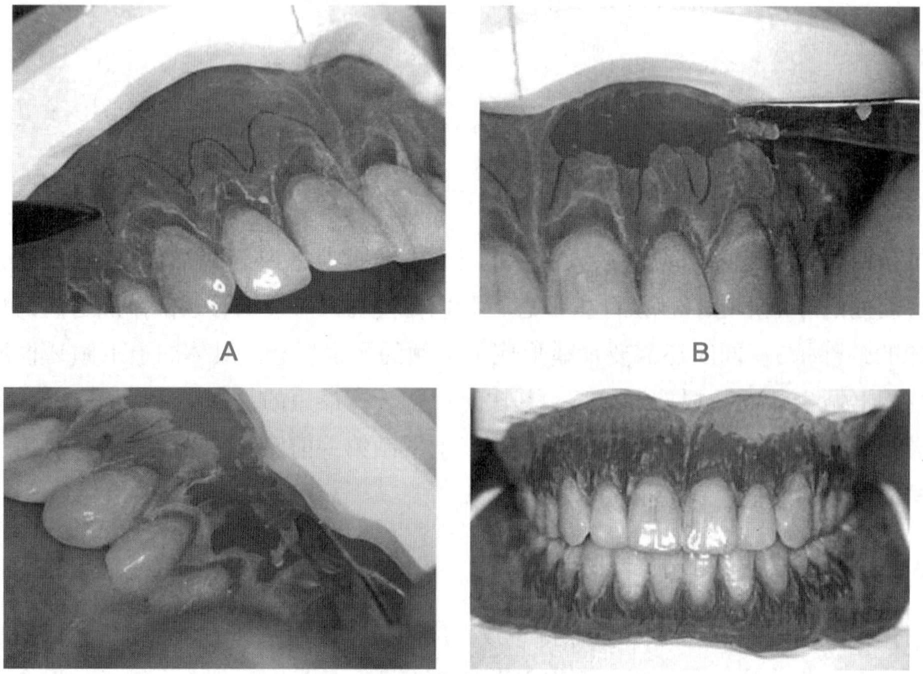

A B C D

图 17-2　形成正确的牙根形态

A. 标记牙根位置；B. 修整基托边缘；C. 雕刻牙根；D. 完成牙根雕刻唇面观。

三、腭皱襞塑型

（一）滴蜡塑型技术

为了确保腭皱襞的塑型能够满足生理需求，从而有利于发音的清晰度，并且增加真实感，我们通常会在上颌基托的腭侧部分采用滴蜡塑型技术。具体操作步骤如下。使用滴蜡笔在腭侧模拟出中缝，以及两侧黏膜的不规则突起形态。通过精准调控滴蜡速度和位置，逐步塑造出自然的腭皱襞形态。这种方法能够模拟出自然的腭皱襞结构。

（二）典型腭皱襞复制塑型方法

在寻找到了典型的腭皱襞样本后，采用覆模硅橡胶来获取腭皱襞的阴模。首先，均匀涂抹硅橡胶于腭皱襞样本，确保全面贴合样本细节。待硅橡胶聚合固化后，小心地将硅橡胶阴模从样本上取下。其次，将基板蜡融化并倒入硅橡胶阴模中，确保蜡液完全填满阴模。待蜡冷却并凝固后，从阴模中取出蜡模。为使蜡模柔软易塑形，可置于酒精灯上微烤至软化。最后，将烤软的蜡模放置于腭侧基托的合适位置上，并用适当的工具压实，确保其与基托紧密结合。为了进一步固定蜡模，可以使用蜡勺加热，通过烫压的方式使其牢固地固定在基托上。通过这种方法，可以精确复制出典型的腭皱襞形态。

四、光滑蜡型

使用酒精喷灯的细小火焰，对经过精细雕刻的蜡型表面进行细致的抛光处理，目的是让基托的磨光面变得光滑且自然。在进行喷光处理的过程中，必须注意控制火焰的大小、保持适当的距离，以及选择正确的方向。操作时，需敏捷地在蜡型表层移动喷灯，确保火焰均匀覆盖，使其均匀熔化而不流淌，随后迅速冷却固化，最终形成一个光滑自然的磨光面。完成抛光处理后，使用湿润的软布轻轻擦拭，以去除多余的蜡质，使表面更加光洁。使用酒精喷灯时需格外小心，防止过度加热导致基托变形。

五、蜡型完成后的检查

将制作完成蜡型的模型再上到殆架上，检查咬合关系，如无改变即可进行下一步操作。

▶任务拓展

再现磨光面形态

运用模型修正技术，可以精确地再现磨光面的形态。使用硅橡胶印模材料来精确捕捉唇颊部和舌体的位置关系，使用油泥硅橡胶来制取磨光面的印模，具体步骤如下。待油泥硅橡胶聚合固化后，取下油泥硅橡胶，彻底清除原来的硅橡胶印模材料。然后，将油泥硅橡胶复位，在油泥硅橡胶和磨光面之间倒入熔化的基板蜡。待基板蜡冷却并凝固后，去除油泥硅橡胶，此时可以清晰地看到磨光面的形态。最后，对这个形态进行细致的修整，以确保获得一个正确且自然的磨光面。

【任务评价】

详见表17-1。

表17-1　蜡型塑型工艺任务评价表

任务	评价要点	分值
一	准确描述基托的形态特点	5
	阐述基托对固位稳定的作用	5
	说明龈缘曲线、牙根凸度的生理形态要求及功能意义	10

续 表

任务	评价要点	分值
二	完整执行基托加蜡的要求	10
	按照步骤完成牙龈修整	15
	按照流程完成牙根塑型	15
	按照步骤完成腭皱襞成型	10
	正确对全口义齿进行打磨抛光	10
三	设计出能够体现固位稳定的基托形态	10
	解释基托边缘形态与吸附力的关系	10

考试知识点总结

项目小结

协和云课堂…… 拓展练习及参考答案

（张 烨）

项目十八　全口义齿完成

教学课件

微课：全口义齿完成

项目目标

素质目标

具备尽职尽责的社会责任感，愿意为提高患者对全口义齿的舒适度而精准掌握全口义齿完成的每一步操作。

知识目标

（1）掌握：装盒、除蜡、热处理的基本概念。

（2）熟悉：装盒和除蜡的基本方法。

（3）了解：热处理的方法。

能力目标

具备进行装盒和除蜡的能力。

项目案例

【案例】

患者，男，72 岁，退休工人。患者因牙周炎导致牙列缺失 11 年，来我院进行全口义齿修复。身体健康，无既往病史。查体：患者上下颌牙槽嵴中度吸收。全口义齿制作过程中，在取印模环节、颌位记录环节、试戴环节均无明显缺陷，义齿制作完成后进行初戴时发现上颌义齿无法就位，下颌义齿就位良好。

【问题】

导致上颌义齿无法就位的原因是什么？

【项目分析】

当全口义齿的蜡型制作完成后，接下来的重要步骤是将蜡基托转换成更为坚固耐用的树脂基托，这标志着全口义齿的制作过程即将达到最终的完成阶段。整个义齿的制作过程是一个复杂而精细的工程，它涵盖了从装盒、除蜡、充填树脂、热处理、义齿清理、磨光到抛光等一系列细致的操作流程。在这些操作流程中，每一个环节都至关重要，尤其是充填树脂、热处理、磨光和抛光等步骤，它们都是单次操作且不可逆的。这意味着，如果在这些环节中出现了任何明显的失误，整个义齿的制作就可能因此而失败，无法达到预期的使用效果。因此，在这些关键环节中，不仅要求操作者具备高超的技术水平，更需要他们拥有强烈的责任心和对工作的高度专注，以确保每一个步骤都能精确无误地完成，从而保证最终制作出的全口义齿能够满足患者的需求。

任务一　装盒、除蜡

一、装盒前的准备

在进行全口义齿的装盒时，通常会采用反装法的技术。通过这种方法，模型先被石膏完全包埋，并且固定在下层型盒中。然后，在下层型盒石膏凝固后，表面涂布分离剂（图 18-1），最后再用石膏装上层型盒。随后，人工牙、金属支架，以及基托这些重要的组成部分，都会被石膏所覆盖，并且最终被包埋在上层型盒之内。当整个装盒过程完成后，进行开盒除蜡的步骤，此时人工牙齿、金属支架，以及基托都会被翻转到上层型盒内，从而完成整个义齿的制作过程。

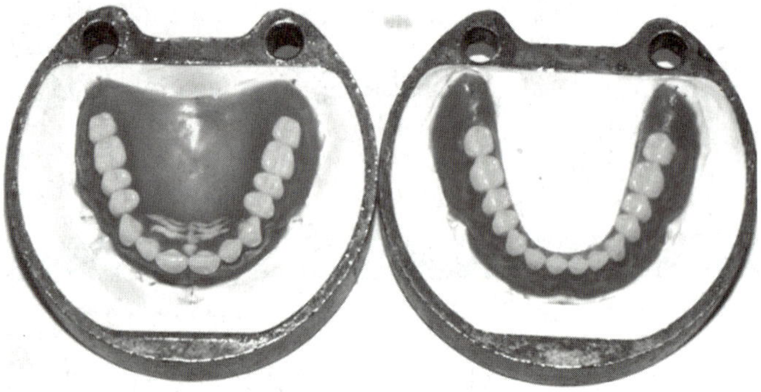

图 18-1　涂布分离剂

（一）型盒的选择

1. 型盒的组成　型盒通常是由铜或者铝等金属材料做成。这些金属材料因其良好的耐热性和耐腐蚀性，非常适用于制作型盒。型盒的主要组成部分包括上层型盒、下层型盒及型盒盖三个部分。除此之外，型盒还包括一些必要的附件，如螺丝等，这些附件用于确保型盒的各个部分能够牢固地结合在一起。上下层型盒及型盒盖的密封性必须良好，能够紧密结合，形成一个封闭的空腔，这对于保持型盒内部的环境稳定至关重要。

2. 型盒的大小　型盒可以根据其大小分为大、中、小三个型号。不同型号的型盒适用于不同大小和形状的模型。选择合适大小的型盒对于义齿是否能顺利完成很重要。

3. 模型在型盒内的位置　如何选择合适的型盒，一般是根据模型的大小来进行选择。在选择型盒时，首先将模型放置在型盒中，确保模型的中切牙切缘或者后牙的𬌗面距型盒顶部不少于 10mm，这样可以保证有足够的空间进行后续的工艺操作。同时，模型置于型盒内，与型盒边缘至少有5～10mm的距离，以确保模型在型盒中有足够的空间，型盒的边缘与模型的距离不宜过小，否则模型包埋石膏强度不足，在开盒、去蜡、树脂充填加压等操作时，包埋的石膏因为过薄，容易发生破碎，影响义齿制作质量和精度。选择型盒时，一定要注意上下层型盒吻合好，密封性好。如果下层型盒有活动底板，必须嵌合紧密，以防止在使用过程中出现任何意外。

（二）模型准备

将完成蜡型的模型从𬌗架上取下，先用蜡封闭蜡型和模型，确保封闭完整，不能进水。然后把模型浸泡在冷水中，时间不少于5分钟，目的是让模型吸足水分，避免装盒时吸收装盒石膏中的水分，导致石膏凝固速度加快、凝固膨胀增加，操作时间变短。用石膏模型修整机或石膏切刀将模型上义齿蜡型覆盖区域以外的部分修去，使模型的大小、厚薄与型盒相适应。操作过程中注意用力适当，及时检查模型修整情况，防止将模型磨穿、折断或者损伤蜡型、人工牙。

二、装盒工艺流程

（一）装下层型盒（图18-2）

使用凡士林涂抹下层型盒内壁，方便义齿完成后脱模。使用熟石膏进行装盒。调拌好熟石膏倒入下层型盒中，达型盒的1/2～2/3即可，轻轻震荡型盒，排出石膏中的气泡，将带蜡型的模型按确定的方向和位置压入石膏浆中，调整模型高度和前后左右的位置，使基托蜡型的唇颊侧边缘与下层型盒的边缘平齐或者稍低，上颌义齿要前高后低，以减少倒凹。当石膏未完全结固时，放在水池边使用细水流冲洗，用毛笔轻轻抹光包埋石膏表面，使之光滑无倒凹，形成自然流畅的圆缓斜坡面，并用排笔将黏附在蜡型和人工牙表面的石膏去净。下层型盒的金属边缘使用雕刻刀将表面石膏去除干净，完全露出金属本色，以便与上层型盒吻合。待石膏凝固约30分钟后，在石膏表面均匀涂一层分离剂（藻酸盐分离剂或者肥皂水），防止上下层型盒的石膏相互粘连。

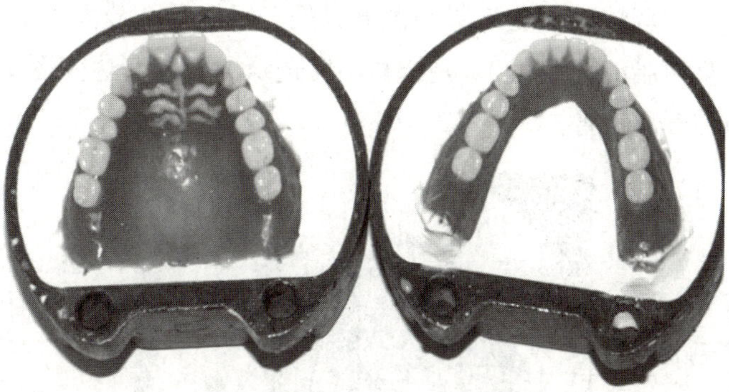

图18-2　装下层型盒

（二）灌注上层型盒（图18-3）

下层型盒装好后，将上下层型盒对位关闭，检查上下两层型盒，使其边缘吻合良好。调拌好石膏灌入上层型盒内，灌满整个上层型盒，并使石膏略微溢出上层型盒，盖上上层顶盖使之密合，放压榨器上压紧，把型盒周围石膏去除干净。调拌石膏时，石膏调拌得稀稠适中，从模型的高点缓慢灌入；一边灌注石膏，一边震动型盒排出气泡；可用排笔蘸石膏浆在这些部位先涂布一层石膏防止牙颈部和牙间隙处产生气泡。

图 18-3　装上层型盒

三、除蜡

蜡型装盒后，需经加热处理，才能使蜡熔化去除，为树脂充填准备好石膏阴模腔。这一过程包括烫盒、开盒、冲蜡三个步骤。

（一）烫盒

待上层型盒包埋石膏完全凝固以后，进行烫盒处理。从压榨器上取下型盒，置入 80℃以上热水中浸泡 5 ～ 10 分钟，使蜡型在受热后软化，便于打开型盒。注意烫盒时间、温度要合适，时间过短，温度过低，蜡没有软化，不容易开盒；时间过长，温度过高，蜡熔化后浸入石膏模型中，影响涂布分离剂等后续操作。

（二）开盒

从热水中取出型盒，用调拌刀在上下层型盒分界处轻轻撬动，分离上下型盒，用雕刻刀去除大块软化蜡（用于称重估算树脂的使用量），并修整型腔边缘的石膏菲边（图 18-4），最后用水冲洗干净，以免树脂充填时混入石膏碎屑。

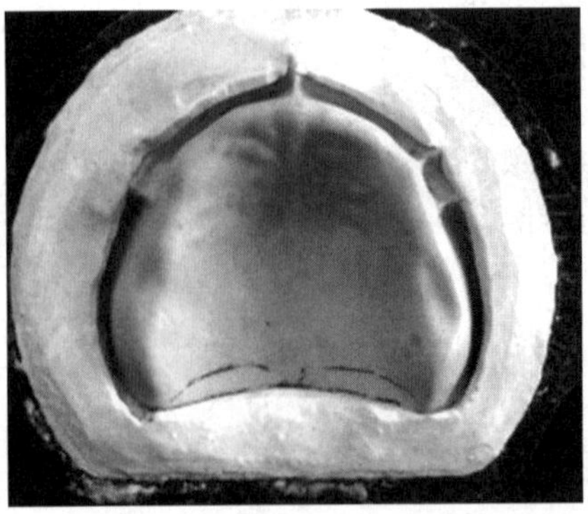

图 18-4　去蜡，修整石膏菲边

（三）除蜡

1. 除蜡方法　去蜡后，需将型盒放置于细网眼的金属网上，用沸水从高处彻底冲洗干净型腔里残余的基托蜡和石膏碎屑（图 18-5）。

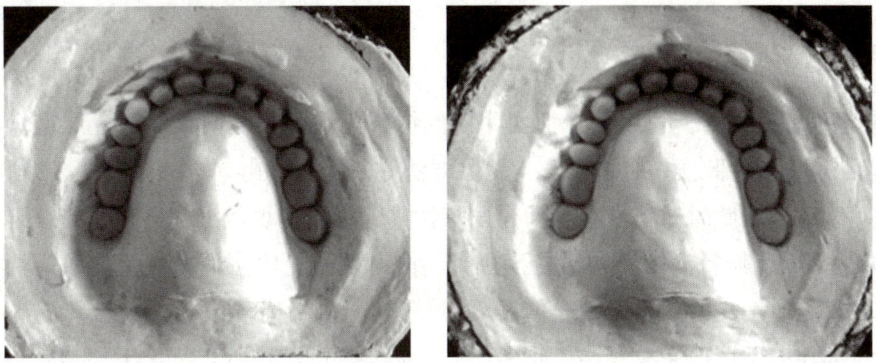

A　　　　B

图 18-5　除蜡

A. 除蜡前；B. 除蜡后。

2. 除蜡的注意事项　首先是除蜡用的热水温度合适，浸泡的时间过长或者过短都会给后续操作带来困难。其次是冲蜡要注意放置在金属网上进行冲蜡，防止由冲洗导致人工牙的丢失。如果开盒导致包埋石膏折断、脱落，要使用胶水进行复位。

任务二　树脂充填和聚合

制作全口义齿所用材料通常为加热固化型义齿基托树脂，是由热凝牙托粉和牙托水（又称单体）组成，粉和液按一定比例调和后充填，通过加热使其固化成型。

一、树脂充填工艺流程

（一）树脂充填前的准备

1. 准备工作　在树脂充填前要准备好分离剂、热凝基托树脂粉、热凝牙托水、玻璃纸、清水盆、毛巾、调胶用玻璃杯或瓷杯、充填器等。去净蜡质和模型组织面上的石膏等异物的型盒，擦干模型上的水分，并用排笔蘸酒精擦洗备用。

2. 涂布分离剂　型盒干燥后，用毛笔将上下层型盒内的石膏表面涂一薄层藻酸盐分离剂。涂分离剂时要注意首先是不能来回涂擦，以免破坏已形成的薄膜，要顺着一个方向进行涂布；藻酸盐分离剂不能涂布到人工牙表面，否则会造成人工牙与基托树脂分离，如果不慎涂到人工牙上，可用酒精棉球或牙托水擦净，涂一遍干燥后依此法再涂第二遍。

（二）调拌树脂

取全口义齿所需合适量的牙托粉和牙托水，粉与液的调和比例通常为 2∶1（重量比）或者 3∶1（体积比）。使用天平和量杯精确获取牙托粉和牙托水。用调刀调拌均匀，震荡排出气泡，然后加盖，防止牙托水挥发。如果粉液比例不合适，就会导致树脂加热聚合后基托中出现气泡。

（三）树脂充填

1. 手工充填法（图 18-6） 用手指把面团期的树脂充填到型腔内，盖上上层型盒和盖子，经油压机数次加压后，并去除菲边，完成充填。具体方法如下：在 20℃左右室温下，树脂粉和液调和面团期是最佳的填塞时期，此时树脂没有黏性，可塑性好，树脂充填应该在此期进行。牙托粉和液调拌后大约 20 分钟达到面团期，面团期约维持 5 分钟，此时方便充填。洗净双手，取适量树脂，反复揉捏均匀后，填入型腔，细小的部位可用充填器填入。充填的树脂量要比实际需要的量略多，以免充填不足。充填一定要在面团期内完成。在树脂表面衬一张浸湿的玻璃纸，将上下层型盒对合好，关闭型盒后，放在压榨器上缓慢加压，使树脂充满型腔的各个角落，并使多余的树脂溢出。压紧 1 ～ 2 分钟后，打开型盒，去掉玻璃纸，检查树脂充填情况，人工牙有无移位，树脂充填是否足够、到位等。如充填不足，则应立即增加树脂后，再次试压；如已足够，则用雕刻刀去除多余的部分。反复上述操作 3 次。试压完成后，去除玻璃纸，分离剂若有脱落，再补涂一次。再次检查人工牙有无丢失，在人工牙的盖嵴部滴少量牙托水使其溶胀。然后封闭上下层型盒，拧紧螺丝。

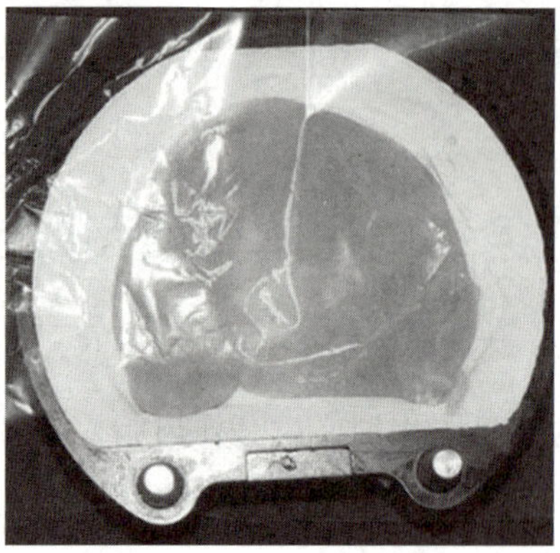

图 18-6　手工树脂充填

2. 机械充填法 用压力设备面团期的牙托粉压铸到型腔。该法因无须油压机加压，也省略了去除菲边的步骤，在聚合过程中，型腔保持一定的压力，聚合精度高。先将牙托粉通过加热变为黏流体，再通过注塑成型机的柱塞用高压将黏流态的聚甲基丙烯酸甲酯注入型盒内的阴模腔中。该方法的优点是机械强度好，且形态准确、组织面适合。但是缺点是需专用设备，价格昂贵，使用也不便。

二、聚合方法

（一）树脂聚合

树脂聚合是将填塞好的树脂在一定压力下加热处理，使其逐渐聚合固化成型的工艺过程。树脂聚合可采用湿式聚合法（水浴加热法）和干式聚合法两种，目前常采用水浴加热法。

1. 湿式聚合法

（1）将型盒置于室温水中，缓慢加热，在 1.5 ～ 2 小时内匀速升温至 100℃，维持 0.5 ～ 1 小时。自然冷却后开盒。此方法最简便。

（2）将水加热到 70 ～ 75℃，放入型盒，恒温维持 1.5 小时，然后加热至 100℃，维持 0.5 ～ 1 小时。自然冷却后开盒。

（3）将型盒置于 70 ～ 75℃水中，维持 9 小时。自然冷却后开盒。此方法使基托性能最好。

2. 干式聚合法

（1）利用压榨机上下加压板中的热源加热使树脂聚合，热源来自电炉丝或电磁加热器。

（2）使用配套的非金属型盒及树脂，在微波炉产生的微波下使树脂聚合。微波热处理需要用特制的玻璃钢型盒。用特制的玻璃钢钉将树脂充填后的玻璃钢型盒加压固定，放入微波炉内进行微波处理。先照射基托组织面约 2 分钟，然后反转型盒，照射另一面约 2 分钟，然后取出，冷却至室温后开盒。

3. 其他聚合方法　常见室温聚合，通常泛指以硅橡胶包埋义齿后，常规热处理去蜡，用专用的自凝牙托粉和牙托水调拌后使用注射器注射到型腔中，并在室温条件下固化。室温聚合的优点是聚合过程中不加温，因此义齿的热收缩小，聚合精度高，速度快。缺点是加压后，基托内仍有小气泡发生，机械性能劣于加热固化型牙托粉，且单体残留较多。

（二）树脂充填及聚合中注意的问题

1. 基托内气泡　如果是散在小气泡，一般是因为树脂填塞不足或充填过早；如果是基托较厚处形成圆形大气泡，因为热处理升温过快；如果是气泡位于基托表面，多因为单体过多或后填加，调拌不匀。

2. 咬合增高　原因如下：树脂过硬、树脂量过多、装盒用石膏强度不够、型盒未压紧。

3. 基托色泽不均匀　原因如下：树脂调拌不均匀、树脂充填时过硬、牙托水挥发过快过多、手和水盆不干净、充填时反复多次填塞。

4. 人工牙与基托树脂连接不牢　原因如下：上下型盒分别充填树脂，时间过长；试压后玻璃纸未去除；人工牙上涂有分离剂未去净；关盒前人工牙与基托间未加牙托水湿润人工牙。

三、出盒磨光

全口义齿的树脂材料经聚合固化后定型，将其取出后，为了使修复体表面平整光滑，减少口腔异物感，防止食物在修复体上沉积，并防止修复体材料变质，在给患者戴入前，还需进一步打磨、抛光，才能形成较为理想的义齿。

（一）出盒时机

型盒经过热处理在水中自行冷却，水温降至 50℃以下时，出盒最适宜。优点如下：型盒在热水中冷却速度较慢，需要时间较长，这样利于树脂中残存的少量游离单体充分释放；型盒浸泡在 50℃的温水中，石膏相对比较松软，更容易出盒。反之型盒干燥后，则石膏变硬，出盒难度增大。

如果使用冷水进行冷却型盒并且出盒，就会导致降温速度过快，基托容易变形，而且温度变化较大产生的应力，会使基托发生皲裂。

（二）出盒方法

1. 打开夹持型盒的型盒架，取出型盒；或者拧开型盒上的螺丝，去掉型盒盖，用调刀插入上下层型盒的缝隙中，轻轻用力分开上下层型盒。

2. 用小锤适当用力敲击下层型盒的底板，将石膏脱出，取下石膏上的型盒底板，上层型盒的石膏直接敲击脱出即可。

3. 用石膏剪、工作刀等工具先剪去周围包埋的石膏，再慢慢剪去模型。将义齿从石膏块中分离出来。整个操作过程应把握力度，少量分次去除石膏，细心操作，避免损坏义齿。剪除石膏时，使用剪刀要准确判断剪刀所产生分裂力的方向，防止力度过大使基托折断。特别是下颌全口义齿，基托呈马蹄形且体积较小，切忌从后部正中剪，否则义齿基托容易从中部折裂。

四、清理义齿表面石膏

先用雕刻刀手工清除义齿表面黏附的石膏，然后将其浸泡于30%柠檬酸钠过饱和溶液中24小时，取出后用清水洗刷干净，去净基托龈缘部位残留的石膏。

任务三　磨　　光

磨光是全口义齿制作工艺的最后一道工序，需要细致的操作。通过磨光后的全口义齿磨光面表面平整光滑，具有合理的形态，边缘圆钝，外形美观，组织面无石膏及树脂瘤，具有较好的工艺效果。完成后的全口义齿戴入口腔后感觉舒适，食物不易沉积，同时材料不易变质。

一、磨光和抛光的工具

全口义齿的磨光和抛光工具可以清除义齿表面的残余物，提高义齿表面光洁度，满足义齿的美观要求和口腔的解剖生理要求。工具如下：①技工用微型电机，又称微型技工打磨机。体积小、转速高、切削力强、噪声低、携带方便。可以对义齿进行切削和研磨。②技工打磨机，是技工室的基本设备之一。用于修复体的打磨和抛光。③切削用磨具，主要用于切割铸道的切割砂片和切削磨头。④研磨抛光用磨头，打磨抛光修复体用的各类磨头、钻针、磨轮、磨片。

二、磨光的方法

树脂基托磨光的基本操作顺序：粗磨、细磨、抛光。每步都要合理使用相应的工具和材料进行，遵循由粗磨到细磨、先平整后磨光的原则，不能打乱顺序。

（一）粗磨

粗磨是指用大砂轮、砂石对义齿表面进行平整，磨去基托过长、过厚、菲边，以及磨光面过凸之处，以减少其表面粗糙度，使义齿边缘圆钝，有合理形态的加工过程。粗磨是磨光的基础步骤。

1. 基托边缘的磨平　先用大砂轮、粗磨头、刚玉磨头等工具将义齿基托较大菲边、过长的基托磨去，修整组织面树脂瘤和过大的倒凹（图 18-7）。使用刀边砂石修出唇、颊、舌系带切迹。再用精修钻、刚玉磨头等将边缘磨平。经粗磨后，基托边缘应圆钝，磨光面向组织面要形成自然过渡，并有一定的厚度，不能形成锐角。

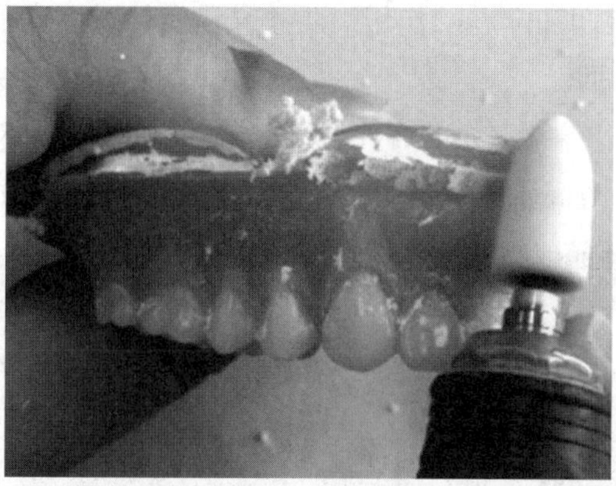

图 18-7　去除菲边

2. 组织面的磨平　组织面一般是口腔黏膜的真实反映，除树脂瘤、尖锐的凸起、残留石膏渣，以及需缓冲骨突等处外，一般不应研磨。用裂钻、圆钻、小砂石钻，将组织面上的树脂瘤、尖锐凸起，以及石膏残渣等小心磨除，不能损伤树脂部分，防止影响基托与口腔黏膜的密合程度。

3. 基托磨光面的磨平　正常填塞树脂聚合后的义齿出盒后，基托磨光面牙颈部、邻间隙、根部隆突及基托的凹面外形大多能保持义齿蜡型的原有光滑度，基本不用再研磨。如需研磨，也尽量少磨。用细裂钻、小砂石等研磨牙颈部和邻间隙，轻轻去除这些部位的黏附石膏，注意不磨损树脂和人工牙（图 18-8）。

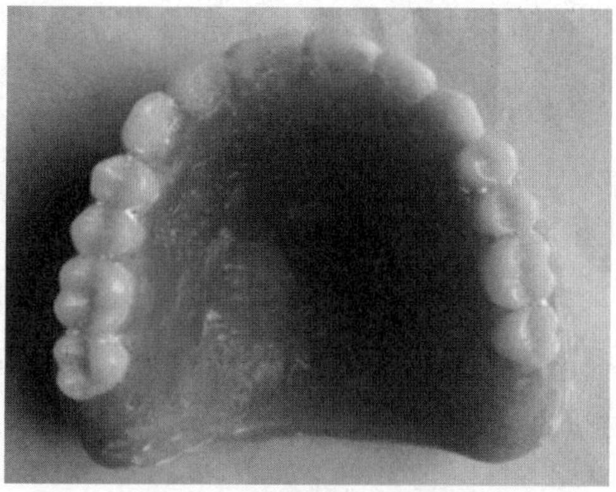

图 18-8　基托磨光面磨平

（二）细磨

经过上述对各处进行研磨后，基托已具备基本形态，再用夹轴裹上细纱布或砂纸将整个磨光面轻轻打磨一遍，使其更加平整细致。

（三）抛光

抛光是指对义齿表面进行光亮处理的过程。其目的是使义齿表面高度光滑，外形美观，戴入口腔后患者感觉舒适，食物不易沉积，材料不易变质。抛光所用的主要工具是布轮、毛刷轮、毡轮等，配合细石英砂糊剂使用。

1. 颈缘和牙间隙的抛光 用毛刷轮加细石英砂糊剂进行抛光效果较好。毛刷轮软硬度适宜，又富有弹性。抛光时应注意控制抛光轮与义齿之间的压力，使其对义齿表面均匀施压；及时加入细石英砂糊剂和水，以保持表面湿润和降温的作用，防止义齿受热过度变形，同时提高抛光效率；抛光时要对准牙间隙，尽量保护牙面。

2. 基托磨光面的抛光 用湿毡轮加细石英砂糊剂进行抛光（图 18-9）。根据需要选择使用合适型号的布轮。如上颌义齿腭弓过高舌侧区过窄，布轮不易磨到时，可用绒锥抛光。

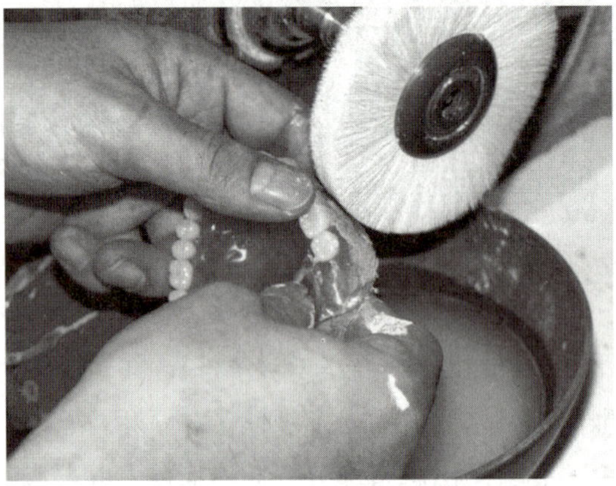

图 18-9 基托磨光面抛光

最后，用毛长而柔软的白毛刷加氧化锌糊剂轻轻抛光。抛光时要不停地转动义齿，使表面抛光均匀。结束后，用超声清洗机清洗义齿。清洗后将义齿浸泡在凉水中，防止树脂变色、变形。

三、磨光需注意的问题

1. 选择工作转速快的磨具。因为磨具的工作转速越快，研磨效率越高，义齿表面磨痕越浅；反之，效率低，磨痕深。

2. 选择合适形状的磨头，以提高研磨效率。磨光时磨具与义齿直接接触，其质量直接影响到研磨的效果，质量好、表面形态完整无缺损的磨具可以提高研磨的质量和效率。

3. 遵循研磨顺序。研磨时按由粗到细、由平到光的顺序进行，研磨时要改变方向，使义齿研磨均匀，防止义齿变形。

4. 抛光时两手要拿稳义齿，用力得当，防止义齿被高速旋转的布轮打飞而造成损坏。

5．抛光时，毛刷、布轮等工具一定要提前润湿，并不断加磨光糊剂和水，防止出现干磨。否则义齿会越磨越粗糙，同时摩擦大量产热，使基托变形。

任务四　选　磨

一、重新上𬌗架

1. 分离复位法　分离复位法是上𬌗架后，使上下颌模型能脱卸，并依然能恢复到𬌗架上的原位；或因使用半调节𬌗架，用于调节髁导斜度。分离复位法用于重上𬌗架的前提条件是开盒时确保模型完整，并使义齿与模型连接成一个整体（图 18-10）。该法的最大缺陷是仅能在𬌗架上修改因聚合造成的咬合变形。由于在聚合的应力未得到释放的条件下做调磨，去除石膏模型释放应力后，义齿尚有变形的可能。另外，该法也无法修改由颌位关系记录等失误造成的咬合变形。

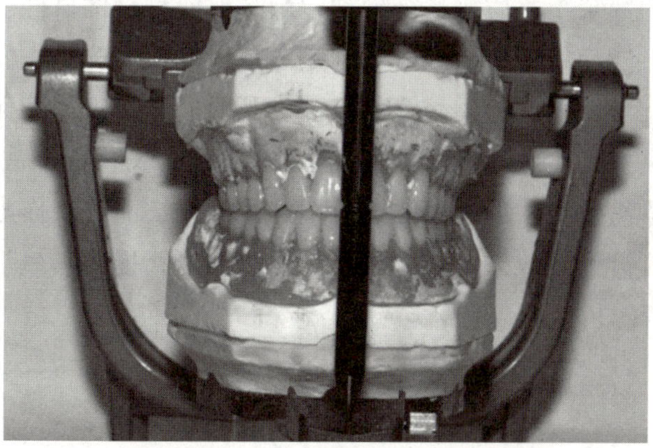

图 18-10　分离复位法重新上𬌗架

2. 典奇复位记录法　为使聚合后的义齿重新回到𬌗架的原有位置，在包埋蜡义齿前，预先获取上颌义齿的切缘及其牙尖的石膏牙痕，该牙痕称为典奇复位记录。把聚合后的义齿在该牙痕上密合，通过重上𬌗架，恢复到𬌗架上蜡义齿阶段的原有位置。该法的优点是重上𬌗架前，能在口腔内试戴义齿，并检查上下颌的位置关系。但终因聚合应力释放后，咬合变形会明显大于分离复位法；且聚合后义齿难以在典奇复位记录上完全密合。若在不正确的上颌位置重上𬌗架，又会产生其他的问题。最佳方法是把分离复位法与典奇复位记录法合用，经历了分离复位法的调磨后，再获取典奇复位记录，然后做调磨。

二、平衡𬌗检查及调磨

1. 正中𬌗检查　将蓝色咬合纸放在双侧上下牙之间，使𬌗架做开闭运动或在按紧咬合情况下将咬合纸拉出，检查是否有早接触点。如有早接触点，用小圆形磨石磨除，注意磨除与早接触牙尖相对应的中央窝或斜面，而不要磨改功能尖。磨改直到切导针重新接触切导盘。

2. 侧方𬌗检查 拧开正中锁，使上颌体向一侧接触滑动，上下牙之间可放红色咬合纸，判定侧方𬌗时工作侧和平衡侧后牙接触情况，必要时进行调磨。同法做另一侧。

3. 前伸𬌗检查 拧开正中锁，使上颌体向后移至上下前牙呈切对切状态，检查前牙接触及后牙平衡牙尖接触情况，必要时调磨。

4. 注意事项 在进行选磨工艺时，确保使用正确的工具和材料至关重要。例如，使用小圆形磨石时，要确保其锋利度，以便精确地去除早接触点，而不影响其他牙齿的正常咬合。在检查侧方𬌗和前伸𬌗时，红色咬合纸的使用可以帮助直观地识别咬合干扰点，从而进行精确的调整。金刚砂糊膏的均匀涂抹和𬌗面接触滑动运动的次数需要根据实际情况适当调整，以确保𬌗面的平滑度和咬合的舒适度。

▶任务拓展

全口义齿注塑法

全口义齿注塑法作为一种先进的口腔修复技术，采用注塑工艺制作全口义齿。它运用高精度的 3D 打印技术制作硅胶模具，确保了义齿形状与尺寸的精确性。随后，将合适的材料填充至模具中，并经过高温烧结及后续精细处理，最终形成具有优良性能和自然外观的全口义齿。该技术精度极高，能与患者口腔形态紧密贴合；机械性能优越，满足咀嚼需求；美观自然，可根据患者特点配色；且操作相对简便，节省了时间和步骤。然而，它也面临设备成本高、材料费用贵及技术难度大等挑战。在临床应用上，全口义齿注塑法展现出广泛的适用性，特别适合对精度和美观有高要求的患者。通过个性化定制，能够制作出完美契合患者个体差异的义齿，从而有效提升修复效果，增强患者的咀嚼功能，提高其生活质量，为口腔修复领域带来了革命性的进步。

【任务评价】

详见表 18-1。

表 18-1 全口义齿完成任务评价表

任务	评价要点	分值
一	正确选择大小合适的型盒	5
	装盒前能对模型进行正确的处理	5
	正确进行全口义齿的装盒	10
	正确对型盒进行烫盒和除蜡	10

续　表

任务	评价要点	分值
二	正确涂布分离剂	5
	正确调拌义齿基托树脂材料	5
	正确进行型盒的充填和热处理	10
	正确对型盒进行开盒	5
三	正确对义齿进行粗磨的处理	10
	正确对义齿进行细磨的处理	10
四	分析磨光需注意的问题	10
	正确进行选磨前上𬌗架	5
	正确选磨义齿达到平衡𬌗要求	10

考试知识点总结

项目小结

协和云课堂……　拓展练习及参考答案

（孙　蕾）

项目十九　全口义齿制作过程中常见问题和解决措施

教学课件

微课：全口义齿制作过程中的常见问题和解决措施

项目目标

素质目标

具备辩证唯物主义思维，深入探究全口义齿制作过程中常见的问题。

知识目标

（1）掌握：印模制取阶段、排牙和平衡𬌗调整阶段的常见问题和解决措施。

（2）熟悉：全口义齿完成阶段的常见问题和解决措施。

（3）了解：颌位记录和颌位关系转移阶段的常见问题和措施。

能力目标

具备全口义齿制作各个阶段的问题分析和解决能力。

项目案例

【案例】

患者，男，61岁，退休职工。有糖尿病、高血压等基础病史。患者由牙周炎导致牙列缺失2年，来我院进行全口义齿修复。查体：患者上下颌牙槽嵴中度吸收。予以全口义齿修复，全口义齿制作完成后试戴发现，舌部活动时下颌全口义齿容易浮起。

【问题】

1. 如何为该患者解决下颌全口义齿浮起的问题？
2. 如何制作义齿增强固位？

【项目分析】

在制作全口义齿的过程中，技师需要在多个关键阶段进行精细的操作，包括印模制取阶段、颌位记录和颌位关系转移阶段、排牙和平衡𬌗调整阶段，以及蜡型塑型和全口义齿完成阶段。在这些阶段中，技师的操作至关重要，任何一个小的失误或疏忽都可能导致最终制作出的全口义齿在质量上出现问题。因此，技师必须对可能出现的问题保持高度警觉，并且能够准确地分析和诊断在操作过程中遇到的每一个问题。只有这样，技师才能采取有效的措施来解决这些问题，从而确保全口义齿的质量达到最佳。因此，分析操作过程中存在的问题并找到解决方法，是提高全口义齿质量的必要手段，这对于确保患者口腔健康和舒适度具有重要意义。

任务一　印模制取阶段

一、个别托盘的边缘过长

个别托盘应该在制取初印模灌注模型后进行制作。通常情况下，个别托盘的大小应在印模制取的范围内，有时为了方便终印模做肌功能整塑，制作的个别托盘边缘会缩短 2 ～ 3mm，但偶尔的情况下可能会发现进行二次印模时，肌功能修整后个别托盘过长的现象。

此时处理方法是去除过长边缘部位的红膏，磨短相应部位的个别托盘，重新添加红膏，重新做肌功能修整。预防措施；在口内试戴个别托盘，发现不合适的地方进行磨改，然后进行肌功能修整。

二、压力印模个别托盘的制作

压力印模与选择性压力印模均属于功能性印模技术，旨在确保义齿的稳定性和黏膜受力均匀。对于黏膜较薄的区域，以及特定的解剖结构如上颌切牙乳头、上颌硬区、下颌前牙槽嵴顶部、下颌舌隆突、下颌舌骨嵴及拔牙后未完全吸收的颌骨部位，需要通过缓冲处理来减少直接压力；而对于其他能够承受较大力量的黏膜区域，则应采用压力印模以获得更精确的支持形态。

压力印模：在初步模型上使用蜡作为缓冲材料预先塑形，在此基础上进一步构建个性化托盘。这种方法同样适用于选择性压力印模。两者的主要区别在于最终取模时是否设有材料溢出通道，没有设置溢出路径的是压力印模用托盘。此外，压力印模推荐使用流动性较低的印模材料，而选择性压力印模则更适合使用流动性较好的材料。

非压力印模：首先在原始模型表面覆盖一层大约 1mm 厚的红色软蜡片（模拟未来使用的印模材料厚度），随后基于此层之上定制个性化的托盘。操作过程中，患者会试戴含有红蜡片的托盘，并在其周围添加粉红色膏体进行肌肉功能调整，之后移除附着于托盘内侧表面的红蜡片，再注入最终成型用的印模材料完成整个过程。此类情况下通常选用具有良好流动性的印模材料。

全口义齿印模的制取，根据不同部位的特点选择合适的印模方式至关重要，它不仅影响到修复体的舒适度，还关系到长期佩戴效果。

任务二　颌位关系记录和转移阶段

一、殆托应具备的条件

在进行颌位关系记录时，即使使用了暂基托，由于光敏树脂或个别托盘专用树脂的聚合收缩，也可能导致暂基托与模型之间出现缝隙。这些细微的误差都可能影响颌位关系记录的准确性。为了消除这种缝隙并提高基托的吸附力，可以采用硅橡胶印模材料来衬垫暂基托的组织面，从而确保暂基托与模型之间的紧密贴合。具体操作步骤如下。

1．在暂基托的组织面上均匀涂抹一层薄薄的硅橡胶印模材料粘接剂，并让其自然干燥。

2．待粘接剂完全干燥后，在暂基托的组织面上构建一层薄而均匀的高流动性硅橡胶印模材料层。注意控制好材料的用量，避免过多导致分散面积过大，这不利于后续基托的准确复位。

3．将涂有硅橡胶的暂基托轻轻压贴到模型上，直至观察到两者之间的缝隙被填满且无明显空隙存在为止。

4．保持该状态一段时间，以确保硅橡胶充分固化并与模型及暂基托形成良好的结合。

5．此方法不仅适用于解决实验室内因材料收缩造成的不密合问题，同样也可用于临床上对患者口中暂基托进行微调，以改善其适配性。

二、不同排牙方法殆平面的设定

上颌起排法殆平面从前面看，上颌中切牙的切缘在上唇下缘 2mm 处，并且和鼻翼耳平面平行。下颌排牙法殆平面前方和上唇下缘平齐。因此，为了前牙美观，下颌起排法排列上前牙时，切缘和牙尖在殆平面设置于下方 1mm 处。

全口义齿人工牙排列尽管存在上下颌之分，但排牙法中所使用的殆平面并非同一个。上颌排牙法的平面位置则位于上唇下缘 2mm 处，大部分上前牙的切端与殆平面接触。在排列上颌后牙时，以殆平面为参照物，补偿曲线处于殆平面的上方。这意味着越靠远中的人工牙，其牙尖离开殆平面的垂直距离越大（图 19-1）。

对于下颌排牙法，其殆平面的位置大致与上唇下缘齐平。在排列上颌前牙时，需要预先将下颌殆托的前牙区殆平面降低 1mm。在后牙区，基于殆平面形成下凸的 Spee 曲线，直至下颌第二磨牙的近中颊尖与殆平面平齐。因此，患者的殆平面与义齿的殆平面位置保持一致。

无论采用哪种排牙方法，殆平面的位置并无实质差异。在实际临床操作中，确定殆平面的同时，需先明确选择采用哪种排牙方法。

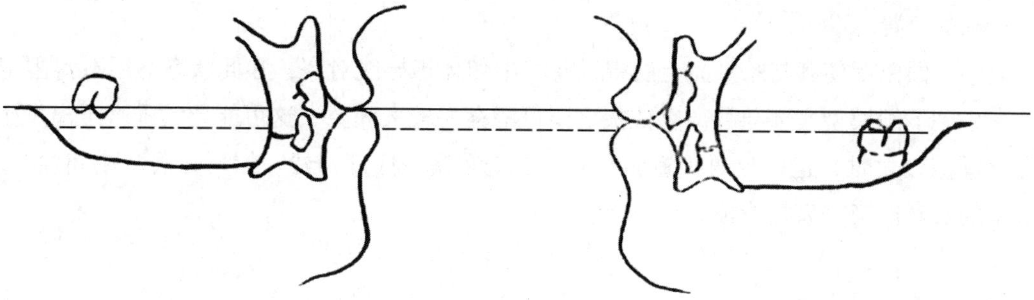

图 19-1　排牙的𬌗平面位置
A. 上颌排牙法；B. 下颌排牙法。

三、𬌗架的选择

在全口义齿的制作过程当中，𬌗架是最关键的设备。选择合适的𬌗架，是制作精良的全口义齿的重要保证。制作全口义齿的𬌗架，最好是选用半可调𬌗架，能够调节前伸髁导斜度、侧方髁导斜度和切导斜度。条件不足时，也至少要选用平均值𬌗架，能够进行前伸、侧方运动的验证。

四、分离复位架环的使用

分离复位架环的主要原理是磁吸作用，利用分离复位架环，能够方便地把模型从𬌗架上进行摘取和复位，方便排牙和后期磨改等工序。

五、用面弓转移颌位关系

尽管面弓技术操作较为复杂，但若不使用面弓进行上𬌗架的安装，会导致上颌弓与颞下颌关节之间的三维位置关系出现误差。

1. 对于半可调节𬌗架而言，是否使用面弓会影响上颌模型的位置。这种差异可能会影响下颌运动的精确重现。如果使用面弓，则可以将前伸或侧方𬌗记录放入口内时的垂直距离与戴入修复体后的同一颌位的垂直距离保持一致，从而更准确地重现下颌运动，减少临床中可能出现的不精准问题。

2. 石膏模型需要通过特定的方式固定于𬌗架上。利用磁性材料制成的分离复位式架环能够方便地从架环上取下模型。这种设计允许在聚合过程完成后，将义齿恢复到其原始位置（义齿蜡型与𬌗架之间的初始关系），并通过调磨去除聚合过程中产生的咬合变形。然而，需要注意的是，调磨无法修正错误的颌位关系记录或不正确的上𬌗架位置。

3. 用𬌗平面板上𬌗架的方法：虽然不使用面弓直接上𬌗架可能增加临床调磨工作量，但由于某些客观条件限制，有时仍需采用此方法。此时主要依据𬌗托平面、中线及切点的位置来定位。具体步骤如下。

（1）在模型上绘制解剖学意义上的中线，并将其延伸至模型前后两端。

（2）戴上上颌䝈托并用蜡固定于模型上，然后沿着侧面用玻璃胶带加固；确保上颌䝈托位于䝈平面板上正确的位置。

（3）调整上颌模型使其与䝈平面上的中线及其中切牙指导线对齐，在此状态下用石膏固定。

（4）考虑到下颌模型底部与分离复位板之间可能存在较大间隙，这可能导致垂直距离发生变化。特别是当该间隙较大时，建议分两次施加石膏：首先在模型底部构建一层以显著减小间隙；其次使用低膨胀率的石膏连接分离复位板。

任务三　排牙和平衡䝈调整阶段

一、前牙的排列

（一）前牙覆䝈、覆盖关系确定的原理及方法

确定前牙覆盖和覆䝈的因素较为复杂，容易混淆。在天然牙列中，当牙尖交错䝈时，上下颌前牙的覆盖通常为 2 ～ 3mm。当下颌从前伸位置移动至对刃䝈时，只有前牙有接触滑动，而后牙则无咬合接触。在此过程中，下颌中切牙沿着上颌中切牙的舌侧接触滑动的方向（即前伸切导斜度）与䝈平面形成 30°～ 40°的夹角。

对于全口义齿而言，为了确保其稳定性，对咬合有最基本的要求。当下颌从正中位向前移动至对刃䝈时，为了防止义齿脱位，前后牙都需要有接触滑动。这种运动方向由前伸髁道斜度与义齿咬合面上牙尖工作斜面的斜度决定。通常，在制作义齿之前，需要调整前伸髁导斜度和前伸切导斜度。为了利于义齿的稳定性，选用牙尖斜度为 20°的人工牙最为理想。如果采用平均值䝈架，由于其前伸髁导斜度为 30°，则前伸切导斜度应设为 10°。若下颌中切牙的前伸髁导斜度为 15°，覆䝈为 1mm，则覆盖需达到 3 ～ 4mm。全口义齿的标准覆䝈为 1mm，覆盖为 4mm（上下中切前牙切缘最高处间的水平距离）。在正中䝈位时，若不去除人工牙的厚度，下颌中切牙切缘的位置距离上颌中切牙舌侧约 2mm；此时，上下颌前牙无咬合接触。覆盖会根据患者的颌位关系变化而改变，此时可能需要增加覆䝈。

（二）前牙排列常见问题

1. 上下颌人工牙的正常对应关系　若按正常的覆盖、覆䝈排列前牙，选择上颌六颗前牙的总宽度，对应确定下颌六颗前牙的总宽度，由此能顺利地进行后牙的排列，使其呈现正常的尖窝相对的咬合关系。这种咬合关系的特征是下颌尖牙的牙尖对应上颌侧切牙与尖牙的邻面，上颌尖牙的牙尖对应下颌尖牙的远中邻面（图 19-2）。通过保持这种位置关系，能使后牙呈现一牙对应两牙的咬合关系。如果后牙未能呈现这种咬合关系，则需检查上下颌前牙的位置关系是否正确。

2. 上下颌的颌位关系会影响下颌前牙的大小　在天然牙列中，上下颌的咬合关系分Ⅰ类、Ⅱ类和Ⅲ类。在无牙颌的颌位关系中，前牙区也可大致分为正常颌、上颌前突和下颌前突（图 19-2 和

图 19-3）。在全口义齿前牙人工牙排列时，不可能将义齿都按照正常颌位关系进行排列前牙，会影响义齿的功能和美观。因此，临床上会将上下颌前牙排列在原天然牙的位置，然后再根据覆盖关系对覆殆关系进行适当调整。

3．对于上颌前突的情况（图 19-2、图 19-3），当上颌前突时，覆盖大于正常情况。若按上颌前牙的规格选用配套的下颌前牙，则下颌前牙处于比正常位置更偏向后方的位置。此时，从尖牙唇侧观察上下颌人工牙的位置关系时，下颌尖牙的远中邻面（HB）处于上颌尖牙牙尖（HU）远中牙尖的位置。排列后牙时，在上颌的记号处（X）会产生缝隙。为避免发生该间隙，需选用小一号的下颌前牙。

4．对于下颌前突的情况（图 19-2、图 19-3），根据下颌前突的程度，有时需排列成反殆或在对刃殆的范围内，排列成浅覆盖、浅覆殆。此时，下颌尖牙的远中邻面（HC）处于上颌尖牙牙尖近中牙尖的位置，由此造成上颌第一前磨牙的排牙空隙不足（Y）。解决方案是选用大一号的下颌前牙。

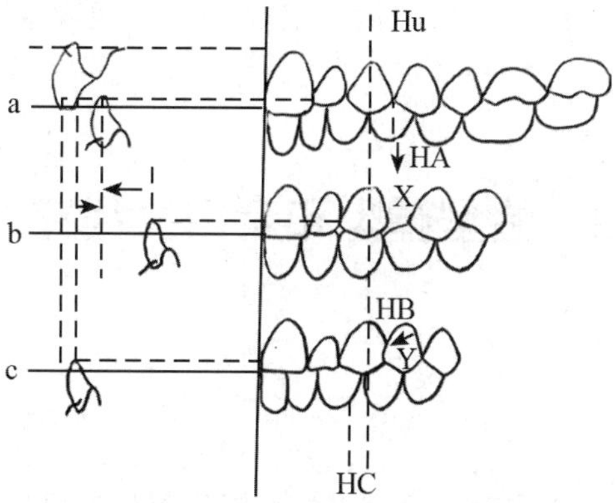

a. 正常颌位关系；b. 上颌前突；c. 下颌前突。

图 19-2　前牙颌位关系与人工牙位置排列

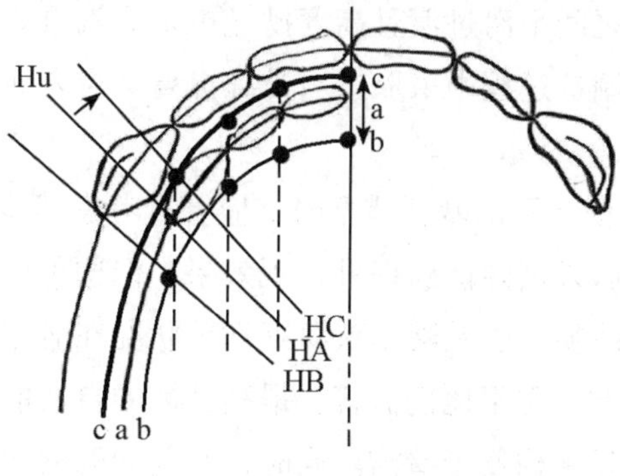

a. 正常颌位关系；b. 上颌前突；c. 下颌前突。

图 19-3　前牙大小与排牙位置的关系

二、后牙的排列

前磨牙位于前牙弓和后牙弓的衔接处，对牙弓整体形状的协调性具有重要作用。因此，在排列前磨牙之前，需要先观察颌弓的整体形状，确保其协调性。

后牙的排列方法分为上颌法和下颌法。在下颌法中，常会遇到上颌第一前磨牙近远中向排列空间不足的问题，或者由于该空间过大，导致尖牙与前磨牙之间产生缝隙。此外，还可能出现尖牙排列过于偏向舌侧、与前牙衔接不良等常见问题。这些问题同样也会发生在上颌法的下颌第一前磨牙排列中。为了便于后续人工牙位置的微调整，建议在上颌尖牙的远中与第一前磨牙的近中之间预留 0.5 ～ 1.0mm 的间隙，这个间隙称为典奇间隙。预先设置典奇间隙后，再进行上颌后牙的排列。

1．当无法确保上颌第一前磨牙的排牙空间时（图 19-2），由于上颌第一前磨牙受到正面目视的影响，如果排牙空间不足，应调磨上颌尖牙、上颌第一前磨牙和上颌第二前磨牙的远中部分，以确保上颌第一前磨牙有足够的排牙空间。此时，可能会丧失一颗牙对应两颗牙的咬合关系，但若能保持上下颌第一前磨牙咬合的紧密性，则不会对咬合产生大的影响。若缝隙大于 1mm，则需要寻找原因，通常需要重新排列下颌前牙。

2．当上颌尖牙与第一前磨牙之间产生缝隙时（图 19-3），会影响美观。如果缝隙较小，可以均分在上颌尖牙、第一前磨牙和第二前磨牙之间。若缝隙较大，则需要重新排列小一号的下颌前牙。

任务四　蜡型塑型和全口义齿完成阶段

一、蜡型塑型阶段

1．全口义齿的磨光面形态　义齿菌斑最容易在材料交界处形成，尤其是人工牙与树脂基托的接合区域。这些部位由于结构复杂，容易积累菌斑及其附着物，从而导致变色等问题，不仅影响美观还可能对口腔卫生产生不利影响。因此，在制作后牙区的蜡型时，应特别注重设计以促进清洁性。此外，确保人工牙与树脂基托之间平滑过渡且高度抛光也是非常重要的，这样可以进一步降低菌斑附着的风险。总之，在设计和制造过程中采取适当措施提高义齿表面的光滑度和自洁能力是非常必要的。

2．龈乳头的形态　在设计前牙区的基托蜡型时，应着重考虑其美观性，力求模仿真实牙龈的复杂凹凸形态。尽管开放人工牙唇外展隙能够提升外观效果，但这种设计不利于抛光处理，容易积聚菌斑。鉴于脑血管疾病导致的瘫痪，以及阿尔茨海默病等状况在老年人中越发常见，这些患者群体面临更大的义齿清洁挑战。因此，对于他们而言，提高义齿的自洁能力变得尤为重要。建议封闭人工牙的唇外展隙，确保整个基托结构便于清洁。同时，在前牙区的龈乳头位置可以适当留出一些空隙，以此来平衡功能性与美观性的需求。

3．基托的表面性状　在制作义齿蜡型的过程中，为了提升其表面光滑度，通常采用酒精喷灯进行处理。针对难以直接抛光的龈乳头区域，应在蜡型阶段就设计成易于后续抛光的形状。特别是在人工牙靠近中间和边缘的位置，由于这些地方不易被抛光工具触及，所以在蜡型阶段就要特别注意形成便于抛光的形态。此外，在使用酒精喷灯时需要谨慎控制火焰大小，尽量以最小的火焰达到理想的效果。如果有必要的话，可以在人工牙表面预先贴上一层硅橡胶或黏土作为保护层，防止高温对人工牙造成损害。

金属基托因其表面性质不利于微生物附着而具有一定的自洁优势。通过将金属基托置于上颌义齿的腭侧及下颌义齿的舌侧，可以进一步增强整个义齿结构的清洁能力。然而，考虑到未来可能需要重新调整（重衬）的需求，金属基托的应用范围受到一定限制，往往需要与树脂基托结合使用才能更好地满足临床要求。

二、全口义齿完成阶段

（一）装盒

包埋义齿蜡型是为了把蜡基托置换为树脂基托，为此需正确保持义齿蜡型阶段蜡基托与模型、与人工牙的位置关系。包埋时的注意事项如下。

1. 包埋用石膏的选择　聚合后，不仅基托易上浮，人工牙也会发生水平方向及垂直方向的移位。聚合时牙托粉发生的尺寸变化直接影响基托的密合状态；此外，人工牙的移位还受包埋料固化膨胀的影响。为在终义齿上正确重现义齿蜡型的咬合状态，包埋时需确保模型与人工牙处于正确的位置关系。因此，包埋用石膏需要凝固膨胀小、表面重现性好、具备一定的强度。包埋料还需具备确保人工牙不脱落，不损坏充填义齿基托树脂材料及易于开盒等强度要求。

2. 石膏分离剂的选择　常用的石膏分离剂有肥皂液、藻酸钠分离剂、凡士林及石膏专用分离剂。应选用会渗入石膏，但不起膜的石膏分离剂，由此确保上下型盒的吻合。

（二）充填及热处理

室温固化型浇筑型牙托粉，有较好的流动性，呈糊状时沿浇筑道灌注满义齿型腔。该法不使用型盒，与加热固化型牙托粉相比，具有咬合升高少、操作简便的优点。但因采用弹性包埋材料，具有型腔易变形、人工牙难以处于正确位置、聚合后的单体残留较多等缺陷。解决的方案是设置浇筑道和排溢道，方便牙托粉的流动；使用不吸收单体、尺寸变化少、能防止人工牙移位、表面细节重现性好、易于开盒的包埋材料。具备上述性能的包埋材料主要有硅橡胶和琼脂。

（三）磨光

1. 基托边缘　基托需重现工作模型上口腔前庭沟的形态，该形态正确与否对于边缘封闭的好坏起到关键作用。利用黏膜切实达到边缘封闭的作用。打磨的作用主要是去除义齿的菲边而需要保留基托边缘的应有长度和形态，不能把基托边缘磨薄、磨短。

2. 基托磨光面　在制作上颌前牙区的义齿时，应特别注重基托的美观性，同时确保其他区域的设计有利于义齿的固位和稳定，以适应周围肌肉群的运动。具体来说，在蜡型阶段，需要将来自唇、颊、舌等部位的肌肉压力转化为有助于增强义齿稳定性的基托形态，并且仔细检查各部分之间的相互作用关系。最终完成的义齿应当忠实地再现蜡型中设计的基托形状，避免任何形式的变形。

临床上常见的一个问题是下颌舌侧基托过薄的情况，一般是由初始塑形不当或后期打磨过度造成的。尽管减少舌侧基托厚度的初衷可能是提供更多的舌体活动空间，但这一做法不应导致基托变得过于薄弱。特别是对于那些位于下颌隆起或骨缘附近、在咬合过程中容易产生压痛感的位置，在进行义齿调整时应适当减轻这些区域的压力点，通过轻微打磨来提供缓冲效果。然而，如果原始设计中的基托已经非常薄，则这种修改可能会导致材料穿透。此外，如果基托边缘长度不足，则会失去其应有的封闭作用，不仅影响义齿的固定性，还可能引起软组织损伤甚至溃疡。因此，经过处理后的舌侧基托边缘应该保持类似棒球棒头部的形状，并充分覆盖黏膜转折处，从而有效实现边缘封闭功能。

3. 上颌义齿后堤区打磨 上颌义齿后缘设置在颤动线上，仅后堤区的基托边缘嵌入黏膜，打磨时不得缩短颤动线，并使腭侧磨光面与黏膜衔接自然。

4. 系带处的打磨

（1）上唇系带：上唇系带的形态会随着上唇的运动而发生变化，其附着部以外的走向也会有所变动。在设计和制作上颌义齿时，必须考虑到上唇系带的活动范围，确保基托边缘避开这一可动区域，并在适当的位置切入一个“V”字形的沟槽，其顶端定位于附丽部的顶点，以此作为槽口。

虽然印模能够记录口唇部功能运动时的形态，但它无法准确捕捉上唇系带的动态活动范围。因此，在预备上唇系带沟之前，需要预先估计该系带的可能运动范围，并以附丽部为“V”字形沟的顶点。设计的槽口深度和宽度应足以容纳上唇系带的活动，同时确保槽口两侧的基托边缘厚度较薄，并与侧方的基托形态平滑过渡。

临床实践中，有时会出现槽口成形大于系带实际运动范围的情况，这可能会影响边缘封闭效果，导致义齿脱位。因此，当难以确定系带的确切可动范围时，应在临床上使用检查义齿密合的材料，谨慎地预备系带的槽口，以确保最佳的适应性和功能性。

（2）颊系带：颊系带是一条重要的解剖结构，由起源于上颌骨并通过口角区域延伸至下颌的结缔组织束构成。这条系带的位置和形态受到周围肌肉活动的影响，特别是口轮匝肌和颊肌的作用力会分别导致其向前或向后移动，因此颊系带具有较大的活动范围。在设计义齿时，必须考虑到这一点，确保颊系带槽口的设计不会限制其自然运动，这要求槽口具有足够的宽度以适应这种动态变化。

下颌部位的颊系带位置可能会因为颌骨吸收而发生变化，这使其具体附着形态和位置变得不太明确。相比之下，上颌部位的颊系带更容易在印模中被准确记录。在制作过程中，对上颌颊系带槽口进行打磨时需要格外小心，不仅要维持其正确的形态，还要保证表面光滑无瑕，以免影响最终义齿的功能性和舒适度。

（3）舌系带：舌系带连接着舌侧与口腔底部，在舌头处于静止状态时表现为松弛状态。当舌头进行前后方向的运动，如吞咽等频繁发生的生理活动时，舌系带会进入紧张状态。为了确保这些自然运动不受干扰，设计时应保证槽口具有足够的宽度和深度，以便舌系带顺利通过。此外，槽口两侧相邻的基托区域应该保持较薄，并与侧面平滑过渡。

由于该区域难以通过周围肌肉实现有效的边缘封闭效果，因此需要特别注意槽口的设计。临床上经常遇到的问题是槽口过大，导致基托边缘形态不佳，影响义齿的稳定性。最直接的检测方法是观察义齿是否有浮动现象。为此，在打磨阶段应预先设定一个最小尺寸的槽口来允许舌系带的自由移动，而最终的调整应在试戴过程中根据患者的具体情况由临床医生完成。

（四）选磨

1. 正中𬌗选磨

（1）咬合高点未均匀分布：在正中𬌗时，若存在局部过早接触或高点，会导致义齿受力不均。例如，可能是由于人工牙排列不当，唇颊侧或舌侧有早接触点，使义齿在咀嚼过程中产生翘动，影响固位和稳定性，长期还可能导致义齿基托变形或压痛。

使用咬合纸检查咬合高点的位置，然后根据高点的位置和程度进行选磨。对于较小的高点，可以采用细砂轮或橡皮轮进行轻微调磨；对于较高的点，需要用平头锥或轮形石等工具进行适量磨除，使咬合力均匀分布在整个𬌗面上。在调磨过程中，要不断检查咬合情况，确保高点完全消除，同时避免过度磨除导致低咬合。

（2）垂直距离恢复不当：选磨后垂直距离发生变化，可能使面部下1/3垂直距离改变。如果垂直距离过大，会导致面下1/3变长，患者面容不自然，咀嚼时费力，且义齿稳定性差，容易松动；若垂直距离过小，会使面下1/3变短，造成咀嚼效率降低，同时可能会影响患者的发音功能。

若垂直距离过大，可适当磨除下颌人工牙的𬌗面或上颌人工牙的𬌗面，使垂直距离恢复到合适的范围。在调整过程中，要注意保持两侧磨除量的对称性，以免导致义齿偏斜。同时，需结合患者的面容、鼻唇沟深度等因素综合判断垂直距离是否合适。如果垂直距离过小，可以通过添加咬合垫或重衬等方法来增加垂直距离，但这种方法相对较少使用，因为容易影响义齿的稳定性和咬合关系。

（3）选磨后前牙的覆𬌗、覆盖关系可能出现问题：如覆𬌗过浅或反覆𬌗，会影响前牙的切割功能和美观，使患者在咬切食物时感到不适；覆盖过大或过小也会对发音和美观产生负面影响，覆盖过大可能导致患者发音不清，覆盖过小则会使前牙显得过于短促。

对于覆𬌗过浅或反覆𬌗的问题，在不影响前牙美观的前提下，可以适当选磨下颌前牙的切端或上颌前牙的舌面。在调整覆盖关系时，要根据患者的美观需求和功能要求进行综合考虑，使前牙既能保持良好的切割功能，又具有自然的美观效果。

2. 侧方𬌗选磨

（1）工作侧干扰：当患者做侧方咀嚼运动时，工作侧牙齿可能存在干扰，导致义齿在侧方运动中不稳定。例如，工作侧的颊尖或舌尖在咬合时有早接触点，会使义齿在运动过程中受到侧向力的作用，从而产生松动或移位。这种情况可能是由人工牙的排列不当、𬌗架的制作误差或选磨过程中没有充分考虑侧方运动的因素引起的。

首先确定工作侧的干扰部位，可以使用咬合纸或蜡片进行检查。然后根据干扰的位置和程度进行选磨。如果干扰位于颊尖，可以选磨上颌后牙颊尖的舌斜面；如果干扰位于舌尖，可以选磨下颌后牙舌尖的颊斜面。选磨时要遵循少量多次的原则，避免过度磨除，同时要注意保持牙齿的解剖形态和边缘嵴的高度。在选磨过程中，要不断检查侧方运动的咬合情况，确保工作侧无干扰。

（2）平衡侧干扰：平衡侧在侧方运动时也可能出现干扰，影响义齿的平衡和稳定。平衡侧的干扰可能是因为对平衡侧的重视不够，在选磨时只关注了工作侧，而忽略了平衡侧的咬合调整。或者是由于患者的口腔解剖结构特殊，导致平衡侧容易出现咬合问题，如上颌结节或下颌隆突部位的牙齿在侧方运动时产生干扰。

对于平衡侧的干扰，同样要先确定干扰的位置。如果是上颌结节处牙尖的干扰，可以选磨上颌后牙的颊尖；如果是下颌隆突处牙尖的干扰，可以选磨下颌后牙的舌尖。在调整平衡侧干扰时，要注意保持与工作侧的协调，使两侧的咬合力均匀分布。可以通过让患者做侧方咀嚼运动，感受是否达到咬合平衡和𬌗平衡。

3. 前伸𬌗选磨

（1）前伸𬌗不平衡：在前伸咬合时，义齿可能出现前后不平衡的情况。例如，前牙接触而后牙不接触，或者后牙接触过度而前牙接触不良。这可能是由人工牙的排列错误、𬌗平面的设计不合理或选磨过程中破坏了前伸𬌗的平衡关系引起的。前伸𬌗不平衡会导致义齿在前伸运动中受到不正常的力，影响义齿的稳定性和咀嚼功能，同时也会给患者的颞下颌关节带来负担。

对于前伸𬌗不平衡的问题，首先要确定不平衡的部位和原因。如果是前牙接触而后牙不接触，可以选磨下颌前牙的切端或上颌前牙的舌面，使前伸𬌗时前后牙同时接触。如果是后牙接触过度而前牙接触不良，可以选磨上颌后牙的远中尖或下颌后牙的近中尖，调整后牙的接触关系，使前伸𬌗运动顺畅。在调整过程中，要注意保持前伸𬌗的切导斜度和髁导斜度的协调关系，使前伸𬌗运动符合生理要求。

（2）切导斜度不合适：切导斜度是指切道与眶耳平面的交角，它对前伸𬌗的运动方向和速度有重要影响。如果切导斜度过大，会使前伸𬌗运动过快，导致后牙脱离接触，影响咀嚼效率；如果切导斜度过小，会使前伸𬌗运动受限，增加前牙的磨损。切导斜度不合适可能是由于人工前牙的选择或排列不当，或者在选磨过程中改变了切导斜度。

如果切导斜度不合适，需要根据具体情况进行调整。如果切导斜度过大，说明前牙排列的覆𬌗过深或覆盖过小，可以选磨上颌前牙的舌斜面或下颌前牙的唇斜面。在调整切导斜度时，要注意保持前牙的形态和美观，同时要考虑到患者的咀嚼习惯和颞下颌关节的状况。可以通过让患者做前伸咬合动作，观察切导斜度的变化情况，并根据需要进行微调。

4. 其他𬌗型的选磨 在全口义齿人工牙排列过程中，除常规人工牙排列常见的选磨处理外，舌向集中𬌗也是全口义齿人工牙常见排列𬌗型，还需对舌向集中𬌗这一特殊𬌗型选磨进行必要的分析。

（1）舌侧干扰：在选磨过程中，由于患者的口腔解剖结构复杂，可能会使舌向集中𬌗的舌侧出现干扰。例如，下颌舌侧牙齿在咬合时可能会与上颌对应牙齿的舌侧产生过度接触，造成舌侧受力不均。这种情况可能是由于人工牙排列时没有充分考虑舌向集中𬌗的运动特点。

首先分析患者的口腔解剖结构和咬合情况，了解舌向集中𬌗的运动特点和要求。确定是否存在舌侧干扰，需要根据干扰的部位和程度进行选磨。如果是下颌舌侧牙齿的干扰，可以选磨上颌对应牙齿的颊尖或舌尖，使咬合时下颌牙齿能够顺利地沿上颌牙齿的斜面滑动。如果是上颌舌侧牙齿的干扰，可以选磨下颌对应牙齿的颊尖或舌尖，调整咬合接触点的位置。选磨时要遵循少量多次的原则，每次选磨后都要让患者进行舌向运动，检查干扰是否解除。同时要注意保持牙齿的形态和边缘嵴的完整性，避免过度选磨影响牙齿的美观和功能。

（2）功能运动受限：舌向集中𬌗选磨不当会导致义齿在舌向运动中功能受限。例如，当前伸或侧方运动时，舌向集中𬌗的设计不合理会使义齿无法顺利完成咀嚼运动，影响患者的咀嚼效率。这可能是因为在选磨过程中没有准确把握舌向集中𬌗的运动轨迹和咬合接触点的分布，使义齿在行使功能时出现不稳定现象。

根据舌向集中𬌗的运动特点，调整咬合接触点的分布。在前伸运动时，要确保前牙的切端有适当的咬合接触，引导下颌义齿顺利地向前运动；在侧方运动时，要保证工作侧和非工作侧的牙齿都有合理的接触，使义齿能够稳定地完成侧方咀嚼运动。选磨时可以参考患者的咀嚼习惯和颞下颌关节的状况，适当调整咬合接触的紧密度。

（3）咬合压力过大：选磨后如果舌向集中𬌗的咬合压力过大，会给患者的口腔黏膜和颞下颌关节带来负担。当患者咬合时，舌向集中𬌗部位的牙齿承受过大的压力，可能导致口腔黏膜压痛或颞下颌关节不适。可能是由于选磨过程中没有合理调整咬合接触面积和咬合力量的分布，使得舌向集中𬌗部位的咬合力过于集中。

通过选磨减小舌向集中殆部位的咬合接触面积，分散咬合力。可以根据患者的口腔黏膜承受能力和咬合力量的大小，适当调整咬合接触的程度。如果患者的口腔黏膜比较敏感，可以多选磨一些，减轻咬合压力；如果患者的咬合力较大，可以适当增加咬合接触面积，增强义齿的稳定性。选磨后要让患者进行咬合检查，观察口腔黏膜有无压痛，颞下颌关节有无不适。如果仍然存在问题，可以进一步选磨调整，直到咬合压力合适为止。

（4）美观和发音受影响：舌向集中殆选磨不当可能会影响义齿的美观和患者的发音功能。选磨后人工牙的形状或排列发生改变，可能导致义齿外观不自然；或者选磨影响了牙齿与唇颊舌的协调关系，使患者在发音时出现障碍。

在选磨过程中，要注意保持人工牙的美观。可以参考患者剩余天然牙的颜色、形状和排列，以及面部的对称性和微笑时的暴露情况，对人工牙进行适当的选磨和调整。对于发音受影响的患者，要检查义齿的边缘和牙齿的排列是否影响了发音。如果是因为义齿的边缘过厚或过长，可以进行选磨调整，使义齿的边缘更加贴合口腔黏膜，减少对发音的影响；如果是因为牙齿的排列不合理，可以适当调整牙齿的位置和角度，改善发音功能。选磨后要让患者进行发音练习，检查发音是否恢复正常。

▶**任务拓展**

上颌排牙法和下颌排牙法的区别

在全口义齿制作中，上颌法和下颌法是两种常见的排牙方法。上颌法主要关注前牙的美观，通过调整人工牙的倾斜度和排列位置来模拟天然牙列的外观，适用于前牙缺失或需要较高美观要求的患者。然而，上颌法可能忽略后牙的功能需求，导致咬合不稳定。相比之下，下颌法更注重后牙的功能性，通过精确排列后牙来确保良好的咀嚼效率和咬合稳定性。这种方法在处理颌骨吸收不均或需要增强支撑的情况时表现出优势。但下颌法可能牺牲一定的前牙美观性。在临床实践中，选择哪种排牙方法需综合考虑患者的具体情况，如颌骨条件、咬合习惯及美观期望等。有时，结合使用两种方法能获得最佳效果，既满足功能需求又兼顾美观。

【任务评价】

详见表 19-1。

表 19-1　全口义齿制作过程中常见问题和解决措施任务评价表

任务	评价要点	分值
一	判断全口义齿个别托盘的适合性	5
	正确对个别托盘进行处理	10

续 表

任务	评价要点	分值
二	正确处理暂基托与模型之间的紧密性	5
	不同排牙方法能选择正确的殆平面	10
	能用面弓正确转移颌位关系	10
三	正确确定前牙覆殆、覆盖关系	10
	分析前牙排列常见问题及处理	10
	分析后牙排列常见问题及处理	10
四	正确对全口义齿蜡型表面进行处理	10
	全口义齿完成常见问题的分析及处理	10
	全口义齿选磨常见问题的分析及处理	10

考试知识点总结

项目小结

协和云课堂…… 拓展练习及参考答案

（孙　蕾）

模块四

其他种类全口义齿

项目二十　金属基托全口义齿

教学课件

微课：金属基托全口义齿

项目目标

素质目标

（1）关注口腔健康领域的社会需求，尤其是老年群体等全口义齿主要使用人群的口腔健康问题，积极参与相关公益活动或技术普及，助力提升公众口腔健康意识。

（2）在金属基托全口义齿的设计、制作、调试等环节中，主动与医生、技师、护士等团队成员沟通协作，明确分工并积极配合，共同解决制作或临床应用中出现的问题，确保最终的修复效果。

知识目标

（1）掌握：金属基托全口义齿的概念和特点。

（2）熟悉：金属基托的制作。

（3）了解：金属基托全口义齿的材料特性。

能力目标

具备全口义齿金属基托制作流程的实操认知与应用能力。

项目案例

【案例】

患者，男，72 岁。身体基本健康，否认全身系统性疾病史。主诉：使用同一副旧义齿 35 年，渐感不适加重，要求重新镶牙，但在其他诊所多次就诊均被婉拒。颌面检查：面型基本对称，侧面观面下 1/3 面型为凸面型；张口度正常，张口型下颌偏左侧，右侧髁状突张口有轻微弹响。口腔检查：下颌牙槽嵴极度低平，其顶部可见有明显的条索状软组织，轻触即会发生移位变形；系带附着正常，口腔前庭沟部分有溃疡；颌弓间位置关系基本正常。旧义齿人工牙、基托均被重度磨耗；义齿明显压迫唇颊系带等软组织变形，且部分基托损坏；上下义齿呈明显的反𬌗关系。义齿后牙咬合曲线错误。

【问题】

1. 如何为该患者制作一副固位良好、咀嚼功能满意、无压痛等不适的金属基托全口义齿？

2. 为该患者制作金属基托的步骤？

【项目分析】

随着年龄增长、口腔疾病或外伤等原因，许多患者面临牙齿全部缺失的情况，严重影响咀嚼、发音和美观。全口义齿成为恢复口腔功能和提高生活质量的重要解决方案。金属基托全口义齿因其强度高、稳定性好、轻薄舒适等特点，受到部分患者的青睐。

口腔修复技术不断进步，材料科学发展为金属基托全口义齿提供了更多选择。例如，钛合金等高性能金属材料的应用，提升了义齿的生物相容性和耐用性。同时，数字化技术在口腔修复领域的逐渐推广，也为金属基托全口义齿的设计和制作带来了新的方法和手段。

在临床实践中，医生需结合患者的口腔情况、颌骨条件、面部形态等因素，综合选择合适的全口义齿类型。

任务一　金属基托全口义齿的概念和特点

一、金属基托全口义齿的概念

金属基托全口义齿是指上颌腭侧或下颌舌侧的大部分基托为金属，只有唇颊侧基托为树脂的全口义齿（图 20-1）。

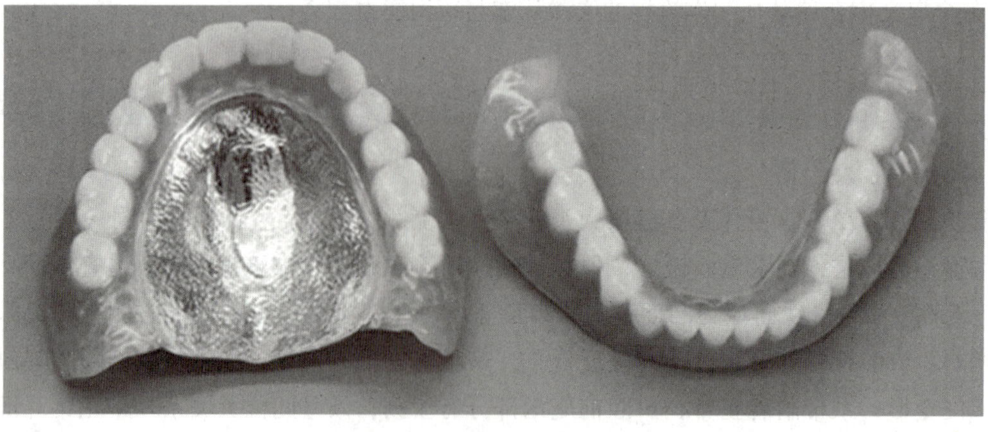

图 20-1　金属基托全口义齿

金属基托全口义齿是全口义齿的一种类型，其基托部分由金属材料制作而成，常见的金属材料有钴铬合金、钛合金等。

二、金属基托全口义齿的特点

1. 优点

（1）强度高：金属基托具有较高的强度，不易折断。例如，在承受较大咬合力时，相比塑料基托，它能更好地保持形状和功能完整性。

（2）体积小、薄：金属基托可以制作得比较薄，在口腔内占据的空间相对较小，能使患者感觉更加舒适，并且对舌体运动的干扰也较小。

（3）温度传导性好：能较好地传导温度，使患者在进食时能较好地感受到食物的温度，有利于保护口腔黏膜。

（4）生物相容性较好：像钛合金等金属材料，具有良好的生物相容性，很少引起过敏反应等不良情况。

2. 缺点

（1）美观性较差：金属颜色会影响义齿的外观，尤其是对于美观要求较高的患者不太适用。

（2）制作工艺相对复杂：成本较高，需要专门的设备和技术进行加工制作。

任务二　金属基托的制作

金属基托作为口腔修复体的重要组成部分，在义齿修复中具有广泛的应用。其制作工艺的优劣直接影响修复体的质量和使用寿命，因此不断优化金属基托制作工艺具有重要的临床意义。

全口义齿金属基托的制作是通过熔模精密铸造法完成的。一般采用带模铸造法。带模铸造法是将模型复制成耐火材料的铸造用模型，在其上制作熔模，然后将熔模连同模型一起包埋铸造的方法。此种方法可利用耐火模型材料的膨胀率以补偿合金的铸造收缩，也避免了脱模铸造时将模型取下包埋而引起的变形，因而铸件精确度较高。

一、工作模型的处理

修整工作模型，去除多余的石膏，使模型底面平整、周边光滑。认真、细致地画出边缘线，以及从不同角度观察模型，填补影响义齿就位的倒凹，使用合适的填补材料对模型的倒凹区域进行填补，以保证金属基托在戴入和取出过程中能够顺利就位，同时避免对口腔组织造成损伤。填补倒凹时应注意材料的厚度和均匀性，确保模型表面平整、光滑。对于骨突、骨嵴等容易造成压痛的部位，需要在模型上进行缓冲处理。在金属基托与树脂连接区用薄蜡片衬垫，一般衬垫蜡片在牙槽嵴顶厚度为 0.5 ～ 1.0mm，以预留出供鞍基网状支架下树脂部分的空间，使树脂与金属牢固地连接起来，并有利于日后进行缓冲。用蜡刀沿内阶台部位切除多余蜡片，以形成明显的内阶台。蜡衬垫处为树脂与黏膜相接处，内阶台处为金属与黏膜相接处。

为确保铸件后缘与黏膜组织紧密接触，增强固位，防止食物流入，用锐利的器械在模型相应基托后缘处刻划一深度为 1.0 ～ 1.5mm 的切迹，沿此切迹向前约 5mm 的范围内，将石膏模型轻轻刮去一层，越向前刮除得越少，使其与腭黏膜面移行，形成后堤区。

将模型放于35℃温水中浸泡5～10分钟，以增强模型的润湿性，其目的如下。

1．防止干燥的模型在复制时排放其内部的气体，影响复制印模的准确性。

2．防止模型在复制过程中吸收琼脂印模材料中的水分造成印模变形。

3．防止工作模型与复制材料粘连。

4．防止模型损坏。如果温度过高，可能会导致模型石膏强度下降，甚至出现崩裂等损坏情况；而温度过低，模型质地过硬，在进行蜡型制作等操作时，容易使模型表面产生划痕或破损。35℃的温水浸泡能使模型保持较好的物理性能，保证模型在后续操作中能被正常使用。

二、翻制琼脂阴模

1．选择合适的琼脂复制型盒 要求模型位于复制型盒的中间，四周留有一定空间，以确保琼脂印模胶的厚度，防止印模变形。如无琼脂复制型盒，也可用普通型盒代替。

2．溶解琼脂印模材料 首先，准备好琼脂材料。琼脂是一种可逆性的水胶体印模材料，具有良好的弹性和准确性。将琼脂切碎放入水浴锅内间接加热溶化，搅拌均匀，全部溶化后，停止加温，这个过程是为了让琼脂材料充分熔化，去除内部可能存在的气泡等不均匀因素。待琼脂温度降至50～55℃时即可使用。

3．翻印琼脂印模 型盒置于振荡器上，按下开关，将溶解后的琼脂材料从一侧缓慢地灌注入型盒中，直至灌满。切勿倒入过快，以免形成气泡。

4．冷却 随着温度降低，琼脂会逐渐凝固，形成与工作模型外形相匹配的阴模。在冷却过程中，要注意避免琼脂阴模产生变形，所以放置的位置要平稳。琼脂印模材料的冷却方法有两种：一种是灌注后室温下冷却20分钟，将型盒置于冷水中，水位于型盒的下1/3；20分钟后再将整个型盒放于冷水中，约20分钟后琼脂达到完全凝胶化取出，获得琼脂印模。另一种方法是当室温较低时，可将型盒放于室温中自然冷却，约1小时完全凝胶。

翻制阴模除使用琼脂外，还可用硅橡胶材料，但价格较贵。

三、灌注耐火材料模型

翻制耐火材料模型的目的，是获得能在其上制作蜡型并能在高温下带模型铸造的工作模型。

1．要选择合适的耐火材料，一般是磷酸盐包埋材料等，这些材料能耐受高温，为后续的铸造过程提供保障。

2．要准确称取耐火材料粉和液，按照严格的水粉比例进行调配，确保材料的性能稳定。若粉液比失调，可能会导致模型强度不够或膨胀过度。

3．准备合适的灌注器具，如灌注漏斗等，并保证灌注环境干净整洁，避免杂质混入耐火材料中影响模型质量。

4．耐火材料主要采用的是磷酸盐模型材料。按厂家提供的水粉比例调拌磷酸盐材料。注意按同一方向调拌均匀，并在30～60秒完成，如不按同一方向调拌，则容易带入气泡。在流动状态下迅速灌入琼脂阴模，注意排尽气泡。

5. 灌注约 1 小时后，小心脱模，脱模后的耐火材料模型要仔细检查，看是否有缺损或气泡等缺陷。

6. 将耐火模型放于密闭容器中，低温保存，以备再用。

四、制作熔模

将工作模型上的设计方案复画在耐火模型上。全口义齿基托熔模多采用成品熔模件成形法，既方便又省时，且外观整齐，厚薄均匀，制作出的熔模比较规范。对需要连接的部位采用滴蜡法使之熔合成一体，细节的修改也可采用滴蜡法修整。

1. 用热蜡刀或滴蜡器滴蜡于内阶台处及舌腭侧基托外形线沟内，逐渐移行。

2. 取大小适宜的网状蜡压贴于牙槽嵴上，用蜡刀切除唇颊侧多余的蜡网，内侧在滴蜡形成的内阶台移行处切除多余蜡网。

3. 用热蜡刀或滴蜡器滴蜡，将内阶台向牙槽嵴延伸 1.5 ～ 2.0mm 的蜡网眼填平，形成加强带。

4. 取皱纹蜡或光面蜡片用酒精灯烘软，手扶稳模型并用手指压蜡使之与上颌模型的上腭、下颌模型的舌侧贴合，用蜡刀沿着模型刻画线切除多余部分。用蜡刀或雕刻刀在与成品网相接的内阶台外 0.5mm 处切除多余的蜡片。

5. 取长度适宜、直径为 0.7 ～ 1.0mm 的圆蜡线，经弯曲压贴于与皱纹蜡与加强带相接处，用热蜡刀滴蜡将其与腭舌板处相衔接形成外台阶，注意不要形成菲边。

6. 基托的边缘部分，要特别注意其形态。边缘应该薄而圆钝，既能够保证与口腔黏膜的良好贴合，又不会对黏膜造成损伤。可通过适当的雕刻和修整来达到此要求。

7. 检查整个熔模连接处是否熔接完好，并修饰表面。

五、安放铸道

铸道主要是为了在铸造过程中让液态金属顺利进入铸模腔形成金属基托。首先要确定铸道的位置，一般会选择在基托的边缘或非主要功能区，尽量避免影响基托的强度和美观。

全口义齿基托熔模铸道可选择扇形铸道的形式，安插方法采用垂直插法或侧插法。扇形铸道即铸道与熔模相衔接的部分呈扇形。垂直插法即铸道安插在熔模的后方，与熔模呈垂直的关系。侧插法即在熔模的侧方设置铸道，然后形成 S 形转弯，接于铸道口。

六、熔模包埋、焙烧、铸造、喷砂、打磨、抛光

与局部可摘义齿支架相同。

全口义齿金属基托完成后，在口内试戴，检查其与黏膜的紧密贴合情况。

▶任务拓展

聚焦金属基托全口义齿：定制、材料与功能升级

（1）个性化定制：根据患者口腔结构和咀嚼习惯，利用先进技术实现更贴合的定制。如

通过口内扫描结合 3D 打印技术，精确打造基托形状，提高舒适度和固位力。

（2）材料优化组合：研究不同金属或金属与其他材料的复合，增强基托的生物相容性和美观性。比如在金属表面涂层，使其颜色更接近天然牙龈。

（3）功能拓展：在基托内设计缓冲结构或特殊的固位装置，更好地分散咬合力，同时增强义齿在口腔内的稳定性，进一步提升咀嚼功能。

（4）智能功能集成：尝试嵌入微型传感器，实现对咬合力、口腔健康状况的监测，为后续调整和患者口腔保健提供数据支持。

【任务评价】

详见表 20-1。

表 20-1　金属基托全口义齿任务评价表

任务	评价要点	分值
一	正确复述金属基托全口义齿的概念和特点	30
二	能够进行工作模型的处理	10
	描述翻制琼脂阴模的步骤	20
	能够灌注耐火材料模型	10
	描述制作熔模的过程	10
	阐述安放铸道的方法	10
	知道熔模包埋、焙烧、铸造、喷砂、打磨、抛光	10

—• 考试知识点总结 •—

—• 项目小结 •—

—• 协和云课堂…… 拓展练习及参考答案 •—

（邓雅文）

项目二十一　覆盖式全口义齿

教学课件

项目目标

微课：
覆盖式全口义齿

素质目标

（1）在覆盖式全口义齿的设计与制作中，严格遵循口腔修复学伦理规范，准确评估患者剩余牙体、牙槽骨条件，不为追求便捷简化制作流程，确保修复体符合患者口腔功能需求。

（2）妥善保管患者口腔模型等隐私信息，坚守医疗诚信。

知识目标

（1）掌握：覆盖式全口义齿的优缺点及类型；覆盖式全口义齿的基牙选择与处理；覆盖式全口义齿的技工制作。

（2）熟悉：覆盖式全口义齿的戴入。

能力目标

能够对完成的覆盖式全口义齿进行临床效果评估，包括固位稳定性、患者咀嚼功能恢复及口腔健康维护情况，并提出优化或维护建议。

项目案例

【案例】

患者，男，65 岁。上颌和下颌牙齿大部分缺失，仅余留几颗残根。这些残根经过牙髓治疗后，牙周状况相对稳定。因为患者的牙槽骨吸收比较明显，如果采用传统全口义齿修复，可能在固位和稳定性方面不太理想，所以选择覆盖式全口义齿。

在治疗过程中，对余留残根进行了适当的调磨，使其高度和外形符合覆盖式全口义齿的要求。然后制作覆盖式全口义齿，义齿基托覆盖在经过处理的残根上。患者戴入覆盖式全口义齿后，能够明显感觉到义齿的固位和咀嚼效率较传统全口义齿有提高。而且由于保留了部分牙根，在一定程度上减缓了牙槽骨的吸收速度，提高了患者的口腔舒适度和生活质量。

【问题】

1. 如何为该患者制作一副能够让其满意的覆盖式全口义齿？

2. 覆盖式全口义齿的类型包括哪种？

【项目分析】

1. 治疗前评估

（1）需要检查剩余天然牙的情况，包括牙体、牙髓、牙周组织状态。比如要查看牙齿是否有龋坏、牙髓活力是否正常、牙周袋深度及牙槽骨吸收程度等。只有牙周健康、牙根有足够长度和稳固度的天然牙才适合保留用于覆盖式全口义齿。

（2）评估患者口腔黏膜的健康状况，确保其能够适应义齿的覆盖和摩擦。同时还要考虑患者的口腔解剖形态，如上下颌弓的关系等，这会影响义齿的就位和稳定。

2. 基牙处理

（1）对于确定保留的天然牙（基牙），若牙髓有病变，需要先进行完善的牙髓治疗。例如，基牙患有牙髓炎或者根尖周炎时，要通过根管治疗消除炎症。

（2）对基牙的牙冠进行调磨，调整其高度和外形。可保证义齿基托有合适的空间和良好的贴合，避免基牙影响义齿就位，同时防止义齿对基牙造成不良的侧向力。

3. 义齿制作

（1）准确地制取口腔印模是关键。要使用合适的印模材料和方法，完整地复制口腔内包括基牙在内的组织形态，为义齿制作提供精准的模型基础。

（2）在确定颌位关系方面，要通过合适的方法（如利用蜡堤等）确定上下颌的垂直距离和正中关系，确保义齿咬合准确。在排牙过程中，要根据患者的面型、年龄等因素合理地排列人工牙，恢复患者的美观和咀嚼功能。

4. 试戴与调整

（1）试戴时主要检查义齿的就位情况，查看是否有翘动、阻碍等。检查基托与基牙及黏膜的贴合度，边缘是否过长或过短。

（2）调整咬合关系，保证在正中咬合和非正中咬合时都有广泛均匀的接触，避免早接触和干扰，提高咀嚼效率，减少义齿损坏和基牙损伤的风险。

5. 维护与复查

（1）告知患者义齿的清洁方法，包括对基牙和义齿的清洁。比如使用专门的义齿清洁刷和清洁液，同时教会患者用软毛牙刷清洁基牙。

（2）定期复查义齿和基牙的情况，查看义齿是否有磨损、变形，基牙是否有继发龋、牙周病变等，以便及时处理出现的问题。

任务一　覆盖式全口义齿概述

覆盖式全口义齿又称上盖式全口义齿，是一种义齿修复形式，指义齿基托覆盖并支持在已治疗的牙根或牙冠上的全口义齿。它的基托覆盖在经过治疗的牙根或者天然牙上，这些保留的牙体组织可以为义齿提供支持、固位和稳定作用。从结构上看，它的基托覆盖在经过处理的天然牙或牙根上。

这些被保留的天然牙或牙根可以是牙冠部分缺损，但牙根稳固、牙周情况尚可的牙齿，也可以是经过完善牙髓治疗后的残根。

在功能方面，覆盖式全口义齿能够利用天然牙或牙根来增强义齿的固位力和稳定性，在患者咀嚼过程中更好地分散𬌗力。同时，它有助于减缓牙槽骨吸收，因为牙根的存在可以对牙槽骨产生一定的生理刺激，从而延长义齿的使用寿命，提高患者佩戴义齿后的咀嚼效率和口腔舒适度。

一、覆盖式全口义齿修复的生理基础

（一）牙周膜的本体感觉功能

保留的天然牙或牙根周围的牙周膜内有大量本体感受器，这些感受器能敏锐地感知𬌗力的方向、大小和食物的质地等信息。例如，当我们咬到一个较硬的食物颗粒时，牙周膜感受器会迅速将信号传递给神经系统，大脑接收到信号后，会自动调节咀嚼肌的收缩力度和方向，从而精准地控制𬌗力，避免过大的力量对牙齿和口腔组织造成损伤。这种反馈机制有助于在使用覆盖式全口义齿时更好地发挥咀嚼功能。

（二）牙根对牙槽骨的生理刺激

天然牙的牙根存在于牙槽骨内，正常咀嚼时，牙根将𬌗力传导至牙槽骨，对牙槽骨产生生理刺激。

就像适当的运动能保持骨骼健康，这种刺激可以维持牙槽骨的骨密度和形态。在覆盖式全口义齿中，保留的牙根持续刺激牙槽骨，能有效减缓牙槽骨的吸收速度，使牙槽骨在较长时间内保持足够的高度和宽度，为义齿提供稳定的支撑。

（三）改善咀嚼功能和口腔功能协调

覆盖式全口义齿借助保留的天然牙或牙根增强了义齿的稳定性和固位力，使患者在咀嚼过程中能够更有效地咬碎和研磨食物。而且这种修复方式有助于协调口腔内的各种功能，如吞咽、语言等。当义齿更加稳固时，口腔的肌肉活动也能更加自然地进行，对整个口腔生理功能的恢复和维持起到积极作用。

二、覆盖式全口义齿的优缺点

（一）优点

1. 增强固位和稳定　覆盖基牙的存在为义齿提供了更好的固位和支持，能有效防止义齿的松动和移位，在行使咀嚼、说话等功能时义齿更稳固。比如，患者在进食较硬食物时义齿也不容易脱位。

2. 保留牙根作用　保留了牙根，就保留了牙周膜的本体感觉。这能让患者更好地感觉食物的大小、硬度等，使咀嚼效率更高。同时，牙根的存在能减缓牙槽骨的吸收速度，有利于义齿的长期使用。

（二）缺点

1. 治疗过程复杂 覆盖式全口义齿的制作需要对保留的牙根或牙冠进行一系列治疗，如根管治疗等，这会增加患者的就诊次数和时间成本。

2. 可能出现并发症 保留的牙根如果清洁不到位，容易出现龋齿、牙周炎等问题，进而影响义齿的使用和口腔健康。

任务二 覆盖式全口义齿的基牙选择与处理

一、基牙选择

（一）牙周状况相对良好

选择牙周组织健康或者经过牙周治疗后炎症得到控制，牙周袋深度适当的牙齿。比如，牙周袋深度一般不超过 5mm，牙龈没有明显的炎症和萎缩，这样的牙齿才能为覆盖式全口义齿提供稳固的支持。

（二）牙体条件尚可

应尽量选择牙冠完整或者经过修复后能恢复正常形态的牙齿。如果有龋坏，在经过根管治疗等处理后可以作为基牙；对于牙体缺损严重的牙齿，若牙根有足够的长度和强度，经过桩核冠修复后也能考虑作为基牙。

（三）分布合理

基牙最好分散在牙弓的不同位置，这样能使义齿获得更均匀的支持和固位。例如，在上下颌的前牙区和后牙区都有分布，避免集中在某一侧或某一区域。

二、基牙处理

（一）根管治疗

对于需要保留的基牙，多数情况下要进行根管治疗。因为牙髓的存在可能会引起疼痛，并且牙髓坏死等情况也会影响基牙的长期稳定性，根管治疗可以消除这些隐患。

（二）截冠

根据基牙的具体情况，可能需要截冠。截冠高度要合适，一般使基牙的牙冠高度在龈上 1 ～ 3mm，这样既方便清洁，又能保证义齿有足够的空间进行覆盖和固位。

（三）牙体预备

对基牙进行适当的牙体预备，如磨除尖锐的边缘嵴等，使基牙的外形能更好地与义齿贴合，同时避免损伤口腔黏膜。在牙体预备后，需要对基牙表面进行抛光，防止菌斑附着。

任务三　覆盖式全口义齿的类型

一、根上覆盖式全口义齿

这种类型是指义齿覆盖在经过治疗的牙根上。牙根进行根管治疗后，对根面进行适当处理，一般会将根面预备成一个光滑的圆顶状，使义齿组织面与牙根根面能很好贴合，从而获得良好的固位。例如，在临床中常见对下颌磨牙残根进行处理后制作根上覆盖式全口义齿，当患者佩戴后，在牙根的支持下，义齿可以较好地行使功能。

二、根内覆盖式全口义齿

这种类型是把义齿的一部分插入经过特殊处理的根管内来增加固位。在根管治疗后，要扩大根管的上部，制作特殊的桩核或附着体，义齿通过与这些部件的连接来获得固位。像一些对美观和固位要求高的前牙区，有时会采用根内覆盖式全口义齿的方式。插入根管内的部分就像是一个“暗扣”，紧密地和义齿相连，保证义齿的稳定性。

任务四　覆盖式全口义齿的制作

一、基牙预备

首先要对选定的基牙进行根管治疗，消除牙髓炎症等隐患。之后，对牙根或牙冠进行必要的截冠处理。截冠的高度要适宜，如一般在龈上 1 ～ 2mm，以保证义齿有足够的空间，同时方便清洁。还要对基牙的外形进行修整，磨除尖锐的边缘嵴等，避免损伤口腔黏膜。

二、取印模

基牙处理好后，要为患者制取印模。通常分为初印模和终印模。初印模用于制作个别托盘，材料可以是藻酸盐等。终印模材料常用硅橡胶，能精准地记录口腔内包括基牙在内的软硬组织形态。

三、灌注模型

印模制取完成后，需用石膏灌注模型，以保证石膏模型的准确性和清晰度，为后续制作义齿提供精确的口腔组织形态。

四、颌位关系记录

确定上下颌在口腔中的位置关系，包括垂直距离和水平关系。可采用蜡堤等方法记录，这将影响到义齿的咬合是否正常。

五、排牙

根据患者的面部形态、性别、年龄等因素，在模型上排列人工牙。要考虑美观和功能，如前牙的排列要兼顾美观，后牙排列要符合咀嚼功能要求。

六、试戴

在义齿制作基本完成后，让患者进行试戴。检查义齿的就位情况、固位情况、咬合关系等。如有不合适的地方，如压痛的部位、咬合高点等，要及时进行调整。

七、完成及戴牙

试戴调整完成后，对义齿进行抛光等最后处理，然后为患者正式佩戴覆盖式全口义齿，并告知患者佩戴的注意事项，包括清洁方法、初戴时可能出现的不适等。

任务五　覆盖式全口义齿的戴入

一、戴入前准备

确保义齿制作完整，表面光滑，无锐利边缘。并且对患者口腔再次检查，确认基牙及周围组织健康状况良好，无炎症等异常情况。

二、初戴过程

（一）就位检查

将覆盖式全口义齿按照正确的方向戴入口腔，检查义齿是否能顺利就位。如果就位困难，可能是由基牙处理不当、义齿组织面有小瘤子等原因造成的，需要仔细检查并调整。

（二）固位检查

就位后，让患者做开口、闭口、吞咽等动作，检查义齿的固位力。正常情况下，义齿应该比较稳固，不会轻易移位或脱落。由于覆盖式全口义齿有基牙的支持，其固位效果通常比传统全口义齿好。

（三）咬合检查

检查上下颌义齿的咬合关系。可以让患者轻轻咬合，看是否有早接触点（个别牙先接触）或咬合干扰等情况。若存在会影响咀嚼功能，甚至导致义齿松动，需调整咬合，使咬合接触均匀。

三、患者指导

（一）适应期指导

告知患者初戴义齿可能会有异物感、发音不清等情况，这是正常的，一般需要一段时间来适应，短则几天，长则几周。

（二）清洁指导

教导患者正确清洁义齿的方法。每日取下义齿后，用软毛牙刷在流动水下清洁义齿，包括基牙对应的义齿组织面也要清洁干净，避免食物残留和菌斑堆积。

（三）使用和维护指导

告诉患者在进食时，开始尽量选择软质食物，避免食用过硬、过黏的食物，防止义齿损坏。同时，提醒患者定期复诊，检查基牙健康状况和义齿的使用情况。患者每隔 3 ～ 6 个月复诊一次，了解义齿使用情况，检查覆盖基牙的状态，发现问题及时处理。

▶任务拓展

覆盖式全口义齿的多元拓展

一、适应人群拓展

除老年患者，还可向年轻患者拓展，如由外伤等导致牙齿缺失的年轻患者，覆盖式全口义齿可作过渡方案保留牙槽骨。针对演员等特殊职业需求人群，开发个性化义齿，优化美学设计和发音功能。

二、技术创新拓展

运用数字化口腔扫描及 CAD/CAM 技术，提高义齿制作精度与效率，实现远程设计加工。研发新型附着体，如智能感应附着体，可依咀嚼力自动调整固位力，还具备自清洁功能。

三、治疗理念拓展

加强口腔多学科协作，正畸时用义齿调整咬合，牙周病治疗时维护牙槽骨，也可结合种植技术。建立以患者为中心的全程管理体系，从治疗前到治疗后全面服务，借助电子健康档案和手机应用，提升患者满意度和义齿使用效果。

【任务评价】

详见表 21-1。

表 21-1　覆盖式全口义齿任务评价表

任务	评价要点	分值
一	说出覆盖式全口义齿修复的生理基础	10
	阐述覆盖式全口义齿的优缺点	10
二	能够进行基牙选择	10
	阐述基牙处理的步骤	10
三	能区分根上覆盖式全口义齿和根内覆盖式全口义齿	15
四	正确复述覆盖式全口义齿制作步骤——基牙预备、取印模、灌注模型、颌位关系记录、排牙、试戴、完成及戴牙	20
五	阐述戴入前的准备	5
	阐述初戴过程	10
	能进行患者指导	10

—• 考试知识点总结 •—

—• 项目小结 •—

—• 协和云课堂……　拓展练习及参考答案 •—

（邓雅文）

项目二十二　即刻全口义齿

教学课件

项目目标

微课：即刻全口义齿

素质目标

具备精益求精的工匠精神，能够就即刻全口义齿相关问题和医生、患者进行有效沟通。

知识目标

（1）掌握：即刻全口义齿的定义。

（2）熟悉：即刻全口义齿的制作流程。

（3）了解：即刻全口义齿的适应证及优缺点。

能力目标

具备知晓即刻全口义齿的制作流程的能力。

项目案例

【案例】

患者，男，54 岁。由牙周病导致下颌牙齿全部缺失，未曾修复，因影响美观及功能来诊要求种植义齿修复。自述既往体健，无青霉素等药物过敏史，近期无手术史。查体：颌间距离正常，上下唇系带附着正常，舌体大小正常，舌运动正常。14/15/16/17/24/25/27 缺失，26 牙根暴露至牙根中 1/3，下颌全牙列缺失，缺牙区拔牙窝愈合良好，牙槽嵴轻度吸收，无骨尖、骨突、骨嵴，表面黏膜无红肿、破溃，角化龈充足。CBCT 示下颌骨量较好（图 22-1）。

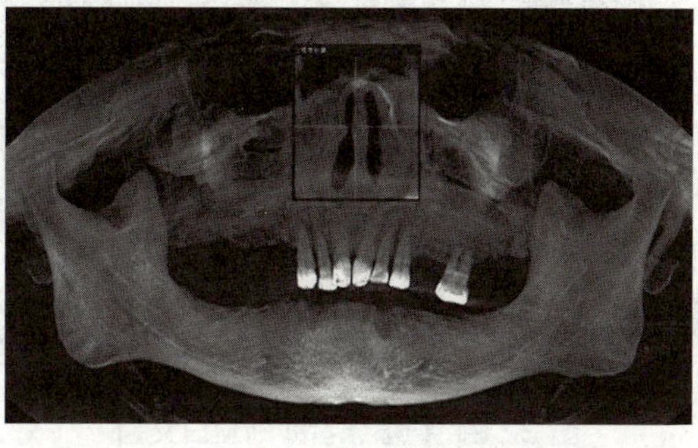

图 22-1　种植手术前患者 CBCT

【问题】

1．根据患者情况及要求，可以选择哪一种治疗方法？

2．种植术后即刻全口义齿的制作流程？

【项目分析】

常规全口义齿修复需要在拔牙后 2～3 个月或种植术后 4～6 个月进行修复，但对于一些因严重牙周病、牙齿大面积龋坏无法保留或外伤等原因需要拔除全口牙齿的患者，他们往往希望在拔牙后能够尽快恢复口腔功能和美观，避免长时间无牙的尴尬和不便。随着口腔修复理念、修复材料的不断发展，口腔修复技术和工艺的不断改进，即刻全口义齿的质量和舒适度得到提高，越来越受到医生、技师和患者的青睐。即刻全口义齿可以及时恢复咀嚼功能、增强发音功能，保护创口、减缓牙槽骨的吸收，并能快速恢复患者面部外观，增强自信心，缓解心理压力。通过本次学习，我们期望学生能够深入理解即刻全口义齿的适应证、制作流程，在面对与即刻全口义齿相关的问题时，学生能够灵活运用所学知识，结合实际情况，创造性地提出解决方案。此外，学生还应具备向患者进行即刻全口义齿维护宣教的能力，以促进患者的口腔健康。

任务一　即刻全口义齿概述

一、即刻全口义齿的概念

即刻全口义齿是一种在患者拔牙前预先制作，拔牙后立即戴入，或者无牙颌患者种植术后 1 周内带入的全口义齿，又称预成全口义齿或立刻全口义齿（图 22-2）。

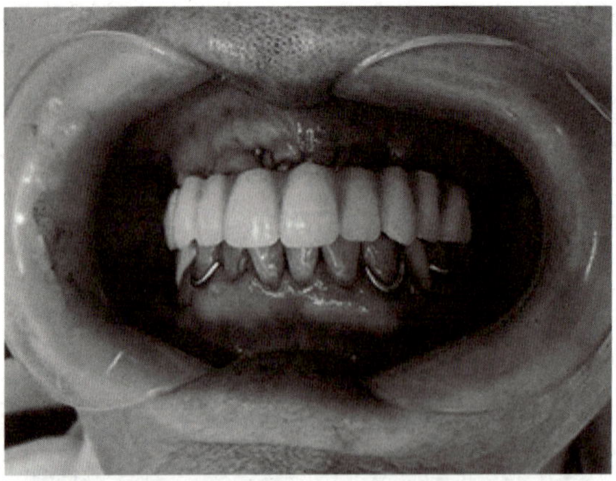

图 22-2　种植患者即刻全口义齿

二、即刻全口义齿的适应证

（一）全身状况

患者身体健康状况良好，无严重的系统性疾病，如未控制的高血压、糖尿病、心脏病等，能够耐受一次拔除多颗牙齿或全口种植术后并进行义齿修复的患者。患者心理素质较好，能够配合医生、技师的操作，对即刻修复有充分心理准备，因即刻全口义齿需要在拔牙或者种牙后立即佩戴，患者可能会经历一些不适和调整过程。

（二）口腔局部状况

口腔内余留牙多数松动严重，无法通过治疗保留，局部未患有急性根尖周围炎、牙槽脓肿、急性牙周炎等疾病，且患者强烈要求拔牙后尽快恢复咀嚼功能和美观。

（三）特殊需求

一些职业对个人形象、发音要求较高，如教师、演员、主播、销售人员等。这类患者更希望在拔牙后尽快恢复发音、美观，以便不影响工作。即刻全口义齿可以满足他们的需求，在拔牙后立即佩戴义齿，保持良好的形象和发音。对于一些经常参加社交活动的患者来说，牙齿缺失可能会影响他们的自信心和社交能力。即刻全口义齿可以让他们在拔牙后迅速恢复牙齿的外观和功能，避免因牙齿缺失而带来的尴尬和不便。

任务二　即刻全口义齿的优缺点

一、即刻全口义齿的优点

（一）快速恢复美观、功能

1. 快速恢复咀嚼功能　患者在拔牙或种植术后可在短时间内戴上即刻全口义齿，恢复一定程度的咀嚼功能。相比术后等待牙槽骨愈合 2 ～ 3 个月后再制作传统义齿的漫长过程，即刻全口义齿能够大幅缩短患者无牙咀嚼的时间。

2. 利于语音功能恢复　全口牙齿缺失会对患者的发音产生很大影响，尤其是一些需要牙齿辅助的发音，如“s”“f”等。即刻全口义齿戴入后，能够为患者提供一定的口腔支撑，有助于恢复正常的语音功能。对教师、播音员等职业对语音要求较高的患者，即刻全口义齿可以让他们在拔牙后尽快恢复清晰的发音，不影响工作。

3. 改善面部美观　牙齿缺失会严重影响患者的面部美观，尤其是全口牙齿缺失后，患者可能会出现面部凹陷、嘴唇塌陷等情况。即刻全口义齿可以在拔牙后立即恢复患者的牙齿外观，避免无牙期的尴尬。对一些社交活动频繁的患者，即刻全口义齿可以让他们在各种场合保持良好的形象。

4. 减轻心理负担 牙齿缺失往往会给患者带来心理上的负担，如焦虑、自卑等。即刻全口义齿的及时佩戴可以让患者在拔牙后迅速恢复牙齿的外观和功能，重新绽放笑容，改善心理状态。

（二）减缓口腔相关软硬组织的改变

拔牙后，牙槽骨会逐渐吸收萎缩，即刻全口义齿的戴入可以对牙槽骨起到生理性刺激，减缓牙槽骨的吸收速度，并且减少患者颌面肌、颊舌软组织及颞下颌关节发生改变，减少后续修复的难度和复杂性。

（三）加速伤口的愈合

即刻全口义齿戴入后可对创口施加一定的压力，有一定止血、促进伤口愈合作用，并能够避免食物污染。

（四）有利于制作精准的修复体

1. 取得更准确的颌位关系 在制作即刻全口义齿时，部分患者口内尚存留有天然牙，保持着原有的咬合关系和颌间距离，同时颌面部肌肉、颊舌软组织和颞下颌关节也未发生过大的变化，所以比较容易确定水平和垂直颌位关系。

2. 获得患者更舒适的义齿 即刻全口义齿是根据患者原有天然牙的位置、形态、大小及面部外形等进行排列，故基本上能恢复原来自然的面部外形。

二、即刻全口义齿的缺点

（一）手术时间较长，技术要求比较高，且有一定的适应证

对于拔牙后进行即刻全口义齿修复的患者需要一次拔除较多牙齿，同时修整牙槽骨，拔牙、手术和戴牙一次完成；对于种植手术后即刻负重修复的患者，通常需要种植手术和即刻义齿的制作在当天（或 1 周内）完成，需要时间比较长。对于年龄较大和体弱的患者，必须慎重考虑是否适宜使用此种修复方法。

（二）戴即刻全口义齿后，需较长时间进行观察和必要的处理

戴牙初期，牙槽嵴吸收迅速，义齿基托与牙槽嵴之间出现间隙，出现翘动、食物滞留，需做重衬处理。否则，义齿将会产生不利的杠杆作用，加速牙槽嵴的吸收，使支持组织受损伤，甚至造成义齿的折裂。种植术后做即刻全口义齿修复的患者，3 ～ 6 个月后进行最终修复体制作。

任务三　即刻全口义齿的制作

一、拔牙患者即刻全口义齿的制作

若尚存在有多数后牙，应先拔除后牙，只保留前牙和有正常咬合接触的前磨牙，作为制作即刻全口义齿时确定颌位关系的依据。其步骤如下。

（一）口腔检查

医生对患者进行全面的口腔检查，包括缺牙情况、口腔黏膜、牙槽骨等情况并记录余留牙的牙周情况、龈袋深度、垂直距离及咬合关系等。对余留牙作 X 线检查，了解根周有无病变和牙槽骨的吸收情况。

（二）印模制取

即刻全口义齿的印模要求和方法与一般全口义齿基本相同。由于天然牙的高度和无牙区牙槽嵴的高度相差较大，可在无牙区牙槽嵴处的托盘底上，放置印模膏制取印模，使其获得良好的边缘伸展。如一次印模法不成，可制作个别托盘，采用二次印模法，以求获得准确的功能性印模，然后灌注石膏模型。

（三）颌位关系确定

可根据口内余留天然牙，记录颌位关系。其方法是在模型上做好暂基托，在缺牙区基托上放置适当高度的蜡堤，将蜡堤烫软，放入口内嘱患者咬在正中颌位，记录上下颌位置关系，将模型固定在殆架上。

（四）模型处理和排牙

按全口义齿排牙原则先排好后牙，在口内进行试戴，检查咬合关系是否正确。在排列前牙之前，要削除余留的石膏牙，同时对模型做适当修整。

1. 石膏牙消除的方法　余留石膏牙可削除一个，修整模型后，排上一个人工牙，按此法依次排其余的牙；也可将一侧的几个石膏牙一同削除，修整模型后，排好一侧人工牙，再按此法排列另一侧人工牙；这种方法适用于原来天然牙的位置基本正常，唇颊侧牙槽骨的倒凹不大，不需作牙槽骨修整，或只需作较少修整的患者。此方法因有邻牙和对侧同名牙作参考，所排牙与原天然牙的形状、位置相接近。还可将全部石膏牙同时削除，修整模型后，再排列人工牙。此法适用于牙槽骨需做较多修整的患者，并且修整模型比较方便和准确。

2. 模型修整的方法　在削除石膏牙之前，将中线、余留牙龈缘线的位置和约两倍龈沟的深度，用铅笔画线标记在模型上。不作牙槽骨修整术的患者，可平齐龈乳头连线削除石膏牙，然后根据各个牙的龈袋深度和X线片显示牙槽骨吸收的程度，修整模型牙槽嵴到相应程度。唇颊面的刮除应多于舌腭侧，龈袋正常的唇侧可修刮2～3mm的深度，龈袋深者修刮5mm或更多。舌腭侧的刮除一般不超过2mm，再按照龈缘至前庭沟由深至浅的原则，将唇舌侧两斜面修整成圆钝形牙槽嵴。对需进行牙槽骨修整手术的患者，除按照上述的要求修整模型外，还要修去唇颊侧骨隆突区的石膏。

（五）完成义齿

同常规全口义齿制作。

（六）外科手术和义齿戴入

即刻全口义齿完成后，按常规拔除余留牙，修整牙槽骨，并及时戴入义齿。若需作牙槽骨整形术，应以尽量保留骨组织和义齿基托恰好戴入为原则。可以用手术透明导板做参考，导板下局部黏膜受压发白，表示该处需再加以修整。直到导板能完全戴入，并与牙槽嵴黏膜接触合适为止。外科手术完成后，取出即刻全口义齿，用生理盐水冲洗，戴入口内。如有压痛或义齿不能就位时，可适当进行磨改，直到义齿顺利就位，并初步调𬌗。

（七）手术后的护理

1．患者戴义齿后24小时内，尽量不要摘下义齿，因术后组织有水肿现象，取下后再戴入义齿比较困难，且会影响血凝块形成，必要时可服用镇痛药和面部冷敷。

2．在初戴24小时之内应吃流质食物或半流质食物，不要吃较硬和过热的食物，以免刺激伤口引起疼痛，或破坏血凝块引起术后出血。

3．5～7天后拆除缝线，检查和修改义齿不适之处。2～3个月后进行复查，如基托与牙槽嵴黏膜之间出现间隙，可进行重衬处理和咬合调整。6个月后再复查，了解义齿的使用情况，必要时再次重衬或重做全口义齿。

二、牙种植患者即刻全口义齿的制作

（一）牙种植患者即刻全口义齿的制作方法

牙种植患者即刻全口义齿的制作方法主要有以下几种：利用原有的全口义齿进行调改；预先制作即刻全口义齿进行调改；依据手术导板预先制作，必要时进行调改；种植术后取模、制作即刻全口义齿。

临床医生及口腔技师根据患者具体情况，采用不同的方法进行即刻全口义齿的制作。但若义齿断裂或松动，可能导致手术后种植体骨结合失败，因此建议采用种植术后取模，加入加强金属丝来增加丙烯酸树脂的强度制作即刻全口义齿。

（二）种植术后即刻全口义齿制作流程

1．种植医生在完成外科种植阶段后，要确保种植体的初期稳定性不低于35N·cm，以满足即刻

全口义齿的制作条件，同时在缝合之前安放闭口转移杆，然后进行牙龈缝合（图 22-3、图 22-4）。

2．口腔技师在患者口内以金属短棒配合自凝塑料刚性连接各个闭口转移杆为一个整体，以防止取模过程中闭口转移杆发生移动。

3．口腔技师根据患者牙弓大小选择合适托盘，在患者口内试戴，同时标记托盘上各个闭口转移杆的穿出位置并打孔，确保各转移杆能够顺利穿出托盘。

4．采用硅橡胶进行全牙列取模，模型灌模，然后确定颌位关系，上颌架，制作个性化即刻全口义齿（图 22-5）。

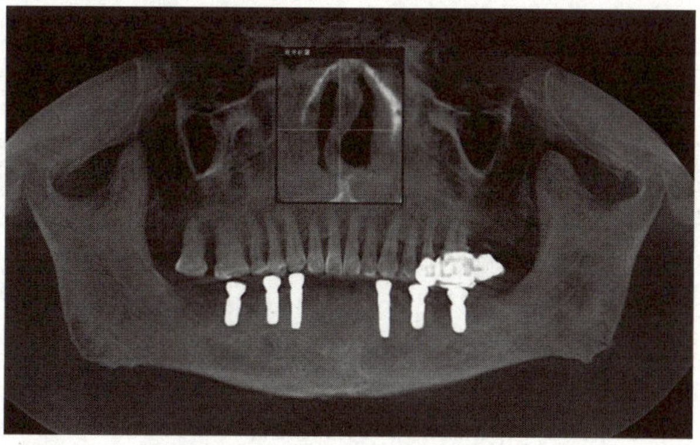

图 22-3　种植术后 CBCT

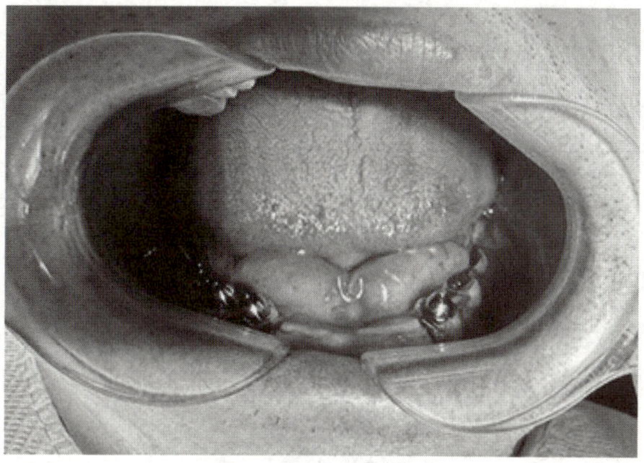

图 22-4　种植术后口内照

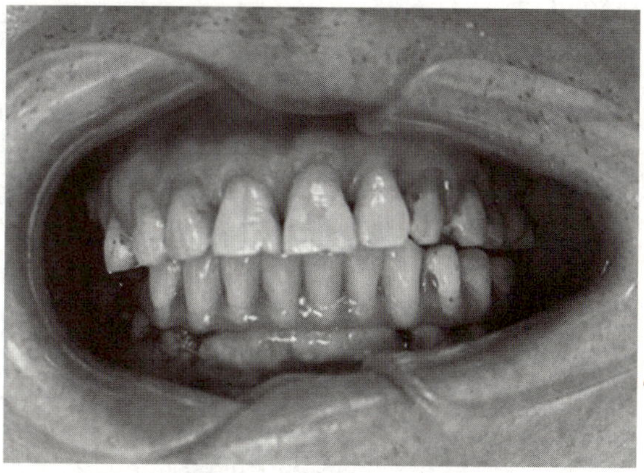

图 22-5　下颌即刻全口义齿

▶任务拓展

种植术后即刻全口义齿的历程

在早期的种植义齿修复过程中，主要采用的是两段式方案，也就是从第一阶段种植体植入后关闭手术创口，经过 4 ~ 6 个月的无干扰愈合期，种植体与颌骨发生骨结合后，通过二期手术暴露种植体，放置愈合基台，才开始修复过程。随着种植修复理念的发展，以及种植修复技术的进步，种植术后即刻全口修复已成为一种可靠的修复方案，也就是"All-on-4"方案，或"All-on-X"方案（4 和 X 分别是指植入单颌颌骨内的种植体数目）。此方案是指在拔牙后进行即刻种植或者是在愈合后的牙槽骨内植入种植体后，立即进行上部结构的制作以达到修复的效果，故要求制作两副修复体，第一副为种植体植入后 1 ~ 2 天内带入的即刻全口义齿，多为丙烯酸树脂修复体。第二幅才是种植体植入后 3 ~ 6 个月发生骨结合后带入的金属支架最终修复体。

【任务评价】

详见表 22-1。

表 22-1　即刻全口义齿任务评价表

任务	评价要点	分值
一	正确复述即刻全口义齿的概念	15
	准确描述即刻全口义齿的适应证	15
二	理解即刻全口义齿的优点	15
	理解即刻全口义齿的缺点	15
三	阐述拔牙患者即刻全口义齿的制作	20
	阐述牙种植患者即刻全口义齿的制作	20

—• 考试知识点总结 •—

—• 项目小结 •—

—• 协和云课堂…… 拓展练习及参考答案 •—

（雷东辉）

项目二十三　单颌全口义齿

教学课件

项目目标

微课：单颌全口义齿

素质目标

具备良好的职业道德和团队精神，能够就单颌全口义齿相关问题和医生、患者进行有效沟通。

知识目标

（1）掌握：单颌全口义齿的概念。

（2）熟悉：单颌全口义齿的修复特点及制作方法。

能力目标

具备知晓单颌全口义齿修复特点及制作方法的能力。

项目案例

【案例】

患者，女，71岁。该患者三月前拔除上颌余留牙，现来诊要求镶牙。身体健康，否认家族史、系统疾病史等。查体：颌面部左右对称，上唇丰满度较好，鼻唇沟稍加深，上颌牙列缺失，牙槽嵴吸收较少，有一定的高度和宽度，颌间距离正常。34、36、44、45、46、47缺失，下颌前牙之间间隙较大，牙石三度，右侧缺牙区牙槽嵴吸收至低平。

【问题】

1. 根据患者情况及要求，可以选择哪一种修复方法？
2. 单颌全口义齿的修复特点有哪些？

【项目分析】

随着我国经济的持续发展、医疗卫生环境的改善、人民生活水平逐步提高、人均寿命不断增长，我国进入了老龄化时代。部分老年人由于龋病、牙周病、外伤、口腔颌面部肿瘤等，逐步出现牙列缺损、单颌牙列缺失、双颌牙列缺失情况。单颌牙列缺失是上颌或下颌牙弓上没有天然牙的存在。

单颌牙列缺失常规的修复方法是制作单颌全口义齿，但因天然牙列与人工牙列在硬度、𬌗力、𬌗曲线的走向等方面存在巨大差异，使得单颌全口义齿的修复难度大大增加。对颌天然牙在咀嚼过程中可能会对义齿产生较大的𬌗力，容易导致义齿下沉、疼痛、基托折断等问题。我们期望学生能够充分理解单颌全口义齿的修复特点和制作方法，知晓结合修复前口腔检查结果，精确制取无牙颌印模，正确确定上下颌颌位关系，合理排列人工牙，确保基托充分伸展和良好的封闭性，也可以获得满意的临床修复效果。

任务一　单颌全口义齿概述

一、单颌全口义齿的概念

单颌全口义齿是指修复单颌牙列缺失的全口义齿，即上颌或下颌为全口义齿，其对颌为天然牙列或牙列缺损已进行了可摘局部义齿或固定义齿修复（图 23-1）。单颌全口义齿的制作受对颌天然牙列影响很大，平衡𬌗的建立也十分困难。在临床上修改的次数较多，常有固位欠佳、牙槽嵴压痛、基托折断等问题。

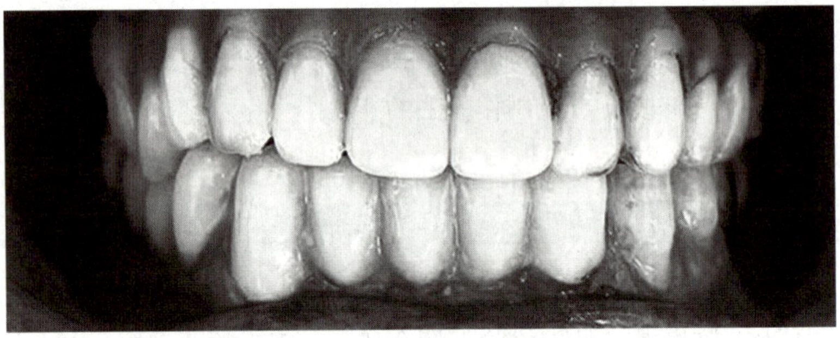

图 23-1　单颌全口义齿

二、单颌全口义齿的修复要求

单颌全口义齿除要符合全口义齿的基本修复要求外，前牙区切忌覆𬌗过深，排除前伸和侧方运动中的障碍，上颌后牙排列不得偏颊侧，基托需采取增加强度的措施。

任务二　单颌全口义齿的修复特点

1. 颌弓显得窄小　这是因为缺牙后牙槽嵴吸收所致，表现为上颌弓窄小，下颌前部（前牙区牙槽嵴）显得后缩，而其后部变宽（图 23-2）。

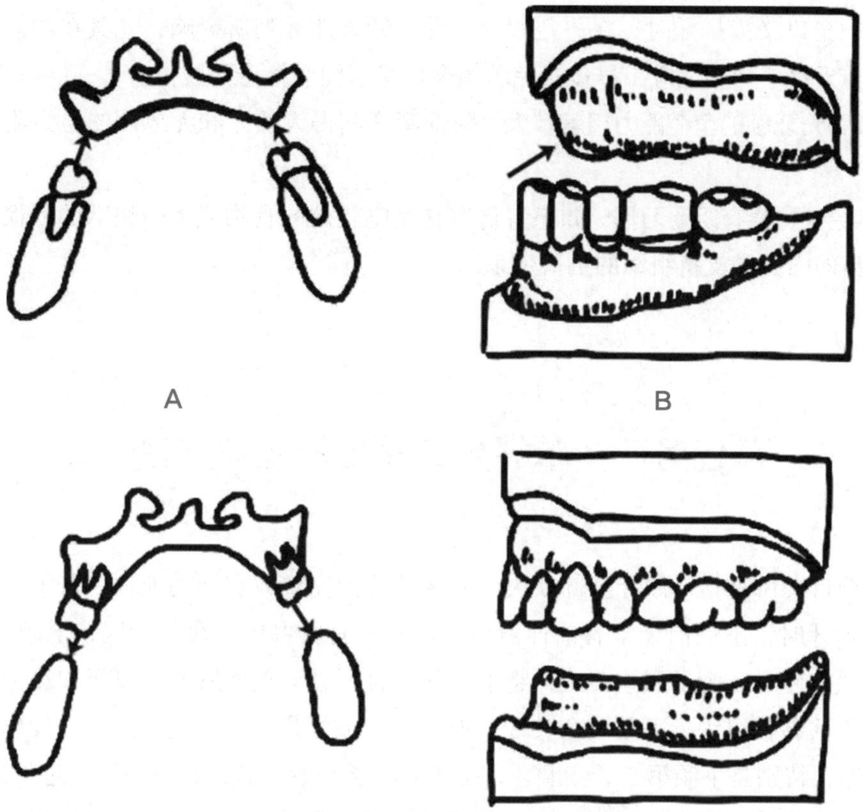

A　　B　　C　　D

图 23-2　无牙颌周径与对颌牙弓的大小不协调

A. 上无牙颌后部变窄；B. 上无牙颌周径变小；C. 下无牙颌后部变宽；D. 下无牙颌前部变小。

2. 天然牙列的殆曲线很少符合全口义齿平衡殆的要求　这里的殆曲线指补偿曲线及横殆曲线。因为天然牙列间多数不具备前伸和侧方平衡殆，可能存在某种程度的深覆殆、高位牙、低位牙、倾斜高位牙、错位牙以及切缘和殆面严重磨损等，有时还可见到异常的殆曲线（图 23-3）。一旦单颌牙列缺失，作为对颌的天然牙如果存在上述不利于全口义齿固位的条件，虽然可通过调殆的准备工作改善，但调殆是有限的，这对单颌全口义齿将产生不利影响。

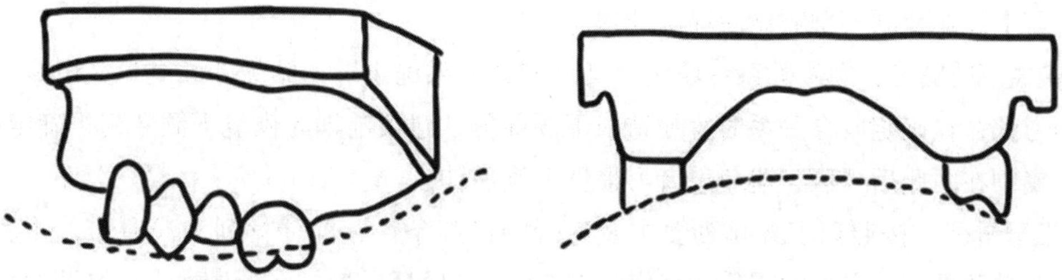

A　　B

图 23-3　上颌天然牙列异常殆曲线（对颌为无牙颌）

A. 25 为低位牙，26 为高位牙（弧形虚线表示适宜的补偿曲线）；B. 16、26 为反横殆曲线（弧形虚线表示反横殆曲线）。

3. 单颌全口义齿和对颌天然牙列的关系不利于全口义齿的固位 单颌全口义齿常出现咬合障碍而容易脱位。单颌全口义齿排牙时，在一定程度上受对颌天然牙列所影响，尤其在功能运动中，单颌全口义齿需要与天然牙列相适应，尽量避免单颌全口义齿因受撞击而脱位。

4. 天然牙和无牙颌的负荷能力相差较大 阿部晴彦测得天然牙和无牙颌的验力耐受值之比约为6∶1。

5. 患者容易保持原有咀嚼习惯 如患者仍有喜爱吃较硬的食物或大嚼快咽的习惯，这些习惯都给单颌全口义齿的固位和支持组织的负荷带来困难。

任务三 单颌全口义齿的制作方法

上颌单颌全口义齿是指上颌牙全部缺失，而下颌牙列完整或有牙列缺损。若下颌后牙是游离缺失，只余下颌前牙时，下颌前牙常有前伸习惯，在咬合时𬌗力集中在前牙区，上颌前部受力较大；或由于排列上颌前牙时，为了照顾美观，将上颌前牙排列过分偏向唇倾，以至加速上颌前部牙槽嵴吸收，而形成松软黏膜组织。下颌剩余尖牙、前磨牙，最好是保留两侧天然牙，使𬌗平面一致。在剩余两侧磨牙时，特别是下颌第二、三磨牙，是否有过长呈台阶状；或下颌磨牙过长接近上颌结节，当下颌前伸时，有推动上颌全口义齿远中向前移动，或侧方运动时，义齿可发生翘动而影响义齿固位和稳定。

下颌单颌全口义齿是指下颌牙全部缺失，而上颌是天然牙或有牙列缺损。由于下颌承托区面积小，而对颌为天然牙，𬌗力大，患者戴义齿后常产生疼痛和黏膜破溃，下颌全口义齿固位差。

制作单颌全口义齿时应注意以下几点。

1. 调𬌗 调磨个别伸长牙、尖锐牙尖及锐利边缘，减小侧向力。如两侧余牙𬌗平面呈一高一低，或余牙呈台阶状，可通过调磨降低牙尖高度来增大颌间高度。低位牙采用高嵌体、𬌗垫修复来改善𬌗曲线。

2. 印模制取、模型灌注处理 无牙颌侧需要采取二次印模法取模，选取合适的成品托盘，取初印模，灌制初模型，制作个别托盘，制取终印模，以获得适当的边缘伸展和良好的边缘封闭。灌注石膏模型，若上颌无牙颌模型需做后堤区处理。

3. 颌位关系的确定 颌位关系参照全口义齿咬合关系确定。上颌无牙颌全口义齿修复患者常伴有下颌前伸习惯，在确定咬合关系时容易造成下颌前伸，建议前期先恢复下颌牙列再确定咬合关系，咬合蜡堤应集中在两侧后牙区，避免患者习惯性下颌前伸。

4. 人工牙排列 按照人工牙排列要求及患者的口腔条件，前牙排列为浅覆𬌗，并适度增加覆盖，有利于前伸𬌗平衡、义齿的固位和稳定（图 23-4）。后牙尽量排在牙槽嵴上，必要时后牙可排成尖对尖或反𬌗，以减小杠杆力量，防止义齿的纵向折裂；如牙槽嵴低平或较窄时，黏膜较薄，为减小𬌗力，可减数或减径排列，牙尖斜度不宜过大。

5. 单颌全口义齿的完成 同常规全口义齿。

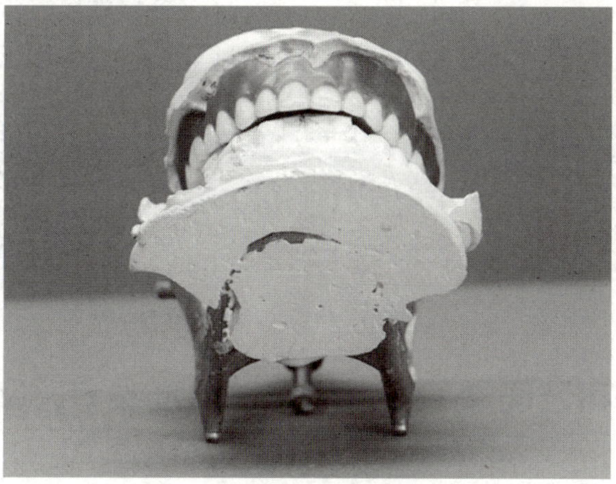

图 23-4　上颌全口义齿蜡型、排牙

▶任务拓展

单颌种植全口义齿修复

单颌种植全口义齿的治疗有单颌固定式种植义齿修复和单颌覆盖式种植义齿修复两种方案，单颌覆盖式种植义齿修复主要有杆式附着体、球帽型附着体、磁性附着体等类型。选择何种修复设计，医生主要根据患者的主诉和患者的骨质骨量的条件决定。单颌固定式种植义齿修复美观性良好，咀嚼功能与天然牙最为近似，但适应证较严格，要求患者有足够的骨量允许在颌骨的前部和后部都植入种植体。单颌覆盖式种植义齿修复与固定式种植义齿修复相比，体积较大容易使患者产生不适感，但适应证广泛，对患者颌骨骨量的要求较低。

【任务评价】

详见表 23-1。

表 23-1　单颌全口义齿任务评价表

任务	评价要点	分值
一	正确复述单颌全口义齿的概念	20
	准确描述单颌全口义齿的修复要求	20
二	理解单颌全口义齿的修复特点	30
三	阐述单颌全口义齿的制作方法	30

—• 考试知识点总结 •—

—• 项目小结 •—

—• 协和云课堂…… 拓展练习及参考答案 •—

（雷东辉）

项目二十四　种植全口义齿

教学课件

微课：种植全口义齿

项目目标

素质目标

（1）秉持认真负责的学习态度，观察和分析种植全口义齿修复过程中的复杂结构和细节，进而形成严谨、辩证的临床思维。

（2）具备向患者进行种植全口义齿维护宣教的能力，帮助患者建立科学的口腔健康管理意识。

知识目标

（1）掌握：种植全口义齿的组成结构。

（2）熟悉：种植固定义齿和种植覆盖义齿的特点、适用范围及优缺点。

（3）了解：种植全口义齿的维护。

能力目标

具备运用所学知识对种植全口义齿的组成结构及种类进行深入分析和评估的能力。

项目案例

【案例】

患者，男，63 岁。口内全部牙齿缺失 3 个月，要求修复。患者 3 个月前口内全部牙齿缺失。未曾行义齿修复，要求修复。无肝炎等传染性疾病；无药物过敏史。有心血管疾病病史。检查：全口牙列缺失，颌位关系丧失。下颌前突，牙槽峭低平，33、34 颊侧牙槽峭存在明显骨突，无明显软组织倒凹，牙槽嵴黏膜较薄。腭穹隆较平坦，颌间距离较小。舌体肥大，唾液稀薄、量多。余未见明显异常。

【问题】

1. 根据患者情况可以选择哪一类种植全口义齿？
2. 种植全口义齿修复后，患者如何进行维护？

【项目分析】

随着我国医疗卫生条件的显著提升、民众生活质量的稳步增强，以及生育率的逐步放缓，老年人口规模在我国持续扩大，社会老龄化现象日益显著。在老年人群体中，牙列缺失是一种常见的口腔问题，其主要原因包括龋病、牙周病，以及外伤、不适当的修复体和一些遗传性疾病。这不仅会对患者的咀嚼和发音能力造成损害，还会严重影响他们的面部美观。针对牙列缺失，全口义齿修复一直是常规的解决手段。然而，受限于个体的解剖条件，部分无牙颌患者难以通过传统全口义齿实现满意的修复效果。幸运的是，随着种植技术的不断进步，越来越多的牙列缺失患者倾向于选择种植修复方案。

种植全口义齿修复不仅能够有效恢复患者的口颌功能，还能显著提升其生活质量。与传统修复方式相比，种植全口义齿在恢复咀嚼能力、提升生活质量、增强口腔稳定性、维护口腔健康及满足患者心理需求等方面展现出明显优势。然而，种植义齿仅是一个开始，远非终点。部分宣传往往聚焦于种植牙的优势，却未能充分凸显人工种植牙后续保健与维护的不可或缺性。这可能导致公众产生一种误解，认为种植牙一旦安装完毕，便能一劳永逸，无须任何后续的保健与维护，仿佛它们能永久无虞地服务于患者。但事实上，对种植术后维护的忽视，可能会带来一系列潜在的问题。通过本次学习，我们期望学生能够深入理解种植全口义齿的组成结构，具备细致观察和分析修复过程中复杂结构和细节的能力。在面对与种植全口义齿维护的相关问题时，学生能够灵活运用所学知识，结合实际情况，创造性地提出解决方案。此外，学生还应具备向患者进行种植全口义齿维护宣教的能力，以提高患者的口腔健康意识。

任务一　种植全口义齿概述

一、种植全口义齿的概念

种植义齿是将生物材料植入颌骨或骨膜下，替代缺失的天然牙根，以实现与牙齿固定相似的修复效果。由牙种植体、基台及其上部结构组成。牙种植体又称下部结构，为人工生物材料所制。上部结构由人工牙、支架、基托、固定螺丝及附着体等组成，它们通过多样化的连接形式与种植体的基台和下部结构实现稳固连接。

种植全口义齿是指在无牙颌的上颌或下颌的几个位置植入牙种植体，其上再制作义齿的修复体。上部结构与基台的连接方式有固定连接和可摘连接。

二、种植全口义齿的主要组成结构

种植全口义齿是由种植体、基台和上部结构三部分组成（图 24-1）。

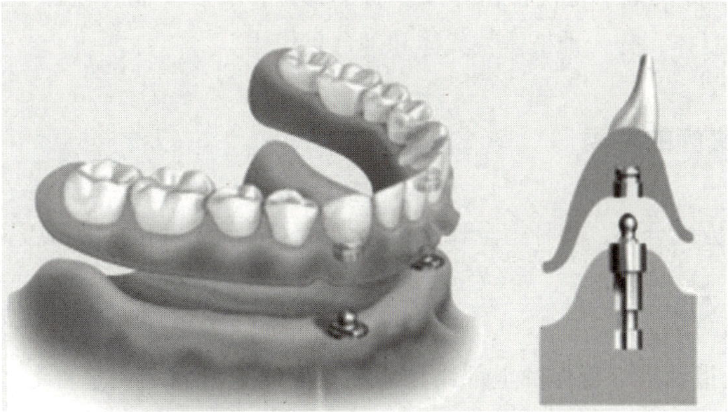

图 24-1 种植全口义齿（球附着体系统）

（一）种植体

种植体是种植义齿植入骨组织内替代天然牙根的部分，可与周围骨组织发生骨结合，具有固位、支持和传导殆力的作用。

（二）基台

基台是牙种植体穿过牙龈暴露于口腔中的结构部分。基台通过其下端的内连接或外连接固定于种植体上，以获得固位、抗旋转和定位的能力。按照基台与上部结构的连接方式，基台可分为螺丝固位基台、粘接固位基台和附着体基台等。

（三）上部结构

上部结构是安装在种植体系统（种植体 + 基台）顶端，直接暴露在口腔中，用于恢复缺失牙齿形态和功能的人工修复体部分。通常分为可摘上部结构和固定上部结构，其中可摘上部结构的设计类型有杆卡、球帽、磁性附着体和套筒冠固位体等，固定上部结构的设计类型有单冠、连冠和固定桥等。其组成构件有人工牙或冠、支架、基托、附着体和固定螺丝等。

（四）附件

1. 愈合帽 用于种植体植入后封闭种植体上方预留的、衔接基台的孔。

2. 牙龈成形器 当种植体植入后初期稳定性达到一定程度或全埋植种植体与周围骨组织形成骨结合后，安装于种植体上方，以保证种植体周龈组织外形形成的结构。

3. 取模柱 又称为转移杆、转移帽，其功能在于印模过程中，精确捕捉并记录种植体或基台在口腔牙列中的精确位置与朝向，随后将这些信息转移到工作模型上。这一部件旨在辅助种植体或基台替代体的准确定位，依据其应用场景的不同，可分为专门用于种植体的转移杆和针对基台的转移杆两种类型。

4. 卫生帽 又称为基台保护帽，在粘接固位基台就位后且尚未安装最终修复体时，扮演着重要的角色。它主要用于遮盖并保护基座，能有效阻挡食物碎渣等杂质附着其上，同时确保种植体周边软组织维持其原有形态。

5. 替代体 在石膏模型中替代种植体或基台的部件，可以复制种植体平台或基台的位置和方向，并在其上制作修复体，分为种植体替代体和基台替代体。

三、种植全口义齿的种类

按照义齿的固位方式分类，将种植全口义齿分为种植固定义齿和种植覆盖义齿。

（一）种植固定义齿

种植固定义齿是指种植修复体的上部结构用粘接剂或螺丝固定在基台上，患者不能自由摘戴，是完全由种植体提供支持作用的固定义齿（图 24-2）。咬合力全部由种植体传递到牙槽骨，能最大限度地恢复患者的咀嚼功能，满足患者拥有固定牙齿的心理需求。这种义齿所需种植体的数目较多，咀嚼功能类似天然牙，适用于牙槽嵴吸收较少的病例。

上部结构与基台或种植体的连接方式有粘接固位、螺钉固位，或是两者结合使用。因此又可将种植固定义齿分为基台粘固型和螺丝固定型两类。

1. 粘固型种植全口义齿 这种设计采用了一种特殊的金属支撑框架，其固定部分被设计成为帽状冠，通过特殊的粘合剂，将帽状冠及其上部的结构牢固地粘合到基座上，从而与植入体形成一个完整的整体。此类义齿的固位性能出色，能够有效地传递和分散力量。

2. 螺丝固定型种植全口义齿 基台顶端配备有专门的固定螺栓孔，在金属支架相应部位也设计有对应的固定孔。在将上部结构妥善放置在多个基台上后，通过金属螺丝进行固定。此类义齿不能由患者自行摘取或佩戴，需要由专业医生定期进行拆卸、清洁、检查和维护工作。

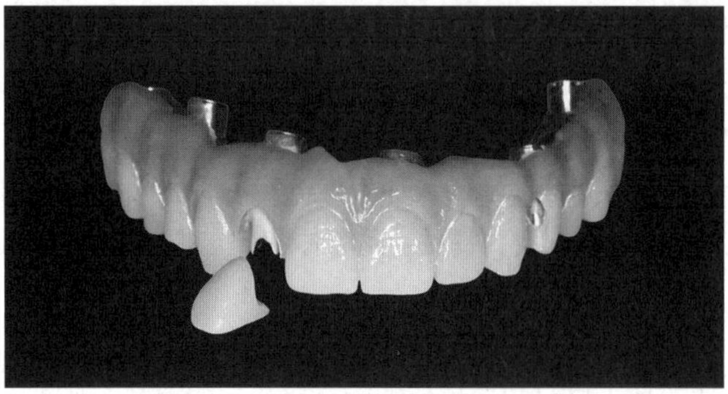

图 24-2　种植固定义齿（螺丝固位）

（二）种植覆盖义齿

种植覆盖义齿由植入颌骨内的种植体、附着体和全口义齿组成，种植修复体的上部结构通过特殊的附着体包括栓道式、球帽式、杆卡式、磁性固位体或套筒冠等与种植体连接。覆盖式种植义齿可以显著提高全颌义齿的固位力和稳定性，患者可以自行摘戴，清洁方便，是无牙颌患者普遍采用的修复方案。这种义齿所需种植体的数目较少，咀嚼功能低于固定修复，适用于牙槽嵴吸收较多的患者。

全口种植覆盖义齿的构造中，其上部结构紧密贴合于基台与黏膜之上，通过具有摩擦力、卡抱力或磁性固位力等作用的附着体把种植体和全口义齿连接起来，由附着体固位、种植体或种植体与组织共同完成支持作用。而全口种植覆盖义齿的稳定性能，则取决于颌骨的结构状况、种植体的数量及其植入位置。具体而言，若仅植入 2 枚种植体，义齿主要依赖基托下组织进行支撑，种植体则起到固位与辅助支撑的功能；若种植体数量增至 3 ～ 4 枚，则种植体、附着体及基托下组织三者共同提供支撑；当种植体数量达到 4 ～ 6 枚时，种植体成为主要的支撑力量。

依据全口覆盖式种植义齿中附着体的不同设计，我们可以将其细分为杆卡式、套筒冠式、球帽式及磁性固位式等几种类型。

1. 杆卡式附着体固位的种植义齿　其结构包括水平杆与夹卡两部分（图 24-3）。水平杆通过接圈利用螺丝紧密固定在基台上，而夹卡则牢固地安装于覆盖义齿基托的相应组织面上，此类型附着体在全口覆盖式种植义齿中应用广泛。

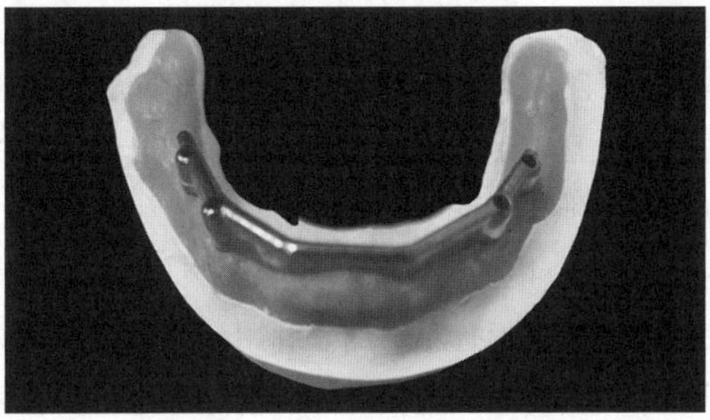

图 24-3　种植覆盖义齿（杆卡式）

2. 套筒冠附着体种植义齿　其结构由内外两层冠体构成。内层冠通过粘固剂固定于种植体的基台上，外层冠则固定于覆盖义齿基托的相应组织面内。当义齿就位时，外层冠紧密套合于内层冠之上，通过摩擦力实现稳固固位。其中，圆锥形套筒冠因其理想的结构特性而被广泛应用。

3. 球帽状附着体固位的种植义齿　其结构由阴性与阳性两部分组件构成。阳性部分为一个球形结构，直接旋入基台内与种植体相连；阴性部分则固定于覆盖义齿基托组织面的相应位置，形状多样，以适应不同的固位需求。

4. 磁性附着体固位的种植义齿　则利用软磁合金制成的衔铁嵌入种植体基台内或粘固于基台顶端，同时在覆盖义齿基托组织面内嵌入永磁体（图 24-4）。根据固位需求，可在颌弓上设置 2 个或 3 个磁性附着体。磁性附着体结构简洁，操作简便，成本较低，且固位力持久，尤其适用于黏膜较厚、牙槽嵴低平或不易摘戴义齿的患者。

A　　B　　C

图 24-4　种植覆盖义齿（磁性附着体式）

A. 口内支撑；B. 基托组织面；C. 义齿就位。

任务二　种植全口义齿的维护

一、日常自我维护

口腔保健三部曲，一个简单而高效的日常护理法则，概括为“一刷、二通、三冲”。我们强烈推荐每日至少执行两次这一流程，每次持续时间不少于 3 分钟，确保口腔与假牙的各个表面，包括那些难以触及的角落，都能得到全面且深入的清洁。具体操作如下。

第一步：全面清洁。采用科学且正确的刷牙技巧，如改良巴氏刷牙法，不仅要清洁人工牙，对于人工种植牙，更需特别的关注。种植牙的牙龈面、颊（唇）侧及舌侧，都是卫生维护的重点区域。这些部位若清洁不当，极易引发各种问题。

第二步：深度疏通。仅依靠刷牙是远远不够的。利用牙线、牙缝刷等专业工具，深入种植牙的邻接区域，将那些隐藏在牙缝中的食物残渣与菌斑一一清除。这一步骤要求细致入微，确保每个牙齿或牙冠的邻接面都干净如初，无垢无痕。

第三步：强力冲洗。借助冲牙器（亦称水牙线）等高科技设备，针对种植牙的每个细微缝隙进行强有力的冲洗。水流不仅能够将残留的食物残渣与菌斑冲刷干净，还能对种植体周边的口腔黏膜实施温和的冲洗与按摩，促进血液循环，增强口腔黏膜的抵抗力，从而维护口腔的整体健康。

遵循口腔保健三部曲，让口腔健康得到全方位的呵护。记住，持之以恒是关键，只有坚持每日的细致护理，才能确保口腔健康无忧。

二、定期检查与专业维护

（一）定期检查

患者在完成种植牙修复手术后，需严格遵照医生的指导，参与一个有序、规律且周期性的复查流程。一旦种植体上部的修复作业告竣，患者应即刻启动并定期执行复查计划。修复初期尤为关键，建议患者在此阶段增加复查频次，特别是在术后 1 ～ 2 周、1 个月、3 个月、6 个月及 1 年等时间点，以便及时监测并妥善处理可能出现的问题。一年后，医生将评估患者种植体周围组织的状况，并据此制订适宜的复诊频率。对于健康状况良好的患者，每年复诊一次即可；对于种植体周围组织疾病高风险的患者，则需根据具体情况灵活调整复诊次数。

定期进行的口腔内外健康评估旨在全面审视患者的整体健康状态、口腔卫生维护情况、菌斑积聚程度、牙周组织的健康状况及种植体的稳固性等关键指标。评估的核心涵盖种植体周边牙龈是否存在充血水肿迹象，探诊时是否出血，种植体与修复体的稳固程度，美学区域牙龈的外观与角化龈的质量，牙周袋的深度，咬合功能的正常与否，以及修复体支撑结构的完整性，是否出现变形或断裂。此外，还需通过拍摄X线片来追踪并评估骨组织的吸收状况。

（二）专业维护

专业维护的目的在于早发现、早诊断、早治疗；积极治疗种植体周围疾病，保证种植体周围软硬组织健康。依据定期检查结果，采取针对性的治疗措施。

针对种植全口义齿出现组件的松动、断裂，或者是支架的变形、折断等情况时，切勿草率决定重新制作。首要步骤是细致检查，确认是否存在应力集中区域，并评估整体修复设计的合理性。在确保问题被有效排查后，再依据具体情况，选择是重新设计并制作修复体，还是对松动部位实施加固处理，从而彻底消除应力集中点及过大的咬合负荷。

针对咬合不良的情况，应采用规范化调𬌗治疗。首要任务是实施精准的定位诊断，通常情况下，种植全口义齿的咬合接触应呈现多点均匀分布，无𬌗干扰。一旦确定问题根源，需对𬌗创伤或干扰点采取少量多次调磨，避免进行广泛的大面积调磨或对患者实施大幅度的咬合调整方案。

针对种植体周围炎患者，使用特殊材质的刮治工具、超声波设备及喷砂技术，以彻底清除暴露种植体表面的菌斑和结石。完成去污后，还需对种植体进行严格的抛光处理。理想的洁治与刮治技术应确保有效清除菌斑、结石及色素沉积，同时最大限度地保护种植体表面的完整性和其生物学特性，以及维护种植体周边牙龈组织的密封性不受损害。对于病情较重的患者，则需采取手术治疗。通过定期进行专业且规范的治疗，维护种植体周围软硬组织的健康状态，可以有效提升种植体的使用寿命。

对于每位接受种植修复的患者而言，坚持做好口腔清洁和定期复诊至关重要，这是延长种植牙使用寿命，乃至终身受益的关键。同样，对于口腔种植医生来说，为患者提供精湛的种植手术，以及细致的术后维护服务，两者都不可或缺。

▶任务拓展

数字化技术在种植全口义齿中的应用革新

相较于传统的牙齿修复手段，种植全口义齿凭借其前瞻性的设计理念与卓越的临床效果，已然成为当今牙齿缺失患者的首选治疗方案。随着数字化种植技术的日新月异，其在口腔种植领域的应用愈发广泛且深入。术前，通过高精度的三维影像技术，种植体得以被精确规划与定位；术中，数字化导板如同精准的导航仪，辅助医生将种植体准确无误地植入预定位置；术后，借助数字化手段进行修复设计，不仅提升了修复效果，更确保了整个治疗过程的科学与严谨。

【任务评价】

详见表24-1。

表 24-1 种植全口义齿任务评价表

任务	评价要点	分值
一	正确复述种植全口义齿的概念	10
	准确描述种植全口义齿主要组成结构及其作用	20
	详细且准确的列举出各类种植全口义齿并说明特点	30
二	准确说出种植全口义齿日常自我维护的方法、工具选择及操作要点	10
	说出定期检查频率及重点项目	10
	列举可能出现的问题及处理原则	10
	结合临床案例，分析种植全口义齿的选择与维护方案的制订	10

考试知识点总结

项目小结

协和云课堂…… 拓展练习及参考答案

（席仁莉　蒋　丽）

项目二十五　CAD/CAM 技术在全口义齿中的应用

教学课件

项目目标

微课：CAD/CAM 技术在全口义齿中的应用

素质目标

（1）激发自身对现代口腔修复技术的兴趣和探索精神，深入探究 CAD/CAM 技术在全口义齿中的应用，增强对现代口腔医学技术发展的信心。

（2）运用 CAD/CAM 技术解决全口义齿修复中的实际问题，培养独立思考和临床应变能力，践行精益求精的工匠精神。

知识目标

（1）掌握：CAD/CAM 的概念。

（2）熟悉：CAD/CAM 技术的基本原理。

（3）了解：CAD/CAM 在全口义齿中的应用。

能力目标

具备运用 CAD/CAM 技术进行全口义齿设计与制作的能力。

项目案例

【案例】

患者，男，68 岁。患者由长期牙周病导致全口牙齿脱落，严重影响咀嚼功能和面部美观，要求制作全口义齿。患者自述牙周病史多年，曾接受过多次牙周治疗，但效果不佳，最终全口牙齿脱落。患者无其他系统性疾病，身体状况良好。口腔检查：患者全口无牙，牙槽嵴吸收较严重，唇颊部软组织塌陷，面部形态不饱满。口腔内无明显炎症和溃疡。

【问题】

1．拟采用 CAD/CAM 技术进行全口义齿的设计与制作，请简单描述治疗计划。

2．CAD/CAM 制作全口义齿，与传统制作方法相比，有什么优点？

【项目分析】

传统修复体的加工过程历来复杂烦琐，涵盖取模、灌模、熔模制作、包埋及铸造等一系列烦琐工序，这一连串的工艺不仅流程冗长，而且对每一步的技术要求都极为严苛。在这样的背景下，传统的加工方式不仅需要庞大的车间空间来容纳众多的设备和工具，同时，技师在这一过程中也面临着巨大的劳动强度，工作负担沉重。

与之形成鲜明对比的是，CAD 和 CAM 技术的出现，如同一股清流，为义齿加工行业带来了革命性的变革。这两项技术巧妙地省去了传统加工方式中的取模、灌模、熔模制作及包埋等烦琐步骤，不仅大幅简化了加工流程，还有效避免了在这些步骤中因材料使用不当而产生的尺寸误差和环境污染问题。更重要的是，借助计算机强大的检测功能，每一个修复体都能被精确地打磨至同一高标准，这不仅显著提升了义齿的加工精度，还有效降低了人为因素对产品质量的影响，让技师从繁重的体力劳动中解脱出来，劳动强度大幅降低。

通过对 CAD/CAM 技术在全口义齿设计与制作中的深入学习，我们期望同学们能够深刻领会 CAD/CAM 的核心概念，全面了解 CAD/CAM 技术在全口义齿设计与制作过程中的各个环节，从设计到制作，从概念到实践，都能游刃有余。这样的学习经历，不仅能够帮助同学们提升创新意识和实践能力，还能让他们在未来的职业生涯中，更好地应对各种挑战，为口腔修复事业贡献自己的力量。

任务一　全口义齿的 CAD 设计

CAD/CAM 又称计算机辅助设计（CAD）和计算机辅助制作（CAM），它是将光电子技术、微机信息处理及数控机械加工技术结合起来，用于制作人工冠、桥、可摘义齿、全口义齿的一门新兴的口腔修复工艺技术（图 25-1）。

一、CAD 的概念

CAD/CAM 包括三部分：数据采集、CAD、CAM。而 CAD 是通过扫描设备将模型实体变为计算机三维模型数据，再由技师通过专业的设计软件在数据模型上设计相应的修复体形态数据的过程。

在软件运行架构层面，系统可分为开放式架构与封闭式架构两大类。开放式架构下，数据采集、CAD 及 CAM 所产生的数字文档遵循国际标准格式，这赋予了用户极大的灵活性，能够自由选择适配的加工装备与材料。其优势体现在可根据实际需求灵活调整生产参数、产品线及生产设备和原材料，然而，要实现系统的顺畅运行，往往需要跨领域的专业人员经过长时间的整合协作，才能达到理想状态。相对而言，封闭式架构则是由供应商预先对数据采集、CAD、CAM 及应用材料进行一体化加密设计。在此架构下，用户仅能采用供应商预设的设计与加工参数，且必须使用特定的设备及材料进行生产。这种模式的亮点在于，系统的整合工作已由供应商全面完成，用户仅需具备基础的口腔专业知识及简单的电脑操作技巧，即可制作出质量上乘的产品。然而，这也限制了产品及原材料的选择范围，用户必须严格遵循供应商提供的参数及设备材料进行生产，难以满足多样化的个性化需求。计算机辅助设计包括两大部分：数据采集（牙列信息的获取）和计算机辅助设计。

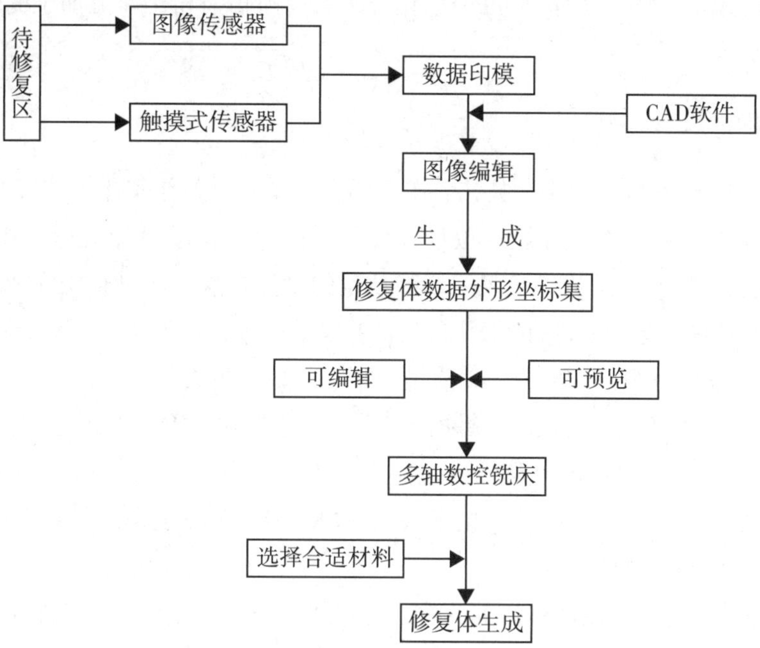

图 25-1　计算机辅助设计和计算机辅助制作

二、CAD 在全口义齿的应用

（一）数据采集

数据采集的方式主要有口内扫描、印模扫描和模型扫描三种。

1. 口内扫描　简称口扫，主要是在牙椅旁利用口腔扫描仪，全面捕捉患者口腔内部的多角度信息（图 25-2）。这些数据会被计算机程序处理，转化为精细的三维立体图像，形成数字化模型展示于屏幕上，为后续设计提供基础。这种系统的优点是患者等候时间短，使工作更方便、快捷，效果更好。

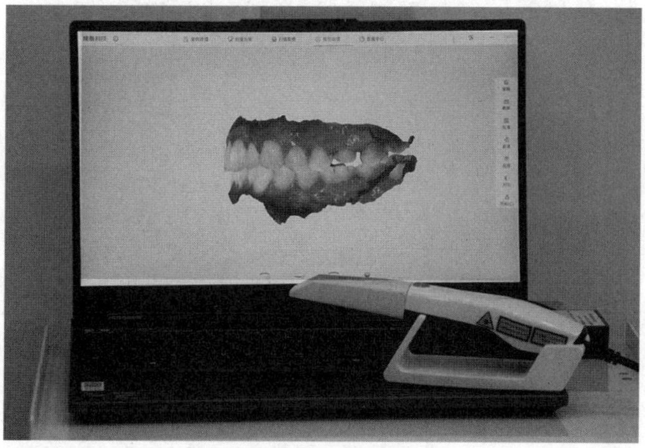

图 25-2　口内扫描仪

2. 印模扫描和模型扫描 与口内扫描不同，印模扫描和模型扫描过程在口腔外部执行。它们通过特定的扫描装置，对取得的口腔印模或模型进行扫描，以此获取患者的数字化口腔模型。这些模型数据随后会被传递给专业的技师进行进一步的设计工作，最终，依据设计结果，利用各类精密加工设备来完成修复体的制作。此法加工周期较长，与口内扫描相比，可加工的修复体种类及材料较多。

（二）计算机辅助设计

传统的修复体制备流程依赖于手工技艺，工匠需运用蜡和蜡刀在实体工作模型上进行精细雕刻。相比之下，现代 CAD 技术则通过智能定位设计要素，大大简化了设计流程。在这一创新方式下，修复体的设计仅需借助雕刻工具包，或仅需调整预设的设计参数，即可轻松完成。这一过程不仅便捷高效，还允许设计师在电脑上清晰预览并自我检验设计成果，从而确保了设计的精确度。CAD 在全口义齿中的设计步骤可分为三大部分，即模型分析、全口义齿设计和精修。

1. 模型分析（确定殆平面、特征点、基托边缘线） 在模型殆堤接触面上选定三个参照点（右侧磨牙区点、正中接触点、左侧磨牙区点），依据这三点确定殆平面。特征点则涵盖上下颌牙弓中心、双侧尖牙区、上颌结节及磨牙后垫区域。至于基托的边缘线，其设定遵循传统全口义齿设计的原则，保持与传统边缘线位置的一致性。

2. 全口义齿设计（排牙和设计基托） 在虚拟环境中，全口义齿的牙齿排列可通过参数化设置实现，允许在矢状面、水平面及冠状面三个维度上精确调整牙齿位置，从而确立人工牙间的相对位置及其与咬合平面的关系。这不仅能整体调整牙列的长宽高，还能局部调整牙列的弧度，以匹配个体化的牙弓形态。同时，支持对单颗牙齿的全方位调整。遵循传统全口义齿的缓冲区及后堤区处理标准，并在虚拟殆架上进行个性化配置，包括调整髁导和切导，动态模拟侧方、前伸及侧移等口腔运动。

3. 精修 使用虚拟殆架调节咬合关系，对于存在的殆干扰点，可手动打磨或利用软件自动分析咬合运动数据进行精确调整。此外，通过雕刻工具和形态调整功能，可以修正基托的磨光面和牙龈部分的数字模型，弥补全口义齿设计中的局部瑕疵，直至最终完成全口义齿的精细化设计（图 25-3）。

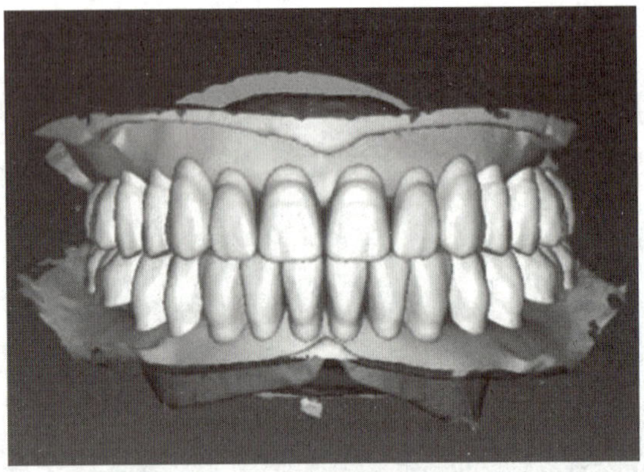

A

图 25-3 全口义齿 CAD 模型

A. 试排牙完成；B. 数字化虚拟蜡型设计；C. 完成总义齿。

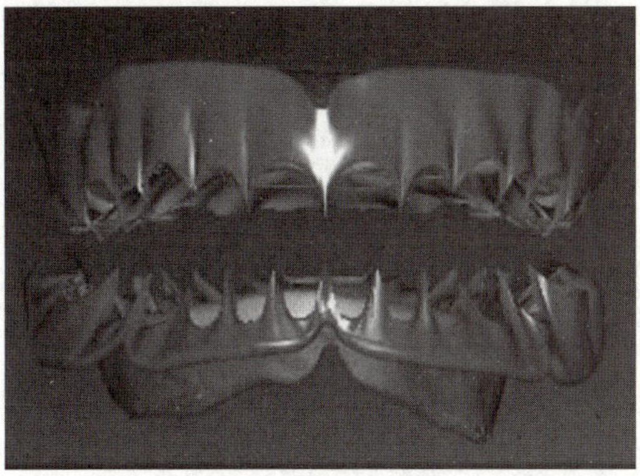

B

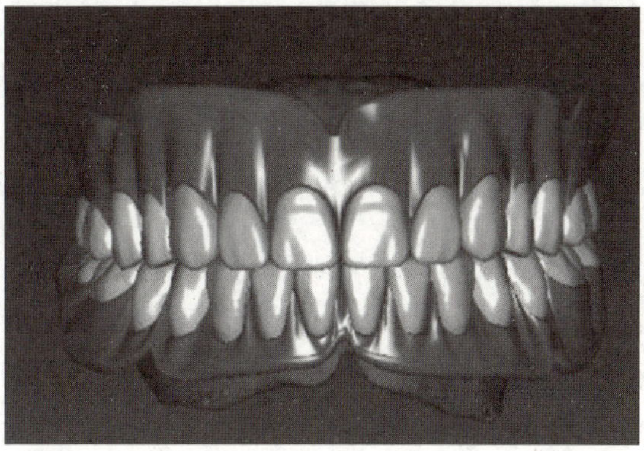

C

图 25-3 （续图）

任务二　全口义齿的 CAM 制作

一、CAM 的概念

CAM 将“计算机蜡型”转换成修复体，省略了包埋铸造、装盒、充填、热处理等工序，包括减材制作的数控切削技术和增材制作的激光 3D 打印技术。

数控切削技术运用高精度的数控铣削机床，在计算机程序的精确控制下，根据 CAD 系统所生成的三维表面数据，对块状材料进行全方位的综合处理。编程系统提供多样化选择，当前采用的全自动开放式编程软件，是专为牙科实验室技术人员量身打造的。该软件涵盖了从直观的用户界面、精确的倒凹检测到先进的五轴铣削技术，实现了桥接结构的简易、高效及精准构建。同时，其无碰撞切削、倒凹均匀分配及加工模拟等功能，旨在实现口腔修复体的精确数字化制造。用户仅需简单点击鼠标，执行几步计算机操作，即可完成整个数字化加工流程。这一开放式的 CAM 系统集成了多种强大的加工设计功能，并与现有的程序流程无缝对接，从而能够灵活整合不同品牌的扫描仪、CAD/CAM 系统及铣削设备，适用于加工多种品牌的义齿材料。计算机将修复体的设计数据传输至数控铣床，铣床则依据预设的编程指令，利用刀具精准去除坯料或工件上的多余材料，最终加工出符合规定几何形状、尺寸及表面质量的工件。

激光 3D 打印技术依赖于 CAM 软件对预设修复体数据进行优化编辑，并通过特定的分层处理软件，将三维设计数据分割为一系列二维切片，这些切片数据被转化为机器可读的格式，包含了构建各横截面形态的必要参数。这些参数作为激光扫描的路径指引，由一束直径介于 30 ～ 50μm 的激光在计算机精确控制下，依据物体各层截面的精确坐标信息，对粉末材料进行选择性照射。被激光照射到的粉末区域会瞬间熔融并固化，形成连续的层状结构。完成一层熔融后，系统会自动铺展新的一层粉末，并继续下一层的激光扫描与熔融过程，各层之间自然融合，逐步累积成三维实体。整个熔融过程结束后，移除未使用的粉末材料，并对成品进行必要的打磨及应力释放处理，最终得到所需的修复体。

二、CAM 在全口义齿的应用

（一）试戴

全口义齿 CAD 完成后数据传入 CAM 电脑后，可以通过整体三维打印和切削蜡基托后人工插牙两种方式进行全口试戴义齿的制作。将制作好的全口义齿在患者口内进行试戴，检查义齿的咬合关系、稳定性和舒适度。根据试戴结果进行必要的调整，确保义齿能够完全适应患者的口腔状况。

数字化试戴性义齿的优点：数字化切削的硬质基托试戴稳定，咬合关系更易确定；取模更便捷，边缘整塑更可靠，可有效提高吸附力；利于患者口腔功能运动，模拟患者戴牙效果，做有预见性的全口义齿。

（二）计算机辅助制作

鉴于当前市场上尚缺乏一种能够完美适用于全口义齿制作的复合多层次树脂材料，这种材料本应能够同时构建出基托与牙列，实现一体化制作。然而，面对这一现实状况，我们不得不采取一种更为精细且巧妙的制作工艺。具体来说，便是利用数控切削机的高精度与灵活性，分别切削出全口义齿的基托与牙列部件。这两个部件的制作过程均需经过精细的打磨与抛光处理，以确保其表面光滑、无毛刺，为后续的拼插与粘接工艺打下坚实基础。

在基托与牙列部件制作完成后，需要通过一种巧妙的拼插工艺，将这两个部件精准地结合在一起。这一过程中，对精度的要求极高，任何微小的偏差都可能导致最终的全口义齿在佩戴时产生不适。而为了进一步增强其稳固性与耐用性，还需采用专业的粘接剂，将基托与牙列部件牢牢地粘接在一起。经过这一系列的精细制作与巧妙结合，最终呈现的便是一款个性化的 CAD/CAM 全口义齿。它不仅在外观上达到了高度的仿真效果，更在舒适度与耐用性上实现了显著的提升。

▶任务拓展

椅旁 CAD/CAM

传统修复体制作是一门精细烦琐的技艺，核心在于模型制作与调整。而椅旁 CAD/CAM 系统的引入带来了变革，它直接扫描患者口腔数据，降低患者不适感，减少误差，提升精确度。该系统使设计过程更直观精准，医生可即时观察修复体的咬合、厚度和外观，进行直观分析与调整，甚至能清晰地看到咬合接触点和邻接面接触力度，确保试戴时达到理想邻接效果。椅旁 CAD/CAM 系统在固定修复领域应用普遍，但全瓷修复时，对于临床牙冠短、预备空间不足的病例，易出现瓷裂问题。我们期待未来能研发出更先进的材料和技术，推动口腔修复领域发展。

【任务评价】

详见表25-1。

表25-1　CAD/CAM技术在全口义齿中的应用任务评价表

任务	评价要点	分值
一	准确阐述CAD/CAM的概念及其三大组成部分	20
	正确区分三种数据采集方式	10
	描述CAD的设计步骤	15
二	准确说出CAM的概念	10
	对比CAM的两种不同工艺	10
	描述CAM的应用流程	15
	结合案例，分析数字化流程（CAD/CAM）相较传统工艺的优势	20

考试知识点总结

项目小结

协和云课堂……　拓展练习及参考答案

（席仁莉）

模块五

实　训　篇

实训 A　牙列缺失模型设计

【目的与要求】

本次实训的主要目的是让学生掌握牙列缺失模型的设计方法和步骤，为后续的口腔修复工作打下坚实的基础。通过实践操作，学生将熟悉无牙颌模型的设计流程，并能够独立完成基本的模型设计。

【实验内容】

本次实验的主要内容是无牙颌模型设计。无牙颌是指口腔内没有牙齿的状态，对于这种状态，我们需要进行精确的模型设计，以便后续的义齿制作。

【实验器材】

在进行实验前，需要准备好雕刻刀、蜡勺、酒精灯、红蓝铅笔、尺子等器械，以及无牙颌模型和红蜡片等材料。

【实验方法】

（一）确定基托范围

首先，使用红蓝铅笔按照要求描画出基托的范围。这一步是模型设计的基础，基托的大小和形状将直接影响后续的修复工作。因此需仔细描绘，确保基托范围准确无误（图 A-1）。

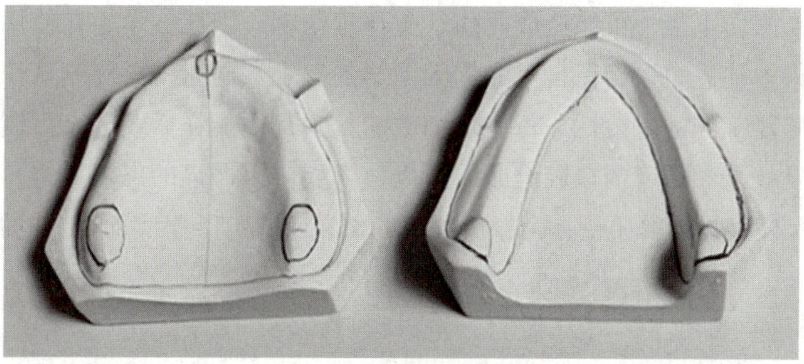

图 A-1　无牙颌模型基托范围

（二）记录标志线

在模型上记录制作殆托及义齿时所要参照的标志线。包括前牙区牙槽嵴顶线和后牙区牙槽嵴顶线，并将其延伸至模型侧面。前牙区牙槽嵴顶线的确定关系到义齿的稳定性和咬合功能，后牙区则关系到咀嚼效率。在确定这些标志线时，需要使用尺子进行精确测量（图 A-2）。

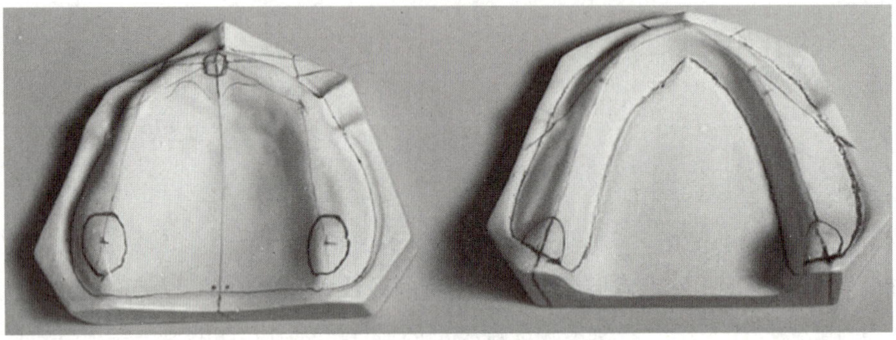

图 A-2　无牙颌模型标志线

（三）明确需缓冲的区域

在模型设计中，有些区域需要特别关注。如上颌硬区、下颌隆突等处，这些区域可能对义齿的舒适度和稳定性产生影响。因此，需要用蜡对这些区域进行缓冲，以保证义齿的贴合度和舒适度。

（四）制作后堤区

后堤区是模型设计中的重要部分，它对于义齿的固定和防止食物嵌塞具有重要意义。制作后堤区时，需要自腭小凹后 2mm 与两侧翼上颌切迹画一连线，用雕刻刀刻一浅沟，深 0.5 ～ 1.5mm。然后在向前 5mm 的范围内刮除石膏，形成斜坡状的后堤区。这一步骤需要细心操作，确保后堤区的形状和深度符合要求。

以上就是本次实训的整个流程。通过这次实训，学生将能够掌握牙列缺失模型的设计方法和步骤，为今后的口腔修复工作打下坚实的基础。

【注意事项】

在整个实验过程中，安全始终是首要考虑的因素。实验中使用的雕刻刀、酒精灯等器械都具有一定的危险性，如果操作不当，可能造成割伤、烫伤等伤害。因此，学生在使用这些器械时必须严格遵守操作规程，集中注意力，确保自身和周围同学的安全。同时，要深刻认识到模型设计的准确性和精度对于口腔修复工作的重要性。每一个细微的偏差都可能在后续的义齿制作和患者使用过程中被放大，影响修复效果和患者的口腔健康。所以，学生要以严谨的态度对待每一个步骤，仔细操作，精益求精，确保模型设计的质量，为今后的口腔修复工作打下坚实而可靠的基础。

（苏晓芳）

实训 B　蜡堤制作

【目的与要求】

本实训旨在使学生掌握蜡堤的制作方法和要求，熟悉并掌握口腔医学中常用的制作技术。通过实践操作加深对理论知识的理解，为后续的临床实践打下坚实的基础。

【实验内容】

本次实验主要进行蜡堤的制作。根据无牙颌模型的特点和要求，使用红蜡片（光固化树脂基托片）作为主要材料，通过雕刻刀、蜡勺等工具进行精细的雕刻和塑形，最终完成蜡堤的制作。

【实验器材】

实验所需器械包括雕刻刀、蜡勺、平面板、酒精灯及红蓝铅笔等。在制作过程中，应正确使用这些器材，保证作品的精确度和质量。

【实验方法】

（一）制作蜡基托

无牙颌模型浸水备用。取红蜡片在酒精灯上均匀烘软，或裁取合适大小的光固化树脂放在模型上，轻压使之与无牙颌模型密贴，用雕刻刀沿基托边缘线修去多余蜡片或光固化树脂，用蜡刀烫圆蜡的边缘或用磨头修整基托边缘。

（二）制作蜡堤

1. 上颌蜡堤　将一片红蜡片烘软后横向反复折叠或翻卷，形成长蜡条，使之宽 8 ～ 10mm，弯成与颌弓适应的马蹄形，放在蜡基托牙槽嵴顶上，加蜡使之与蜡基托连接牢固。用平面板形成𬌗平面，标记出中线；修去多余蜡，使蜡𬌗堤宽度为前牙区 5 ～ 7mm，后牙区 8 ～ 10mm，并在两侧蜡𬌗堤后牙区分别形成两条不平行的“V”形沟（图 B-1）。

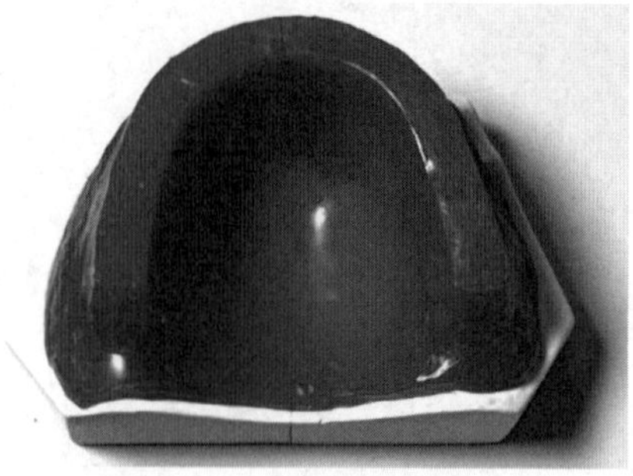

图 B-1　上颌蜡堤制作

2. 下颌蜡堤　将一片红蜡片烘软后横向反复折叠或翻卷，形成长蜡条，使之宽 8 ～ 10mm，弯成与颌弓适应的马蹄形，放在蜡基托牙槽嵴顶上，烫软与蜡基托连接牢固。用𬌗平面板形成𬌗平面，标记出中线；修去多余蜡，使蜡𬌗堤宽度为前牙区 5 ～ 7mm，后牙区 8 ～ 10mm，并在两侧蜡𬌗堤后牙区分别形成两条不平行的“V”形沟（图 B-2）。

下颌后牙区的高度决定了前牙区的高度，并延伸至磨牙后垫高度的 1/2 处。

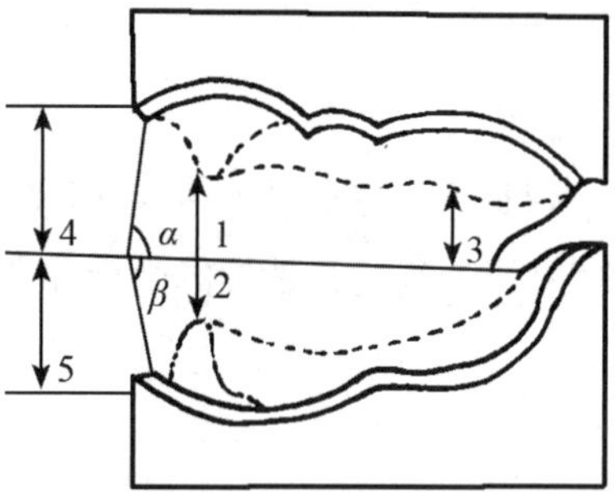

1. 10 ～ 13mm；2. 8 ～ 11mm；3. 8 ～ 10mm；4. 20 ～ 22mm；5. 17 ～ 20mm；α. 85°～ 90°；β. 80°～ 85°。

图 B-2　上下颌蜡堤制作标准

3. 将上下颌蜡堤烫牢边缘，使边缘圆钝、光滑、饱满

4. 采用光固化树脂片制作个别托盘　在制作个别托盘时，采用光固化树脂片进行加工。首先，准确描记托盘基托位置，通常需比蜡堤长度短约 2mm。接着填补倒凹处并使用薄蜡片衬托牙槽嵴顶。在上下颌颊侧及下颌舌下肉阜处边缘加厚 1 ～ 2mm 后，通过光固化处理后，需对边缘进行修整（图 B-3）。

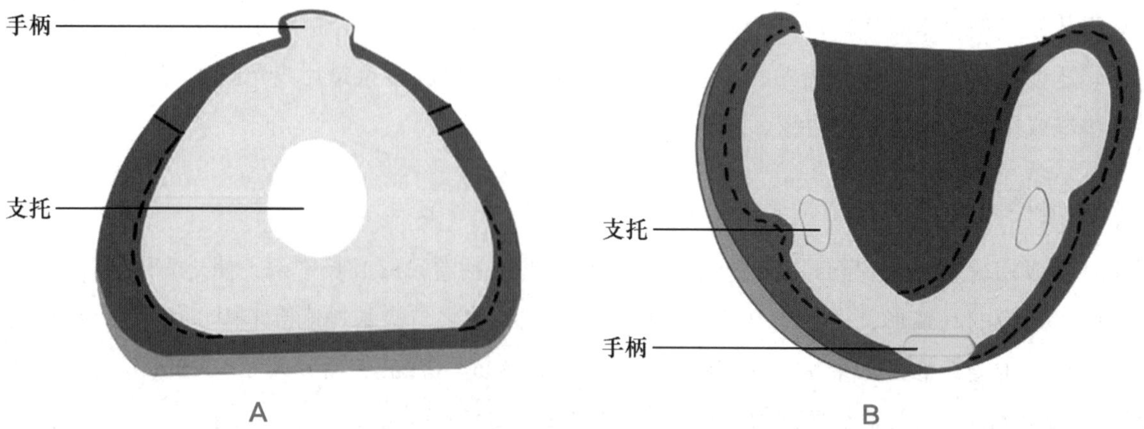

图 B-3　个别托盘

A. 上颌个别托盘；B. 下颌个别托盘。

【注意事项】

1. 器材使用安全　在使用酒精灯时，务必保持周围环境干燥、无易燃物，使用过程中严禁倾斜或碰撞酒精灯，防止酒精溢出引发火灾。加热红蜡片时，要控制好距离和时间，避免蜡片过热溅出烫伤。雕刻刀使用前需检查刀刃是否锋利，操作时注意力集中，避免割伤手指，使用完毕后及时妥善放置，防止误伤他人。

2. 材料处理　红蜡片在烘软过程中，应均匀受热，确保整体柔软度一致，避免出现部分过硬或部分过软的情况，影响后续塑形。光固化树脂片在操作时要注意避免沾染灰尘等杂质，影响其固化效果和强度。若使用光固化设备，需严格按照设备说明书调整参数，保证固化完全。

3. 模型与蜡堤制作精度　在制作蜡基托时，要确保其与无牙颌模型紧密贴合，避免出现空隙或气泡，否则会影响蜡堤的稳定性和最终义齿的贴合度。确定蜡堤的高度、宽度及𬌗平面时，务必使用测量工具精确测量，严格按照标准数据操作。例如，上颌蜡堤前牙区宽度应为5～7mm，后牙区为8～10mm，下颌蜡堤同理，一旦数据出现偏差，可能导致义齿的咬合功能异常。标记中线、“V”形沟等关键位置时，线条要清晰、准确，以便后续制作参考。

4. 个别托盘制作要点　描记托盘基托位置时要精准，比蜡堤长度短约2mm需严格把控，过长或过短都会影响托盘的使用效果。填补倒凹处要平整，薄蜡片衬托牙槽嵴顶要贴合紧密，上下颌颊侧及下颌舌下肉阜处边缘加厚的1～2mm要均匀一致，光固化处理后对边缘的修整要光滑，避免出现尖锐边角，防止在取模过程中损伤患者口腔黏膜。

（苏晓芳）

实训C　确定颌位关系、上殆架

【目的与要求】

本实验的目的是掌握确定颌位关系的方法及步骤，通过实践操作掌握上殆架的方法和步骤。通过本实验的学习，学员应熟练掌握口腔修复技术中颌位关系的确定和上殆架的操作技巧，为后续的口腔修复工作打下坚实的基础。

【实验内容】

本次实验主要包括两个部分：颌位关系的确定及上殆架的操作。通过实际操作，学员将学习如何准确无误地确定颌位关系，并掌握上殆架的正确方法。

【实验器材】

实验所需的调刀、镊子、橡皮碗、殆架、酒精灯、技工用微型电机及订书钉和石膏等材料，它们在实验中各司其职。调刀用于调配，镊子辅助精细操作，殆架承载模型，酒精灯提供热源，技工用微型电机处理模型，订书钉和石膏用于固定，缺一不可。

【实验方法】

（一）模型准备

使用技工用微型电机在上下无牙颌模型背面磨出几条深约1.5mm的刻痕，以便在后续的上殆架过程中能更好地固位模型。

（二）校对正中殆关系

在上下颌对准后，需要标记四条重要的标志线：中线、口角线、唇高线和唇低线。中线是面部正中的假想线，标志着上下颌中切牙近中的位置；口角线是嘴唇合拢时口角的位置，是上颌尖牙远中的标志；唇高线和唇低线则是在咬合状态下，张开口唇时上唇下缘与下唇上缘的标志线。这些标志线的刻画将为后续的操作提供重要参考。

（三）固定上下颌蜡𬌗托

取 4 枚订书钉加热后，分别插入后牙区蜡𬌗堤颊侧，以固定上下𬌗托。这一步骤的目的是确保模型在后续操作中的稳定性和准确性。

（四）上𬌗架

在模型湿水后，便于与石膏结合固位。然后调节𬌗架高度，调拌石膏，用石膏固定模型。在操作过程中，需要注意保持模型的稳定性和准确性，以确保后续操作的顺利进行。

【注意事项】

在石膏尚未凝固前，需用调刀刮除模型周围多余的石膏，并用水抹光。同时，石膏仅包埋模型的底部和侧面，不能进入工作区，以免影响以后的操作。另外，在固定上颌模型时，应使上颌体与升降螺丝顶部保持接触，以避免升高咬合。这些注意事项的遵守将有助于提高实验的准确性和成功率。

（苏晓芳）

实训 D 上下颌前牙排列

【目的与要求】

本次实训的目的是使学生了解选择人工前牙的原则和要求，并掌握全口义齿排列人工前牙的基本原则和方法。通过实际操作，学生将能够熟练掌握人工前牙的排列技巧，为日后从事口腔修复学相关工作打下坚实的基础。

【实验内容】

实验内容核心围绕选择与排列人工前牙展开。学生在实操中，需精准挑选合适的上下颌前牙，并将其妥善安置在正确位置，使牙齿排列既符合美学标准，呈现自然美观的效果，又能满足咀嚼、发音等功能需求，实现功能与美观的完美统一。

【实验器材】

实验所需的器械包括仿生头模、台式电钻、蜡勺、蜡型雕刻刀、酒精灯、喷灯、玻璃板等。此外，还需要准备人工前牙、红蜡片、咬合纸等材料。

【实验方法】

（一）人工前牙的选择

在选择人工前牙时，需要考虑多个因素。首先，根据颌间距离、唇高线和唇低线等因素确定牙齿的大小和长度。其次，根据颌弓宽度大小和口角线等因素确定牙齿的宽度。此外，人工前牙的形态应与面型相协调，如方形、圆形、卵圆形。同时，还需考虑患者的年龄、皮肤颜色及性别等因素，以选择合适的牙齿颜色（图 D-1）。

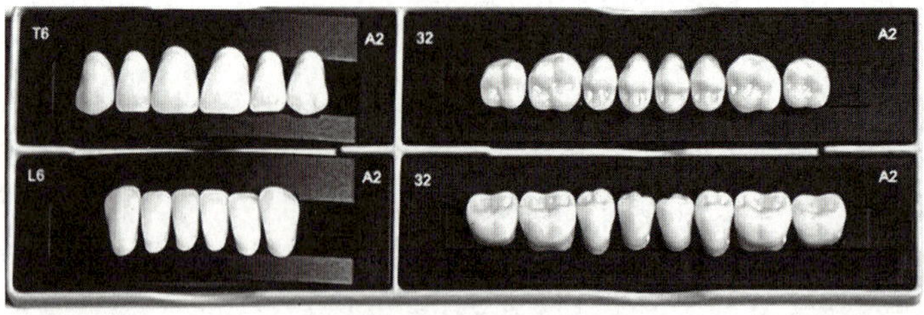

图 D-1 人工牙

（二）人工前牙的排列

1. 上颌前牙的排列　在上下颌模型上均匀涂布海藻酸钠分离剂，以正中线为依据，在上颌蜡堤唇侧确定两侧中切牙的正确位置。此时应注意，两颗中切牙的近中面与正中线应保持一致，颈部应靠近上颌牙槽嵴顶。切缘应在殆平面上并位于下颌牙槽嵴顶的唇侧。如颌间距离较小，可适当磨短牙颈部。按同样方法排列上颌侧切牙和尖牙，排好后应仔细检查前牙弓的弧度是否整齐一致，中线是否正确（图 D-2）。

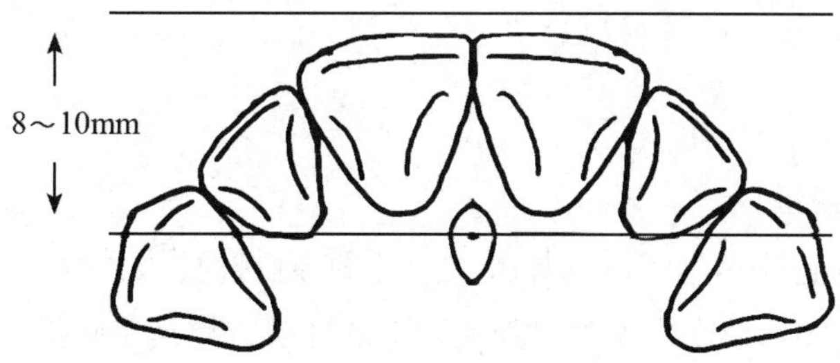

图 D-2　切牙乳突在排牙中的指导作用

2. 下颌前牙的排列　下颌前牙的排列需遵循一定的覆盖和覆殆关系。先将下颌中切牙安放在下颌牙槽嵴顶上或微向唇侧，其切缘应超过蜡堤殆平面，并与上颌前牙有适当的覆盖关系。唇面应微向唇侧倾斜，中线与上颌正中线相一致。按同样方法排列侧切牙和尖牙。上下前牙的覆殆一般约为1mm，覆盖约为 3mm。

【注意事项】

在实验过程中，学生需注意以下几点。首先，要确保选择的牙齿大小、形状、颜色等符合要求。其次，在排列牙齿时，要遵循牙齿的生理位置和功能要求。最后，要仔细检查牙齿排列是否整齐，中线是否正确。

（苏晓芳）

实训 E　上下颌后牙排列

【目的与要求】

本次实训的主要目的是让学生了解选择人工后牙的原则和要求，并掌握全口义齿排列人工后牙的基本原则和方法。通过实际操作，加深对理论知识的理解，提高实际操作能力。

【实验内容】

主要围绕选择和排列人工后牙展开。学生需依据患者口腔的具体状况，如牙槽嵴形态、颌间距离、剩余牙体情况等，挑选出最为适配的人工后牙。之后，严格按照既定的原则与方法，将这些后牙有序排列在义齿基托上，力求恢复患者的咀嚼功能，使其能正常咀嚼各类食物，同时兼顾美观效果，让义齿与口腔整体协调一致，宛如天然牙齿般自然。

【实验器材】

实验所需的器材包括仿生头模、台式电钻、蜡勺、蜡型雕刻刀、酒精灯、喷灯、玻璃板等。材料包括人工后牙、红蜡片、咬合纸等。

【实验方法】

（一）人工后牙的选择

在选择人工后牙时，应考虑牙的近远中总宽度、牙尖斜度、牙冠唇面高度等因素。人工后牙的近远中总宽度应与下尖牙远中面至磨牙后垫前缘的距离相匹配。牙尖斜度应根据牙槽嵴的宽窄条件决定，一般牙尖斜度为20°。牙冠唇面高度则应根据颌间距离大小进行选择，尽可能选择唇面较长的人工后牙，以利于美观。

（二）人工后牙的排列

1. 上颌后牙的排列方法　上颌后牙的排列应遵循一定的顺序，一般先排第一前磨牙，然后排第二前磨牙、第一磨牙，最后排第二磨牙。如果空间不够，可以适当调整第一双尖牙的远中面。在排列过程中，应注意牙体的长轴应位于上颌的牙槽嵴顶上，舌尖应对准下颌牙槽嵴上的标记线。

2. 下颌后牙的排列方法 下颌后牙的排列应与上颌后牙有紧密的正中颌接触关系。在排列过程中，先在下颌模型上作出第一前磨牙和第二磨牙的标记，然后根据模型上的延伸线在船平面画出标记线，此线代表牙槽嵴顶的位置，作为排列下后牙的参考。按照一定的顺序，依次排列下颌各后牙。

（三）检查与调整

完成上下颌后牙的排列后，应全面检查各牙位置是否合适，咬合关系是否恰当。特别要注意舌侧是否已紧密接触，尖窝是否相对。如有需要，可适当调整人工后牙的位置，以达到理想的咬合关系。

【注意事项】

在实验过程中，应注意安全，避免由操作不当造成伤害。同时，要认真细致地完成每个步骤，确保人工后牙的选择和排列符合要求。

（苏晓芳）

实训 F　牙龈雕刻

【目的与要求】

本次实训聚焦于让学生精准掌握全口义齿牙龈雕刻的正确方法与各项要求。牙龈雕刻作为义齿制作中的关键环节，其效果直接关乎义齿的美观度、舒适度，以及患者佩戴后的整体体验。通过此次实训，学生能够为后续义齿制作的各个环节筑牢根基，确保最终成品不仅能恢复患者的口腔功能，更能在外观上高度仿真自然牙齿与牙龈形态，最大限度满足患者需求。

【实验内容】

实验核心围绕牙龈雕刻展开。学生需在已有的基础上，通过对蜡材的精心雕琢，塑造出逼真且符合口腔生理特征的牙龈形态。这不仅要求学生具备扎实的手工操作技能，还需对口腔解剖学中牙龈的形态、结构，以及与牙齿的关系有深刻理解，从而实现从理论认知到实际操作的完美转化。

【实验器材】

实验所需器械包括蜡勺、蜡型雕刻刀、酒精灯和喷灯，材料为蜡片。

【实验方法】

（1）将排列完成并经过𬌗平衡调整及选磨的人工牙列固定在正中颌位。

（2）使用蜡匙将液化蜡加在牙龈区，待其冷却固化。

（3）用雕刻刀修正假牙龈缘，根据年龄及牙冠生理特点决定牙颈线的高低部位。雕刻时，前牙牙冠表面与雕刻刀成 60°，后牙牙冠表面与雕刻刀成 45°，以此雕刻出牙龈形态。牙龈根部略突，牙龈乳头区略凹，唇颊面的牙龈区应形成自然高低起伏的形态。基托要有一定厚度，但颊侧基托在牙龈缘与基托边缘之间应做成凹面，以利于义齿的固位。

（4）用蜡刀清理牙冠表面及𬌗面的余蜡，用小火烘光或软布擦光洁蜡型表面，准备试戴。

【注意事项】

1. 蜡材操作　在使用蜡勺加热蜡材时，务必注意火候控制，避免蜡液过热飞溅造成烫伤，同时防止因加热过度导致蜡材碳化影响雕刻效果。添加液化蜡至牙龈区时，动作要平稳，确保蜡量适中，过少难以塑造完整形态，过多则增加后续修正难度。

2. 雕刻角度把控　严格按照规定角度进行雕刻，前牙60°、后牙45°的角度需精准掌握，角度偏差会使牙龈形态失真，影响义齿整体美观与仿真度。雕刻过程中要时刻保持雕刻刀的锋利，钝刀不仅难以保证雕刻精度，还可能破坏已成型的部分。

3. 形态塑造细节　牙龈根部与牙龈乳头的凹凸形态塑造需细腻入微，过度突出或凹陷都会显得不自然。在塑造唇颊面牙龈自然高低起伏形态时，要参考正常口腔牙龈形态特征，避免形态过于夸张或呆板。

4. 基托处理　控制基托厚度的同时，注意颊侧基托凹面的制作，凹面过深或过浅都会对义齿固位产生不良影响。清理牙冠及𬌗面余蜡时，要小心操作，防止损伤已雕刻好的牙龈和牙体形态。

（苏晓芳）

实训 G　包埋、填充塑料、热处理

【目的与要求】

通过本实验，学生应熟练掌握全口义齿的包埋、去蜡、充填塑料及热处理等操作步骤，了解各步骤的操作要点及注意事项，为后续的临床实践打下坚实的基础。学生需了解基托塑料的性能，包括其物理性能、化学性能及生物学性能等。在充填塑料及热处理过程中，应注意塑料的性能变化、温度控制、时间把握等要点，以保证操作的成功率及义齿的质量。

【实验内容】

本实验主要进行全口义齿的包埋、填充塑料、热处理等操作。通过实际操作，学生可以更好地理解和掌握相关知识和技能。

【实验器材】

实验所需的器材包括水壶、树脂调拌杯、调刀、压榨器、型盒、水浴锅、石膏剪刀、雕刻刀、毛笔等。此外，还需准备基托塑料粉、液、玻璃纸、分离剂、石膏等材料。

【实验方法】

（一）装盒

在蜡型试戴合适后，将义齿蜡型放回模型上。为确保唇颊沟的充分填充和基托的修整，需用蜡封闭蜡基托边缘与模型之间的空隙。注意使用毛笔涂擦石膏表面，使其光滑。待石膏完全凝固后，进行装盒操作。装盒时，义齿最高点应至少低于上层型盒边缘 5mm，唇颊沟蜡基托边缘与下层型盒边缘应平齐。

（二）去蜡

型盒内石膏完全凝固后，将型盒浸入沸水中 3 ～ 5 分钟，使蜡软化。取出型盒，用石膏切刀分开上下型盒，去除软化的蜡基托。余蜡用沸水冲干净，注意不要冲失部分人工牙。如有部分人工牙脱落，应妥善保存。修整尖锐的石膏边缘，如型盒打开时有部分石膏折断，应将正确部位对好后用粘固粉粘牢。清洁型盒外围后，根据临床所确定的后堤区，在模型上进行刮除。

（三）充填塑料

全口义齿基托制作采用热凝义齿基托树脂材料进行充填。首先根据基托厚薄大小调拌适量塑料。调拌时，应先放粉入调杯内，再加单体至刚湿润粉面为宜，用不锈钢调刀调和均匀。粉被单体溶胀后，会经历湿砂期、稀糊期、粘丝期、面团期、橡胶期、坚硬期等阶段变化。临床操作必须掌握面团期，即粉基本被单体溶胀，无过剩单体存在，黏着感消失，呈可塑的粉团状时期。充填时应注意室温的影响，夏季操作时应注意塑料反应较快，以免来不及填入型盒。

充填过程中，应在石膏表面涂布分离剂。如义齿系塑料牙，为使塑料牙与所填塑料充分结合，需以牙托水处理人工牙盖嵴部 3 分钟左右。义齿处理完毕，以湿玻璃纸将粉团状调和物均匀搓揉，挤去气泡，加压纳入型盒。加压时力量要逐渐增加，以免模型压坏造成基托变形。分开上下层型盒，去除多余的飞边或在缺损处填补不足的塑料后再次合上上下层型盒，加压紧密后固定。

（四）热处理

型盒加压固定后，采用水浴加温法进行热处理。先置于室温水中缓缓加温至 70℃以下并维持 90 分钟，再升温至沸点维持 30 分钟，待自然冷却后开盒磨光。热处理过程中应注意控制温度和时间避免基托变形或塑料烧焦等情况的发生。

【注意事项】

1. **操作过程中** 应注意安全。遵守实验室规定，正确使用实验器材和材料。
2. **充填塑料时** 应注意室温的影响。夏季操作时需注意材料反应较快，以免来不及填入型盒。
3. **热处理过程中** 应控制好温度和时间，避免基托变形或塑料烧焦等情况的发生。
4. **实验结束后** 应清理实验室卫生，将实验器材和材料归位。

（苏晓芳）

实训 H　全口义齿的开盒与磨光

【目的与要求】

本实训旨在使学生掌握全口义齿开盒、磨光的步骤和要求，熟悉相关操作流程，为今后临床实践打下坚实基础。

【实验内容】

实验紧紧围绕全口义齿的开盒与磨光展开。开盒环节是将义齿从型盒中安全、完整地取出，为后续的打磨工作做好准备；磨光则是通过一系列精细操作，使义齿表面光滑、边缘圆润，符合临床佩戴标准。这两项操作看似简单，实则包含诸多细节和技巧，需要学生在实践中不断摸索和掌握。

【实验器材】

所需器械包括小刀、木槌或铁锤、石膏剪、技工用微型电机等。材料方面，需要裂钻、砂石、炮弹形磨石、砂皮纸、毛刷、布轮、绒轮及细石英粉等。

【实验方法】

1. 将石膏脱出型盒　使用小刀轻轻将型盒的上下层分开，然后用木槌敲打型盒边缘，使石膏从型盒中脱出。

2. 分离义齿　用石膏剪刀剪去义齿周围多余的石膏，取出修复体时需注意，下颌义齿不能从舌侧修剪，以免基托折断。

3. 去除石膏　使用工作刀刮去多余石膏，对于组织面的石膏，可用纯圆钻轻轻磨去，但需确保不影响到基托组织的正确性。

4. 粗磨　采用大炮弹形粗磨石去除基托边缘过多过厚的塑料，使基托厚薄均匀，并确保基托厚度为 2.0 ～ 2.5mm，边缘需圆钝且终止于黏膜反折线处。在修整基托时，应注意牙根外形，尽量形成“S”形凹面。

5. 细磨　先磨平再磨光，整个过程所用磨具应由粗到细。在打磨过程中需握牢修复体以防掉落损坏。最后使用毛刷、绒布或布轮及细石英粉在技工打磨机上进行磨光。磨光后需洗净并吹干，然后用干净的绒布轮蘸取抛光泥进行细致抛光直至表面光亮（图 H-1、图 H-2）。

6. 清洗与消毒　完成抛光后，需再次清洗，并使用蒸汽机冲洗消毒，确保义齿的清洁与卫生。

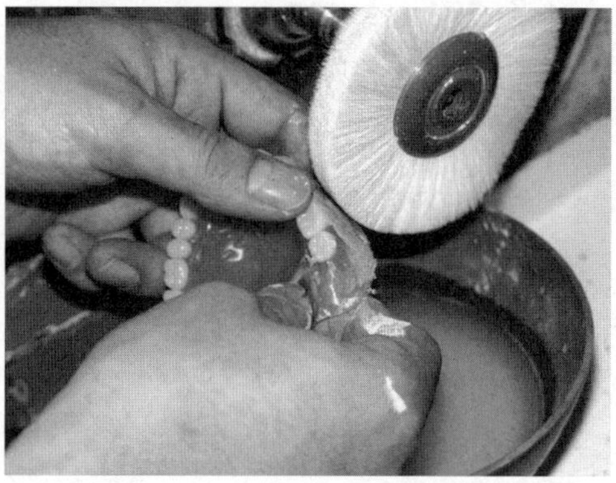

图 H-1　全口义齿打磨抛光图

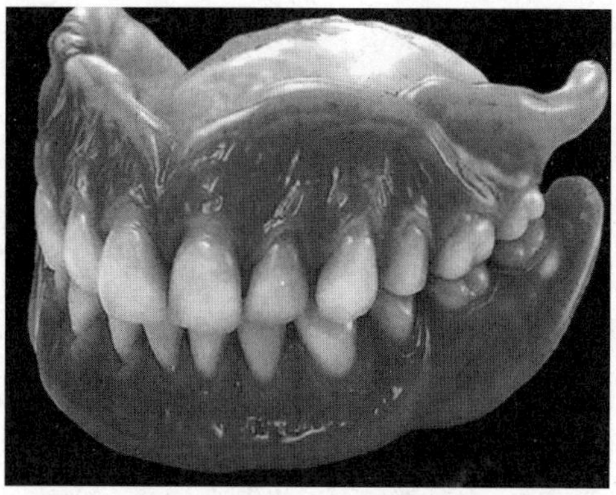

图 H-2　全口义齿成品图

【注意事项】

1. 开盒操作　在使用小刀分离型盒上下层时，务必小心谨慎，避免用力过猛割伤义齿。敲打型盒边缘时，力度要适中，防止因敲击过度导致义齿或型盒损坏。

2. 分离义齿与去石膏　用石膏剪刀修剪多余石膏时，要精准操作，尤其是下颌义齿部位，严格避免从舌侧修剪，以免造成基托折断。使用纯圆钻去除组织面石膏时，需时刻关注磨除程度，防止过度打磨影响基托组织的准确性。

3. 粗磨与细磨　粗磨时，要严格按照标准控制基托厚度和边缘形态，避免基托过厚或过薄影响佩戴舒适度与美观度。细磨过程中，务必握稳修复体，防止其在高速旋转的磨具下掉落、摔损。同时，注意磨具更换顺序，保证由粗到细，以达到最佳打磨效果。

4. 清洗与消毒　清洗义齿时，要确保各个部位都被彻底清洁，防止残留的石膏或其他杂质影响义齿质量。消毒过程需严格遵循蒸汽机的操作规范，保证消毒效果的同时避免义齿受到高温损坏。

（苏晓芳）

参考文献

[1] 赵铱民. 口腔修复学 [M]. 8版. 北京：人民卫生出版社，2020.

[2] 蒋菁，赵军. 全口义齿工艺技术 [M]. 4版. 北京：人民卫生出版社，2021.

[3] 胡常红. 全口义齿新概念及临床进阶 [M]. 北京：人民卫生出版社，2023.

[4] 麻健丰，李水根. 口腔修复学 [M]. 4版. 北京：人民卫生出版社，2022.

[5] 袁武将，杨学龙，韩晓梅. 全口义齿工艺技术 [M]. 上海：同济大学出版社，2019.

[6] 陈治清. 口腔材料学 [M]. 5版. 北京：人民卫生出版社，2020.

[7] 赵信义，李石保. 口腔修复工艺学基础 [M]. 北京：人民卫生出版社，2018.

[8] 刘长虹. 全口义齿工艺技术 [M]. 北京：科学出版社，2019.

[9] 张志君. 口腔设备学 [M]. 4版. 北京：人民卫生出版社，2021.

[10] 王林. 全口义齿制作设备操作手册 [M]. 南京：江苏科学技术出版社，2019.

[11] 刘洪臣，王兴. 全口义齿临床修复规范 [M]. 上海：上海科学技术出版社，2020.

[12] 刘洪臣. 口腔数字化医疗设备及应用 [J]. 中国医疗器械信息，2021，27（5）：1-4.

[13] 冯海兰. 全口义齿修复与颞下颌关节 [J]. 中华口腔医学杂志，2023，58（10）：978-984.

[14] 赵鹏娜，武峰，王文强，等. CAD/CAM技术在全口义齿修复中的研究与应用 [J]. 中华老年口腔医学杂志，2019，17（2）：123-127.

[15] 安永谦，轩昆，张晓东. 种植覆盖义齿修复与种植固定义齿修复在无牙颌患者的临床疗效 [J]. 江苏医药，2021，47（7）：723-726.

[16] 张红丽，董芳明，郑惠青，等. 牙列缺失行种植固定修复后影响口腔卫生因素及维护方式的研究进展 [J]. 护理与康复，2022，21（4）：78-80.

[17] 刘洪臣，时权，王俊成，等. 人工种植牙的保健与维护 [J]. 口腔颌面修复学杂志，2018，19（3）：129-132.

[18] 肖国宁，吴炜. 数字化技术在全口义齿中的应用 [J]. 医学信息，2020，33（18）：42-44.

[19] 赵鹏娜，武峰，王文强，等. CAD/CAM技术在全口义齿修复中的研究与应用 [J]. 中华老年口腔医学杂志，2019，17（2）：123-127.

[20] 彭燕，胡常红，曹礼. 临床模型与标准蜡堤在《全口义齿工艺技术》实践教学中的应用 [J]. 医学理论与实践，2023，36（13）：2327-2329.

[21] 戴沄. 不同边缘整塑材料制作全口义齿边缘适应性研究 [J]. 中国校医，2020，34（12）：950-952.

[22] 黄佳诚，巫春兰，常珍，等. 义齿基托边缘修正对全口义齿固位和稳定的影响 [J]. 广东医学，2020，41（20）：2122-212.

[23] 门庆林，周宪华，王伟，等. 单侧平衡舌侧集中殆在全口义齿修复中的疗效观察 [J]. 现代口腔医学杂志，2020，34（1）：37-41.

[24] 季仁兴，黄丹. 单侧平衡舌侧集中殆全口义齿与半解剖平衡殆全口义齿的临床效果 [J]. 中国医疗美容，2021，11（11）：70-72，78.

[25] 宛月，马传传. 舌向集中全口义齿修复治疗重度牙槽嵴吸收的效果 [J]. 医药前沿，2025，15（6）：

55–58.

［26］黄宇峰，周晓燕. 基于面部三维扫描的垂直距离确定方法研究［J］. 实用口腔医学杂志，2020，36（6）：672–676.

［27］刘建华，吴敏. 吞咽诱导法在无牙颌颌位关系记录中的改良应用［J］. 口腔医学研究，2023，39（2）：153–157.

［28］张广凤. 对行全口义齿修复的牙列缺失患者实施综合性护理的价值体会［J］. 全科口腔医学电子杂志，2019，6（31）：78–79

［29］王怡. 延续性护理干预对老年全口义齿修复患者义齿清洁度及生活质量的影响［J］. 首都食品与医药，2021，28（16）：137–138.

［30］MARUO Y，NISHIGAWA G. New method for determining vertical dimension using facial scanning［J］. Journal of Prosthodontic Research，2020，64（4）：426–431.

［31］KIM JE，KIM NH，PARK JH. Accuracy of digital complete denture impressions：A systematic review［J］. The Journal of Prosthetic Dentistry，2022，128（5）：913–921.

［32］LIMPUANGTHIP N，TUMRASVIN W，PINYOWATTANASILP T，et al. Evaluation of dynamic impression lining material effects on masticatory function and the oral health-related quality of life of complete denture wearers：A six-month randomized controlled trial［J］. J Prosthodont Res，2023，67（2）：214–221.

［33］ANWAR Z，MCLEOD NMH，VAN DEN BOSCH P，et al. A review of the use of patient reported outcome measures（PROMS）in temporomandibular joint（TMJ）surgery［J］. J Craniomaxillofac Surg，2024，52（2）：181–187.